经以济世
驰德尚真
贺教务处
重大改向项目
圆满立项

教育部哲学社会科学研究重大课题攻关项目

# 城市文化与国家治理
——当代中国城市建设理论内涵与发展模式建构

## URBAN CULTURE AND NATIONAL GOVERNANCE
——STUDY ON THE THEORETICAL CONNOTATION
AND DEVELOPMENT MODEL CONSTRUCTION
OF CONTEMPORARY CHINESE URBAN CONSTRUCTION

皇甫晓涛 著

经济科学出版社
Economic Science Press

**图书在版编目（CIP）数据**

城市文化与国家治理：当代中国城市建设理论内涵与发展模式建构/皇甫晓涛著 . —北京：经济科学出版社，2014.9

（教育部哲学社会科学研究重大课题攻关项目）

ISBN 978-7-5141-4927-2

Ⅰ.①城… Ⅱ.①皇… Ⅲ.①城市文化-研究-中国 ②国家-行政管理-研究-中国 Ⅳ.①C912.81 ②D630.1

中国版本图书馆 CIP 数据核字（2014）第 191402 号

责任编辑：白留杰
责任校对：杨晓莹
责任印制：邱 天

### 城市文化与国家治理
——当代中国城市建设理论内涵与发展模式建构

皇甫晓涛 著

经济科学出版社出版、发行 新华书店经销
社址：北京市海淀区阜成路甲 28 号 邮编：100142
总编部电话：010-88191217 发行部电话：010-88191522
网址：www.esp.com.cn
电子邮件：esp@esp.com.cn
天猫网店：经济科学出版社旗舰店
网址：http://jjkxcbs.tmall.com
北京季蜂印刷有限公司印装
787×1092 16 开 28.25 印张 540000 字
2015 年 11 月第 1 版 2015 年 11 月第 1 次印刷
ISBN 978-7-5141-4927-2 定价：70.00 元
(图书出现印装问题，本社负责调换。电话：010-88191502)
(版权所有 侵权必究 举报电话：010-88191586
电子邮箱：dbts@esp.com.cn)

## 课题组主要成员

（按姓氏笔画为序）

王怀岳　尹成君　吕　健　刘云德
孙启明　陈　岩　皇甫晓涛　郭长保
蔡尚伟　张金玲

## 编审委员会成员

**主 任** 孔和平　罗志荣
**委 员** 郭兆旭　吕　萍　唐俊南　安　远
　　　　 文远怀　张　虹　谢　锐　解　丹
　　　　 刘　茜

# 总 序

哲学社会科学是人们认识世界、改造世界的重要工具，是推动历史发展和社会进步的重要力量。哲学社会科学的研究能力和成果，是综合国力的重要组成部分，哲学社会科学的发展水平，体现着一个国家和民族的思维能力、精神状态和文明素质。一个民族要屹立于世界民族之林，不能没有哲学社会科学的熏陶和滋养；一个国家要在国际综合国力竞争中赢得优势，不能没有包括哲学社会科学在内的"软实力"的强大和支撑。

近年来，党和国家高度重视哲学社会科学的繁荣发展。江泽民同志多次强调哲学社会科学在建设中国特色社会主义事业中的重要作用，提出哲学社会科学与自然科学"四个同样重要"、"五个高度重视"、"两个不可替代"等重要思想论断。党的十六大以来，以胡锦涛同志为总书记的党中央始终坚持把哲学社会科学放在十分重要的战略位置，就繁荣发展哲学社会科学作出了一系列重大部署，采取了一系列重大举措。2004年，中共中央下发《关于进一步繁荣发展哲学社会科学的意见》，明确了新世纪繁荣发展哲学社会科学的指导方针、总体目标和主要任务。党的十七大报告明确指出："繁荣发展哲学社会科学，推进学科体系、学术观点、科研方法创新，鼓励哲学社会科学界为党和人民事业发挥思想库作用，推动我国哲学社会科学优秀成果和优秀人才走向世界。"这是党中央在新的历史时期、新的历史阶段为全面建设小康社会，加快推进社会主义现代化建设，实现中华民族伟大复兴提出的重大战略目标和任务，为进一步繁荣发展哲学社会科学指明了方向，提供了根本保证和强大动力。

高校是我国哲学社会科学事业的主力军。改革开放以来，在党中央的坚强领导下，高校哲学社会科学抓住前所未有的发展机遇，紧紧围绕党和国家工作大局，坚持正确的政治方向，贯彻"双百"方针，以发展为主题，以改革为动力，以理论创新为主导，以方法创新为突破口，发扬理论联系实际学风，弘扬求真务实精神，立足创新、提高质量，高校哲学社会科学事业实现了跨越式发展，呈现空前繁荣的发展局面。广大高校哲学社会科学工作者以饱满的热情积极参与马克思主义理论研究和建设工程，大力推进具有中国特色、中国风格、中国气派的哲学社会科学学科体系和教材体系建设，为推进马克思主义中国化，推动理论创新，服务党和国家的政策决策，为弘扬优秀传统文化，培育民族精神，为培养社会主义合格建设者和可靠接班人，作出了不可磨灭的重要贡献。

自2003年始，教育部正式启动了哲学社会科学研究重大课题攻关项目计划。这是教育部促进高校哲学社会科学繁荣发展的一项重大举措，也是教育部实施"高校哲学社会科学繁荣计划"的一项重要内容。重大攻关项目采取招投标的组织方式，按照"公平竞争，择优立项，严格管理，铸造精品"的要求进行，每年评审立项约40个项目，每个项目资助30万~80万元。项目研究实行首席专家负责制，鼓励跨学科、跨学校、跨地区的联合研究，鼓励吸收国内外专家共同参加课题组研究工作。几年来，重大攻关项目以解决国家经济建设和社会发展过程中具有前瞻性、战略性、全局性的重大理论和实际问题为主攻方向，以提升为党和政府咨询决策服务能力和推动哲学社会科学发展为战略目标，集合高校优秀研究团队和顶尖人才，团结协作，联合攻关，产出了一批标志性研究成果，壮大了科研人才队伍，有效提升了高校哲学社会科学整体实力。国务委员刘延东同志为此作出重要批示，指出重大攻关项目有效调动了各方面的积极性，产生了一批重要成果，影响广泛，成效显著；要总结经验，再接再厉，紧密服务国家需求，更好地优化资源，突出重点，多出精品，多出人才，为经济社会发展作出新的贡献。这个重要批示，既充分肯定了重大攻关项目取得的优异成绩，又对重大攻关项目提出了明确的指导意见和殷切希望。

作为教育部社科研究项目的重中之重，我们始终秉持以管理创新服务学术创新的理念，坚持科学管理、民主管理、依法管理，切实增强服务意识，不断创新管理模式，健全管理制度，加强对重大攻关项目的选题遴选、评审立项、组织开题、中期检查到最终成果鉴定的全过程管理，逐渐探索并形成一套成熟的、符合学术研究规律的管理办法，努力将重大攻关项目打造成学术精品工程。我们将项目最终成果汇编成"教育部哲学社会科学研究重大课题攻关项目成果文库"统一组织出版。经济科学出版社倾全社之力，精心组织编辑力量，努力铸造出版精品。国学大师季羡林先生欣然题词："经时济世　继往开来——贺教育部重大攻关项目成果出版"；欧阳中石先生题写了"教育部哲学社会科学研究重大课题攻关项目"的书名，充分体现了他们对繁荣发展高校哲学社会科学的深切勉励和由衷期望。

创新是哲学社会科学研究的灵魂，是推动高校哲学社会科学研究不断深化的不竭动力。我们正处在一个伟大的时代，建设有中国特色的哲学社会科学是历史的呼唤，时代的强音，是推进中国特色社会主义事业的迫切要求。我们要不断增强使命感和责任感，立足新实践，适应新要求，始终坚持以马克思主义为指导，深入贯彻落实科学发展观，以构建具有中国特色社会主义哲学社会科学为己任，振奋精神，开拓进取，以改革创新精神，大力推进高校哲学社会科学繁荣发展，为全面建设小康社会，构建社会主义和谐社会，促进社会主义文化大发展大繁荣贡献更大的力量。

教育部社会科学司

# 前　言

中国20世纪20年代曾有是走城市化、现代化道路，还是走乡村建设、本土儒学人文重构之路的文化大讨论、学术大争鸣，本来就是"五四"新文化东西文化之争的"落地"争鸣版本，"城市"与城市化，标志着"西化"、"工业化"与现代化，而梁漱溟的"乡村"建设与费孝通的"小城镇"，则是融合现代化之后的本土化与人文、文化主体性的重构，故而与中国文化复兴、本土经济复兴密切相关。

中国本土文化没有城市与城市化吗？显然是不对的。只是中国的城市是田园城市（产业）、生态城市（人居）、宫廷城市（政治）、庄园城市（经济）、军事城市（国防）、园林城市（艺术），而不是工业城市。万里长城的雄伟（国防与军事）、圆明园、颐和园的皇家气象（宫廷与政治、生态与艺术）、苏州园林的江南诗梦（生态与园艺、经济与文化）、台儿庄古镇与腾冲和顺古镇的汉唐遗风与桃源风采（田园与人居）、古开封、洛阳、西安的气象万千与繁华宫廷（宫廷政治与经济、文化、生态、艺术），既是城市文化诗学的美学表达系统，也是农业文明时期的城市科学、文化、生态建构体系。

梁漱溟所忧患者，是城市化、现代化与本土人文、人文主体、文化体系的暂断、断裂与断层，是中国士大夫人文、知识分子文化阶层与广土乡村大众两个文化主体及其文化自组织体系、文化生态系统的失语、失传与失忆，断裂与断层，毁灭与毁弃。龚自珍曾言："灭人去国者，必先灭其史。"如果一个民族、国家的文化传统、文化史被毁弃了，人文、文化主体与载体、生命与土壤破坏、毁弃了，文化又靠什么承传，如何承传与发展、复兴呢？

人类文明的起源有两个要素，一是文字记载，二是人居社会，就是城乡社区、城镇与城市。如果仅有语言文字的存活与传承，而器物、技术、制度、习俗的城乡文明体系失传、失语、失忆、失土，岂不是国家、民族文明的毁灭与自弃、毁弃？

更为要命的是城市从符号、人文到生态系统的紊乱，导致了工业化、城市化更为严重的"雾霾"危机、生态危机、食品安全危机问题，以及相关的信用危机、信仰危机问题、蜗居问题、金融危机问题、失业问题、犯罪问题等等其他社会问题。

艺术家陈丹青说，最糟糕的是我们失去了文化的主体"文化人"，钱学森之问直逼教育、文化、科技的核心问题，大学不出领袖、知识领袖与人才，城市就难出文化、文化巨人。

正是在这一"文化失语"的挑战中，文化产业、文化创新大发展的城市文化体系建构，成为产业、经济、区域、城市转型的创新引擎与相关知识文明创新体系内核、核心、轴心的"文化再造"，我们在这里提出城市、城乡、乡镇、乡土、本土文化复兴与文化再造的问题、目标与对策，在后殖民经济、文化反思的基础上，结合城市本土文化复兴、文化再造与自主创新、文化创新、创新体系发展的双向内核体系建构，中国城市、区域经济持续增长与安康社会生活品质建构的两大世界共识，结合中国经济转型与发展、自主与创新原理及其文化自觉与经济崛起的主体经济学、文化经济学等"后经济"理论体系的建构，提出文化主导资本、文化资本主导城市化与新型城镇化的理论体系与规划体系、创新体系，并在对经济学理论内核变革的系统研究中，提出中国"基于文化创意理念"的城市转型、发展的经济学、文化学规划基础理论与理论体系，同时又以之纳入规划科学、生态科学、人居科学、艺术科学、文化科学、管理科学、经济科学的系统考察与人类学、文化学、社会学、民俗学、美学、心理学、民族学、区域科学的跨学科系统研究体系中，形成这一"城市文化与国家治理"的研究体系，并结合近年我主持的建设部、中宣部、财政部、科技部、社科学院"文化强国目标与战略研究"重大攻关项目、规划项目的协同创新研究成果与跨区域、跨领域、跨文化的城市规划与城市文化、产业规划与文化产业、产业预见与创新预见研究课题与成果，案例与实验，形成这一系统的研究体系与最终成果。

城市文化的研究，既要有文化的深度与文化体系，又要有经济学的理论深度与创新体系，还要有国家治理的管理科学深度与对策模型目标的治理体系；既要有人类学、文化学、社会学研究的理论视野、深度与体系，又要有反思人类学、反思经济学、反思文化学的思辨深度与知识文明创新体系；既要有理论研究的深度与体系，又要有案例、实验、实证研究的功夫与体系；既要有对策、模型的内容分析，又要有指标、模型与评估体系、发展指数建构的定量研究体系。这一庞大的系统与跨度耗尽了我近十年的心血与功夫，不敢随意分与合作团队的课题组成员去分工与组合，最后只能是以自己为主，几乎用八年的时间完成全部的专题研究与整体著述，算是一个初步的交卷。

因而从更深一个层面说，"基于文化创意理念"的中国当代城市建设的文化复兴、文明再造问题，不是简单的城市本土文化风格、符号的修复，更主要的还有从器物、技术到制度、风格，从自组织主体有机生命到自主创新文化体系的文明再造与文化复兴，以延伸、拓展城市的文化承载灵魂、生命与内容、空间，历史时间与生命空间，这才是"基于文化创意理念"的城市建设的本质问题。而要做好这一切，就不是简单的"建设者"或"规划师"、"创意群落"、"创意设计师"、"创意工程师"所能完成的，这只是城市舞台剧本，内容的"编剧"、"策划人"，它还需要城市的"制片人"，也就是政府的公共管理，与大众主角的文化主体，这才是城市主体文化自组织体系的塑造。这就涉及到城市的文化主体建构，城市文化的塑造及与之相对称的国家治理、文化治理、规划治理体系的建构。

近年的"城市化"，几乎完全是乡村、本土文化在工业化中被殖民化，从而成为"他者"现代化、金融化的殖民过程，城市建设者"民工"逻辑语汇的出现，说明这一"殖民"过程已侵入乡土主体，而乡村、本土的村舍、村镇，无论从建筑、社区，还是庄园、经济，都几乎到了崩溃的边缘。好多岭南建筑的优美村落，被整体"遗弃"，在原生村落旁建起"现代"不伦不类的"别墅"式农舍。乡村人文、文化生态已毁弃、失语、失传、失忆，"城市"充其量只是"房子"、"资产"甚或是"鬼城"的疯狂扩张、殖民化扩张，这使城市文明、生态文明、人居文明、幸福文明、安康文明、安全文明、中华文明、自主文明遭到了前所未有的破坏。

另一方面，曾有的建筑大师或科学家在城市建设、建筑上的"失语"，与政府管理、国家治理的越位，也使中国城市建设成为水泥钢筋、文化失忆的"裸城"，成为工业化的"钢城"，比如北京，如按梁思成的意见与建议，老北京原封不动，另辟工业化、现代化的北京，又何至于成为今日之"四不像"与建筑文化"失语"的北京呢？

中国的城市化与现代化是不可逆的，城市文化的建设路子更要科学、谨慎。这不仅是规划、设计的问题，还有文化创新、治理的问题；不仅是建筑、社区、区街、城市及风格、符号硬体规划、建设的问题，还有城市灵魂、精神、人文、文化的主体建设问题；不仅是人文、文化的建设问题，还有生态、环境的建设与经济转型、腾飞的可持续发展的创新、发展问题。

美国称为"人类之爱"的规划大师芒福德曾有《城市文化》一书，阐述了城市与城市规划的文化本质与人文本质及其相关的规划思想与规划理论、规划体系。中国城市文化建设的科学思路、路径与方法，涉及规划科学、管理科学、信息科学与人类学、文化学、社会学、经济学、金融学的世界知识文明创新体系的一系列基础理论、应用基础理论及应用研究体系，既是学术性的，又是思辨性的、历史性的、实验性的、实证性的、创新性的。《城市文化与国家治理——当代中国城市建设理论内涵与发展模式建构》这一综合理论、学术、实验、实证、创新成果的完成，但愿能为中国方兴未艾的新型城镇化的再城市化与"人"的城市化的文化产业的研究，提供一个抛砖引玉的开篇。同时作为这一重点攻关项目的副产品，已出版了《文化资本论》、《版权经济论》、《文化科学概论》、《艺术科学论》、《文化再造：中国文化产业实操》的基础理论与应用案例研究体系的多部学术著述，可见其研究体系的复杂性与跨学科体系探索的庞大与艰巨。

2015年3月25日，北京凌云书堂

# 摘 要

**导**论"文化创意理念"的理论缘起、范畴、内涵与创新、发展、反思,较为全面地阐述了支配世界财富中心转移的城市化、知识化、非物质化、全球化"文化创意理念"的理论缘起、体系与世界知识文明创新体系的演化。导论主要涵盖五方面内容:一是"文化"的正、反、合理论思维变革与"创意"的知识财富价值转移;二是"文化创意理念"的"复合"主体内涵与跨学科理论范畴的知识拓展;三是"文化创意理念"的非物质经济转型与现代经济学理论体系的创新与突破;四是"文化创意理念"的发展与共识;五是"文化创意理念"的反思文化学理论思辨与反思经济学文化书写。

第一编基于"文化创意理念"的当代中国城市建设转型与发展研究主要涵盖六方面内容:一是中国新型城镇化人类文明创新目标与对策模型研究,阐释了新型城市化的本土人文之根与生态建设之本,分析了中国新型城镇化对传统与现代、群体与个体、人文与经济、产业与城镇、经济与生态、公平与发展、世界与本土七大世界文明难题的挑战、创新与突破;二是文化再造与新型城镇化的安康社会构建;三是文化输出与城市输出;四是基于"文化创意理念"的当代中国城市建设发展问题研究;五是"文化创意理念"的科学原理与相关知识模型、创新体系阐发;六是城市文化创意的指标模型建构与理论内涵。

在吸收国内外城市文化建设、模型建构、评价指标体系基础上,第一编创造性地提出与阐发了城市文明"三字经"的文化诗学体系。在理论上,提出本土人文与生态建设目标以及世界文明难题的破解与突破,从小康到安康社会的新型城镇化理论内涵建设、评估指标模型建构与创新体系转型。在对策上，提出本土人文自组织的文化主体架构，群体与个体重构的社区文化建设的转型，"文化地球村"的商业网络市场体系建设与信息基础设施的发展，产城一体化的人居、民生双向建构与物质、非物质复合发展的经济转型，生态化的环境规划建设与生态农业的田园物业发展，医疗、教育、文化社会保障体系与新兴市场体系发展，世界知识文明发展与管理文明建设。在城市化转型发展实践上，提出从物质经济到非物质经济文化转型、从金融工具到人文家园价值转型的文化重构与都市再造模型。在全球化、城市化发展趋势上，提出产业森林与产业输出、生态森林与城市输出、文化森林与文化输出、知识森林与知识输出的发展目标与发展格局。在发展问题上，提出"粗陋城镇化"与"土地金融"城镇化、"千城一面"与生态环境、文化地产、文化园区及金融资本主导城市化的文化异化、文化失语等一系列发展问题。在文化创意理论内涵、评价指标与模型建构上，提出创新体系与理论建设、文化转型等问题。

第二编当代中国城市转型的经济原理与发展模型研究——基于"文化创意理念"的当代中国城市建设的文化模型与创新模式研究主要涵盖五方面内容：一是完成了中国当代城市创新模式与发展模式的创新原理与经济原理、自主原理与增长原理的经济理论体系与自主创新理论体系研究；二是完成了中国当代城市转型与文化创意城市建设关系基础理论阐发与相关模型建构、发展指数与指标体系建构；三是完成了转型模式与发展模式、经济转型与文化发展、创新模型与规划评估指标体系的理论阐发与模型建构，提出了文化是优化生产力结构的核心要素；四是完成了相关经济学理论体系的阐发，提出了城市化国际分工市场经济理论与现代经济学理论发展中后殖民经济三大定律批判与文化三大定理反思的系统经济学理论与文化学理论，还提出了城市转型与创新、结构升级与优化的经济学理论依据与文化学理论思考的一系列创见、观点与学术理论体系。

第三编基于"文化创意理念"的文化科学与城市规划理论研究完成了文化科学跨学科理论体系的系统阐发，构建了"文化创意理念"的科学体系与认知科学理论体系，提出了文化科学的发展观与文化科学的方法论、文化创新的相关理论体系及当代人文社会科学重构的发展趋向与问题、知识模型与理论体系。本编主要涵盖以下四方面内容：一是从自然科学、管理科学、信息科学、规划科学、认知科学、人文科学、社会科学、艺术科学与文化科学融会视角阐发了基于"文化创意理念"的中国当代城市建设理论体系；二是对从易经的知识文明总纲、起源到当代知识城市建设、知识文明发展的学术文化史与文化科学史、科学思想史、科技哲学史及相关史学体系、史学理论进行了思考与探索；三是分析了人类学、文化学、社会学等文化科学的基本构成及理论体系；四是系统阐发了基于"文化创意理念"的文化科学体系。

第四编基于"文化创意理念"的当代中国城市建设的创新体系与转型模式研究，形成了基于"文化创意理念"的中国当代城市建设研究的系统理论和学术观点，建构了相关创新模型、转型模式和指标体系。本编主要涵盖五方面内容：一是完成了基于"文化创意理念"的中国城市建设转型发展模式研究，构建了城市化的自主创新体系；二是完成了城市化、区域化、知识化、全球化转型的创新体系与发展模型构建，系统阐发了基于"文化创意理念"的城市文化转型模式与功能元素创新体系；三是完成了基于"文化创意理念"的城市建设体系创新模型与转型模式建构，分析了世界城市建设体系、创意城市建设体系人文类型与发展模式，系统阐发了基于"文化创意理念"的城市建设体系的科学创造力；四是完成了基于"文化创意理念"的当代城市建设的发展模式研究，分析了中国城市建设方法论与文化战略的相关技术路线，构建了中国城市建设人文类型与对策模型创新体系；五是完成了基于"文化创意理念"的都市再造研究，系统分析了中国当代城市建设都市再造与文化创新引擎产业重构等时代重大前沿问题。

第五编基于"文化创意理念"的中国当代城市建设发展模式的社会学研究主要涵盖五方面内容：一是完成了新中国60年城市发展各历史阶段的文化模式分析，从经济学、社会学、规划科学及环境生态学角度阐释了中国城市化30年的发展演变；二是完成了中国当代城市发展的社会学研究，对中国当代城市病进行了系统的社会学、生态学及心理学分析；三是完成了中国城市发展的国际比较研究；四是完成了中国城市发展难题的文化之解研究，构建了中国城市文化创新模式与文化模式，揭示了外来文化对中国城市文化的影响；五是完成了中国城市文化的理想范式与拟量指标体系研究。

第六编中国城市区域文化渊源与文化类型研究——基于"文化创意理念"的当代中国城市建设区域科学研究，完成了中国城市与区域文化地理、历史、教育、社会心态、经济、民俗、宗教、建筑、文学、语言、服饰全要素的区域科学研究，并从历史学、地理学、社会学、人类学、文化学、民俗学、宗教学、语言学、建筑学、美学及哲学角度对其进行了系统阐发。

# Abstract

The Introduction, the Theoretical Origin, Category, Connotation of and the Innovation, Development and Reflection of "Cultural Originality Concept" (COC), comprehensively elaborates the evolution of global knowledge and civilization innovation system, and the theoretical origin and system of COC with urbanization, intellectualization, non-materialization and globalization which dominates the transfer of world wealth center. The introduction includes five aspects: 1) the positive, negative and combined theoretical thought reform of "culture" and the intellectual wealth value transfer of "originality"; 2) the "compound" main body connotation of COC and the intellectual expansion of interdisciplinary theoretical category; 3) the innovation and breakthrough of the non-material economy transformation and the theoretical system of modern economics of COC; 4) the development and the common view of the COC; 5) the reflection of culture theoretical speculation and the reflection of economic cultural writing under COC.

Part I, the Study of the Transformation and Development of Contemporary Chinese Urban Construction Based on COC, includes six aspects: 1) the study of the innovation goals and countermeasure models of the new-type urbanization in China, the study of the local humanity roots and ecological construction basis under new-type urbanization, the challenge, innovation and breakthrough of seven world civilization problems including the humankind tradition and modernness, the group and individual, the humanity and economy, the industry and town, the economy and ecology, the fairness and development, and the globe and Region by Chinese new-type urbanization; 2) the cultural reconstruction and the construction of safe and healthy society in the new-type urbanization; 3) the cultural output and urban output; 4) the study of the problems of contemporary Chinese urban construction and development based on COC;

5) the explication of the scientific principles, relevant knowledge models and innovation systems of COC; 6) the construction of index models and the explication of theoretical connotation of urban cultural originality.

Part I creatively proposes and explicates the cultural poetic system of the "Three Character Primer" about urban civilization by absorbing the urban cultural construction, the model construction and the evaluation index system at home and aboard. It theoretically proposes the goals of local humanity and ecological construction and the breakthrough of world civilization problems which are related to this, the construction of the theoretical connotation, evaluation index model and innovation system of new-type urbanization under the transformation from the well-off society to the safe and healthy society. As for the countermeasures, it proposes the construction of the cultural main body of local humanity self-organization, the transformation of community cultural construction in the group and individual reconstruction, the construction of commercial network market and the development of information infrastructure in the "Global Village of Culture", the integration of industry and town in the two-way construction of dwelling and livelihood and the economic transformation of the compound development of material and non-material, the planning and construction of ecological environment and the field and property development of ecological agriculture, the development of the medical treatment, education, cultural and social guarantee system of new-type urbanization and the emerging market system, and the development of global knowledge and the construction of management civilization. From the development and practice of urbanization transformation aspect, it proposes the cultural transformation from the material economy and the non-material economy and the models of cultural and urban reconstruction from the financial tool to the humanity homeland. From the development trend of globalization and urbanization aspect, it proposes the development goals and patterns of the industrial forest and industrial output, the ecological forest and urban output, cultural forest and cultural output, intellectual forest and intellectual output. From the developmental problems aspect, it proposes a series of developmental problems including the "shabby urbanization", the urbanization of "land and finance", the ecological environment, cultural estates and cultural industrial park in a "thousand same-faced cities", the cultural alienation and cultural aphasia in the urbanization which is dominated by the financial capital. From the aspect of the theoretical connotation, evaluation index and model construction of cultural originality, it proposes the innovation system, the theoretical construction and the cultural transformation etc.

Part II, the Study of the Economic Principles and Development Models of Contemporary Chinese Urban Transformation—The Study of the Cultural Models and Innovation Models of Contemporary Chinese Urban Construction Based on COC, includes five aspects: 1) the study of the economic theoretical system and autonomous innovation theoretical system about the innovation principles, economic principles, autonomous principles and increase principles of Chinese contemporary urban innovation models and development models; 2) the explication of the basic theories of contemporary Chinese urban transformation and cultural original urban construction relations, and the construction of relevant models, developmental indexes and index systems; 3) the theoretical explication and model construction about the construction of transformation and development models, economic transformation and cultural development, innovation models and planning and evaluation index system, it proposes that culture is the essential factor for optimizing the productivity structure; 4) the explication of relevant economic theoretical system and proposes the systemic economic theory and the culturology theory through the criticizing of the three post-colonial economic laws and the reflection of three cultural theorems which are formed through the development of the market economy theory and modern economics theory in the urbanization and the international labor division. It also proposes a series of original ideas, opinions and academic theoretical systems based on the economic theoretical basis and culturological theoretical reflection of urban transformation and innovation, and structural upgrading and optimization.

Part III, the Study of the Cultural Science and Urban Planning Theory Based on COC, completes the systemic explication of the interdisciplinary theoretical system of cultural science and proposes the scientific system and the theoretical system of cognitive science based on the COC, the content analysis of the development concept, methodology and relevant theoretical system of cultural science and the development trends and problems, knowledge models and theoretical systems of the reconstruction of the contemporary humanities and social science. It includes four aspects: 1) explication system of contemporary Chinese urban construction theory based on COC and the mixing of natural science, management science, information science, planning science, cognitive science, humanity science, social science, art science and cultural science; 2) the reflection and exploration of the knowledge and civilization outline and the origin of *Book of Changes* and the history of academic culture, cultural science, scientific thought, science and technology and philosophy and other relevant historical systems and historical theories in the construction of contemporary intellectual cities and the development of intellectualization and civilization; 3) the explication of the basic constitution and theory of cultural sciences including the anthropology, the culturology and the sociology etc.; 4) the theoretical reflection and exploration of the cultural and science system based on COC.

Part IV, the Study of the Construction Innovation Systems and Transformation Models of Contemporary Chinese Cities Based on COC, forms the systemic theories and academic ideas of contemporary Chinese urban construction based on COC, and the construction of other relevant innovation models, the analysis of transformation models and the construction of index systems. It includes five aspects: 1) the study of developing model of Chinese urban construction transformation, constructs the independent innovation system of urbanization; 2) the construction of the innovation systems and development models in the transformation of urbanization, regionalization, intellectualization and globalization, the systemic explication of the transformation models of urban culture and the innovation systems of functional elements based on COC; 3) the construction of the innovation models and transformation models of urban construction system based on COC, the study of the humanity types and development models of global urban construction system and original urban construction system, the systemic explication of the scientific creativity of urban construction system based on COC; 4) the study of the methodology of contemporary Chinese urban construction and the relevant technological routes of cultural strategy based on COC, and the study of the innovation system of the humanity types and countermeasure models of Chinese urban construction based on COC; 5) the study of the urban reconstruction based on COC, and the study of a series of contemporary significant frontier problems such as contemporary Chinese urban construction and industrial reconstruction of cultural innovation engine.

Part V, the Sociological Study of the Development Models of Contemporary Chinese Urban Construction Based on COC, includes five aspects: 1) the analysis of the cultural models of different historical stages in the 60 years' urban development of New China and the analysis of Chinese 30 years' urbanization from the economics, sociology, planning science and environmental ecology points; 2) the exploration of urban diseases in the development of Chinese cities and the analysis of contemporary Chinese urban diseases from the sociology, ecology and psychology points; 3) the international comparative study of Chinese urban development; 4) the analysis of the difficulties in Chinese urban development from the culturology point, and the analysis of the innovation models and cultural models of Chinese urban culture and the analysis of the influence of foreign culture on Chinese urban culture; 5) the study of the ideal paradigms of Chinese urbanization and the para-quantity index system.

Part VI, the Study of the Cultural Origins and Types of Chinese Urban Areas—The Study of Contemporary Chinese Urban Construction From the Regional Science Point and Based on COC, completes the study of Chinese cities, regional culture, geography, history, education, social psychology, economy, folk custom, religion, architecture, literature, language and dresses from the regional science point, and it also completes the systemic explication of history, geography, sociology, anthropology, culturology, folklore, religion, linguistics, architectonics, aesthetics and philosophy.

# 目 录
Contents

导论 ▶ "文化创意理念"的理论缘起、范畴、内涵与创新、
发展、反思　1

　第一节　"文化"的正、反、合理论思维变革与"创意"的知识财富价值
　　　　　转移："文化创意理念"的理论缘起　1
　第二节　知识革命的主体建构与"文化创意理念"的科学发展：
　　　　　"文化创意理念"的"复合"主体内涵与跨学科理论范畴的
　　　　　知识拓展　5
　第三节　主体经济学的理论内核变革与国家治理体系转型的文化再造：
　　　　　"文化创意理念"的非物质经济转型与现代经济学理论
　　　　　体系的创新与突破　6
　第四节　知识化的创新驱动与城市化的世界共识："文化创意理念"
　　　　　的发展与共识　7
　第五节　再反思与再批判："文化创意理念"的反思文化学理论思辨与
　　　　　反思经济学文化书写　8

## 第一编
### 基于"文化创意理念"的当代中国城市建设转型与发展研究　11

第一章 ▶ 中国新型城镇化七大人类文明难题破解的创新目标与
对策模型研究
　　　　——新型城镇化的本土人文之根与生态建设之本的
　　　　创新基础研究　13
　第一节　传统与现代：本土儒学的"宗遗文化"承传与乡村人文自组织的
　　　　　文化主体建构　13

第二节 群体与个体：宗祠、族群的建筑符号与社区
文化建设的转型　15

第三节 人文与经济：城镇化、信息化基础设施发展与"文化地球村"
的商业网络市场体系建设　18

第四节 产业与城镇：人居、民生双向建构的产城一体化与物质、
非物质复合发展的经济转型　20

第五节 经济与生态：生态化的环境规划建设与生态农业的
田园物业发展　22

第六节 公平与发展：新型城镇化的医疗、教育、文化社会保障
体系建构与新兴市场体系发展　23

第七节 世界与本土：知识化、全球化的世界知识文明发展与法制化、
民主化的管理文明建设　25

## 第二章 ▶ 文化再造与新型城镇化的安康社会构建　27

第一节 从小康理想到安康社会目标转型的文化再造　29
第二节 从物质经济到非物质经济转型的文化再造　31
第三节 从"水泥森林"到"产业森林"区域
转型的文化再造　32
第四节 从金融工具到人文家园价值转型的文化再造　33
第五节 生态桃源与"文化地球"功能转型的文化再造　33
第六节 文化再造的城市文化诗学阐发　34

## 第三章 ▶ 文化输出与城市输出　37

第一节 产业森林与产业输出　37
第二节 生态森林与城市输出　39
第三节 文化森林与文化输出　41
第四节 知识森林与知识输出　42

## 第四章 ▶ 基于"文化创意理念"的当代中国城市建设发展
问题研究　44

第一节 "粗陋家园"的城镇化与土地金融的城镇化反思　45
第二节 "千城一面"的城市建筑规划与形象、风格、
符号的问题研究　45

第三节 生态环境与宗祠族群村社人文自组织功能
退化的问题研究 46

第四节 文化创新与"文化地产"异化问题研究 47

第五节 金融资本与城市文化建设的异化问题研究 47

## 第五章 ▶ "文化创意理念"的科学原理与相关知识模型、创新体系阐发 49

第一节 城市"文化创意理念"的跨学科阐发 49

第二节 基于"文化创意理念"的城市文明知识模型阐发 54

第三节 基于"文化创意理念"的当代中国城市建设
非物质化转型 61

## 第六章 ▶ 城市文化创意的指标模型建构与理论内涵阐发 64

第一节 安康社会转型的城市文化创意指标模型体系建构 64

第二节 城市文化创意指标模型体系建构的理论内涵阐发 66

# 第二编

## 当代中国城市转型的经济原理与发展模型研究

——基于"文化创意理念"的当代中国城市建设的
文化模型与创新模式研究 73

## 第七章 ▶ 中国当代城市非物质经济转型的经济原理研究 75

第一节 中国城市化转型发展的经济学原理与文化模型研究 76

第二节 文化自觉的城市转型与文化资本的创新原理研究 78

第三节 现代经济学十大原理的反思与文化资本的理论体系阐发 81

第四节 经济学的社会实践本质与文化资本的主体性理论本质 86

## 第八章 ▶ 文化创新的知识城市建设的模型研究 95

第一节 文化自觉与"全面文化"的城市化创新
体系与模型研究 95

第二节 知识城市建设与城市文化建设的模型、指标体系建构 98

## 第九章 ▶ 基于"文化创意理念"的中国当代城市建设的文化类型研究　104

　　第一节　文化创意城市建设的文化类型研究　104
　　第二节　文化创意城市概念的内涵与外延　108
　　第三节　文化创意城市建设的国际比较优势研究　110
　　第四节　文化创意城市的发展模式与文化模型建构　111

## 第十章 ▶ 从外向到内源的文化创新与都市再造　114

　　第一节　大都市区域化创新模型与国家创新体系的建构　114
　　第二节　桃花源模式的文化内涵与内源城市化创新模型的建构　115
　　第三节　从外向到内源的文化创新与都市再造概述　117

## 第三编　基于"文化创意理念"的文化科学与城市规划理论研究　119

## 第十一章 ▶ 文化创意的文化科学体系与当代中国文化创意城市规划体系研究　121

　　第一节　文化创意的城市创造力与城市转型的基础理论研究　121
　　第二节　城市文化竞争力评价指标体系与城市文化创意规划建设体系研究　123

## 第十二章 ▶ "文化创意理念"的认知科学基础理论与国家创新体系转型研究　125

　　第一节　文化生产力的认知科学基础研究　125
　　第二节　文化经济的知识变革模型研究　127
　　第三节　"文化创意理念"的国家创新体系转型研究　132

## 第十三章 ▶ 都市创新体系的文化科学与"文化创意理念"的知识创新体系研究　136

　　第一节　"文化创意理念"的知识模型与都市创新体系的文化科学研究　136

第二节　"文化创意理念"的人文科学文化理论研究　　140

第三节　"文化创意理念"的社会科学经济理论研究　　142

第四节　"文化创意理念"的认知科学创新理论研究　　144

第五节　"文化创意理念"的鉴识科学测绘理论研究　　145

## 第十四章 ▶ "文化创意理念"的文化科学体系研究
——文化科学的基础理论研究与当代人文社会科学的重构　　148

第一节　从物质经济到非物质经济的经济学与文化学重构　　148

第二节　当代世界后殖民文化的反思与人文科学的重构　　150

第三节　当代世界后殖民经济的反思与社会科学的重构　　151

第四节　文化产业的创新发展与当代认知科学、鉴识科学的重构　　154

## 第十五章 ▶ 文化资本的创新基础与文化繁荣的科学发展规律　　156

第一节　基于"文化创意理念"的中国城市化发展的理论问题　　156

第二节　文化繁荣的创新基础与文化发展的科学基础　　161

## 第十六章 ▶ 基于"文化创意理念"的文化科学体系阐发
——当代文化的知识生态与知识文明创新体系的跨学科阐发　　166

第一节　文化科学与人文科学的知识文明阐发　　167

第二节　文化科学与自然科学的知识文明阐发　　169

第三节　文化科学与社会科学的知识文明阐发　　170

第四节　文化科学与艺术科学的知识文明阐发　　170

第五节　文化科学与信息科学的知识文明阐发　　172

第六节　文化科学与环境科学的知识文明阐发　　172

第七节　文化科学与认知科学的知识文明阐发　　174

第八节　文化科学与规划科学的知识文明阐发　　175

第九节　文化科学与鉴识科学的知识文明阐发　　176

第十节　文化科学与教育科学的知识文明阐发　　177

第十一节　文化科学与系统科学的知识文明阐发　　179

第十二节　文化科学与人居科学的知识文明阐发　　180

第十三节　文化科学与管理科学的知识文明阐发　　181

## 第四编

### 基于"文化创意理念"的当代中国城市建设的创新体系与转型模型研究　183

**第十七章 ▶ 基于"文化创意理念"的中国城市建设转型的发展模式研究　185**

　　第一节　全球语境的文化自觉与城市化的文化自主创新　185

　　第二节　城市文化理念的觉醒与城市化的自主创新体系研究　190

**第十八章 ▶ 城市化、区域化、知识化、全球化转型的创新体系与发展模型研究　194**

　　第一节　城市化、区域化、知识化、全球化转型的发展模型研究　194

　　第二节　文化生产力创新体系与文化城市化发展模式研究　199

**第十九章 ▶ 基于"文化创意理念"的城市文化转型模式与创新体系研究　202**

　　第一节　都市创新体系与模型的概念性规划体系研究　202

　　第二节　基于"文化创意理念"城市规划建设体系的创新模型研究　208

　　第三节　基于"文化创意理念"的城市规划建设体系的功能模式研究　210

**第二十章 ▶ 基于"文化创意理念"的当代中国城市建设的发展模式研究　216**

　　第一节　基于"文化创意理念"的中国城市建设发展模式研究　217

　　第二节　基于"文化创意理念"的中国城市建设人文类型与对策模型研究　219

**第二十一章 ▶ 基于"文化创意理念"的都市再造　222**

　　第一节　非物质城市结构的文化资本缔造　222

　　第二节　产业重构与都市再造的文化资本创新　224

　　第三节　文化测绘与文化博弈　227

第四节　文化产业的城市化创新方向　228
第五节　都市再造的智力经济创新　230
第六节　北京世界创意城市建设的文化产业发展分析　235
第七节　都市再造的文化产业创新引擎　241

## 第五编
### 基于"文化创意理念"的中国当代城市建设发展模式的社会学研究　249

### 第二十二章 新中国60年城市发展各历史阶段的文化模式分析
——基于"文化创意理念"的当代中国城市建设的历史文化研究　251

第一节　中国城市化与城市化文化建设理念的历史反思　251
第二节　中国60年城市发展的文化模式分析　255
第三节　中国城市化30年发展的经济学分析　260
第四节　中国城市化30年文化变迁的社会学分析　266
第五节　中国城市化30年空间结构的规划科学分析　270
第六节　中国城市化30年的环境生态学描述　274

### 第二十三章 中国当代城市发展的社会学研究　278

第一节　中国当代城市病的社会学分析　278
第二节　中国当代城市病的生态学分析　284
第三节　中国当代城市病的心理学分析　286

### 第二十四章 中国城市发展的国际比较　292

第一节　西方发达国家的城市化道路：经验及教训　292
第二节　发展中国家的城市化道路　309

### 第二十五章 中国城市发展难题的文化之解
——基于"文化创意理念"的当代中国城市建设的人类学研究　317

第一节　城市文化的理念　317
第二节　城市创意的文化理念与创意城市的创新理念　318

第三节　中国城市文化的创新模式与文化模式分析　319

第四节　外来文化对中国城市文化的影响　322

## 第二十六章 ▶ 中国城市文化的理想范式与拟量指标体系研究　326

第一节　都市极的创新结构与城市文明的核心技术体系研究　326

第二节　"文化创意理念"的经济文化原理、理论体系与城市化建设发展模型　328

第三节　"基于文化创意理念"的中国城市文化治理体系与评估系统的指标模型研究　331

# 第六编

## 中国城市区域文化渊源与文化类型研究

——基于"文化创意理念"的当代中国城市建设区域科学研究　335

## 第二十七章 ▶ "自然"的社会模型与文化类型的区域科学阐发
——城市区域文化的地理渊源研究　337

第一节　地理环境与区域文化的人文地理模型研究　338

第二节　地理环境的自然模型与文化类型研究　339

第三节　中国区域文化的文化类型与表现形态研究　344

第四节　中国区域文化类型的历史模型研究　345

第五节　区域文化模型的综合人文类型研究　348

## 第二十八章 ▶ "自然"的历史文明模型与文化类型的区域科学阐发
——城市区域文化的历史渊源研究　352

第一节　中国区域文化的地理、历史模型研究　353

第二节　中国区域文化的建筑模型与人文类型研究　355

第三节　中国区域文化的民俗模型与人文类型研究　356

第四节　中国区域文化的宗教模型与人文类型研究　359

第五节　中国区域文化的方言模型与人文类型研究　361

## 第二十九章 ▶ 中国区域文化的知识文明模型与文化类型研究
——城市文化与知识文明模型的区域科学阐发　366

第一节　区域与城市文化的潜文化模型研究　366

第二节　潜文化的风俗制度与思维方式类型研究　369

　　第三节　法国年鉴学派对潜文化"长时段"文化类型的历史
　　　　　　发掘与理论发现　371

# 第三十章▶区域与城市文化的科技、教育知识文明模型研究　380

　　第一节　人的"社化"过程与区域文化的科技、教育类型研究　380

　　第二节　中国区域文化的经济类型与知识文明模型研究　383

　　第三节　区域经济科技模型与城市文化教育类型的知识文明融合　385

**参考文献**　390

**后记**　399

# Contents

**Introduction　The Theoretical Origin, Category, Connotation of and the Innovation, Development and Reflection of "Cultural Originality Concept" (COC)　1**

　　Section Ⅰ　The Positive, Negative and Combined Theoretical Thought Reform of "Culture" and the Intellectual Wealth Value Transfer of "Originality": the Theoretical Origin of COC　1

　　Section Ⅱ　The Main Body Construction of Intellectual Revolution and the Scientific Development of COC: the "Compound" Main Body Connotation of COC and the Intellectual Expansion of Interdisciplinary Theoretical Category　5

　　Section Ⅲ　The Theoretical Core Reform of Main Body Economics and the Cultural Reconstruction in the Transformation of National Management System: the Innovation and Breakthrough of the Non-material Economy Transformation and the Theoretical System of Modern Economics of COC　6

　　Section Ⅳ　The Intellectualized Innovation Drive and the Global Common View of Urbanization: the Development and Common View of COC　7

　　Section Ⅴ　Further Reflection and Further Criticizing: the Reflection of Culturological Theoretical Speculation and the Reflection of Economic Cultural Writing Under COC　8

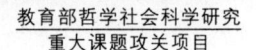

# Volume I

The Study of the Transformation and Development of Contemporary Chinese Urban Construction Based on COC    11

Chapter I    The Study of the Innovation Goals and Countermeasure Models of the Humankind Civilization Under Chinese New – Type Urbanization
——the Study of the Innovation Basis of Local Humanity Roots and Ecological Construction Basis Under New – Type Urbanization    13

     Section I    Tradition and Modernness: the Inheritance of the Religious Heritage and Culture of Local Confucianism and the Cultural Main Body Construction of the Self – Organization of Country Humanity    13

     Section II    Group and Individual: the Architectural Symbols of Ancestral Halls and Ethnic Groups and the Transformation of Community Cultural Construction    15

     Section III    Humanity and Economy: the Infrastructural Development Under Urbanization and Informatization and the Construction of Commercial Network Market in the "Global Village of Culture"    18

     Section IV    Industry and Town: the Integration of Industry and Town in the Two – Way Construction of Dwelling and Livelihood and the Economic Transformation of the Compound Development of Material and Non-material    20

     Section V    Economy and Ecology: the Planning and Construction of Ecological Environment and the Field and Property Development of Ecological Agriculture    22

     Section VI    Fairness and Development: the Construction of the Medical Treatment, Education, and Cultural and Social Guarantee System of New – Type Urbanization and the Development of Emerging Market System    23

Section VII　Globe and Region: the Development of Global Knowledge and Civilization Under Intellectualization and Globalization and the Construction of Management Civilization Under Institutionalization and Democratization　25

## Chapter II　Cultural Reconstruction and the Construction of Safe and Healthy Society in the New - Type Urbanization　27

Section I　The Cultural Reconstruction Under the Transformation From the Well-off Society to the Safe and Healthy Society　29

Section II　The Cultural Reconstruction Under the Transformation From the Material Economy and the Non-material Economy　31

Section III　The Cultural Reconstruction Under the Transformation From the "Concrete Forest" Area to the "Industrial Forest"　32

Section IV　The Cultural Reconstruction Under the Value Transformation From the Financial Tool to the Humanity Homeland　33

Section V　The Cultural Reconstruction Under the Functional Transformation From the Ecological Land of Peach Blossoms to the "Cultural Earth"　33

Section VI　The Poetic Explication of Urban Culture Under Cultural Reconstruction　34

## Chapter III　Cultural Output and Urban Input　37

Section I　Industrial Forest and Industrial Output　37
Section II　Ecological Forest and Urban Output　39
Section III　Cultural Forest and Cultural Output　41
Section IV　Intellectual Forest and Intellectual Output　42

## Chapter IV　The Study of the Problems in the Contemporary Chinese Urban Construction and Development Based on COC　44

Section I　Reflection of the Urbanization of "Shabby Homeland" and the Urbanization of Land and Finance　45

Section II　Problem Study of the Planning, Image, Style and Symbol of Urban Buildings in a "Thousand Same - Faced Cities"　45

Section III  Problem Study of the Functional Retrogression of the Humanity Self‑Organizations in the Ecological Environment, the Ancestral Halls and the Ethnic Groups   46

Section IV  Alienation Problem Study of the Cultural Innovation and the Cultural Estates   47

Section V  Alienation Problem Study of the Financial Capital and the Urban Cultural Construction   47

Chapter V  The Explication of the Scientific Principles, Relevant Knowledge Models and Innovation Systems of the COC   49

Section I  The Interdisciplinary Explication of the Urban COC   49

Section II  The Explication of the Urban Civilization Intellectual Models Based on COC   54

Section III  The Immaterial Transformation of Contemporary Chinese Urban Construction Based on COC   61

Chapter VI  The Construction of Index Models and the Explication of Theoretical Connotations of Urban Cultural Originality   64

Section I  The Construction of Index Models System of Urban Cultural Originality in the Transformation of Safe and Healthy Society   64

Section II  The Explication of the Theoretical Connotation of the Construction of Index Models System of Urban Cultural Originality   66

# Volume II

The Study of the Economic Principles and Development Models of Contemporary Chinese Urban Transformation

——The Study of the Cultural Models and Innovation Models of Contemporary Chinese Urban Construction Based on COC   73

Chapter VII  The Study of the Economic Principles of Contemporary Chinese Urban Non-material Economic Transformation   75

Section I  The Study of the Economic Principles and Cultural Models of the Transformation and Development of Chinese Urbanization   76

Section II　The Study of the Urban Transformation With Cultural Consciousness and the Innovation Principles of Cultural Capital　78

Section III　The Reflection of the Ten Principles in Modern Economics and the Explication of the Theoretical System of Cultural Capital　81

Section IV　The Social Practice Essence of Economics and the Main Body Theoretical Essence of Cultural Capital　86

## Chapter VIII　The Study of the Models of Intellectual Urban Construction Under the Cultural Innovation　95

Section I　The Study of the Innovation System and Models of Urbanization With Cultural Consciousness and "Comprehensive Culture"　95

Section II　The Construction of the Models and Index System in the Intellectual Urban Construction and Urban Cultural Construction　98

## Chapter IX　The Study of the Cultural Types of Contemporary Chinese Urban Construction Based on COC　104

Section I　The Study of the Cultural Types of Cultural Original Urban Construction　104

Section II　The Connotation and Extension of the Concepts of Cultural Original Urban Construction　108

Section III　The Study of the International Comparative Advantages of Cultural Original Urban Construction　110

Section IV　The Construction of the Developmental and Cultural Models of Cultural Original Cities　111

## Chapter X　The Cultural Innovation and Urban Reconstruction From Outward to Endogenesis　114

Section I　The Construction of the Innovation Models of Metropolis Regionalization and the National Innovation System　114

Section II　The Construction of the Cultural Connotation of the Land of Peach Blossoms Mode and the Innovation Models of Endogenesis Urbanization　115

Section III　The Brief Introduction to the Cultural Innovation and Urban Reconstruction From Outward to Endogenesis　117

# Volume III

The Study of the Cultural Science and Urban Planning Theory Based on COC     119

**Chapter XI   The Study of the Cultural Scientific System Under Cultural Originality and the Planning System of Contemporary Chinese Cultural Original Cities**     121

    Section I   The Study of the Urban Creativity Under Cultural Originality and the Basic Theory of Urban Transformation     121

    Section II   The Study of the Evaluation Index System of Urban Cultural Competitive Power and the Planning and Construction System of Urban Cultural Originality     123

**Chapter XII   The Study of the Basic Theory of Cognitive Science and the Transformation of National Innovation System Based on COC**     125

    Section I   The Study of the Cognitive Science Basis of Cultural Productivity     125

    Section II   The Study of the Intellectual Reform Models of Cultural Economy     127

    Section III   The Study of the Transformation of National Innovation System Based on COC     132

**Chapter XIII   The Study of the Cultural Science of Urban Innovation System and the Intellectual Innovation System Based on COC**     136

    Section I   The Study of the Knowledge Models Based on COC and the Cultural Science of Urban Innovation System     136

    Section II   The Study of the Cultural Theory of Humanity Science Based on COC     140

    Section III   The Study of the Economic Theory of Social Science Based on COC     142

    Section IV   The Study of the Innovation Theory of Cognitive Science Based on COC     144

    Section V   The Study of the Surveying and Mapping Theory of Forensic Science Based on COC     145

**Chapter XIV    The Study of Cultural Science System Based on COC**
　　　　　　　——The Study of the Basic Theory of Cultural Science and the Reconstruction of Contemporary Humanity and Social Science    148

- Section I    The Reconstruction of Economics and Culturology From Material Economy and Immaterial Economy    148
- Section II    The Reflection of Post – Colonization Culture and the Reconstruction of Humanity Science in the Contemporary World    150
- Section III    The Reflection of Post – Colonization Economy and the Reconstruction of Social Science in the Contemporary World    151
- Section IV    The Innovative Development of Cultural Industry and the Reconstruction of Contemporary Cognitive Science and Forensic Science    154

**Chapter XV    The Innovation Basis of Cultural Capital and the Scientific Development Law of Cultural Prosperity    156**

- Section I    The Theoretical Problems in the Development of Chinese Urbanization Based on COC    156
- Section II    The Innovation Basis of Cultural Prosperity and the Scientific Basis of Cultural Development    161

**Chapter XVI    The Explication of the System of Cultural Science Based on COC**
　　　　　　　——The Interdisciplinary Explication of the Intellectual Ecology and Knowledge and Civilization Innovation System of Contemporary Culture    166

- Section I    The Explication of the Knowledge and Civilization of Cultural Science and Humanity Science    167
- Section II    The Explication of the Knowledge and Civilization of Cultural Science and Natural Science    169
- Section III    The Explication of the Knowledge and Civilization of Cultural Science and Social Science    170
- Section IV    The Explication of the Knowledge and Civilization of Cultural Science and Art Science    170
- Section V    The Explication of the Knowledge and Civilization of Cultural Science and Information Science    172

Section VI　The Explication of the Knowledge and Civilization of Cultural Science and Environmental Science　172

Section VII　The Explication of the Knowledge and Civilization of Cultural Science and Cognitive Science　174

Section VIII　The Explication of the Knowledge and Civilization of Cultural Science and Planning Science　175

Section IX　The Explication of the Knowledge and Civilization of Cultural Science and Forensic Science　176

Section X　The Explication of the Knowledge and Civilization of Cultural Science and Educational Science　177

Section XI　The Explication of the Knowledge and Civilization of Cultural Science and Systemic Science　179

Section XII　The Explication of the Knowledge and Civilization of Cultural Science and Residential Science　180

Section XIII　The Explication of the Knowledge and Civilization of Cultural Science and Management Science　181

# Volume IV

The Study of the Construction Innovation Systems and Transformation Models of Contemporary Chinese Cities Based on COC　183

## Chapter XVII　The Study of the Development Modes of Chinese Urban Construction and Transformation Based on COC　185

Section I　The Cultural Independent Innovation of Cultural Consciousness and Urbanization Under the Global Context　185

Section II　The Study of the Awakening of Urban Cultural Concept and the Independent Innovation System of Urbanization　190

## Chapter XVIII　The Study of the Innovation System and Development Models in the Transformation of Urbanization, Regionalization, Intellectualization and Globalization　194

Section I　The Study of the Development Models in the Transformation of Urbanization, Regionalization, Intellectualization and Globalization　194

Section II  The Study of the Innovation System of Cultural Productivity and the Development Models of Cultural Urbanization  199

**Chapter XIX  The Study of the Transformation Models and Innovation System of Urban Culture Based on COC  202**

Section I  The Study of the Conceptual Planning System of Urban Innovation System and Models  202

Section II  The Study of the Innovation Models of Urban Planning and Construction System Based on COC  208

Section III  The Study of the Functional Models of Urban Planning and Construction System Based on COC  210

**Chapter XX  The Study of the Development Models of Contemporary Chinese Urban Construction Based on COC  216**

Section I  The Study of the Development Models of Chinese Urban Construction Based on COC  217

Section II  The Study of the Countermeasure Models and Humanity Types of Chinese Urban Construction Based on COC  219

**Chapter XXI  The Urban Reconstruction Based on COC  222**

Section I  The Creation of the Cultural Capital of Non-material Urban Structure  222

Section II  The Innovation of the Cultural Capital of Industrial Reconstitution and Urban Reconstruction  224

Section III  Cultural Surveying and Mapping and Cultural Games  227

Section IV  The Innovation Direction of the Urbanization of Cultural Industry  228

Section V  The Innovation of the Intellectual Economy of Urban Reconstruction  230

Section VI  The Analysis of the Cultural Industry Development in the Construction of Global Cities in Beijing  235

Section VII  The Innovation Engine of Cultural Industry in the Urban Reconstruction  241

## Volume V
The Sociological Study of the Development Models of Contemporary Chinese Urban Construction Based on COC    249

### Chapter XXII  The Analysis of the Cultural Models of Different Historical Stages in the 60 Years' Urban Development of New China
——The Study of the History and Culture of Contemporary Chinese Urban Construction Based on COC    251

- Section I    The Historical Reflection of the Concepts of Chinese Urbanization and Urban Cultural Construction    251
- Section II    The Analysis of the Cultural Models in the 60 Years' Chinese Urban Development    255
- Section III    The Analysis of the Development of 30 Years' Chinese Urbanization From the Economics Point    260
- Section IV    The Sociological Analysis of the Cultural Changes of 30 Years' Chinese Urbanization From the Sociology Point    266
- Section V    The Analysis of the Spatial Structure of 30 Years' Chinese Urbanization From the Planning Science Point    270
- Section VI    The Description of the 30 Years' Chinese Urbanization From the Environmental Ecology Point    274

### Chapter XXIII  The Study of Chinese Contemporary Urban Development From the Sociology Point    278

- Section I    The Analysis of Chinese Contemporary Urban Diseases From the Sociology Point    278
- Section II    The Analysis of Chinese Contemporary Urban Diseases From the Ecology Point    284
- Section III    The Analysis of Chinese Contemporary Urban Diseases From the Psychology Point    286

### Chapter XXIV  The International Comparison of Chinese Urban Development    292

- Section I    The Urbanization of Western Developed Countries: Experience and Lessons    292

Section II　The Urbanization of Developing Countries　309

**Chapter XXV　The Cultural Understanding of the Problems of Chinese Urban Development**
──The Anthropological Study of Contemporary Chinese Urban Construction Based on COC　317

Section I　The Concepts of Urban Culture　317
Section II　The Cultural Concepts of Urban Originality and the Innovation Concepts of Original City　318
Section III　The Analysis of the Innovation Models And Cultural Models of Chinese Urban Culture　319
Section IV　The Influence of Foreign Culture on Chinese Urban Culture　322

**Chapter XXVI　The Study of the Ideal Paradigms and Para-Quantity Index System of Chinese Urban Culture　326**

Section I　The Study of the Innovation Structure of Urban Pole and the Core Technological System of Urban Civilization　326
Section II　The Economic and Cultural Principles and Theoretical Systems of COC and the Construction and Development Models of Urbanization　328
Section III　The Study of the Index Models of the Management System and Evaluation System of Chinese Urban Culture Based on COC　331

# Volume VI
The Study of the Cultural Origins and Types of Chinese Urban Areas
──The Study of Contemporary Chinese Urban Construction From the Regional Science Point and Based on COC　335

**Chapter XXVII　The Explication of the "Natural" Social Models and Cultural Types From the Regional Science Point**
──The Study of the Geographic Origin of Urban Regional Culture　337

Section I　The Study of the Humanity and Geographic Models of Geographic Environment and Regional Culture　338

Section II    The Study of the Natural Models and Cultural Types of Geographic Environment    339

Section III    The Study of the Cultural Types and Manifestation Patterns of Chinese Regional Culture    344

Section IV    The Study of the Historical Models of Chinese Regional Cultural Types    345

Section V    The Study of the Comprehensive Humanity Types of Regional Cultural Models    348

## Chapter XXVIII    The Explication of the "Natural" Historical Civilization Models and Cultural Types From the Regional Science Point
——The Study of the Historical Origin of Urban Regional Culture    352

Section I    The Study of the Geographic and Historical Models of Chinese Regional Culture    353

Section II    The Study of the Construction Models and Humanity Types of Chinese Regional Culture    355

Section III    The Study of the Folk-Custom Models and Humanity Types of Chinese Regional Culture    356

Section II    The Study of the Religious Models and Humanity Types of Chinese Regional Culture    359

Section II    The Study of the Dialect Models and Humanity Types of Chinese Regional Culture    361

## Chapter XXIX    The Study of the Knowledge and Civilization Models and Cultural Types of Chinese Regional Culture
——The Explication of the Urban Culture and the Knowledge and Civilization Models From the Regional Science Point    366

Section I    The Study of the Latent Cultural Models of the Regional and Urban Culture    366

Section II    The Study of the Custom System and Thought Types of Latent Culture    369

Section III　The Historical Exploration and Theoretical Discovery of the "Long-term" Cultural Types of Latent Culture by French Forensic School　371

**Chapter XXX　The Study of the Scientific And Technological Models and the Educational Knowledge and Civilization Models of Regional And Urban Culture**　380

Section I　The Study of the Scientific and Technological Types and the Educational Types of the "Socialization" of Man and the Regional Culture　380

Section II　The Study of the Economic Types and the Knowledge and Civilization Models of Chinese Regional Culture　383

Section III　The Knowledge and Civilization Mixing of the Regional Economic and Scientific and Technological Models and the Urban Cultural and Educational Types　385

**References**　390

**Postscript**　399

# 导 论

# "文化创意理念"的理论缘起、范畴、
# 内涵与创新、发展、反思

## 第一节 "文化"的正、反、合理论思维变革
## 与"创意"的知识财富价值转移:
## "文化创意理念"的理论缘起

"文化创意理念"源自于欧美文化产业、创意产业、创意城市、创意经济的兴起。较早的"文化产业"(culture industry)概念源自于马克思主义法兰克福学派霍克海默和阿多尔诺在1944年的《文化产业:欺骗公众的启蒙》一文,此文后来收入《启蒙辩证法》一书。这一概念在1990年代以前一直被我国学界奉为"文化工业"①。

值得注意的是,法兰克福学派的人从哲学上提出对于"文化工业"反思、批评的概念。正如马克思从哲学上批判"资本"对于自然、人文、人类的异化一样,也是批判了"工业"对于"文化"的异化②。正如我们每天在运用"文化创意理念"的同时,又以之反思、批判"城市化"对生态、人文、文化与人

---

① 金元浦:《文化创意产业相关概念研究》,文化产业网,2012年6月。
② 马克思:《1844年经济学哲学手稿》,见《马克思恩格斯全集》(第42卷),人民出版社1998年版。

类的"异化"一样。因之我们说"文化创意理念"的理论起源,本身就是带有反思、批判的文化哲学精神的。但在社会实践与生产实践的文化创新发展中,文化产业走出哲学家的书房与学院派的象牙塔之后,又因之与文化创意、知识创新相关联,成为推动经济转型、产业升级、文化体制变革、文化生产力发展、国家核心竞合力发展和文化软实力建设的概念,正在与日俱增地获得与经济、文化、科技、政治等发展更多的正关系。

当代世界文化产业概念内涵的转变,在很大程度上受到参与拟定政策的相关国家力量的推动①。

西方一些国家的政府部门往往从实用的功能方面来理解"文化产业"的定义,从统计测算的数据出发来制定指导发展的战略。故而,他们关于文化产业的定位是与经济、就业等一系列的实际状况联系在一起的,而不是泛泛地把文化产业作为一个领域,去全面把握其动力和影响。即使要建立新的政策模式,对文化和艺术的理解也常被对二者的统计的经济价值的理解所代替。"作为社会经济实践操作的文化产业是一个总揽性、包容性的综合概念。在英语中变成了复数(cultural industries),它是以产业或产品对象的'文化'的性质作出的分类。"②联合国将文化产业定义为——按照工业标准生产、再生产、储存以及分配文化产品和服务的一系列"活动"③。

"文化创意理念",一是在理论来源上承继其对于"工业"对"文化"异化的反思与批判;二是在现实发展中对工业化主导的城市化的人文、文化异化的理论反思与批判;三是在"当代世界文化产业内涵的转变上",因之与知识创新、科技创新、产业政策的正关系,借鉴其自主创新、文化创新的区域发展、都市再造、产业转型文化软实力与文化生产力及创新驱动力要素、内涵的文化变革含义;四是由此整合资本、产业、经济、创新、博弈、产权、传播、城市、区域、资源、生态等文化要素与文明体系,提升、归结全要素生产率而成的知识文明创新体系。由此,衍生出"文化经济"、"创意产业"、"内容产业"、"版权产业"、"休闲产业"、"时尚产业"直至"都市产业新浪潮"的城市化、知识化、非物质化、服务化的"都市再造"与"产业重构"新趋向④。而"创意"与"文化创意理念",则是在"文化产业"、文化创新的70年代、80年代兴起之后,由"创新"(熊彼特)思潮引领与工业化转型的重构,所开始的在文化产业上的创

---

① 金元浦:《文化创意产业相关概念研究》,文化产业网,2012年6月。
② 金元浦:《创意产业的强国路径》,《开坛》杂志,2011年第12期。
③ 转引自李麟:《文化是艺术更是产业》,《创造》杂志,2004年第2期。
④ 皇甫晓涛:《城市革命:都市产业新浪潮》,《城市革命:环境经济新战略》,中国物资出版社2004年版。

意产业与创意经济活动及其相关理论思辨。

"创意产业是文化产业发展到新阶段的产物。英国20世纪80年代曾使用文化产业。80年代，英国大伦敦政务院（CTLC）第一次在意义上使用'文化产业'一词。"1997年后，英国提出创意产业，力图把"文化产业部门"扩大到包括相关的传统制造业（如电子），把"原始生产（包括的文化产业如广播媒体、音乐录制和电影）降低到整个部门从业人员的1/6。"

"'创意产业'这一新术语的出现，当然有其自身的背景和语境，新术语、新行业的出现，统统意味着对旧术语、旧行业的反思与批判，反映了对旧行业的理论范畴、现有机制、政策趋向和实际运用的调整或反拨，创意产业的兴起一方面是对现有产业的机制、政策和运作的总结，另一方面也是对其缺乏创造性的批判。""创意"与"文化创意理念"，一方面是对传统工业物质经济的反思，由研发、设计到工业知识经济转型，另一方面是由此引发的都市再造与产业重构，由工业化引领、主导的城市化到由文化创意经济、产业引领、主导的城市化，并由"文化创意理念"、文化创意经济而引领、主导的创意城市构建，以及由此形成的跨领域、跨行业的知识文明创新体系与新兴市场体系。"创意产业不再简单地用于过去的传统文化产业，它是适应新的产业形态而出现的创新概念，是对新形态的概括、总结和发展。英国提出创意产业"。"创意产业的根本观念是通过越界促成不同行业、不同领域的重组与合作。这种越界主要是面对第二产业的升级调整，第三产业即服务业的细分，打破二、三产业的原有界限，通过越界，寻找提升第二产业，融合二、三产业的新的增长点，二产要三产化，要创意化、高端化、增值服务化，以推动文化发展与经济发展，并且通过在全社会推动创造性发展，来促进社会机制的改革创新。"① 这就是创意化、知识化引领、主导城市化、区域化发展与工业化转型的"都市再造"与"产业重构"，也是"文化再造"与"创意建构。"

按熊彼特创新理论（德国，1912年），创新是把一种新的生产要素配置到生产过程中而产生的变化。创意、"文化创意理念"的文化创新，就是把文化、创意产业、版权、内容、经济配置到产业升级与经济转型的知识驱动、创意驱动、文化驱动、创新驱动力中所产生的变化，这就是我们在这里阐述的基于"文化创意理念"的城市建设发展趋向与都市再造文化变革。就是熊彼得提出的"创造性破坏或创意破坏性技术"，并由其催生"新经济"、"新知识"的发展，形成"创意需求"、"创意产品"、"创意人员"的"创意为王"经济文化

---

① 金元浦：《文化创意产业的性质与基本特点》，文化产业网，2006年10月。

新浪潮①。

"文化创意理念""学院派理论侧重于意识形态"②,而应用者或都市再造与产业重构的实践者更注重"文化产业的生产、流通、传播过程"。"前者所使用的概念多为哲学、政治学、文学词语,而后者所用的概念多为经济学、社会学和管理学名词,如产业、版权、就业、管理、生产、传播、贸易、市场、份额等。"由此"'文化创意理念',隆重推出",形成从"制造型"经济向"创造型"经济转型的新浪潮、新概念与新发展、新理念。具体到"广告、建筑、艺术品、文物、工艺品、设计、时装设计、电影、互动休闲、音乐、表演艺术、出版、软件、电视广播、游戏与网络游戏以及动漫、DV、Flash、短信、手机视频"等时尚产业、都市时尚的各方面,尤其是专利、版权、商标、设计四种工业的转型与创新形成的"创造性产业和创造性经济"③(How Kins, 2001, Ⅷ)。

综上所述,"文化创意理念"缘起于法兰克福学派哲学思辨的学院派理论,迄今可为我们借鉴的是对于由工业化主导城市化的文化异化的反思与批判。但其在文化创新理论与创意设计、研发实践的发展中,因工业化的产业转型与城市化的知识转型,而获得了与创新、发展、创造、科技正相关的理论内涵,具体包括文化产业与创意产业,内容产业与版权经济,创意城市与文化再造的经济、文化双属性,以及文化传承与文化反思、文化创造与文化创新的双重含义,并在进一步的发展中,又拓展为文化科学与艺术科学、文化管理与管理科学、文化传播与媒介引导、文化经济与经济科学的知识文明创新体系,而成为城市化与城市发展的创新基础与发展方向,并在文化软实力、文化生产力的发展、建设中,成为文化强国的理论基础与创新基础,自主创新与创新发展的文化理论与理论体系。对此,我们在《文化资本论》中,不仅总结、归纳了"文化创意理念"的符号、媒介、信息、技术、资源、资本、创新、产业、文化、管理、传播、生态、博弈、制度、体制、政策、区域、城市、企业、品牌、内容、服务、生产、娱乐世界知识文明创新体系与世界知识财富主权要素,而且总结归纳了"文化创意理念"的人文科学、社会科学、认知科学、鉴识科学与学科体系,成为我们探索基于"文化创意理念"的中国当代城市建设美学、哲学、史学、文化学、社会学、人类学、传播学、管理学、经济学跨学科的理论基础与理论体系。

---

① 【德】熊彼得:《经济发展理论》,哈佛大学出版社1912年版。
②③ 金元浦:《文化创意产业相关概念研究》,文化产业网,2012年6月。

## 第二节 知识革命的主体建构与"文化创意理念"的科学发展:"文化创意理念"的"复合"主体内涵与跨学科理论范畴的知识拓展

"文化创意理念"的主体内涵,包括创意、创造主体的个人,创意产业的个体群自组织,创意城市与园区、区域的群体结构、经济结构自组织复合体,创意经济与经济网络、知识经济与全球经济的文化主体与产业链自组织创新主体,国家主权、文化主权与知识产权、国际法权的创新主体。它既强调文化创造、艺术创造的创意个性"不可重复的文本"与差异化竞合的主体建构,又不同于传统艺术个性化创造的审美主体建构,而是"复合"的文化主体与创新主体。它的主体内涵就是基于文化创意个性思维创造的创新系统自组织文化主体与创新主体。"尽管创意产业的组织结构与交易过程十分复杂,但其核心仍然是创意。创造性是创意的生命线。""创意产业的文化性、精神性、流动性、易逝性和组织结构与交易过程的复杂性,证明了创意产业必然超越过去时代的产业水平和产业模式。"① 而由知识化、信息化、服务化主导的城市化一旦形成创意经济的自主创新基础,也就必将在文化发展、产业转型、知识创新、低碳文明、财富价值上走上一个新的台阶或阶段,引起生产方式、生活方式、思维方式乃至于价值观变化的一系列城市文化变革。

"文化创意理念"的理论与学科范畴,包括艺术创造的内容生产,文化创造的版权经济,创意设计的文化产业等文学、美学、艺术科学的学科、理论体系,生态、养生的科技创新等生态科学与生命科学的学科、理论体系,文化资源发掘的文化承传等历史学、人类学、文化学、社会学的学科、理论体系,网络、影视文化传播的传播学科、理论体系,文化资本、文化产业的经济学、金融学学科、理论体系,艺术管理、文化管理的管理学学科、理论体系,创新预见与产业预见的规划科学、鉴识科学、认知科学的学科、理论体系,文化评估、艺术鉴定的文化科学、鉴识科学、认知科学的学科、理论体系。恩格斯说,社会一旦有技术上的需要,这种需要就会比十所大学更能把科学推向前进。"文化创意理念"的理论范畴与知识生态,正是这样的跨学科、跨领域发展的一个科学见证。

因而我们在创意城市建设与城市文化发展中,更应注意个人、个体群、企

---

① 金元浦:《文化创意产业的性质与基本特点》,文化产业网,2006年10月。

业、产业、城市、区域自组织创新主体的建构与领军人才、创造型人才、复合型人才的发展，在这里我们不仅不能"见物不见人"，更不能只注重历史、文化承传下来的文化资源与文化符号，更应注重"文化创意"主体的专业人才、领军人才与复合型人才、创新型人才的培养、引进与发展。如北京在世界城市建设中，不仅应注重世界知识文明创新体系的目标建构，而更应注重培养、引进与发展世界知识领袖的各类人才，形成其世界城市主体支配世界财富中心转移的人文创造基础与世界知识文明创新基石；而深圳的世界创意城市建构，更应注重其艺术、传媒、信息、金融世界青年知识领袖的引进、培育与发展，这就是深圳作为"创新总部"与"创意之都"，不同于东莞等物质经济发达的地方而具有"可持续发展"潜力与"生活品质"创造力的主体文化与文化魅力所在。

从文化创造的文史哲人文科学主体，到文化创新的经管法、社会科学知识革命主体内涵建构，我们看到由"创意"拓展的"文化"内涵与跨学科知识生态变革。从"五四"到今天，由白话语文到新文化，"文化"是由"文史哲"人文学科教育体系形成其知识传播的理论、学科范畴的；而今日世界之"文化"，已由"创意"而拓展为经管法与艺术、传媒、金融、信息的跨学科知识变革的理论体系与学科范畴。不仅应将这一"文化"的"创意"知识变革纳入中小学人文、文化教育体系，而且应将其纳入城市文化的建设范畴、内涵与体系。

## 第三节　主体经济学的理论内核变革与国家治理体系转型的文化再造："文化创意理念"的非物质经济转型与现代经济学理论体系的创新与突破

中国改革开放30多年的市场化、知识化、服务化、非物质化转型与持续增长原理，远非西方现代经济学理论所能阐释，我们对此总结、探索所完成的文化资本理论、非物质经济理论、主体经济学自主创新理论体系所蕴含的知识化、非物质化"文化创意理念"经济转型、结构调整、产业升级、文化创新、主体演化原理、理论体系，不仅形成了基于"文化创意理念"的"文化强国"国家创新体系，完成了从小康经济到安康社会国家治理体系转型的文化再造与大国崛起的文化创新基础研究，而且也发展了现代经济学的理论体系，并从理论内核到理论体系完成了多方面的创新与突破，使其在经济、文化的融合中形成从物质经济增长原理、均衡原理、杠杆原理（如"资源比较优势"的国际分工定律①）、竞争原理（如弱肉强食的"物竞天择，适者生存"生物社会学定律与森林法则）、物质原理（如"重化物质不可逾越论"②的霍夫曼定律与"边际效益递减"的"戈森规律"③）的理论内核、逻辑语汇、话语体系，发展、演变为自主原理（如文化自主与自主创新原理、定律）、非物质原理（如文化创新、文化资本、文化产业、非物质经济、版权经济、内容产业、创意经济代际效益递增的持续增长理论与国际分工重组原理）、自组织原理（如个体群主体经济学组织生产力原理、理论对近代中国三大文化难题之一"罗伯特文化难题"产业组织创新难题的破解④）、对称原理（如物权、非物权产权体系的市场化、非物质化转型产权制度安排对近代中国三大难题之一的"中国人为什么勤劳而不富有"的财富创造可持续发展动力的产权体制、制度"斯密难题"⑤的破解及其与支配世界财富中心转移的产权制度对称的市场经济、非物质经济、知识经济创新体系、治理体系建构）、博弈原理（产业、城市、国家的主体经济博弈体系与治理体系建构）、竞合原理（文化主权、创意产权、知识版权、国际法权的竞争与合作）、演化原理（可持续发展的"文化创意理念"自主创新理论对文化、人文、生态异化的反思）的生物学、文化学逻辑语汇与理论体系、理论内核革变，从而完成了从产业、城市到国家、区域"基于文化创意理念"的主体经济学理论内核变革，全面促进了大国崛起的自主创新基础与文化自觉的经济转型建设，促进了现代经济学理论体系的文化建设与主体经济学的理论体系的科学发展。

## 第四节　知识化的创新驱动与城市化的世界共识："文化创意理念"的发展与共识

"文化创意理念"不仅从人文科学的文史哲到社会科学的经管法与金（金

---

① 关于"资源比较优势"的国际贸易理论与国际分工定律，见亚当·斯密的市场经济杠杆原理阐述。亚当·斯密，张兴、田要武等译，《国富论》，北京出版社2012年版。
② 关于"重化物质不可逾越论"的霍夫曼定律，见霍夫曼对工业化重化物质经济发展阶段与类型的阐述，[德] W.C.霍夫曼：《工业化的阶段和类型》，1931年。
③ 关于"戈森规律"产业、资本、经济、贸易边际效益递减的国际分工定律，见[奥地利] 庞巴维克：《资本实证论》，商务印书馆2011年版。
④ 关于罗伯特难题，转引自宋丙洛：《全球化与知识化时代的经济学（中文版序言）》，《全球化和知识化时代的经济学》，商务印书馆2003年版。
⑤ 关于斯密难题，见亚当·斯密：《国富论》。

融）、媒（传媒）艺术、信息重构了文化科学的知识文明创新体系，而且也将信息化的信息科学，知识化的生命科学与生态科学、环境科学、管理科学、规划科学、自然科学与工程科学、科学技术融入文化创意与文化创新、自主创新体系，形成创意科技与文化科技的创新体系，以及城市化、知识化的"文化+科技"、"文化+金融"、"文化+信息"、"文化+生态"、"文化+艺术"的创新体系与治理体系，形成信息文明、管理文明、金融文明、低碳文明、产业文明、产权文明、科技文明、精神文明、艺术文明、历史文明、幸福文明、世界文明的城市化、知识化、全球化世界知识文明创新体系与创新驱动体系、国家治理体系，进而形成城市文化、创意城市建构与国家治理体系的文化创新结构体系。这就是"文化创意理念"的发展与"世界共识"的世界知识文明创新体系建构，包括"可持续发展"与"生活品质建设"的世界知识文明创新要素与系统、体系建构。

这就告诉我们，文化、城市文化的自组织演化与自主创新、发展，既要有本土文化与文化创意的个性、风格体系，又要有"全球规范"的文化共识与知识文明共识，才会在"基于文化创意理念"的中国当代城市建设中，形成文化软实力与文化生产力、文化魅力与文化输出力、文化竞合力与文化创新力的国家治理体系与世界知识文明创新体系，形成"可持续发展"与"生活品质建设"的"文化创意理念"的创新驱动力体系与世界共识的知识文明创新体系；使我们"基于文化创意理念"的城市文化与文化创新，既不是千篇一律的现代化、全球化、工业化面孔，又不是故步自封、封闭保守的本土性重构，而是不断创造新的开放优势与文化个性的个性化创造及知识化的文化再造、文明再造，是一个开放系统的文化自主、自组织体系演化与跨领域、跨区域、跨文化耗散结构、对称体系的文化创新、文化复兴，这就是"文化创意理念""从混沌到有序"的"自组织的自然观"与系统论，演化观与知识论，文明观与生态论，开放观与创新论，非物质观与创造论[①]。

## 第五节  再反思与再批判："文化创意理念"的反思文化学理论思辨与反思经济学文化书写

"文化创意理念"与"文化产业"源自于法兰克福学派最富光彩的思辨智

---

① 关于"自组织的自然观"，见曾国屏：《自组织的自然观》，北京大学出版社1996年版。

慧，就是来源于马克思对于物质异化人类、商品异化人、资本异化文化的反思文化学理论思辨与哲学思辨理论的内核、体系。尽管由于"创意"理念的知识更新与文化融合，使"文化产业"与科技、创新、产业、经济、政府、政策、城市、国家形成了正关系而转化为文化创造与文化创新的概念，但我们仍应保持高度的反思文化学理论思维与反思经济学的文化书写与文化批判，理论警觉与文化自觉、文化再反思与文化再批判的意识，才不致使"文化创意理念"再度成为文化异化、文化侵略、文化殖民及文化帝国主义的理论武器与知识工具。

一是文化创新、产业创新对于个性创造、文化创造、审美创造的异化，要保持法兰克福学派的理论思辨与反思文化学的文化批判。

二是对于"文化创意理念"知识化、全球化、现代化、一体化的"普世价值"一元文化扩张体系与意识形态，及其文化一元论、文化单极论、文明冲突论三大定律的后殖民文化与文化帝国主义理论体系，应保持反思文化学的文化批判，建构文化多元化、文化自主论、文化和谐论的"文化创意理念"与文化创新、自主创新理论体系。

三是对于后殖民经济体系三大定律的"资源比较优势"国际分工杠杆原理、"重化物质经济不可逾越论"的"霍夫曼定律"国际分工原理、"戈森规律"产业边际效益递减的国际分工定律，应保持反思经济学的理论警觉与主体经济学建构的文化自觉，在文化资本自主创新、非物质经济跨越发展、创意经济知识创新的文化自主与经济转型中，完成主体经济学的理论自觉与非物质经济学的理论体系的创新与突破。

四是关于近代中国产权制度与世界不对称理论反思的"斯密难题"、产业组织与世界不对称理论反思的"罗伯特难题"、科技体制与世界不对称理论反思的"李约瑟难题"[①]，尽管在近百年市场化的市场经济、工业经济转型与物质经济、商品经济发展中有所突破，但对于非物质经济、创意经济、版权经济、知识经济的发展，对此三大难题应仍保持足够的历史警觉与理论清醒、文化自觉。仍有"文化创意理念"创新发展的三大难题尚未破解，比如文化产权、版权经济的非物权法法规、政策与制度安排问题与发展难题，文化产业与产业组织的体制改革与深化难题，文化科技与科技创新的国家治理体系建构及其与世界创意科技体制不对称的创新难题，创意产权的文化与交易平台、机制建设瓶颈问题，文化金融发展的难题与瓶颈问题，民营文化企业、文化资本难以做大及规模化可持续发展问题，文化科技的创新政策、激励机制与创意智库主体间的创新鸿沟难题，文化科技与科技体制的不对称问题与创新鸿沟难题，创意科学家与文化科学家科学院

---

① 关于李约瑟难题，见李约瑟：《中国科学技术史》，科学出版社2010年版。

士、工程院士制度缺位问题，国家文化科技重点实验室平台、体制缺位问题的创新难题等。

五是对于城市化与新型城镇化的"文化地产"、"旅游地产"、文化产业园区的物化、资本化、金融化异化发展问题与创新难题，应保持清醒的文化反思与文化理性、文化自觉与科学理性，更好地进行"文化再造"、文化创新、经济转型、产业重构的研发、规划、布局与可持续发展的文化创新格局、机制、对策。

六是对于《花木兰》、《功夫熊猫》、《大长今》等影视作品的文化侵略与文化异化的资本扩张，应保持"文化创意理念"的文化反思与文化自觉，做出本土文化资源发掘的版权经济规划、研发与内容产业创新体系打造，实现文化自主的民族复兴与文化复兴，保护非遗文化与文化资源的文化主权与文化领土，完成文化创新的文化创造与知识生产。

七是对于文化金融的文化资本与金融资本，应保持足够的"文化创意理念"文化自觉与自主创新，以免为他者的文化侵略、文化金融、文化基金与金融资本、金融帝国主义、文化帝国主义颠覆。

八是对于文化体制改革与文化承传，应在"文化创意理念"的文化自觉与文化承传中，做好文化产业与公共文化服务体系建设、文化资源发掘与文化遗产承传，以免在"一刀切"的"破旧立新"中"破优立异"，应保护好、保障好的文化资源、文化遗产，建立国家文化治理的保障体系与文化生产机制，避免优异的文化领军人才、项目、内容、资源在文化体制改革的市场化中一同被"切"掉，或反而强化市场、商品、资本异化人类与人文、文化的项目主体。

总之，"文化创意理念"应保持其"再反思"、"再批判"的文化书写身份、文化批判思辨与文化自觉主体内涵，才能永葆其创新发展的青春与鲜活科学的生命创造力。

# 第一编

基于"文化创意理念"的当代中国城市建设转型与发展研究

# 第一章

# 中国新型城镇化七大人类文明难题破解的创新目标与对策模型研究

——新型城镇化的本土人文之根与生态建设之本的创新基础研究

中国新型城镇化的文化建设,并不是简单的建筑街区的文化符号、风格重构,也不是简单的文化再造与文化复兴,而是要挑战传统与现代、个体与群体、经济与人文、经济与生态、公正与发展、本土与世界的七大人类文明难题。

## 第一节 传统与现代:本土儒学的"宗遗文化"承传与乡村人文自组织的文化主体建构

中国近代由工业化引导的城市化发生以来,为避免乡村殖民化的异化与本土儒学文化的解构,梁漱溟先生二三十年代提出了"乡村建设"的本土儒学回归与重构及文化复兴与自组织文化承传建设的主张,后在新中国成立伊始的新政协会议上,梁漱溟先生又再次提出乡村文化自组织建设与本土儒学复兴的主体文化建设问题[①]。

"本土儒学",包括乡村、宗祠、村社、人伦、伦理、祠堂、义田、姓氏、族群自组织人文、文化传承与乡村主体文化的复兴。

正如梁先生所言,中国乡村建设起于近代工业化、城市化、殖民化的乡村破

---

① 梁漱溟:《乡村建设》,《梁漱溟全集》(第2卷),山东人民出版社1990年版。

坏与经济破产，体制上、经济上、文化上的破败与崩溃①。无论是近代的殖民化，新中国成立初期的城乡二元制差别化，还是改革开放后的市场化、离乡化，对乡村破坏最重的就是经济与文化，尤其是文化主体与自组织体系的崩溃。

诚如梁先生所言，承载中国本土文化的，既不是国家，也不是都市，而是乡村文化主体与其"伦理本位"的自组织家族、族群体系，以及由此形成的礼俗、制度、学术、思想的本土儒学人文、文化系统。"乡村自救"的根本在于其"伦理本位"的家族、族群人文、文化的承传与复兴、发现与创新，而演化出一个本土儒学脱胎换骨的"新社会构造"，一个"新礼俗""新组织"的社会组织与文化体系。"原来中国社会是以乡村为基础，并以乡村为主体的"，"所有文化，多半是从乡村而来，又为乡村而设，法制、礼俗、工商业莫不如是。"② 中国乡村文化一旦崩溃，社会稳定难以维系。

另一方面，从印刷技术、造纸技术领先世界生产力1 000余年的文明演化来看，也可以看出文官制度与庄园经济、乡村社会、本土儒学的天然联系与自组织文化主体建设基础与人文基础。

新型城镇化的发展，不是简单的对于"古镇"文化或者古都城镇的文化再造，不是简单对其建筑符号、城镇遗址的器物、技术、符号文化复兴，而是对其文化主体"伦理本位"与"职业分途"自组织人文体系的重构。这就势必要求新型城镇化要纳入土儒学的人文、文化主体建构与产业组织体系建设。

依梁漱溟先生的观点，中国是数千载有"家"无国，亦无个性、个体的乡村家族、族群、群体伦理自组织社会③。百载以来，传统与现代的矛盾，成为人类现代化的一大文明难题，也是"乡村自救"与"文化复兴"的一大难题。只有重构乡村"伦理本位"的人文、文化自组织主体，复兴宗族、族群文化的村社结构与家风、义田、族群、祠堂等宗遗文化体系④，才能破解这一文明难题，真正在新兴城镇化中做好本土儒学复兴的主体建构。

人类学的后殖民文化理论，曾以发达国家审视发展中国家、现代社会审视传统社会、世界文化审视本土文化、主流文化审视民间文化的理论视野，将发展中国家传统社会的本土文化承传，视为"非遗"文化体系，并从文化创新的市场经济价值，将"民俗"与"版权"融合，形成非遗文化产业。而"宗遗文化"

---

①② 梁漱溟：《乡村建设》，《梁漱溟全集》（第2卷），山东人民出版社1990年版。
③ 梁漱溟：《中国文化要义》，《梁漱溟全集》（第3卷），山东人民出版社1989年版。
④ "非遗文化"为人类学以现代性审视传统性、本土性、民族性文化遗产、以"发达国家"审视土著、本土文化所产生的后殖民文化概念，对此，我们在这里提出反思人类学的"宗遗文化"文化学概念，以概括中国本土、民族、宗族、族群、宗祠、祠堂、禅坊、姓氏、家谱、宗训、族谱、乡土、乡村、家族、祭祀等宗遗文化承传与宗遗文化资产，并建议国家编制、评审、研发、规划、发掘国家宗遗文化资产序列与项目评审标准。

则是在反思人类学的理论视野与文化理论的自主、超越中，将传统、本土文化视为未来文明的摇篮与文化复兴的根基，将其描述为与传统、与未来承传、发展正相关的"宗遗文化"。

关于自组织，曾国屏教授将其描述为主体建构的"自然观"，是与"机械论的自然观"相对立的生物演化的生命主体系统建构，是具有"耗散结构"与"开放系统"的复杂性主体演化组织系统与自主建构①。中国的"阴阳五行"与"天人合一"及其"伦理本位"都有着这一生命演化的自组织开放系统与无限生机的文化自主创造、传播功能与形态。因而中国文化、本土儒学、乡村人文是生生不息的一个自组织主体建构历史形态、文化体系，包括村社组织伦理本位及新型城镇化的文明单元、文化系统人文主体。新型城镇化应在传统与现代文明难题的破解中，重构这一本土儒学的宗遗文化与村社自组织结构及其演化系统的人文主体，或以这一人文自组织主体建构来重构新型城镇化的本土儒学宗遗文化体系及其人文演化系统。

## 第二节　群体与个体：宗祠、族群的建筑符号与社区文化建设的转型

中国传统村社建筑，无论是北方古镇四合院的大宅门，还是岭南、云南、闽南江浙古镇、乡村以宗祠为轴心的院落或聚落，都是以群体为主体的人文聚落，同时也是正、偏、东、西、南、北合围的"伦理本位"建筑群落，封闭、乐群、互助、亲和、尚宗。

从传统到现代社会转换的第一大人类文明难题是传统与现代的融合，第二大人类文明难题，就是传统社会群体与现代社会个体、个体群的主体构成、结构转换②。传统建筑基本是满足群体、宗亲、家族、族群、村社的"合围"结构，而现代建筑、社区基本以个体、个体群为人文组织肌理与单元，互不来往，互为陌路，互为隔塞。

另一方面传统建筑，无论是北方的四合院，还是江浙、岭南的大宅门，或是一般的村社聚落，宗祠祠堂，都是有其本土文化符号、人文自组织功能、特色、风格的，而现代社区、建筑都是"千篇一律"的豆腐块、火柴盒。现化

---

① 曾国屏：《自组织的自然观·导论》，北京大学出版社1996年版。
② 皇甫晓涛：《群体、个体与集体——现代文化思想的一个困惑点》，《学术月刊》，1991年第5期。

城市整体同质化严重，比如老北京的四合院古都聚落与现代北京的建筑失语，开封古都的世家大族（天波府、潘仁美太师府）本土田园生态建筑群落特色与现代开封城市的千篇一律。

在传统村社人文自组织功能体系中，一县一域，只有一个县官，公检法司，民生人文，礼教习俗，经济伦理，教育医疗，都是只有县衙一职负责，其下则是宗祠、祠堂、族群、宗亲的村社自组织"伦理本位"的人文自组织体系，比现代社会的政府公共管理组织体系简约，省略了几十倍的纳税人供给官僚体系的制度安排成本。

但传统的群体社会"伦理本位"，诚如梁漱溟先生的乡村建设观所言，需要转化为现代个体群的"职业分途"。然而并不意味着就应完全取缔传统人文的自组织结构、功能，因为那将影响中国社会的稳定、和谐根基，并进而影响到中国人文家园的理想、愿景规划与人文基础的文化主体建设。

从文化承传与文化断层的正负两方面来看，都有较为典型的案例。大的方面是古都北京、开封的城市化异化、毁弃与古风不再、文化断层、人文异化；就乡村文化建设而言，且看广州从化等地，曾有的遗弃传统而进入"粗陋的现代化"的村社文化变迁案例，村民们外出打工一户户富余后相继离巢，到哪儿去呢？无论他们在外、在城里多么成功，也都会在本村原址的邻地再造一座房子、别墅、庭院、村舍，直到旧村整体搬完，"新村"形成，旧村成为被遗弃的"完整"遗址。

那么在这一过程中，这一岭南原乡文化得到了什么，失去了什么呢？

村民们自组织完成了"城镇化"的"再造"，过上郊区化、城市化的人居社区生活，他们失去的不只是原乡文化的村落"合围"建筑体系、人居环境与生态环境、自然经济，更重要的：一是这一村社自组织的破坏，一个互助互融、亲和自然的从宗亲到族群的群体被解构了，人们四散溃体，乡村由此走向人文破败而缺失了稳定的人文根基与基础；二是"再造"的新村，从土地资源成本来看，又扩大了数倍；三是传统建筑体系的解体与宗遗文化资产的遗失；四是自然经济、田园经济就业渠道与民生经济体系的遗失，失大于得。

第二个正面案例，是深圳一民国以来的革命家族，后人在有投资条件的情况下，返回原乡，重建"合围"式的岭南家族人居庭院重修旧建筑群与宗祠、祠堂，并将世代家族、祖先遗照挂在祠堂，同时荫及子孙，由家族长夫妇"公婆"主持家政，会聚族人与友人，其乐融融。这是在"村民"有了物质条件与基础后的文化回归与人文重构及心灵家园寻觅。显然这是他们在超越了衣食之忧与人居之困前提下，而以巨资做出的乡村人文重建。

第三个案例，是深圳鼎昌房地产集团的邱家儒先生，在开发项目完成后，出巨资连续十数年修中华邱氏族谱、家谱、谱牒①，以及中华四百大姓的姓氏、氏族、族谱、谱牒，为此他专门建一中华姓氏研究机构，常年聘任暨南大学历史系邱树森教授等专家学者，并研修了两千个县的每个乡、村的邱氏族谱，将此项数十卷成果捐赠了国家图书馆，又在河南开封修建了邱氏宗亲祠堂及其文化园区，并兼任中国文化促进会副主席与邱氏宗亲会会长，进行系统的宗遗文化资产整理。同时又深入研究本土儒学与中华文化，编纂了数十卷本的中华英雄传记与仁、义、礼、智、信卷本。

以上案例，说明越是在开放、开明与经济发达的地方与历史阶段，人们越会回归传统，重构乡土人文与本土儒学的伦理本位与村社人文，并在文化承传中寻觅心灵家园与人文家园。

第四个案例，是云南腾冲的自然、人文承传，对于世界文明五大难题的破解与超越，一是传统与现代，二是群体与个体，三是经济与人文，四是经济与生态，五是世界与本土。腾冲自然、生态之魅力、悠远；传统遗风之活力、存活、承续与发展；三分之一为官为学，三分之一外出经商，三分之一守耕、耕读，真乃三分桃源，三分现代，三分未来，一分世界，怡然自得，自然永恒②。

第五个案例，是梁漱溟先生在山东牟平所建乡村建设研究院。青岛大学史学学者唐致卿教授曾赠笔者其所完成的山东省"十五"规划重点项目《近代山东农村社会经济研究》一书，他得出的结论与梁漱溟在抗战时期山东牟平所做的"桃花源"再造人文工程的结论相近，那就是即便在抗战这样民族矛盾、阶级矛盾尖锐、交织复杂的历史时期，山东农村的主要矛盾并非地主阶级与农民的矛盾，而是代表城中殖民主的政府土地税收与被殖民化的乡村守望者地主、农民的矛盾③。梁漱溟先生则更坚信于中国不能走城市化的西化、现代化之路，而应走本土儒学人文再造的乡村建设之路。因为中国文化的主体、根本在乡村，不在城市。

第六个案例，则是中国乡村经济的自然生长与现代化转型，这就是费孝通先生的《江村经济》中对于乡村群体、经济模型、个体群经济类型、个体经济雏形的关注与研究，催生了"苏南模式"的经济重构与文化再造④。

第七个案例，是中国北方农村、乡镇现代化、产业化转型的大连红旗镇，是其从乡村群体、集体经济，到乡镇企业、集体企业、股份制企业个体群、个体化

---

① 见中国文化促进会中华邱氏宗亲总会与各分会所编：《中华邱氏大宗谱》，2005 年；袁义达、邱家儒主编：《中国四百大姓》，江西人民出版社 2013 年版。
② 皇甫晓涛：《世界四大文明难题的求解》，《文化资本论》，香港成报出版社 2012 年版，第 380～382 页。
③ 唐致卿：《近代山东农村社会经济研究》，人民出版社 2004 年版。
④ 费孝通：《江村经济》，江苏人民出版社 1986 年版。

市场经济转型的经济、文化案例,如亿达集团由一个生产小队的转型,催生了亿达软件园,直到国家软件园的转型与现代社会主体的重构①。

第八个案例,是台儿庄等古镇的文化再造与宗遗文化资产重构,企业化管理与产业化机制重塑等群体、个体的经济耦合与文化转型。

第九个案例,是北京南苑、旧宫等乡村、本土集体经济企业化、市场化转型的产权重组与土地等集体资产要素股权流转等群体、个体文化的现代化转型、融合与重构。

第十个案例,是云南昆明、江浙、安徽、河北等全国"首富村"自组织的资源管理、集体经济、群体结构、个体产权的现代化转型与重构。

以上十个案例,是中国新型城镇化群体与个体关系、生态的多元文化重构形态与田野作业调查,及其宗祠、族群的建筑文化符号与社区文化建设转型案例,切禁千篇一律的不仅是建筑符号、村社结构、社区文化,还有发展模式、创新模式与承传模式,值得做出百年周期"长时段历史"的深入调研与案例研究②。这对我国新型城镇化发展的文化生态建设是十分重要的历史借鉴与实践研究。

乡村为本土文化承传之根,中国人文建设之本,稳定发展社会主体,桃源再造文化之源,宗遗资产财富土壤,本土儒学自组织之道,心灵家园与人文家园之依,且不可粗暴地进行金融资产的"城市化"、"城镇化",而应以文化资本为本,兼容"城市化"之体与乡镇本土文化之脉,构筑文化再造、社会可持续发展、生活品质建设的人文家园,兼容自主与民主、民生与民智、民本与仁本,成为本土化、城市化双向复合构型的新发展、新途径、新家园。

## 第三节 人文与经济:城镇化、信息化基础设施发展与"文化地球村"的商业网络市场体系建设

仅为传统村社,即使再有人文内涵与底蕴的建筑风格与体系,再有人文凝聚力与文化魅力的自组织群体聚落,也缺乏交通、电讯、生产、产业、商业、市场、生态、生活、教育、医疗、文化、艺术的现代社会结构功能与公共基础设施及相关服务设施,具体包括交通、生态、电讯、水利、广场、商业的物质设施与信息、媒介、教育、医疗、文化的非物质设施。

---

① 皇甫晓涛:《开放中国与新发展观》,大连理工大学出版社1997年版。
② 关于"长时段"史学理论,见布罗尔:《地中海》(英译本);布罗尔:《十五世纪至十八世纪的物质文明与资本主义》(英译本)(第1卷),刘昶:《人心中的历史》,四川人民出版社1987年版。

一村一域，如果经济发达，商业繁荣了，那么人文、文化往往就会浮躁、空心化，反之就算村落本土建筑、聚落、人文、文化承传很好，底蕴很深厚，如果没有物质、非物质基础设施，经济运转不发达，物质条件差，商业文化不繁荣，也会影响其人气、人文的发展、繁盛与可持续发展。

高速公路网与高铁时代的到来，将城镇化与乡村现代化建设提速到一个新的时代来，而信息化的发展，又加速了这一时代的转型与发展。从"数字地球互联网"的地球村，到"智慧地球物联网"的产业物流商贸都市城市化扩展，再到"文化地球云联网"的本土化自然、人文回归①，为新型城镇化、现代化转型的经济、科技发展，提供了自然、人文与生态、文化回归的新路径及双向自组织演化体系，形成"智慧城市"的新型城镇化文化网络与文化地球规划、建设体系。

我国是文化资源大国，文化资本弱国，文化产能大国，文化产权弱国，应深化发掘县城、乡镇、本土人文、文化资源与宗遗、非遗文化资产，培育文化产权与新兴市场，搞好旅游、会展、文博、交易的在地产业、在场产业、在线产业、在版产业创新体系，做出"文化地球村"的文化大县新型城镇化在线"乡博会"的线上旅游、会展电子商务交易市场体系与在地"乡博园"新型城镇化旅游文化产业园区，以文化涵养和培育市场，以市场促进和发展文化，取得人文与经济、文化与市场、新兴市场与新型城镇化的旅游文化产业的大繁荣与大发展，破解新型城镇化人类文明发展第三大难题，建构经济与人文可持续发展及其幸福文明建设的人文家园，如腾冲的经济发展，民国时期即有诸多的领使馆的经贸基础，都保留了本土人文生态的文化传承与求学、为官、经商、耕耘的人文群体自组织与本土文化主体个体群组织结构。

新型城镇化发展最难的就是在经济大发展中，做好文化传承、本土人文的自组织建设体系与文化主体建构。腾冲不仅有诸多领使馆，还出了中国著名的大众哲学家艾思奇，可见其经济人文发展的协调与丰蕴。

而有着诸多非遗、宗遗文化遗产的古村落与乡镇，如发展不起来经济，也很难使人文、文化有可持续发展的基础造福于人类，如河南、山西、陕西非遗较多的乡镇与村落，与江浙、岭南非遗、宗遗文化较多的乡镇、村落相比，经济发展就落后很大一截。江苏苏州吴中区光复镇是当地工艺、习艺、木雕、苏绣非遗项目传承人、手工艺较为集中的地方，当地人是"荒田不荒手艺"，荒年亦得丰收，就是靠非遗、宗遗文化传承人文聚落的现代化市场转换与经济、文化的可持续协调发展，并引进中国工美集团、呈辉集团研发、规划与开发建设了中国工艺

---

① 关于"文化地球"，见皇甫晓涛：《新媒体论》，中国文史出版社2014年版。

文化城，重构了传统文化的市场平台，用经济杠杆发掘了非遗资源，促进了文化创意产业的发展，使光复镇的人文发展与经济发展双轮驱动，融合协调，共创繁荣①。关键是在这一新型城镇化发展中，他们不仅打造文化资源的市场平台，建设规范的文化市场要素平台与服务标准体系，提供非遗文化的市场增值服务；而且将非遗文化从传统手工艺转型、发展为与现代服务业配套的文化产业链，并突破工艺美术产业发展的科技、标准、规模、服务、风险、金融一系列瓶颈问题，完成其人文、经济转型的现代化市场转型与融合②，并引入民营资本与中国工美协会等第三方机构，与当地政府一道形成文化与产业、人文与经济的三元主导模型，实现人文、经济的融合、和谐发展，突破人文与经济的新型城镇化人类文明发展难题，走出新的发展模式与建设模式③。

## 第四节 产业与城镇：人居、民生双向建构的产城一体化与物质、非物质复合发展的经济转型

中国新型城镇化要经历、跨越从农业城镇化的庄园经济、田园社会桃花源自然经济范型向由工业化物质经济主导的城市化转型，并以此为基础，再完成由工业化物质经济的城市化向由知识化、生态化、服务化、非物质化、全球化主导的新型城镇化的第二次转型。此间不仅要克服、超越世界经济国际分工的挑战与难题，跨越"重化物质经济不可逾越论"的"霍夫曼定律"④，"资源比较优势"杠杆原理的国际分工定律⑤，物质经济边际效益递减的"戈森规律"物质经济国际分工定律⑥；而且还有面对、破解、超越近代中国由农业向工业社会转型以来

---

① 皇甫晓涛：《苏州模式的转型与中国工艺文化城的创新》，《光明日报》内参专题，总第280期，2011年8月29日。

② 张玉玲：《苏州中国工艺文化城的非物质经济转型》，《光明日报》内参专题，总第280期，2011年8月29日。

③ 蔡尚伟：《民营资本的非物质经济文化建设与文化产业发展的深层动力》，《光明日报》内参专题，总第280期，2011年8月29日。

④ 关于"重化物质不可逾越论"的霍夫曼定律，见霍夫曼对工业化重化物质经济发展阶段与类型的阐述，[德] W. C. 霍夫曼：《工业化的阶段和类型》，1931年版。

⑤ 关于"资源比较优势"的国际贸易理论与国际分工定律，见亚当·斯密的市场经济杠杆原理阐述。亚当·斯密，张兴、田要武等译，《国富论》，北京出版社2012年版。

⑥ 关于"戈森规律"产业、资本、经济、贸易边际效益递减的国际分工定律，见[奥地利] 庞巴维克：《资本实证论》，商务印书馆2011年版。

的"罗伯特难题"①，亦即株式会社的产业组织发展难题，面对、破解与超越古老中国自然经济中土地、人居、财富等生产、生活资料、产权、物权不明晰的斯密难题②，面对、破解与超越百载以来科技体制、机制与产业创新政策不够规范、成熟的"李约瑟难题"③。

从发展起点来说，有人居无产业，有城市无业态，就无以养民生与人文，就会产生就业、稳定与经济发展的社会问题，就会出现有楼无市的"鬼城"。

从发展目标来看，如果还走工业化主导城市化的老路，有物质经济无生态、低碳、环保，就会出现雾霾与污染，就不会有可持续发展与生活品质，就会失去经济发展的创新要素与驱动、目标与突破。

因而新型城镇化不仅要突破单一"楼市"、"鬼城"的金融城市化与产业发展融合演进的第七大人类文明难题，而且还要突破从物质经济到非物质经济、从工业城镇到知识城市的转型创新难题，不仅要形成人居与产业双向驱动、建构的产城一体化，还要形成新型工业化的物质经济与知识化、非物质化、服务化、生态化、信息化、全球化的非物质经济的复合发展与转型、突破，这就是城市与产业的人类文明双向共进创新与发展难题，也是其双向演化的创新目标与对策模型。

生产力要素正在由物质经济的土地、劳动力与货币，转型为环境生产力、智力生产力、金融生产力、信息生产力、科技生产力、制度生产力、服务生产力、组织生产力的全要素知识文明创新体系，新型城镇化迎头赶上，不再走西方工业化的物质经济环境污染，土地成本过高的老路，而是超越其上，将土地资源经过生态设施建设，变为环境生产力；将劳动力经过职业培训与教育提升，变为智力生产力；将货币经济与金融资本市场的融合，变为金融生产力；将信息基础设施、现代化服务业的发展，变为信息、服务生产力；将科技与知识经济的发展，变为科技生产力；将从"伦理本位"到"职业分途"的乡村自组织演化与文化主体建构，变为组织生产力；将深化体制改革的体制变革与制度安排，发展为制度生产力。同时在从物质到非物质经济转型中，利用乡村、本土生态资源，大力发展养生、旅游、会展文化产业与生态农业、田园物业，并引导科技、信息、服务产业与新兴市场领域的发展与可持续发展，在产城一体化与非物质化转型中，做好产业文明的双向演进与新型城镇经济结构的复合创新与转型。

---

① 关于罗伯特难题，转引自宋丙洛：《全球化与知识化时代的经济学（中文版序言）》，《全球化和知识化时代的经济学》，商务印书馆2003年版。
② 亚当·斯密，《国富论》，商务印书馆1972年版。
③ 关于李约瑟难题，见李约瑟：《中国科学技术史》，科学出版社2010年版。

## 第五节　经济与生态：生态化的环境规划建设与生态农业的田园物业发展

人类文明的第五大难题是自然、田园生态的荒凉与经济发展对环境破坏的矛盾，荒野、乡村、小城镇的荒凉、自然与大都会繁华的拥堵与雾霾。新型城镇化建设就是要在荒野花园化、大地社区化、乡村城镇化、自然都市化中，规划、建设好生态环境与生态文明，在交通、电讯、信息、媒介的城镇化基础设施建设中，做好生态设施与生态基础，田园城市与健康城镇，发展好生态、养生、旅游、文化与艺术，做好生态环境规划与生态文明建设，同时与中国"五行时空"生态观与"天人合一"生态观相结合，承续传统生态文明的科技哲学与生态哲学思想渊源、体系，促进新的生态文明整合与发展[1]；并借鉴中国山水田园诗文的诗学意境与美学意趣、意象[2]，中国园林艺术的曲径通幽与山重水复生态诗学艺术精神，做好生态建设的诗学、美学、哲学、科学知识文明创新体系与城市文化诗学创新体系，并在生态材料、工程规划、建设，绿地绿植建设方面下系统大工夫，改善新型城镇化的生态环境与人文环境。

还有就是要制定好生态标准，慎用生态工程技术，尽量做出回归自然的有机生态修复。广东天一圆规划设计研究院院长吕健博士在长年生态规划、研发、创新的实践与研究中，做出了生态科学知识文明创新体系的四项突破，一是"天人合一"与"五色时空"生态工程、生态科技、生态哲学的继承、发展与突破；二是将生态标准从负能量的污染指数，研发、规划、建构出正能量的"生境指数"评价标准与体系；三是做出"五色时空"的生态系统与自然修复系统；四是在对中外生态工程、技术及规划科学的借鉴中，提出空气、土壤生态修复的系统工程与规划体系。

我们看有的地方，为政绩工程，不是给江水盖盖儿修马路，就是将大树砍掉修广场，要么是将江堤大树砍掉拓展马路，要么是破坏湿地拓展水泥广场，或是大兴政绩"工程"将江流、湿地以治河清淤为名裸杀众生，清理河道河底植物、鱼虫，换成水泥底建水岸公园，都是对自然、生态的破坏，均需要重做修复自然的生态重构。吕健博士在广东肇庆鼎湖山的生态规划与建设中，不仅做出"生

---

[1] 吕健等：《生境空气质量测定与评价指标》，《生态科学》2004年第1期。
[2] 皇甫修文：《中国山水田园诗文的美学意境研究》，《美学与艺术构思》，东北师范大学出版社1989年版。

境指数"的生态正能量建构、评估标准与体系,而且每一片落叶每一树枯枝都让它回归山体与自然,做出"五色时空"的生态修复系统。

在近几年的农业现代化发展中,土地、水、空气的污染,使田园与农产品失去了生态安全与生态标准。这一方面与土地承包制的"失体"有关。即承包者不种地,种田者无责任,另一方面国家与政府又缺乏监管机制与评价标准,致使大量生态污染的产品、食品流入市场、餐桌,造成很多疾病与社会医疗、食品安全、生态安全、基因安全等问题,危害极大。

建议建立新型城镇化土地分配到耕者的生态生产责任制制度安排与生态环境规划的生境指数评估标准与模型,建立生态食品安全的土壤、水、空气农业土地治理体系与绿色生境指数与标准,拓展国家田园物业的生态试点项目与示范基地,并建立与之配套的"文化地球村"生态食品安全田园物业配送系统、特供系统、特服系统、实体品牌专卖店与线上交易系统,田园物业产权数字化与视频化交易系统等田园生态产品、产业、产权电子商务系统,以解决与新型城镇化的土地物权和农业产权相对称的治理体系及结构,与田园物业和生态安全、田园配送与食品安全、农业与产业安全相对称的治理体系及结构。从一点一滴做起,逐步扩大试点项目与配套产业园区,拓展连锁品牌实体店与线上交易系统,拓展社区田园物业配送市场与新兴市场,建设生态标准与服务标准;并完善国家农业、食品、土壤、空气、水的生态检查、监管机制与管理机制,治理体系与法制体系,监管体系与管理体系,安全标准与市场标准,使农业、商业、经济市场的繁荣与新型城镇化发展能够做好生态环境、农业生态、食品生态与生态文明体系,破解经济与生态的人类文明发展难题。

## 第六节 公平与发展:新型城镇化的医疗、教育、文化社会保障体系建构与新兴市场体系发展

公平与发展是人类文明的第六大难题,为此中国古代才产生了民本、民生、仁爱、兼爱的王者之道、国学之本、人文之理,文艺复兴以来的现代文明产生了人文主义与民主法制,全球化现代化以来的新理性、新人文,又产生了社会保障制度安排与公共医疗、教育、文化、环保、科技体制的公共管理文明。

现代化、城市化、工业化、金融化的发展,使社会财富、物质财富、金融资本越来越集中在少数人的手里,因为资本的垄断性、趋利性、增殖性、风险性规

律使然，金融的自组织创新与市场扩张功能、规律使然，世界80%以上的财富，掌握在8%以下的人手中。加之新中国成立以来工农、城乡、知识三大差别形成的城市轴心化与乡镇边缘化，使乡村在医疗、教育、文化公共服务保障体系与市场、资源、金融、信息、科技服务市场要素与生态、旅游、会展、养生新兴市场经济体系上都较落后。新型城镇化，不能再扩大这一贫富、城乡、强弱差别，而要在国家正义的基础上、规划上、制度安排上，首先做好医疗、教育、文化的公共服务体系与社会保障体系，其次是在市场、资源、金融、信息、科技、服务市场要素与生态、旅游、会展、养生新兴市场经济体系上做好规划、建设与拓展、创新。

一是在土地资源配置的生产、生活安排上，要做好农业生态保障的土地分配、生产监管机制与保障，不仅使"有田为耕者"，"耕者有其田"，而且"耕者有其责"，"有责方有田"，生产与生态安全监管到田头，责任到人头，生态法制监管到田头，安全有其责，落实到耕户。并做出土地物权与农业物权的相对称的分配、管理体制与制度安排，做出田园物业的生态等级标准与市场价格调节机制，做出物业配送的品牌实体店，生态品牌标准、配送标准、特供标准、特服与服务标准。

二是在新型城镇化的住房体制改革上，既要使农民土地有流转，耕者有其屋，土地与责任田分配成本集约化、公平化、市场化，又要避免发达地区大都市区域化与郊区农民乡村干部的土地资源囤积居奇，成为"二地主"与"新土豪"，产生大量转租农业土地与违规变相房开项目的暴利阶层及宅基地越位拓展的"城中村""二房东"族群，并在土壤、空气、水、农药等农业生产上，产生不负责任的"地主"式农民与雇农式农户，产生大量"握手楼"的郊区房租户与粗陋的"城中村"现象，产生大量的"新土豪"村干部以及以土地政策空子形成的乡镇贪腐集团。

三是在这些发达地区与大都市区域化的北京、深圳、天津、上海等一、二线城市郊区的农村土地分配，建议拿出一个单独细分的政策来，不能等同于一般的中国乡村，否则不仅使之与全国农民土地价值分配悬殊，造成政策、体制、地理、区域上的贫富不均；相对于市民阶层，又会产生显失公允的住房体制与土地资源配置、分配制度市场与分配政策失衡的状况。所以才导致市民就寸土皆无、寸土寸金地用毕生血汗去买地买房，郊区农户就会自有大量住宅、公建可租售物业土地。所以才产生北京郊区农民考上大学也退学回家按农民分地与物业流转集体物权的"农二代"异化问题。

四是医疗、教育、文化公共服务体系与社会保障体制的制度安排，在新型城镇化建设中要有城市化的医疗、教育、文化公共服务体系、标准与体制、制度安排，尤其是郊区的新型城镇化，在削减一部分"土豪"地权之后，应就近充分利用城市教育，尤其基础教育的学区，给予更多的城市化公共教育、医疗、文化政策与空间、福利与社会保障体系，并按城市化标准建设好交通、电讯、生态等物质基础设施与信息、媒介、文化、教育、医疗非物质基础设施，提供充分的公共教育、医疗、文化、科技服务与社会保障体制，才能解决好新型城镇化的公正与发展难题，解决好国家正义的制度安排与市场发展的社会保障。

## 第七节 世界与本土：知识化、全球化的世界知识文明发展与法制化、民主化的管理文明建设

人类文明的第七大难题，是本土化的自主自组织创新体系与全球化、现代化、知识化的世界知识文明建设体系的矛盾，包括法制化、民主化的管理文明建设。

新型城镇化的本土文化，传统人文的习俗、制度、建筑、器物、符号、人文建设及其文化主体自组织体系的主体性建构，生态文明与生态设施建设及生态养生，新兴市场的发展，不仅要与全球化、知识化的文化、旅游、会展、文博、工艺、习艺（酒艺、茶艺、药艺）的新兴市场发展相融合，与金融、信息、科技、服务的市场要求相融合，而且还要与可持续发展、生活品质建设的"世界共识"、"全球规范"[①] 相融合，与低碳文明、知识文明、幸福文明、管理文明的世界文明相融合，并从土地资源配置、生态法规建设到人居政策法规与文化旅游发展，走出法制化、民主化的管理文明之路。

我们最常看到的则是传统、本土文化的封闭、隔离与现代文化的孤立、粗糙，如古、今两个开封城；或者是杂相混合，难于产生系统的美学风格，如北京建筑语言的文化失语[②]。一方面，本土文化、人文的遗风、符号、语言、习俗只有到县以下的乡镇、古镇才能看到，如腾冲、和顺；另一方面，大都市的世界城市建设，又容易忽略传统人文、本土文化的重构，而成为千篇一律的现代水泥建筑楼宇、玻璃的堆砌。一方面，从生态与人文、旅游与人居、建筑与文化、风俗与制度来说，越是本土的，才会越有世界性；另一方面，本土人文、文化与乡土文化复兴，又必须要有世界文明的演进路向与发展标准、创新基础，尤其是经

---

① 约瑟夫·奈（Joseph S. Nye, Jr）马娟娟译，《软实力》，中信出版社 2012 年版。
② 王博：《北京：一座失去建筑哲学的城市》，辽宁科学技术出版社 2009 年版。

济、科技、教育、医疗、信息、金融、服务世界知识文明创新体系的知识化、生态化、非物质化、信息化、服务化、全球化发展，都要有这一可持续发展的创新驱动与创新体系。

同时世界城市的建设，不仅要注重规划、建设与建筑街区的国际风格，而且要更深一层地做好世界自然遗产、世界生态城市、世界田园城市、世界小镇旅游城市的建设，注意新型城镇化中世界城市的可持续发展基础与生活品质，建设世界文明要素、系统、标准、模型注意"文化地球村"的世界信息文明、管理文明、金融文明、科技文明的建构与融合。

新型城镇化的人文之根与生态之本，要破解人类七大文明发展难题，形成其城镇化、本土化、生态化、知识化、信息化、全球化、金融化的国家治理体系，才能做好其科学发展的自主创新基础与世界知识文明创新体系的突破。

新型城镇化对人类七大发展难题的挑战与跨越，破解与突破，就会形成其现代人文建构、文化主体建构、市场体系建构、数字科技建构、产业组织建构、生态田园建构、社会保障建构、土地制度建构、新兴市场建构、世界共识（全球规范）建构的十大中国新型城镇化世界知识文明创新体系与国家文化治理体系，形成中国新型城镇化的规划纲要与创新纲要、发展纲要，创新目标与对策模型。

# 第二章

# 文化再造与新型城镇化的安康社会构建

进入21世纪之后，随着我国城市化快速发展，"城市病"呈高发态势，严重困扰着不少城市尤其是大城市的发展和市民的生活，引起社会各界广泛关注。"人们来到城市是为了生活，人们居住在城市是为了生活得更好。"① 古希腊伟大思想家亚里士多德曾这样对城市寄予厚望。然而，时至今日，亚氏的判断抑或希冀正在快速城市化的大潮中渐行渐远，城市化过程中，普遍缺乏对城市人美好生活的关照，缺乏对人类美好价值理念的回应。在我国，城市建设和发展中的种种"城市病"，也直接暴露出我国现代化进程中，如城市理念的缺失，以及对城市文化的漠视。2011年年末，我国城市化率达到了51.27%，中国城市化与城镇化的快速发展，出现了产业空心化、文化空心化、生态异化等粗陋的都市主义②的一系列城乡异化问题；城市文化的浅薄与粗俗化倾向、短视与功利化倾向、焦虑与浮躁化倾向，构成了城市化进程中文化缺失的主要表征。唯GDP的发展观消解了城市发展理念，造成了社会心理的失衡和城市文化的失序；信仰缺失、信任关系淡化，则直接导致了城市文化的碎片化；社会阶层断裂，社会关系网格化，也催生了城市文化的淡漠和城市人文的异化。

中国的城市化，是在较短的时间内急速发展的，其速度、规模等都是世界上前所未有的。由于发展速度过快，缺少足够的时间来沉淀和积累城市文化内涵，

---

① 亚里士多德：《政治学》（卷A章二），中国人民大学出版社2003年版。
② 关于"异化"与"粗陋的共产主义"工业化等发展问题，见马克思：《1844年经济学哲学手稿》，《马恩全集》（第42卷），人民出版社1983年版。

由此带来的就是城市文化的浮躁、单一、轻佻、功利等一系列弊端的出现。原住建部副部长仇保兴曾把中国城市化过程遭遇的种种失衡无序现象归结为几个方面：劳民伤财的"形象工程"、急功近利的规划调整、寅吃卯粮的圈地运动、脆弱资源的过度开发、盲目布局的基础设施、杂乱无章的城郊用地、任意肢解的城乡规划、屡禁不止的违法建筑，等等①。

这也正如当年胡适对大学的反思与批判，"朝三暮四的校长，七零八落的设备，三日一风五日一雨的学潮，使其还没有造就领袖人才的资格"②。中国的城市建设与城市化，也是朝令夕改的规划，三年一换五年一动的市长与局长们，拍脑门定的创意与"形象工程"业绩，拍胸脯的决策与布局，拍大腿的资源配置与财政金融投入，急于暴利的开发商，吃拿卡要的监管方，造成了粗陋的城市与城市化，空心的城市内涵与人文、文化，更谈不上城市巨人的塑造与城市审美文化的创造。

中国城市化中的种种文化失衡主要表现在，大规模"造城运动"导致城市文化积淀不足与文化记忆破裂。城市是在历史文化的长河中成长起来的。每个城市都不同程度地闪现着它的历史文化光彩，沉淀着它的历史文化记忆，存留着它的历史文化印记、符号以及故事。例如，北京的胡同和四合院，苏州的"绿城"、姑苏桃花坞和园林，常熟的七弦河，江南的周庄、同里等小镇的小桥流水，吐鲁番的坎儿井和延安的窑洞建筑。这些地域文化能够表达出该城市的文化特征和城市个性，是人们流连忘返的文化符号和记忆，吸引大量的游人纷至沓来。对文化的漠视或无视，快速发展中的城市"千城一面"之风造成城市差异消失，内涵趋同，在城市面貌上抑制城市文化特色；在城市功能上，缺乏植根人本的理念，直接暴露出我国城市建设和发展中忽视城市文化资源的保护，城市发展理念缺失，城市建筑雷同等问题。

城市化进程中，实现科学理性与人文精神的相得益彰，历史传统与时代精神的融会贯通，世界文明与民族特色的和谐包容，呼唤城市发展理念的更新与再造。这涉及中国近期即将启动的未来城镇化发展的目标与愿景，是否会具有文化的、人文的、知识的、生态的、科学的可持续发展潜质，实质上涉及城市化与城镇化文化再造的知识转型与社会文明转型。

针对以上问题，本章提出了从小康社会到安康城市、安康社会转型的理论，并且在此基础上提出了安康社会指标体系及文化再造与新型城镇化体系构建模式（见图2-1）。

---

① 详见《形象工程"劳民伤财"》，《南方日报》，2004年5月19日。
② 胡适：《领袖人才的来源——胡适实用人生散文选》，新疆大学出版社1995年版。

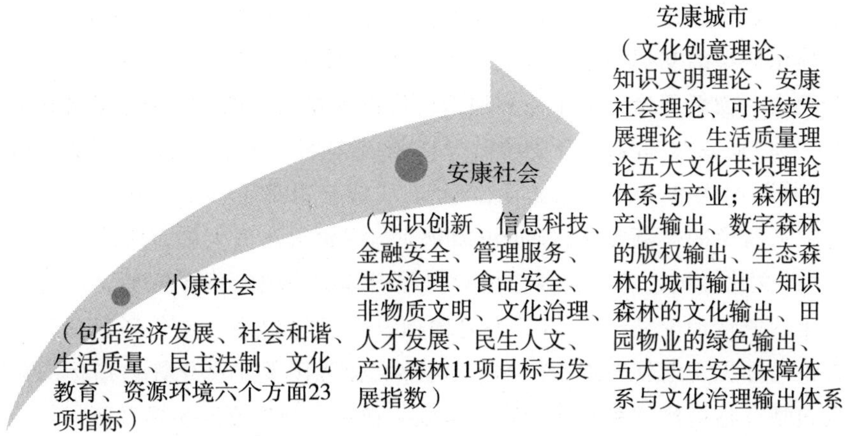

安康城市
（文化创意理论、知识文明理论、安康社会理论、可持续发展理论、生活质量理论五大文化共识理论体系与产业；森林的产业输出、数字森林的版权输出、生态森林的城市输出、知识森林的文化输出、田园物业的绿色输出、五大民生安全保障体系与文化治理输出体系

安康社会
（知识创新、信息科技、金融安全、管理服务、生态治理、食品安全、非物质文明、文化治理、人才发展、民生人文、产业森林11项目标与发展指数）

小康社会
（包括经济发展、社会和谐、生活质量、民主法制、文化教育、资源环境六个方面23项指标）

图2-1 从小康社会到安康城市、安康社会非物质化转型指标体系

## 第一节 从小康理想到安康社会目标转型的文化再造

小康社会，是在物质极为匮乏的改革开放之初，基于物质化、工业化提出的城市化与现代化发展目标；党的十六大之后，为补充、充实与完善其不足，又提出了"全面小康"的发展目标与目标体系建构，评价指标与评价体系建构，提出国家创新体系转型的"全面小康社会"构建，具体包括"经济发展"、"社会和谐"、"生活质量"、"民主法制"、"文化教育"、"资源环境"六大方面①，并作出了具体的发展目标、目标体系建构与评价指标、评价体系建构模型、指数。

但我们认为，一是从理论内涵的建构上，对于国家创新体系的转型来说，"小康社会"与"全面小康"已不能涵盖面对全球化复杂性大国崛起的国家创新体系建构与转型的主体目标，不能涵盖面对非传统安全复杂性管理的文化强国目标与愿景。任何评估指标体系的建构必定要有一定的理论基础支撑，才能实现指标体系的系统性及逻辑性，最终才能使评估指标体系具有较强的说服力。

"小康社会"，只是在改革开放之初，康乾盛世之后的百年落后挨打与贫困中经济复苏的一个农业大国转型发展的梦想。在改革开放30年之后由富到强的战略崛起与文化崛起中，"小康社会"已无以涵盖大国崛起的文化强国目标。

安康社会、安康城市转型的文化再造，不仅从理论内涵上突破小康社会的意识形态局限，而且从发展目标上在党的十六大之后的"全面小康"目标体系建

---

① 国家统计局科研所：《中国全面建设小康社会进程统计监测报告（2011）》，2011年12月19日。

构基础上，还将深化、细化、优化安康社会的文化强国目标与标准体系，强化国家创新体系转型的知识创新与文化创新目标与标准体系，具体包括文化创意理论，知识文明创新理论，安康社会理论，可持续发展理论，生活质量理论五大理论体系，"产业森林"与"产业输出"、"生态森林"与园艺建筑"城市输出"，"知识森林"与人才、智力"文化输出"，"数字森林"与云城市、云联网等文化地球、云智库的"版权输出"，田园物业与绿色输出五大创新体系。

"国外文化强国创建文化评估指标的理论基础主要有两个方面，可持续发展理论与生活质量理论。"[①] 我们又为之增加三个理论体系，文化创意理论、安康社会理论与知识文明创新理论体系。"国外文化强国关于文化评估指标的研究视角主要包括评估指标体系建构的理论基础、指标选择原则与标准及指标体系建构三个方面。"[②] 指标选择原则即文化创意的非物质化转型与知识化创新，文化输出的全球博弈与可持续发展，都市人生活品质的人文家园建构与知识文明的国家创新体系转型。

应在"全面小康"六大目标体系与评价体系基础上，增加与强调"知识创新"、"信息科技"、"金融安全"、"管理服务"、"生态治理"、"食品安全"、"非物质文明"、"文化治理"、"人才发展"、"民生人文"、"产业森林"、"法治政府"、"知识政府"、"创新型政府"、"人文型政府"十五项非物质化、知识化、创意化、信息化、服务化、金融化、生态化、人文化、法治化文化强国目标与"安康城市"、"安康社会"国家创新体系转型的标准体系、评价体系、发展指数的模型建构；这对于城市化、城镇化与安康城市、安康社会的发展及相关发展目标体系评价指数的转型与构建，无论是从理论内涵的创新，还是从社会文明转型的意识形态建构来说，都是极其重要的文化强国、文化强市、文化强镇目标体系的转型与建构。

非物质化、知识化、法治化、信息化、服务化、金融化、创意化、生态化法治政府、知识政府、创新型政府、人文型政府的知识城市、法治城市、后物质城市、云城市、生态城市、人文城市、创意城市、金融网络城市、服务型城市知识文明创新体系。

文化创意理论、知识文明创新理论、安康社会理论、可持续发展理论、生活质量理论的理论内涵、指标内涵的文化转型与文化再造理论体系。

文化创意的非物质化转型与知识化创新、文化输出的全球化博弈与可持续发展、生活品质的人文家园建构与知识文明的国家创新体系转型三大选择原则与标

---

①② 李志、李建玲、金莹：《国外文化强国评估指标的研究现状及启示》，《重庆大学学报》，2011年第17卷第4期。

准模型的选择维度。

产业森林与产业输出、生态森林与城市输出、文化森林与文化输出、数字森林与版权输出、田园物业与绿色输出五大创新体系的创新维度。

## 第二节 从物质经济到非物质经济转型的文化再造

"小康社会"注重的是工业化、城市化的物质经济发展，而工业化主导的城市化、城镇化发展，也成为小康社会发展的驱动力与创新结构。经过党的十六大"全面小康"目标体系的建构，"安康社会"发展目标与目标体系理论内涵的建设，从物质经济到非物质经济的非物质化、知识化发展，城市化、城镇化发展的文化再造，获得了非物质经济与知识经济的创新引擎与文化引擎，从而形成了非物质化与城市化的新的驱动力，促进经济结构与产业结构调整、转型与优化，形成"安康社会"的文化再造，支配着世界财富中心的转移（见图2-2）。

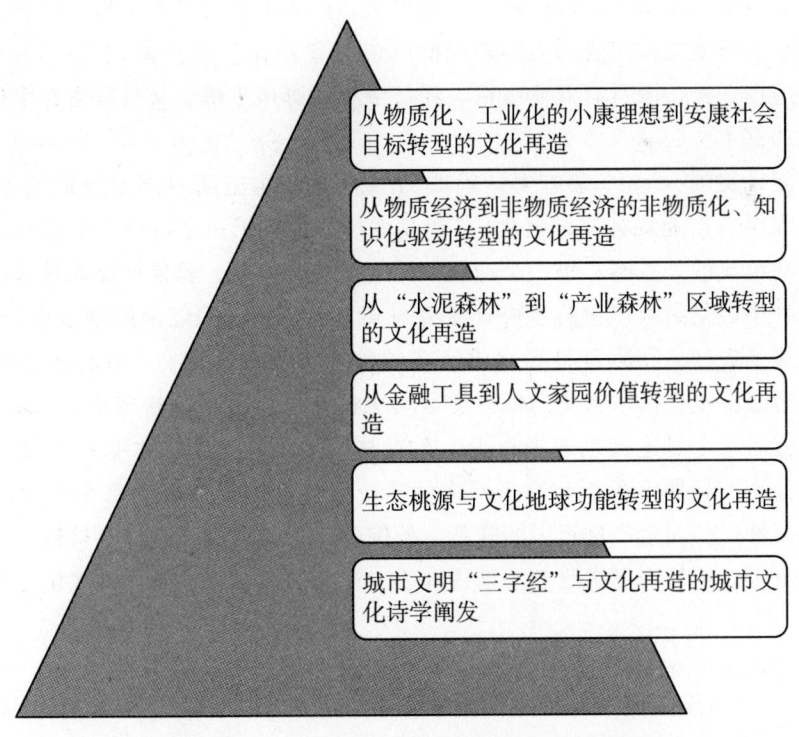

图2-2 文化再造与新型城镇化体系构建

（金字塔层级，自上而下）：
- 从物质化、工业化的小康理想到安康社会目标转型的文化再造
- 从物质经济到非物质经济的非物质化、知识化驱动转型的文化再造
- 从"水泥森林"到"产业森林"区域转型的文化再造
- 从金融工具到人文家园价值转型的文化再造
- 生态桃源与文化地球功能转型的文化再造
- 城市文明"三字经"与文化再造的城市文化诗学阐发

21世纪以来，支配世界财富中心转移的两大核心事件，就是美国的信息化与中国的城市化①，如果将这两大轴心体系融合为一，就将产生驱动全球经济复苏与文化复兴的世界知识文明创新体系，从而推动非物质化、知识化驱动力建构的国家创新体系的转型与跨越，这一历史伟力是不可低估的可持续发展目标与动力。

在中国新一轮城镇化与新型城市化发展中，应注重非物质化、知识化驱动力转型的文化再造与战略布局，注重这一"质量增长型"的历史创造伟力与宏伟发展目标、科学发展方法，注重非物质化、知识化驱动的发展指数与增长指数、评价指标与指标模型建构。

## 第三节 从"水泥森林"到"产业森林"区域转型的文化再造

粗陋的都市主义城市化与城镇化，到处都是"楼市"催生的"水泥森林"，从而失去城镇与城市的经济生机与文化生机，产业生机与民本生机，生态生机与人文生机，只能是城市规划大师芒福德所说的"沙丘"与"蚁穴"，"而不是像清明上河图一样，既具有商业生机、经济生机、都市生机，又具有生态生机、人文生机的都市文明。"②

近年，美国 science 杂志上一篇题为《产业结构空间对国家发展的制约》③的文章提出"产业森林"的概念。"产业森林"描述了一个由种类繁多的农业和工业产品组成的关系网。每一个产业即网络里面的节点，就像产业森林里的一棵树，森林中心是高级产业的非物质经济与知识经济、虚拟经济网络节点与轴心，森林边缘是农产品和原材料等物质经济的轴线与扩散区域。"森林中心树木密集，而边缘稀疏，树木密集的地方树木间也更盘根错节（连接密集），而树木稀疏的地方后来干脆连接也越来越少，在森林的边缘，有些树木基本上就是孤立的，比如说，奶牛生产。"④ 这个网络就是产业生态的经纬图，每个产业间的连接刻画两种产品在生产过程中的联系，外围的产品是内侧产品的原材料，当然内侧产品也可以给外围提供服务。越往轴心，产业的知识密度越高，文化含量与信

---

① 皇甫晓涛：《文化资本论》，人民日报出版社2009年版。
② ［美］芒福德，宋俊岭等译，《城市文化》（The Culture of Cities），中国建筑工业出版社2009年版。
③④ The Product Space Conditions Development of Nations，Science，2007.

息量越大,新兴市场领域的财富价值越大,反之亦然。

　　新型城镇化与城市化建设,不仅是"楼市"的自组织扩张,还应是全球化发展与博弈的国际分工中,产业的自主创新与创新体系的博弈,还应有本土资源配置优化的产业生态与产业森林的生机与就业、服务等相关财富价值。这就是我们说的"产业城镇化"、"产城一体化"与"产城生态化"、"城乡知识化"的区域转型与文化再造。

## 第四节　从金融工具到人文家园价值转型的文化再造

　　由于楼市与金融的关联,使城市与城市化、城镇化几乎成了金融工具,楼房与房子成了投资产品与金融工具,楼市泡沫飘忽不定,金融投机惊心动魄,使城市与城镇失去了人本价值与民本价值的人文家园,使城市人与城镇化的"被城市人"在城市化、城镇化中再度失去乐园。尤其是华尔街通过政府绑架了次贷楼市的债券,造成了全球经济危机的金融海啸,更是造成了通货膨胀下的楼市忽冷忽热。

　　而且,由于楼市的金融工具作用与房地产政策的不稳定性,使金融政策与金融资本市场对于与房地产相关的实业链造成毁灭性打击,进而冲击到经济实体与国计民生实业界的生存与发展,使城市与城镇化造成产业与实业主的业态与财富大逃亡,造成城市、城镇一系列就业、民生与实业、发展的困局,更是粗陋的城镇化与粗陋的都市主义金融工具对于人文家园建设的异化与误区。

　　美国规划大师芒福德早就提出,城市的价值转型应从经济、科技的中心,完成人文、生态中心的变革。从产业森林与民本民生的就业与实业发展来说,还应有民本与民生的产业中心建构。

　　新型城镇化的文化再造,应以生态型、知识型、产业型、人文型的人文家园为本,建设安康城市,完成从小康到安康社会的转型,构筑文化强国的安康社会建设基础与创新基础,形成文化强国的安康城市科学建设基础。

## 第五节　生态桃源与"文化地球"功能转型的文化再造

　　由于近代蒸汽机技术的工业革命,火车头拉动了城市化,城市的CBD往往是物流中心。但现代城市尤其是大城市卫星城郊区化、城镇化的发展，由于多元交通体系与信息网络体系的形成，环境污染与雾霾的影响，交通拥堵等城市病的影响，人们又从物流中心节点的城市CBD网络体系疏散到生态家园、生态桃花源的郊区；这就要求新型城镇化的发展，不能再走大工业"庞大的商品堆积物"物流枢纽的老路与CBD商贸区的旧模式，而应以生态家园建设、生态桃花源建设为发展目标，完成城市化、城镇化功能转型的生态文化再造。

这也是生态治理、生态安全的安康社会建设的创新基础，是生态文明、低碳文明、知识文明、幸福文明融合的城镇化创新体系。

另外，由物质、物化交通、设施体系减少与优化的同时，应注重非物质信息设施与网络体系的建设，减少物流的同时，提升信息流的城镇化优化品质。

从信息技术、信息经济到信息社会、信息文明，已从互联网的数字地球，到物联网的智慧地球，进而将发展为云联网的文化地球；从而在简化设施，减少城镇化物质材料与能耗的同时，优化城市化与城镇化的服务品质与功能品质，更好地在数字转型中建设文化地球的云联网与云城市，人文家园的知识城市与知识文明。

"安"民生，"康"经济，"社"产业，"会"生态与文化，安康社会的民生资本，健康经济，产业森林，和谐生态与文化，这就是安康城市的幸福文明。

## 第六节　文化再造的城市文化诗学阐发

新型城镇化的安康社会构建，是城市转型与文化再造的系统工程，总体上应以人为本，以文化为魂，来全面促进文化强市、文化强国的发展战略，全面优化安康社会构建的战略目标与创新体系，从而形成与世界知识文明创新体系相对称的国家创新体系转型，形成新型城镇化的非物质文明知识模型、生态文明知识模型、安全文明知识模型、服务文明知识模型、信息文明知识模型、管理文明知识模型、金融文明知识模型、幸福文明知识模型的安康社会、安康城市创新体系与模型建构。

我们也可以为之做一个城镇化与城市化的《城市文明三字经》：

城之初，安家园。宫廷深，边防远。筑长城，卫国安。防之道，坚以宽。修文字，建城垣。文明史，自有源。

华夏宫，殷商殿。咸阳城，阿房观。楚汉争，彭都陷。三国志，许昌连。金陵王，成都汉。荆州隐，南阳扇。长安兴，洛阳繁。幽州台，春江烟。花月夜，古人见，来者舟，问自然。自然美，女性翩。文自觉，人自先。儒释道，侠客仙。滕王阁，江雨帘。再回首，蜀道难。大雁塔，禹舜唤。大同富，云冈传。洛神惊，龙门篇。开封府，杭州偏。燕京起，大都元。金陵梦，南京短。北京定，清入关。满汉融，新京迁。南国秀，苏州园。北京深，紫城天。关塞外，四合院。徽派疏，岭南闲。平遥实，客家团。扬式幽，闽南婉。蒙包旷，藏宗玄。维居绚，土祠严。

人之居，生之态，文之室，宇之诗。筑家室，敬宗嗣。有族谱，传姓氏。有祠堂，传人伦。习教化，乐天伦。勤耕作，助邻里。爱无疆，仁坊群。义乡友，智天时。礼天下，信世用。教书院，通商埠。医养生，艺百工。丝绸路，园林城。水墨韵，霓裳舞。曲艺显，戏折情。八方音，神州路。京腔正，豫门洪。越调柔，秦腔高。蒙古调，长调辽。

夏陶器，千载忆。商铜鼎，钟鸣铝。周漆绘，灿成艺。汉古玉，润胎肌。明木品，包浆玉。清画境，开神笔。都市生，生有念。生息和，共不息。

印刷术，文官治。火药起，礼仪鸣。指南针，风水靖。择吉居，和善运。测天时，顺地利。金生财，木养生。水起运，火旺命。土有根，人和正。心有志，相生机。乐群善，敬业实。城与乡，人文兴。生态和，人居恒。恒心毅，恒业通。

古宫废，民国新。封建弃，领土公。无私照，觅大同。校园丛，新文化。北平新，新青年。呐喊巨，彷徨苦。苦闷志，象征文。狂人族，先驱言。文白争，科玄辩。新旧事，道德问。科学旗，民主舰。新思潮，卷巨澜。沪洋场，成大观。北伐军，黄埔校。广州城，是摇篮。哈尔滨，欧风会。天津卫，洋场北。南京府，渝都陪。腾冲县，美玉传。武汉口，风云间。工商都，一线率。台儿庄，古镇造，汉唐传。

新中国，有宣言。中国人，大地站。工业圈，沈大线。东北风，塞外关。哈齐牡，抚本鞍。齐鲁城，古今连。青岛港，济南泉。郑汴洛，会中原。苏杭新，长株潭。云贵川，宁陕甘。西部城，起连篇。

改革风，开放城。沿海导，特区先。西部开，东北振。中原再，造城新。珠三角，号角连。长三角，浦东前。滨海继，东北起。两江会，成渝展。再崛起，有西咸。海西追，北部湾。蓝色梦，胶东湾。五点线，沈大间。兰州新，黄河欢。黄三角，青岛连。保税港，筑前湾。东北亚，中日韩。环渤海，竞千帆。横琴诗，南沙湾。前海梦，三特舰。

安民生，康经济，社产业，会文化。和生息，成一宇。是城镇，筑家园。归人文，归自然。

房贷难，车贷滥。婚居难，独居苦。行路难，食安苦。人居难，金融苦。上学难，就业苦。皆因钱，异化人。物异化，人挤压，心态变，何求福？

城乡间，握手楼，粗陋居，广占地。还乡梦，故乡墟。弃人文，废生态，反自然，陋习鄙。土地贵，陋居挤。人为本，居为善，风有道，水有间，居革新，新城镇。家园梦，故乡新。无私欲，方成宇。

雾霾起，交通堵。大都会，当反思。就业难，行路难，生存难，多喘镇。

经济县，百强名。GDP，总先行。文化强，百县兴。比较优，是文创。文产旅，有养生。创意行，知识新。人才聚，生态宇，科技城，幸福经。本土幸，民族兴。

但有城，新风貌，弃旧物，迎新风。天地心，生民道，财富观，价值变。幸福观，文明新。人类小，宇类大，万物轻，心灵圣。

森林出，田园耕。山水隐，田园归。富贵城，浮云宫。但桑麻，何绫罗。钻饰弃，真我归。富不奢，贵无侈。清安福，长寿命。空气新，水质清。桃花源，再造都。百科智，人文王。千载学，自然品。科学用，玄学品，诗言志，技有生。书为用，教为才，学为器，艺有灵，家园事，心为上，都市魂，自由归。

大风起，云飞扬。四海望，九州畅。安康城，中华梦。崛起志，复兴邦。

城市化，生态体。知识力，安全底。衣锦秀，食天然。住绿宅，行闲云。娱乐目，康健身。养乐生，颐长寿。优产业，转经济。文产创，内容王。人居文，化风雨。金木水，火土润。科学观，和谐理。中国梦，安康宇。

城镇化，城乡体。统筹力，和谐宇。人文兴，产业聚。文化魂，生态居。反拜金，去工业，非物质，主创意。

城革命，文复兴。产森林，山水寄。人为本，民生育。传文化，养生寿。

互联网，数地球，物联网，智地球，云联网，文地球。云城市，经虚拟。科技先，文化立。生产序，生活纬，生态纲，生命贵。

智能城，智慧居。智库居，知识宇。

金融安，财富全；食品安，生态全；信息安，文化全；社会安，家园全。安康城，安全宇。

低碳城，能耗低。自然观，生态宇。

文明忆，历史记，非物质，文化传。一沙石，一世界，一花序，一天国。绝活继，往古新。材料真，知识习。有原则，有传习。

人有貌，城有风。一座城，一象形。文为魂，器为用，本为源，乡为根。经纬纵，河洛横。渊源传，人文承。时尚新，知识通。大学校，大观园，大文化，大博宫。大广场，大花园，大森林，大田耕，大休闲，大娱情，跨文化，跨文明，开风气，合生灵。健社会，健生命。健精神，健环境。

# 第三章

# 文化输出与城市输出

## 第一节 产业森林与产业输出

中国当代高速城市化与粗陋城镇化的最大问题,就是事关民生与民本、人本与人文的产业生态与百姓就业问题。在全球语境的城市化发展中,中国产业的国际分工格局本来就是粗放型与物质型的,缺乏产业输出与产业森林的生命机制与知识创新基础。粗陋的城镇化使这一问题更加凸显出来。

"这个图颇像城市的交通图。市中心路网交错,而到了郊区的小村,你基本就到了路的尽头。"[①] 如图3-1所示。

产业森林的轴心与边缘,就是发达国家与发展中国家、城市与乡村的国际分工与产业分工关系与结构,城市的产业转型与升级,就是由边缘向轴心的产业运动,由此可见,产业森林对于城市化与城市建设的重要意义。

在产业森林轴心的城市与国家、区域,就会具有产业辐射半径的产业输出,实质上也就是产业自主创新基础的科技文化输出。

---

[①] 引自《产业结构空间对国家发展的制约》(The Product Space Conditions Development of Nations),Science, 2007.

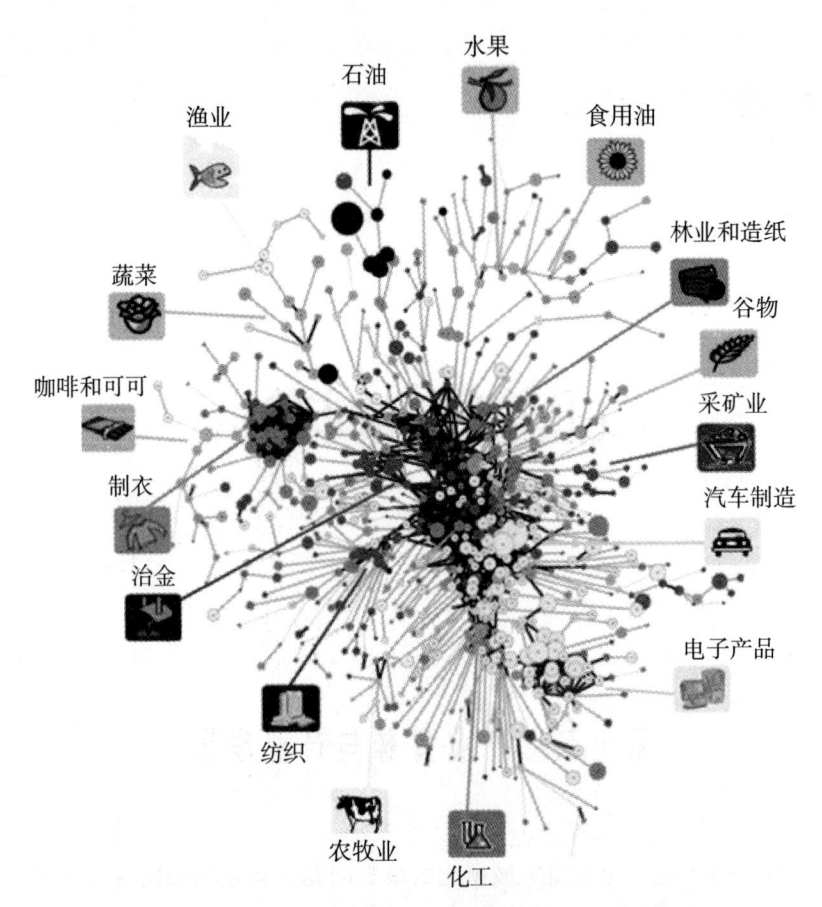

**图 3-1 全球化、知识化、产业森林与产业输出的知识版图与城市版图**

构筑一个独立而自成体系的产业森林，一是要有先赋资源的配置，二是要有人力资源的配置，三是要有科技文化的支撑，四是要有市场半径的辐射，五是要有与全球化外部关系的接口，也就是产业输出的国际经济大循环。

这就要求我们从产业森林的自我构筑开始，就要有国际分工的战略目标与全球语境的产业格局，以产业输出的全球视野来构筑产业森林的国际分工大格局与自主创新体系。

然而，更为突出的问题是，产业并不是凭空而生，而是从传统产业中脱胎而来。第一产业向第二产业的转型，致使许多发展中国家经历了与世界经济不对称的百年剧痛，中国就由此形成了百年以来的落后挨打。

现在，世界经济的国际分工格局，又在经历着从重化物质经济的第二产业，向非物质经济的第三产业转型的剧痛，信息经济、文化经济、服务经济、娱乐经济、创意经济、旅游经济、生态经济、艺术经济、版权经济、知识经济正在支配着世界财富中心的转移。因而从物质经济到非物质经济的转型与升级，就形成了产业森林与产业输出的版权经济创新基础问题，也就形成了知识城市与创意城市优化生产力国际分工体系与支配世界财富中心转移的产业革命与城市革命问题。

产业森林的知识密度越大，文化质量越高，创意基础越强，产业输出的版权经济创新基础就越好，反之亦然。

## 第二节 生态森林与城市输出

生态森林与生态文明，是城市建设与文明转型的科学基础，芒福德曾把没有山川河流等生态基础与缺乏世间百业产业基础、人文基础的城市比作沙丘或蜂窝，而将具有生态、产业与人文生机的城市比作中国的清明上河图。

因而芒福德又说，21世纪人类有两大发明，一个是飞机，使人类具有了第三维度的空间生活，另一个就是花园城市，使人类在飞上天宇的时候，能够返回美好的人文家园。[①] 花园城市、森林城市不仅在城市发展与城市规划理论上越来越为政府与学术界所重视，而且在创新实践发展上，也越来越成为城市化与城市建设的各类桃花源升级版本，形成生态化的都市文明新浪潮。

新加坡的城市国家向以森林城市的生态文明而称著于世，他不仅输出了贸易与管理、管理与服务，同时也输出了城市与生态，生态与文化。在中国滨海新区的建设与发展中，就引进了新加坡生态城，并为此展开了多方面的经济与文化合作。这是较为典型的生态森林与城市输出。与之相关的还有苏州的新加坡工业园国际合作格局的展开，也是以生态森林的城市输出来搭建工业园区的经济平台。同时中国新兴生态城市与花园城市的发展，也都具有生态森林的环境经济建设基础，也都借鉴了新加坡生态森林与城市输出的创新模式，如深圳与大连。

中国是一个农业大国，也是一个田园城市历史文明悠久的国家，同时又是古典园艺发达的建筑文明与生态文明历史悠久的生态诗学大国。例如，苏州园林，园林城市，桃花源梦想的中国诗梦知识文明起源，都为中国生态森林的研发与规划，建设与发展，奠定了自主创新的生态文明基础与文化创意的知识文明起点。苏州园林与桃花源，应该能够给予中国的城市输出奠定历史文明的自主文明创新基础。

目前，中国各地国家森林公园的规划、认证与建设，5A级旅游景区的规划、

---

① [美] 刘易斯·芒福德著，宋俊岭等译，《城市文化》，中国建筑工业出版社2009年版。

认证与建设，也是这一生态森林的发展与城市输出的知识文明自主创新基础建构。

"需注意和强调的是，文化强国建设不仅要高度重视文化输出，还要高度重视'城市输出'。城市输出指的是一个国家向世界上其他国家和地区进行城市文化和城市文明的输出与推广，进而增强与深化国家文化吸引力和文明影响力的过程和机制。文化强国不仅应由文化传统和文化遗产、思想成果与文化经典、影视文学艺术等文化元素的输出，还应有自己城市元素、城市形态、城市基因、城市体系的输出；不仅是城市及其文化向外界的展现和言说，也是城市及其文化逻辑在世界范围内的推广和衍生。"① 生态森林与城市输出，不仅是本土城市生态化建设的绿化种植密度与强度，更重要的是关于生态森林、生态城市、生态文明建设的一整套生态创意、田园诗学、山水田园诗文、城市文化诗学、园艺建筑诗意、生态城市规划与设计、生态旅游规划与设计、田园城市规划与设计，以及生态森林与旅游城市、景区的评估认证，国家森林公园与5A级旅游景区的规划、认证与评估建设等一整套生态文明制度、生态知识传播的"城市输出"体系。

"城市输出中包含着丰富的文化与意识形态内涵，是中国特色文化和中华文明进行输出的有效路径。城市不是单纯的物性堆积或空间外壳，而是承载着一定地区的建筑文化、生活方式、生产特点、文化风习、文明成果，与国家或地区的历史底蕴、社会文化环境、'地方性知识'、价值观念、意识形态等都具有紧密的关联。城市也不是抽象的形式，而是在文化地方性和文化传统性的时空坐标中成为文化多样性的综合表征，还关系到城市文明的发展模式和发展道路。"② 生态森林与生态文明意识形态，一旦与本土文化的"地方性知识"相融合，形成"文化多样性的综合表征"与传播体系，就会成为城市文明跨文化交流的创新模式与发展模式，"城市输出"的创新基础与文化样式。

一个经济强国，如果城市与文化没有生态文明与知识文明的创新基础，就会空心化而失去可持续发展的优势。"只有强大'硬实力'而无昌盛文化的国家，则难以输出自己的城市文明，甚至会被硬实力落后于它的国家或地区的城市所逆向'输入'，例如，蒙古铁骑的军事实力与其蒙古包文明的反差。"

生态森林与城市输出，是建设领袖型城市"世界输出"的创新基础与生态文明基础，"在城市成为国家或地区文明主要承载的情况下，加强城市文明的输出体系建设是我国文化软实力的重要向度。"近年来，改革开放的发展使我国的城市化失去了"地方性、原生性、本土性"与生态性的自主文明建设基础，对此，我们不仅要加强生态森林的建设，摆脱与超越西化后殖民语境的城市化影响，还要增强我们的生态诗学建设与"城市自觉"、"城市自信"的文化创意建

---

①② 徐翔：《文化强国视阈下的"城市输出"战略》，《新西部》，2012年第17期。

设，形成基于"文化创意理念"与"城市森林"生态理念的"城市输出"创新基础与创新格局。

## 第三节 文化森林与文化输出

文化森林，是借助"产业森林"与"生态森林"的文化语境与比喻，所描述的文化生态与文化品质。城市应该有文化创造的生机与文化森林的密度，包括"本土城市的文化特色、城市意象、生活状态、城市精神、城市价值"[①]。城市文化森林的建设，使城市更具有文化输出的品牌与价值。

中国古典城市，具有夏陶与陶艺文化、商铜与铜器文化、周漆与漆饰文化、汉玉与玉器文化、明木与红木文化的工艺文化森林，具有茶艺与茶文化、药艺与医药文化、厨艺与餐饮文化的习艺文化森林，具有园艺与建筑文化、丝艺与服饰文化、曲艺与艺术文化、书艺与水墨文化、诗书与书院文化的文化森林与文化生活，形成东方桃花源的诗梦之国与城市文化诗学的中国梦原创文化体系与知识体系。

城市文化森林，不仅是城市文化诗学的体现，而且也是城市精神价值体现与精神文明的传播。正是城市文化森林的原创文化与创意知识，形成版权经济的文化输出创新体系。

"城市文化及其体系扩张已经成为强势文化霸权或者说'文化帝国主义'进行'非领土扩张化'的重要领域和机制，西方强势城市的文化'后殖民'体系对发展中国家的城市文化自主性、独立性的损害已成为一种广泛性的现象和问题，并对其文化安全乃至意识形态安全都带来潜在而深刻的侵蚀。其浅层表现是西方城市文明在中国的泛滥，深层体现则是城市的文化领导权所伴生的西方文明、西方价值的独尊以及对于本土文明价值的自觉和自信的缺失。"[②]

文化森林，就是要在文化自觉、文化复兴、文化创意的文化生态构筑中，形成文化输出的创新基础与自主生机。包括文化教育、文化艺术、原创文化、文化时尚、文化创意的城市文化、商业文化、旅游文化、生态文化、产业文化等都市文明创新体系的构筑，与建筑器物文化、制度、风俗文化、精神意识文化、语言符号文化传播的跨文化交流与"文化输出"的内容生产。

"我国具有丰富的城市文化元素、城市文化资源、城市文化特色，具有一批在世界上有独特风貌形态、历史文化底蕴、城市审美价值、发展方式特点的各类

---

[①][②] 徐翔：《文化强国视阈下的"城市输出"战略》，《新西部》，2012年第17期。

城市，它们承载着丰富的中华传统文明与中国特色现代文明，国家文化战略中有基础也有必要充分加强我国的'城市自觉'、'城市自信'，分阶段、分层次、有计划地推进我国的'城市输出'。"① 包括历史文化资源发掘、本土文化复兴、原创文化重构、文化创意生产、文化自主创新、城市文化再造的"文化森林"建构与"文化输出"生产。

## 第四节 知识森林与知识输出

世界各国国家创新体系的转型，正在向世界知识文明创新体系目标发展。"知识森林"，包括信息、技术、管理的科学三要素，还包括生态、服务、安全的基础三要素，以及文化、创意、艺术的创新三要素。知识森林，就是要在城市化、知识化、信息化、服务化、生态化的建设与发展中，形成知识文明创新体系与知识输出的文化创新体系。

知识输出，在都市文明的传播中，往往不是直接完成或一次性完成的，而是形成城市知识森林的创造源与传播源，通过文化、人文转化为创意、智力生产力传播体系，又通过文化创意与智力创新转化为科技、信息、知识生产力创新体系与传播体系，再通过科技、信息转化为金融、服务生产力创新体系，同时又通过金融、服务生产力创新体系转化为产业、都市创新体系与传播体系，形成知识输出的世界知识文明创新体系，从而再转化为版权、内容与商品、贸易生产力创新体系与传播体系，如图 3-2 所示。

从图 3-2 可以看出，文化、人文、创意、智力与科技、信息、文化生产力与知识生产力的本土挖掘、动员与知识输出是轴心深度生产力结构的爆发与撞击，也是最不易为他者文化认知与知识主体、领土所接受与融合的。而产品贸易与版权、内容的文化传播与文化输出是最容易完成的，也最容易为他者文化主体所接受与融合。但城市、产业的知识输出与文化输出或任何文化输出与知识输出，都必须有文化自觉、文化复兴、文化创新与城市文化、产业文化的塑造与构建。这就是知识森林与知识输出、城市文化与文化产业及文化输出的二律悖反与内在张力。从这一点来理解美国人的文化为"寻底竞赛"（race to the bottom）与英国人所说的文化为"登峰造极"（race to the top）的异曲同工之妙与巨大创造极、发展极文化增长空间。

---

① 徐翔：《文化强国视阈下的"城市输出"战略》，《新西部》，2012 年第 17 期。

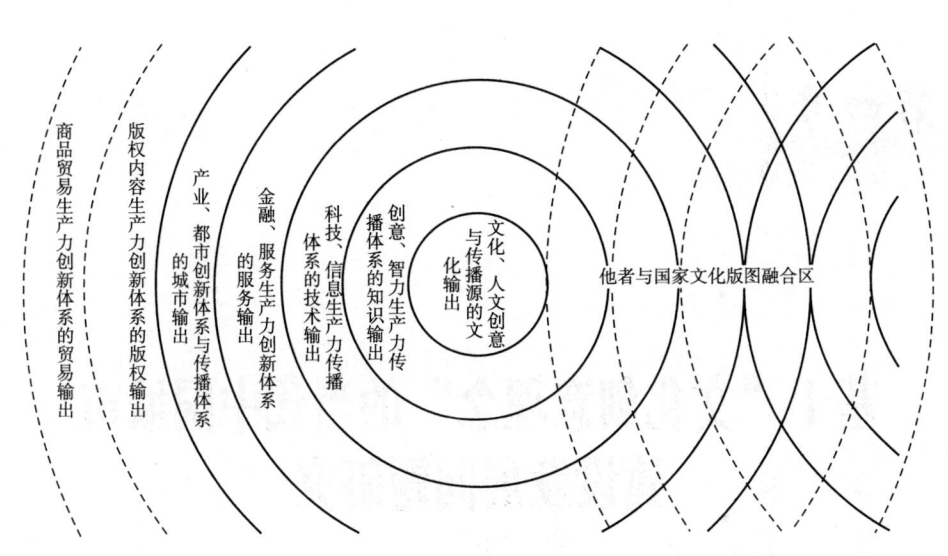

**图 3-2　文化、人文创意与传播源的文化输出体系**

产业森林与产业输出，生态森林与城市输出，文化森林与文化输出，知识森林与知识输出，是城市、区域经济转型与产业升级的必然选择，也是城市文化与产业哲学的理论阐发，生态城市与知识城市的创新耦合，文化创意与创意城市的创新体系。说到底，都是文化输出与城市输出的不同形态，文化再造与知识文明的科学构筑，产业升级与知识输出的创新融合。

# 第四章

# 基于"文化创意理念"的当代中国城市建设发展问题研究

21世纪以来,中国开始注重基于"文化创意理念"的城市转型与建构,但城市化与城市文化建设并不是一朝一夕之功。中国改革开放前30年受工业化、物质化、市场化影响,城市化环境污染、能耗过高、人居密集、交通拥堵,导致许多大城市雾霾连天,楼市增速过高,失业率、犯罪率很高,步入现代化发展的误区;而在最后一轮城镇化发展机遇中,又由于土地财政、土地金融的影响,又产生了许多"握手楼"与"城中村"、"返乡驿站"。尽管也展开了一些文化产业、创意城市、城市文化的建设与发展,然而也面临着千城一面、人文异化、文化圈地、文化园区空心化等基于"文化创意理念"的当代中国城市建设发展的一系列问题。

城市文化的缺失并非个别现象,而是城市建设和发展中面临的普遍挑战,最集中地反映了城市文化的同质化和趋同化,即城市文化的特色危机。各地具有民族风格和地域特色的城市风貌正在消失,城市文化变得越来越杂乱无章,失去方向。许江先生曾概括说,我国城市建设中存在的问题主要是"四有四没":"有绿化,没山水;有建筑,没诗意;有规划,没特色;有指标,没记忆。绿化变成了简单的草坪,根本没有'山水观';城市建筑有体量,却没有表现出城市的诗意和韵味。"而且,人们在呼吁城市文化特色重塑和文化城市理想回归的同时更需要在宏观上审视城市发展的理念和城市文化缺失的社会机理。

## 第一节 "粗陋家园"的城镇化与土地金融的城镇化反思

马克思在《1844年经济学哲学手稿》中，曾批判工业化所带来的"粗陋共产主义"，甚至要倒退到连资本主义都不如的境地①。在工业化、城市化、城镇化、物质化、市场化的发展中，出现了很多粗陋家园的城镇化发展倾向与问题，这是要倒退到连封建主义田园庄园都不如的境地。比如，很多郊区化的城镇化发展，"返乡楼"城中村社区"握手楼"的产生，等等。

工业化与工业园区在城镇化中的泛滥，也是由于土地财政的利益驱动与权力滥用。尤其是土地金融的利益驱动，更使城镇化变成到处都是过于拥挤的"鬼城"。

新型城镇化一是要从土地财政中解放出来，二是要从金融财政中解放出来，三是要从重化物质工业困局中解脱出来。不要见物不见人，要重视人才、人文、文化、生态、科技、信息、服务等知识文明要素的建设与发展。

## 第二节 "千城一面"的城市建筑规划与形象、风格、符号的问题研究

有人近年曾说，北京是一座"失去建筑哲学的城市"②。其实，基于"文化创意理念"的当代中国城市建设与发展，最大的问题就是建筑语言的缺失与千城一面的面孔。即使你到一些民族地区去，也要深入到县城、乡镇才能找到本土话语的符号特征。这既是一个历史人文承传的文化发展问题，也是一个城市建筑风格与符号、形象体系建设的美学与创意问题，更是一个城市规划设计的科技问题；同时又是一个金融资本主导城市化的城市建设与发展经济体制问题。

要解决这一问题，首先城市要有公益基金、财政金融、文化资本、知识经济的主导力量与经济体制，其次要有创意规划与文化设计的科技创新与文化再造，其三要有城市符号、语言、风格建设的文化再造与美学理念，最后要有城市历史

---

① 关于"粗陋的共产主义"工业化等发展问题，见马克思：《1844年经济学哲学手稿》，《马克思恩格斯全集》（第42卷），人民出版社1983年版。

② 王博：《北京：一座失去建筑哲学的城市》，辽宁科技技术出版社2009年版。

人文发掘与文化承传的文化再造。尤其是校园文化、城市历史文化、社区建筑文化、公共服务文化的建设与整体城市文化语言、符号、风格的建设与演化，更要有历史文明的发掘，城市风格的创意规划设计。

## 第三节　生态环境与宗祠族群村社人文自组织功能退化的问题研究

近年来，高速城市化发展，粗陋城镇化的家园建设，使许多地方忽略了生态环境的建设，几乎成了"水泥森林"。生态环境不仅有低碳文明的环境经济建设，还有绿化景观的生态化建设与文化设计的城市美学建设。

粗陋的高速城市化，同时也割断了城市的历史文明血脉与人文发展基础，使城市成了楼市的集堆，而不再是人文系统的文化丛结。

这一点，岭南文化建设与宗祠族群村社的人文重构就有些比较好的案例与发展倾向。近年来，由于高速城市化与粗陋城镇化的发展，使许多宗祠族群村社人文自组织功能严重退化，到处都是千篇一律的城市化鸽子笼。

即使在深圳这样高度发达的现代化都市，因为重视文化创意的建设与发展，也有人从洋房、别墅的现代财富之梦中迁徙出来，而在自己的家乡重构传统人文的建筑格局与邻里之爱，重建宗祠族群的岭南建筑牌坊与院落，纪念祠堂与族群人居、人文群落，并将民国以来的家族宗祠与一脉相承的姓氏文化、祭祖祖祠世代相因与更迭的照片陈列起来，并以之教育下一代，又以简单的中式装修与古朴的中式家饰装饰重构传统人文建筑的文化氛围与岭南风格，形成浓郁的岭南文化民居生活习俗与人居风尚。

在珠海牌坊的修旧故居旅游文化研发、规划与开发建设中，建设了珠海梅溪牌坊近代华侨故居旅游文化园，并得到珠海市政府的支持。在东莞，也有粤晖园对于岭南文化建筑系统的重构与山水生态建筑文化系统的建设。

在从化，同时我们也看到，有三个完整的近代民国时的岭南村庄，村民完全从其中搬出来，舍弃其具有人文传统与岭南风格的传统生态性人居，而搬到乱七八糟的城中村式的"返乡楼"、"握手楼"里，以适应"懒惰"功能的"现代"城市人居社区生活。我们设想，如果将传统岭南邻居村落整体改造一下，修旧提升，不仅省了土地，而且也回归了自然、生态与人文。或是如有传统民居的保护基金或政府财政金融的文化基金支持，也可将其改造成工艺、艺术、非遗、人文、文化旅游村镇体验式、创造式、休闲式的旅游休闲园区。

还有几个百年荔枝林的村落，也是被弃置一旁如同废墟。如果我们有国家非遗生态文化保护标准，应将各种百年森林与林木认证为国家生态非物质文化遗产，保护起来，与旧的村落一同进行生态性的修旧与重构，研发、规划、开发为国家生态非物质文化遗产的旅游园区项目。从中可以看出，国家非物质文化遗产标准、制度建设还不够，门类还不够齐全，制度还不够完善，自然类、生态类、人文类知识保护与开发、标准建设与制度建设还不够细化与完善。这也是基于"文化创意理念"的当代中国城市建设一个十分重要的课题。

## 第四节 文化创新与"文化地产"异化问题研究

基于"文化创意理念"的当代中国城市建设研究，近年遇到的较为严重的问题，就是在楼市政策遇阻之后的城市化转型中，文化圈地的文化地产与文化产业园区规划建设和园区化的文化产业建设。

从土地到文化，从文化到资本，从资本到金融；在土地金融政策遇阻后，许多人便绕到了文化的后面，开始了文化地产、文化产业园区的文化金融开发。一是缺乏本土文化资源的发掘，二是缺乏文化产品的设计，三是缺乏文化产业的业态，四是缺乏文化产业的人才，五是缺乏文化科技的创新，六是缺乏文化产业的配套与市场环境。结果，许多文化产业园区空心化较为严重，文化产业没发展起来，又变成了高能耗的文化地产项目与粗陋的楼市"鬼城"。这是城市化、园区化的文化产业发展问题，也是文化地产的异化。文化地产没卖出去，文化产业也没发展起来，因为其根本不在产业森林的环节与链条之中。

这就要加强城市化的人才培育与人文建设，文化产业资源的积累与知识产业森林的建设，文化科技的提升与文化园区的知识产业森林建设。

## 第五节 金融资本与城市文化建设的异化问题研究

高速城市化的扩张与粗陋城镇化的楼市扩展，一个根本的问题，就是金融资本主导的城市化与土地财政主导的城镇化。

城市本是人文家园，楼市本具人居功能，然而由于受楼市多重投资与金融产品导向的影响,一是过速城市化,二是过度城镇化,三是粗陋城市化,四是高能耗的城市化。究其原因,就是金融资本的推动与城市 GDP 价值观的业绩误区。

美国华尔街通过政府绑架了金融资本的最后一个空间,就是楼市次贷危机的债券与债权,并以此导入金融资本,推动楼市的城市化扩张与发展,产生了城市的异化与人文的退化,文化的异化与金融资本的全面危机,从而带来城市化的经济危机与全部产业链的萎缩,失业率的增长与资本信用的危机,通货膨胀与城市化的发展误区。

# 第五章

# "文化创意理念"的科学原理与相关知识模型、创新体系阐发

"文化创意理念",是以文化为核心理念与内容基础的创意思维与知识理性体系,是知识文明的人文基础与创意基础以及由此形成的文化创新知识体系。它具有跨领域、跨学科的认知科学基础与知识文明特征,又有着较为广泛的实践意义与创新价值。

## 第一节 城市"文化创意理念"的跨学科阐发

城市"文化创意理念",是以城市为内容生产单位与文化主体单元的跨学科、跨领域创意思维知识生产内涵、元素与系统。

### 一、人文的继承性与创造性——"文化创意理念"的人类学与人文科学阐发

城市与区域文化的建设,都有其本土文化资源的动员与继承,以及在此基础上的文化原创性与文化自组织创新体系,形成文化自觉的自主创新体系与"文化创意理念"的文化产业知识文明创新体系。

从人类学来说，城市与区域的人文类型，形成了城市与区域文化主体性的聚落与原创体系，形成城市与区域习俗、风尚、价值观与思考、行为方式，思维、智能方式，生产、生活方式的人文继承性与创造性，形成"文化创意理念"的资源动员与知识生产创新体系。

神话、故事、典故、说唱艺术、曲艺等文学样式，是一地文化的灵魂与精神承传载体，具有城市区域"文化创意理念"的本土性与原创性，人文类型思考方式与行为方式的文化原型特征与审美艺术特征。例如，屈原与楚文化，庄子与中原文化，孔孟与齐鲁文化，《聊斋志异》与胶东山海仙道文化，《水浒传》与山东地缘文化，鲁迅与绍兴师爷的江浙文化，陈忠实《白鹿原》与西部苔原文化，《乔家大院》与山西平遥建筑文化，老舍与北平苔原文化，沈从文与湘西城乡热带雨林文化，莫言与山东齐鲁文化，巴金与巴蜀文化，茅盾与上海都市文化，许钦文等与乡土文化，东北作家群与冻土林文化，赵树理与西北山药蛋派文化，孙犁、刘绍棠与苔原荷花淀山水田园文化[1]，都有着文化原型艺术阐发的内在联系，都有城市与区域人文类型的原创文化精神，都有"文化创意理念"的本土文化知识文明创新特征与原创文化艺术体系。

历史与史学发掘，又可以形成城市与区域旅游文化资源的创新基础，具有"文化创意理念"的文化丛结与历史丛结。比如，北京紫禁城古代史学元素与系统的京都文明"文化创意理念"知识体系，王府井与蒸汽机技术近代物流商贸文化史学元素与系统的城市CBD商圈"文化创意理念"知识体系，中关村信息技术"文化创意理念"的知识文明创新体系[2]。又如西安、洛阳、开封、成都古都再造的"文化创意理念"知识文明创新体系，也都与城市与区域的历史及考古发掘密切相关，从而形成其城市与区域旅游文化创新体系的"文化创意理念"与知识文明系统。

城市与区域"文化创意理念"的哲学研究，较为典型的即是对于城市与区域从物质到非物质经济转型的哲学思考，从小康社会到安康城市转型的哲学思考，从改革开放国际城市建构到世界城市建设文化自觉与自主创新体系的哲学思考，从城镇化到新型城镇化的哲学思考，从工业城市到后工业文明建设的哲学思考，从重化物质工业城市到后物质结构城市化建构的哲学思考[3]，从城市与区域经济哲学到城市化与工业化反思经济学的哲学思考，从城市与区域现代化、全球化到城市与区域后现代化、知识化、本土化的哲学思考，从城市与区域物质财富

---

[1] 皇甫晓涛：《〈呼兰河传〉与〈回忆鲁迅〉》的跨文本阐释，《中国现代文学研究丛刊》，2008年第2期。

[2] 皇甫晓涛：《文化资本论》，人民日报出版社2009年版。

[3] 章仁彪：《城市文明、城市功能与城市精神》，《同济大学学报》（社科版），2005年第2期。

价值轴心到城市与区域生态人文价值轴心的哲学思考,从城市文化到产业哲学的思考①,从城市与区域人类学到反思人类学的哲学思考,从城市与区域文化产业发展到反思文化学的哲学思考等,都是城市与区域具有"文化创意理念"的跨学科、跨领域的哲学思考与研究。

## 二、文化的创意性与科学性——"文化创意理念"的文化学与文化科学阐发

城市与区域的"文化创意理念"的创意性,一定要具有内容再生产与符合创新规律的科学性的知识生产与知识文明特征,"文化创意理念"的文化学研究,也一定要具有文化科学的知识生产与知识文明特征。

文化科学的知识文明创新体系,包括艺术科学的文化生产与知识文明创新体系,信息科学的文化生产与知识文明创新体系,管理科学的文化生产与知识文明创新体系,生态科学的文化生产与知识文明创新体系,经济科学的文化生产与知识文明创新体系,认知科学的文化生产与知识文明创新体系,鉴识科学的文化生产与知识文明创新体系,规划科学的文化生产与知识文明创新体系,环境科学的文化生产与知识文明创新体系。

《易经》作为中国知识文明起源的文化科学总纲,它的阐发与演化,再阐释与知识创新,也具有这样的跨学科的文化科学特征与知识文明创新体系的特征,对于城市"文化创意理念"的文化科学知识文明创新体系,同样也具有多方面的人文启示与知识启示、文化启示、科学启示,创意理论与文化学启示。

## 三、创意的审美性与艺术性——"文化创意理念"的美学与艺术科学阐发

城市与区域"文化创意理念",在城市形象、风格、符号上的体现,就是创意的审美性与艺术性,城市与区域的美学与艺术科学特征。

例如,北京的皇家园林与紫禁城宫殿、四合院建筑群落、古城墙城市格局,包括京剧的字正腔圆与王府的方正格局,形成的北平正统"文化创意理念"与空间的审美性与艺术性,美学特征与艺术科学特征。苏州园林的曲径通幽与灵秀婉约,形成的城市与区域环境、形象、风格,与江南方言、戏曲、苏绣、苏木、

---

① 万长松、曾国屏:《"四元论"与产业哲学》,《自然辩证法研究》,2005年第10期。

建筑等方面的美学与艺术科学特征的吻合，都有着江南"文化创意理念"的人文承传与美学气韵、艺术气质。又如平遥建筑的西北文化特征，岭南建筑的南方文化特征，都与其本土戏曲、方言、人居、习俗融合为一，形成高度统一的美学风格与深具个性的艺术科学特征。①

## 四、人居的生态性与诗学性——"文化创意理念"的生态学与文化诗学阐发

城市与区域"文化创意理念"的生态性与诗学性知识文明特征，构成了其生态学与文化诗学的系统特征与美学实质，形成了城市与区域生态性与诗学性的知识文明创新体系，以及相关城市诗学的审美文化特征。例如，苔地生态的地正方圆与北平四方圆和的城市建筑格局、空间体系②，冻土林生态与东北四合院建筑的严整合一与城市平正方宇文化诗学特征，热带雨林生态与岭南曲折多变建筑格局城市文化诗学审美特征的形成，西北苔原生态与平遥建筑平实方阔城市文化诗学审美特征的形成，都具有城市与区域"文化创意理念"的生态与文化诗学知识文明创新体系的人文类型。

人居科学的生态性与诗学性，就是这样在"文化创意理念"的无限创造精神中，拓展各具特色的审美空间与文化结构，风习制度与时尚特征的。这也与生态学、生态科学的创意空间与原创精神密切相关，与《易经》生态性、诗学性"文化创意理念"与知识文明内涵跨学科知识体系、知识文明创新系统密切相关；既有科学与技术的本土知识，又有认知科学与软科学的知识文明内涵。

## 五、建筑的园艺性与符号性——"文化创意理念"的园艺学与符号学阐发

城市与区域"文化创意理念"的园艺性与符号性知识文明创新体系，在中国城市与建筑文化中有着最为丰富的内涵与本土文化的知识文明系统。例如，北方园艺风景设计与建筑符号、空间结构的宏大与俯阔，江南园林与园艺符号的隐幽与曲折，岭南园艺景观与空间结构的奇谲与神秘，西部园林与园艺符号的阔大与平直，东北园林与园艺符号的深阔与开纵，都具有区域文化类型与城市"文化创意理念"的园艺学、符号学知识文明创新体系的无限生机与审美特色。

---

① 皇甫晓涛：《美的文化系统与空间景观》，《社会科学战线》，1989年第3期。
② 陆学明：《农业文化与商埠文化的历史冲突》，《时代论评》（创刊号），1985年第2期。

## 六、文化的区域性与创意的人文基础特性——"文化创意理念"的规划科学与管理科学阐发

城市与区域的文化资源不同,人文类型与创新模式、发展模式也不同,人文基础与文化模式不同,决定了人们对其进行规划、管理"文化创意理念"的知识生产方式的不同。

"文化创意理念"运用较多的是城市的规划与设计,城市规划科学与管理科学的运用与安排。但从知识生产与文化创意的主体来说,又都是超越了地缘与历史局限,具有普适科学方法与知识文明创新体系的。

城市的规划与设计,从宏观上来说,要有资源比较优势定位的"文化创意理念"设计;从中观层面来说,要有本土文化发掘与资源配置优化的"文化创意理念"定性研究与体制创新的突破;从微观层面来说,要有项目平台建设的"文化创意理念"定量研究,包括容积率与资源相对称的规划设计,建筑成本、效益、规模、优势与资本对称的体系设计,投入与产出、建设与生产、短期效益与永久效益、发展与可持续发展、社会效益与经济效益相对称的微观设计与策划,管理与安排。

城市与区域"文化创意理念"的导入与设计,本土文化资源发掘的规划与资源配置优化的知识文明创新体系设计,区位优势的比较与人文资源的发掘,城市与区域文化产业研发与开发的"文化创意理念"管理与运营,都有许多"文化创意理念"规划科学与管理科学的问题有待更为深入系统地研究,科学谨慎地对待,跨学科的细致研究与规划,跨领域的综合创新与运营。

## 七、文化创意的系统性与信息特性——"文化创意理念"的信息科学与认知科学阐发

城市与区域"文化创意理念",是一个知识文明、知识生产的系统创新体系,首先要有认知科学的定性与定位研究;其次要有跨学科的系统研究与鉴识科学的定量研究,规划设计,创新预见。

无论是对于城市与区域形象、风格、符号的历史研究、创意设计,还是对于城市文化资源发掘、资源优化配置体系规划的知识生产,或是更为深入的文化产业创新发展与"文化创意理念"的跨领域、跨学科运用,都要有深刻的认知科学研究基础,有从软到硬的创意设计与创新规划知识文明创新体系。

一般来说,"文化创意理念"的规划设计,属于软体设计,概念性规划的创意设计,但恰恰因为如此,人们容易忽略其资源比较优势的定位研究与区域城市

空间格局创新突破的定性研究，忽略其认知科学的研究基础与"文化创意理念"的知识原理。

而一旦"顶层设计"的"文化创意理念"概念性规划与设计不到位，或模糊错位，后面的硬体规划与技术再细腻过硬，也都无法突破大的创新格局与知识文明创新体系不足的误区。

例如，深圳首次在全国把文化产业定位为国民经济支柱产业，纳入"深圳2020全球生产方式演进的产业规划"的国家发改委修编规划项目体系中，首先在认知科学与软科学的经济科学理论体系上，就要突破西方经济学与现代经济学"霍夫曼定律"重化物质经济不可逾越论、亚当·斯密资源比较优势定律、"戈森规律"边际效益递减的国际分工理论三大后殖民经济理论体系，才能够走出跨越发展的自主创新之路，将深圳规划为世界创意城市的知识文明创新体系，走出全球化国际分工与知识生产的新格局。

对于青岛保税港区区港联动的规划创新与突破，也是如此。如果我们不能首先在世界自由贸易港区建设目标上，从认知科学上达成共识，并在创新体系的定性研究上与国际接轨，那我们就不能够提出区港联动、并港入区的创新规划与定性体制设计，就不能突破地方与部委条块分割的局限，在世界自由贸易与全球博弈机制上，走出自己的创新模式与自主创新道路。

城市与区域"文化创意理念"的信息科学跨学科研究也是如此。正是在认知科学上，我们从理论体系上突破了信息科学发展的新格局，从而能够在逻辑上、理论体系上、实验分析上提出从数字地球的互联网，到智慧地球的物联网，再到文化地球的云联网的历史、逻辑结构与理论、实验体系，从而推选出云城市、云联网创新体系的"文化创意理念"与文化地球规划设计体系，并以之融入3D打印的信息技术、新材料技术、认知科学技术、生命科学技术的联合国四大计划组科技融会的文化创新体系，将城市与区域"文化创意理念"的知识文明创新体系与科技文化发展空间，提到一个新的高度与突破点。

## 第二节 基于"文化创意理念"的城市文明知识模型阐发

基于"文化创意理念"的城市与区域知识文明创新体系，有着跨文明结构的知识模型；包括历史文明知识模型、物质文明与后物质文明知识模型、生态文明知识模型、安全文明知识模型、服务文明知识模型、信息文明知识模型、管理文明知识模型、金融文明知识模型、幸福文明知识模型、知识文明知识模型的多元文明结构与知识构成。

## 一、基于"文化创意理念"的城市历史文明知识模型

基于"文化创意理念"的城市历史文明知识模型，不仅包括对于历史文明文化资源动员的规划设计体系，还包括对其历史文明文化资源优化的知识文明创新体系。例如，西安国际旅游文化城市的建构与古都再造，洛阳创新型世界文明名城建构与古都再造，都既有文化资源动员的"文化创意理念"规划设计，又有文化资源配置、优化与提升的知识文明创新体系。因而基于"文化创意理念"的历史文明的知识模型是一个资源与知识双向互动的双元复合模型，它以"文化创意理念"的知识文明创新体系激活其历史文明的文化资源动员与规划体系，又以文化资源的动员与规划，介入知识文明创新体系的提升与发展。

历史文明有着后赋资源与稀缺资源的内容生产资源禀赋，也有着知识生产与创意产业的创新特征。

## 二、基于"文化创意理念"的城市物质文明与后物质文明知识模型

基于"文化创意理念"的城市物质文明与后物质文明知识模型，不仅包括城市物质文明的工业化、现代化、物质化、市场化物质文明基础与结构，还包括非物质化、后现代化、信息化、生态化、服务化、知识化的后物质文明创新体系与结构；并且后现代化与非物质化的发展，又是一个去工业化、低物质化、反现代化的逆向反思与思辨、辩证、变革、创新过程。因而，城市物质文明与后物质文明的知识模型，又是一个物质与后物质的逆向双元结构，具有较强的创新张力与核心驱动力。

后物质文明的后城市化结构，不仅体现在能耗、低碳、生态的非物质化上，而且还体现在信息化、知识化的创新结构上，同时又有着生态化的物质与非物质介质结构特点，有着3D打印的虚拟物化与虚拟空间后物质材料、功能与结构创新体系与特征。

## 三、基于"文化创意理念"的城市生态文明知识模型

基于"文化创意理念"的城市生态文明知识模型，包括低碳文明的低能耗

增长，人居生态环境的绿化指数，还包括生态文明建构的知识生产与知识服务特征。

生态文明是从物质文明到非物质文明、从工业文明到知识文明主导的城市化转型发展中，容易被忽略的一个半物质介质结构功能与体系。我们曾较为全面地阐述了"城市革命：环境经济新战略"的生态、环境、经济、文化、人文多元特征[①]，并在腾冲生态文明的矛盾张力中，深入分析了其人与环境、经济与人文、生态与经济、群体与个体四大世界文明难题破解的案例与由本土习俗形成的知识文明要素与体系，可供生态文明多元复合知识模型的借鉴与参考。

## 四、基于"文化创意理念"的城市安全文明知识模型

基于"文化创意理念"的城市安全文明知识模型，主要是生态安全、食品安全、信息安全、金融安全、交通安全、人居安全、产业安全的全球化复杂性构成的非传统安全文化管理体系，这也是一个多元、多维的安全文明知识模型。一般在边远地区或传统较为深厚的地区，安全文明管理问题的复杂性较少些；但我们不能寄希望于此，而应在城市网络体系、产业森林体系、信息网络体系复杂性较多的知识文明轴心带，做出全球化非传统安全管理的城市化复杂性安全文明建构知识模型。例如，北京与上海，中国香港与深圳特区等。

基于"文化创意理念"的当代中国城市建设与新型城镇化发展，必须直面这一全球化非传统安全的挑战，在北京、上海、中国香港、深圳等城市轴心网络体系与产业森林轴心体系中，解决与排除这一安全文明管理的核心问题；才能够进入城市化、现代化文化自觉的自主创新，解决大国崛起的主权与文化主权安全的安全文明建设与安康社会、安康城市建设的核心问题。

## 五、基于"文化创意理念"的城市服务文明知识模型

基于"文化创意理念"的城市服务文明知识模型，艺术服务、娱乐服务、文化服务、知识服务与现代服务业的发展，日益形成服务文明的知识创新体系与城市服务文明的知识模型。服务业与服务经济的发展，生产与生活的融合，艺术共享与文化创造的融合，边界的模糊与互渗，使服务文明的知识模型，也是由服务主体、主体间性与受众市场、分众市场的二元复合构成，并形成一个多维多面的文化共享传播体与艺术参与共创体。

---

① 皇甫晓涛：《城市革命：环境经济新战略》，中国物资出版社2004年版。

近年来，服务文明转型与发展较好的，有北京、上海、深圳、杭州、成都、沈阳、昆明、大连、西咸、青岛保税港区、哈尔滨、长沙。服务文明也在由食品、旅游、工业的物质供应服务，经物流、商贸、会展与生态、环保的半物质服务、金融、信息的非物质服务，转向艺术、知识的文化服务。并且，我们发现，一个城市和区域的人气、人文与人居指数，是与其服务文明转型、发展、创新的程度密切相关的。一个城市与区域的人气指数，并不完全在于其硬件设施、财富密集度、制度轨道、空间规模，很大程度上还在于其服务文明产生的软实力与由此产生的知识文明创新体系的高度、广度、深度与密度。

## 六、基于"文化创意理念"的城市信息文明知识模型

基于"文化创意理念"的城市信息文明知识模型，一方面是其由数字地球的互联网，到智慧地球的物联网，再到文化地球的云联网的演化路由与路向；另一方面则是其在每一个演化阶段所创造的虚拟经济、知识经济、文化经济机遇与空间、规模与质量。例如，文化科技的内容产业与数字经济，创意设计的文化经济与娱乐经济、旅游经济，如深圳的腾讯、华强方特城等文化科技与创意经济的融合发展，还有杭州在数字动漫与创意经济、网络经济、虚拟经济上的突破，长沙在传统广电与网络传播、数字动漫等产业融合上的文化产业突破，都可以看出城市信息文明知识模型新旧融合、大小镶嵌的复合多维创新特征。由此，城市信息文明知识模型是复合多维的创新体系，有着复合多维的创意空间与文化系统特征。

## 七、基于"文化创意理念"的城市管理文明知识模型

基于"文化创意理念"的城市管理文明知识模型，是一个基于系统论与控制论的复杂性管理模型，包括宏观与微观的融合、产业项目与产业森林的融合、创意与管理的融合的二元复合模型与系统特征，例如，万达与城市广场的文化品牌输出与城市化文化产业系统扩张模型，马迭尔与冰雪大世界、哈尔滨中央大街时尚旅游文化产业的文化品牌输出与城市化文化产业系统扩张模型，呈辉集团与中国工艺文化城的文化品牌输出与城市化文化产业系统扩张模型；他们与传统的五星级酒店品牌管理输出亦有类似之处，不过是他们输出的不仅是一个企业的管理品牌，而且是一个城市文化与产业森林的管理系统。城市管理文明知识模型，具有自主创新与自组织扩散的双元结构、城市与产业文化市场管理、文化品牌输出的双元结构。

## 八、基于"文化创意理念"的城市金融文明知识模型

基于"文化创意理念"的城市金融文明知识模型,近年来,在城市化知识文明创新体系发展中,较为成功的案例为北京的金融街与深圳的金融服务业。深圳以金融人才与市场深度与密度取胜,北京以政策与资源广度与高度占优。中国金融城市已形成深圳、北京、上海、天津的四方应和之势,城市金融文明知识模型,一般以政策、人才、技术、市场的多维结构模型形成全要素生产力的创新基础与优势。

金融服务业固然以金融资本、金融资产的市场深度与财富结构为基础,但金融技术创新的财富标的与目标,金融人才的创新活力与智库,金融政策的制度创新与突破,往往也起着后赋资源的聚优作用与突破性创新作用。

## 九、基于"文化创意理念"的城市幸福文明知识模型

基于"文化创意理念"的城市幸福文明知识模型,包括资源禀赋的生产要素与后赋资源的知识要素,也包括城市与区域发展理念、"文化创意理念"的创新活力与创意基础,以及由此形成的社会心态与社会心理环境建设。

较容易解决的问题,看来也是最为复杂的问题,就是人的社会心态与人文态度问题,人生价值观与人文理想、人文精神。这是传统精神文明层面的幸福文明,也就是人们所说的不丹式的幸福文明,在中国较为典型的是相对来说宗教较为发达的地区拉萨、西宁的幸福文明、幸福城市建构与规划。

更为复杂的,是面对全球化复杂性轴心体系的文明转型与幸福文明建构。一般来说,在一个经济过速增长的国家或地区、城市,社会的疲劳度与社会心理的疲惫度、每个人身心健康的疲劳度,都会像金属的疲劳与断裂一样,社会群体很难有成长的适应性与舒适感,幸福感与理想状态。然而在中国大国崛起、区域崛起、城市崛起的巨人塑造中,如何在全球化博弈与竞争轴心地区的过速增长与成长中,保持社会的和谐状态与幸福感,确实是中国经济转型、文明转型、跨越发展、巨人成长的一个很难解决的核心问题;加之城市的雾霾环境、交通拥堵、人居拥挤、楼市增速过快、环境污染等城市病的恶化,使幸福文明的知识模型建构,都面临着一个二律悖反的难题。不成长就要落后与挨打,被边缘化与殖民化,难保持久的幸福与理想的未来;过速增长与崛起,就要面对全球化的复杂性与城市病的诸多压力,从而影响幸福与幸福文明的发展。因而,幸福文明是有着传统与新型、边缘与知识、成长与压力、误区与突破二元结构的矛盾张力的;应

以知识文明的创新与可持续发展的崛起、社会矛盾的和谐与危机的化解,融合构筑幸福文明的创新基础与知识文明发展基础。

## 十、基于"文化创意理念"的城市知识文明知识模型

基于"文化创意理念"的城市知识文明知识模型,已形成国家创新体系与世界知识文明创新体系的建构模型。一是 21 世纪以来中国城市化与美国知识化的发展,支配着世界财富中心的转移;二是中国城市化、现代化、工业化的发展,正在从物质转向非物质、从工业城市转向知识城市、从物质文明转向知识文明;三是文化已成为优化生产力的核心要素,知识经济转型的方法论与目标体系,文化创意已成为城市转型、经济转型的目标与方向,科学方法与创新体系。基于如上三点,基于"文化创意理念"的城市知识文明知识模型的建构就十分重要,它是一个多维复合体的知识模型,也是一个内核扩散型的知识模型,融汇创新型的知识模型,转型变革型的知识模型(见表5-1)。

表 5-1　"文化创意理念"的城市文明知识模型内容分析

| 知识模型 | 内容要素 | 创新特征 | 案例研究 |
| --- | --- | --- | --- |
| 历史文明双元复合知识模型 | 历史文明文化资源动员的规划设计体系 | 后赋资源与稀缺资源的内容生产资源禀赋,知识生产与创意产业的创新特征 | 西安国际旅游文化城市的建构与古都再造;洛阳创新型世界文明名城建构与古都再造案例模型 |
| | 历史文明文化资源优化配置的知识文明创新体系 | | |
| 物质文明与后物质文明逆向双元知识模型 | 城市物质文明的工业化、现代化、物质化、市场化物质文明基础与结构 | 都市物流、贸易、服务商圈的 CBD | 北京王府井、上海南京街 |
| | 非物质化、后现代化、信息化、生态化、服务化、知识化的后物质文明创新体系与结构 | 能耗、低碳、生态的非物质化、信息化、知识化的创新结构,生态化的物质与非物质介质结构特点 | 3D 打印的虚拟物化与虚拟空间后物质材料、功能与结构创新体系与案例模型 |
| 生态文明半物质知识模型 | 低碳文明的低能耗增长,人居生态环境的绿化指数 | 具有生态、环境、经济、文化、人文多元复合特征 | 腾冲生态文明的矛盾张力与结构、案例模型 |
| | 生态文明建构的知识生产与知识服务 | | |

续表

| 知识模型 | 内容要素 | 创新特征 | 案例研究 |
| --- | --- | --- | --- |
| 安全文明多元多维知识模型 | 生态安全、食品安全、信息安全、金融安全、交通安全、人居安全、产业安全的全球化复杂性构成的非传统安全文化管理体系 | 多元多维的安全文明知识模型特征 | 北京与上海，香港与深圳特区案例模型 |
| 服务文明多维多面知识模型 | 艺术服务、娱乐服务、文化服务、知识服务与现代服务业的发展 | 由服务主体、主体间性与受众市场、分众市场的二元复合构成，并形成一个多维多面的文化共享传播体与艺术参与共创体 | 北京、上海、深圳、杭州、成都、沈阳、昆明、大连、西咸、青岛保税港区、哈尔滨、长沙案例模型 |
| | 由食品、旅游、工业的物质供应服务，经物流、商贸、会展与生态、环保的半物质服务，金融、信息的非物质服务，转向艺术、知识的文化服务 | | |
| 信息文明复合多维知识模型 | 由数字地球的互联网，到智慧地球的物联网，再到文化地球的云联网的演化路由与路向 | 新旧融合、大小镶嵌的复合多维创新特征 | 深圳腾讯、华强方特城等文化科技与创意经济的融合发展，杭州在数字动漫与创意经济、网络经济、虚拟经济上的突破，长沙在传统广电与网络传播、数字动漫等产业融合上的文化产业突破案例模型 |
| | 在每一个演化阶段所创造的虚拟经济、知识经济、文化经济机遇与空间、规模与质量 | | |
| 管理文明复杂创新知识模型 | 宏观与微观的融合、产业项目与产业森林的融合、创意与管理融合的二元复合模型与系统特征 | 基于系统论与控制论的复杂性管理模型，具有自主创新与自组织扩散的双元结构、城市与产业文化市场管理、文化品牌输出的双元结构 | 万达与城市广场、马迭尔与冰雪大世界、哈尔滨中央大街、呈辉集团与中国工艺文化城的文化品牌输出与城市化文化产业系统扩张案例模型 |
| 金融文明知识模型 | 以政策、人才、技术、市场的多维结构模型形成全要素生产率的创新基础与优势 | 以金融资本、金融资产的市场深度与财富结构为基础，注重金融人才的创新活力与智库，金融政策的制度创新与突破 | 北京金融街、深圳金融服务业案例模型 |

续表

| 知识模型 | 内容要素 | 创新特征 | 案例研究 |
|---|---|---|---|
| 幸福文明知识模型 | 资源禀赋的生产要素与后赋资源的知识要素 | 幸福文明知识模型建构的二律悖反难题,传统与新型、边缘与知识、成长与压力、误区与突破二元结构的矛盾张力特征 | 不丹式的幸福文明案例模型,北京、深圳轴心城市与新型城镇幸福文明案例模型 |
| | 城市与区域发展理念、"文化创意理念"的创新活力与创意基础,社会心态与社会心理环境建设 | | |
| 知识文明知识模型 | 中国城市化、现代化、工业化的发展,从物质转向非物质、从工业城市转向知识城市、从物质文明转向知识文明 | 多维复合体、内核扩散型、融会创新型、转型变革型的知识模型 | 21世纪以来中国城市化与美国知识化的发展,支配着世界财富中心转移的案例模型 |
| | 文化已成为优化生产力的核心要素,知识经济转型的方法论与目标体系,文化创意已成为城市转型、经济转型的目标与方向,科学方法与创新体系 | | |

## 第三节 基于"文化创意理念"的当代中国城市建设非物质化转型

基于"文化创意理念"的当代中国城市建设非物质化转型,正在发生着一场深刻的知识变革与社会变革,从而使我们在重构社会发展目标与文化强国目标体系的同时,完成城市化、知识化知识文明创新体系的转型与大国崛起的创新基础。

### 一、文化产业与版权经济:非物质经济转型的产权革命

文化产业,美国叫做版权经济,文化资源,只有形成版权与产权、资产与资本,才能形成文化产业的国际竞争力与生产力创新体系。从商品、工业、物流、商贸的物质经济,到创意、文化、内容、服务、信息、咨询、金融的非物质化转型,文化产业与版权经济正在通过制度创新与"文化制宪",形成一场深刻的产权革命,支配着城市化、知识化、信息化、创意化、服务化、生态化的世界财富

中心转移。泛版权经济的文化资源动员，文化服务的产权财富价值变革，都市产业的非物质化转型，产业与经济结构及产业森林与区域经济的非物质化转型升级，都在为这场产权革命与财富中心转移做出全要素生产力的创新体系与创新模型。

## 二、知识模型与知识文明建构：非线性思维的知识革命

金融知识与服务、信息知识与服务、安全知识与服务、管理知识与服务、环保知识与服务、生态知识与服务、低碳知识与服务、版权知识与服务、创意知识与服务、文化知识与服务，都在形成文化生产力的知识模型与知识文明的创新体系，形成跨学科、跨领域的非线性思维知识革命，形成复杂性应对与管理的知识变革与产业革命。

## 三、社会文化与安康社会建构：非传统安全的管理革命

从小康社会到安康社会的文化建构与文化强国目标体系建构，中国的大国崛起必须面对全球化复杂性非传统安全的挑战，食品安全、生态安全、文化安全、金融安全、信息安全、交通安全、产业安全、主权安全，对于各种非传统安全无边的边界与文化领土的管理，都需要一场城市化、知识化的管理革命；并在城市化、知识化或以知识化主导的城市化的国家创新体系转型与世界知识创新体系转型的变革中，走出知识管理的创新道路、创新体系与创新模式。

## 四、创意城市与知识城市：去工业化的产业革命

在这场知识革命与管理革命中，真正的文化复兴、文化创新在于创意城市与知识城市知识文明创新体系的建构。在从物质向非物质转型的产业革命中，也是去工业化的知识革命与管理革命，更需要更大规模地开展创意城市与知识城市的建构，世界创意城市与世界知识城市产业森林创新体系的建构，产业转型升级的知识创新与文化创新。

## 五、产业升级与财富中心转移：非物权转型的财富革命

产业升级与文化创新的真正意义，在于财富形态的非物权转型与财富价值的

意识形态变革。在城市化、知识化、全球化、信息化、服务化、创意化的发展中，真正具有财富价值的物权与非物权，是知识产权与文化主权，文化软资产与知识财富主权。

"二战"结束后，苏联曾派出几个师的兵力去抢飞机大炮，但美国却派出几个师的兵力去抢科学家。这就是两者思维方式的不同，前者的物质装备在战后几十年的冷战中已变成废铜烂铁，而后者所拥有的科学智库却使其支配着大国崛起的核心力量。今天，城市化、知识化财富形态、财富价值、财富主权与产权的变革同样如此，非物权的财富中心转化与知识产权的财富主权价值优化，使知识财富的创造力具有先赋资源、稀缺资源的持续性与独创性，支配力与产业森林、产业链的创新价值。

## 六、资源比较优势与后赋产能创新：非稀缺经济与低碳经济的后赋产能革命

传统的物质资源比较优势定律，也将为后赋产能创新优势的文化知识比较优势所取代，非稀缺经济的可持续发展以低碳经济后赋产能革命优势，将渗透到各个领域形成综合创新与全球资源配置优化的博弈优势。从产能革命到产权革命的产业变革，既有资源禀赋的博弈，又有创新驱动力的竞争，而二者兼具的城市与区域，将获得无限的创造活力与综合的资源比较优势，最终在可持续发展中做出文化博弈的创新并胜出。

# 第六章

# 城市文化创意的指标模型建构与理论内涵阐发

## 第一节 安康社会转型的城市文化创意指标模型体系建构

"文化与人类历史发展密切相关,它反映了一个社会地区的生活水平、生活观念以及该地区的信念。"[1] 联合国社会发展研究学会(UNRISD)和联合国教科文组织(UNESCO)联合发表的《文化与发展的世界报告:构建文化统计指标》曾说道:"文化是推动政治经济快速发展更是人类文化的重要组成部分",并有《创意多样性》等文化评估指标体系的建构,世界各国随之成立各种协会或组织致力于构建文化评估指标体系。[2]

我国的社会发展文化指标建构体系,集中在关于小康社会与全面小康社会指标体系建构上,其中第一阶段从改革开放到 90 年代末,实现物质经济增长比 1980 年改革开放初增加 2 倍的小康指标,可见主要关注在物质生活与经济增长上;第二阶段,全面小康建设指标,也就是从现代到 2020 年,主要在经济持续增长、社会和谐程度改善、城乡居民生活质量提高、文化教育事业发展、民主法

---

[1] Chen Shang – Ying. Constructing Cultural Indicator System of Kaohsiun City, Taiwan [M]. Taiwan: National Sunyat – Sen University Press, 2004.

[2] Simons D., Dang S. R. International Pespectives on Cultural Indicators: A review and compilation of cultural indicators used in selected projects [M]. Canada: Centre of Expertise on Culture and Communities, 2006.

制健全建设、资源环境优化改善六个方面，比 2000 年均有相应程度的提高指数。对此，我们又补充了"知识创新"、"信息科技"、"金融安全"、"管理服务"、"生态治理"、"食品安全"、"非物质文明"、"文化治理"、"人才发展"、"民生人文"、"产业森林"、"法治政府"、"知识政府"、"创新型政府"、"人文型政府"等 15 项城市化、非物质化、知识化、创意化、信息化、服务化、金融化、生态化、人文化、法治化文化强国目标与"安康城市"、"安康社会"国家创新体系转型的标准体系、评价体系、发展指数的模型建构。

在此基础上，同时又建构了新型城镇化文化建设的 14 项评价指标与指标模型，具体包括：

1. 资源转化率：指文化资源转化为文化资本的资源动员率与资本转化率。

2. 产能转化率：指文化产能转化为文化产权的产能动员率与产权转化率。

3. 知识提升率：指文化智力、智能与文化科技、文化知识、知识生产力对于产业结构、经济结构、城市经济、区域经济转型的资源配置率、文化生产率提升效率与文化全要素生产率的创新贡献率。

4. 文化提升率：指文化创意产业作为支柱产业的经济增长率与文化促进全要素生产力的经济增长率。

5. 就业增长率：指文化产业、创意经济、非物质经济的就业增长率。

6. 金融增长率：指金融生产力与金融博弈力促进的金融拉动力与经济增长率。

7. 安全生产率：指生态安全、食品安全、人居安全、交通安全、产业安全与金融安全、信息安全、文化安全的全要素生产率效益。

8. 安全增长率：指安全文明、安康社会、安康城市对产业转型、经济转型、城市转型、区域转型的经济增长率提升效益。

9. 文化增长率：指文化资产作用的经济转型与经济增长。

10. 知识增长率：指知识经济、智商经济、智力经济的创新、发展与文化知识全要素增长率的创新驱动。

11. 环境增长率：指由环境资源配置、生产环境建设、环保产业发展及相关的品质消费与服务引导的环境全要素生产率。

12. 收入倍增率：指由文化产业、文化生产力的发展而引导的产业转型、经济转型所形成的边际效益递增，以及由此形成的国民收入倍增效益。

13. 失业下降率：指由文化产业等新兴市场体的发展而形成的新增长点与失业率的下降。

14. 法治增长率：指由法治社会、法治政新建设所形成的新增长点与相关投融资增长效益。

其中，又建构了民主法制发展目标、指数的民主扩大率、制度完善率、法治增长率三大评估指标的标准模型，经济健康发展目标、指数的收入倍增率、均衡发展率、持续增长率三大评估指标的标准模型，文化增强目标、指数的文化支柱产业率、文化财富价值率、文化要素生产率三大评估指标的标准模型，资源节约目标、指数的资源节约率、环境友好率、低碳增长率三大评估指标的标准模型，人民性（公民或市民）主体目标、指数的生活提升率、公共服务率、全民教育率、就业增长率、收入均衡率、保障覆盖率六大评估指标的标准模型等五大项18小项的文化评估体系（见表6-1）。

表6-1　　　　安康社会城市文化创意指标与标准模型体系建构

| 文化创意指数的评估体系 | 文化创意指标的标准模型建构 | 指标模型的评估体系 |
| --- | --- | --- |
| 14 法制优化率 | 民主法制目标、指数的标准模型 | 民主扩大率 |
| | | 制度完善率 |
| | | 法治优化率 |
| 6 金融增长率 | 经济健康发展目标、指数的标准模型 | 收入倍增率 |
| 7 安全生产率 | | 均衡发展率 |
| 8 安全治理率 | | 持续增强率 |
| 3 知识提升率 | 文化增强目标、指数的标准模型 | 文化支柱产业率 |
| 4 文化提升率 | | 文化财富价值率 |
| 9 文化增长率 | | 文化要素生产率 |
| 10 知识增长率 | | |
| 1 资源转化率 | 资源节约目标、指数的标准模型 | 资源节约率 |
| 2 产能转化率 | | 环境友好率 |
| 11 环境增长率 | | 低碳增长率 |
| 5 就业增长率 | 人民性主体目标、指数的标准模型 | 生活提升率 |
| | | 公共服务率 |
| 12 收入增长率 | | 全面教育率 |
| | | 就业增长率 |
| 13 失业下降率 | | 收入均衡率 |
| | | 保障覆盖率 |

## 第二节　城市文化创意指标模型体系建构的理论内涵阐发

依据中国在三个"30年"与两个"100年"的历史模型、历史文明体系建构，提出在从五四新文化到1949年的变革30年，从1949～1978年的新中国成立30年，从1978～2008年的开放30年三个"30年"长时段历史文明、历史模型的总结与反思；提出了从新中国成立前100年（马克思《共产党宣言》发表到新中国成立）摆脱落后挨打境地的救亡图存、独立自主到新中国成立后100年基本实现现代化的历史总结与发展规划，即21世纪中叶长时段历史单元与文明模型的总结与规划，恰恰与中国改革开放"三步走"战略21世纪中叶基本实现现代化及其国民生产总值达到中等发达国家水平的发展目标相契合。

龚自珍曾言，"灭人之国者，必先去其史"。文化的建设，国家创新体系的文化转型，文化发展指标、评估指数、指标模型的建构，除了文化创意的理论视野与科学视野、科学体系与知识体系、创新体系，还要有"长时段"历史文明的理论视野与历史视野、科学体系与知识体系、创新体系。

对于中国国家创新体系的重构与转型研究，应有长时段历史文明的反思与历史模型建构的史学研究基础与人文科学研究基础。

在基于"文化创意理念"的安康城市、安康社会与新型城市化转型的发展目标、评估指标与指标模型建构中，我们主要提出与借鉴了国内外15大文化发展目标理论与文化指标评估理论体系。

一是文化创意理论体系，源自于法兰克福学派的文化工业理论[①]，美国的版权经济理论[②]，欧洲的创意经济理论[③]，创意城市理论，创意产业理论[④]，日韩的内容产业理论[⑤]，中国的文化产业理论[⑥]，创意管理理论[⑦]，文化创意理论[⑧]，文化创意城市建设理论，非物质经济理论[⑨]，文化资本理论[⑩]，确立基于文化创意理论的文化创意城市发展目标，建立文化创意城市评估标准与标准模型。

---

[①] 法兰克福学派的文化工业理论，指凭借现代科学技术手段大规模地复制、传播文化产品的娱乐工业体系，强调文化工业一词并不表示生产，而是表示文化产品的"标准化"和"伪个别性"。"文化工业"概念提出后，法兰克福学派其他主要代表人物马尔库塞、本杰明、哈贝马斯等人也对这个主题加以阐述，形成了法兰克福学派"文化工业"理论，详见黄皖毅：《对法兰克福学派"文化工业"理论的思考》，《北京理工大学学报》（社会科学版），2002年第4期。

[②] 刘祥国：《美国版权制度与版权经济的经验借鉴》，《法制与社会》，2010年第33期。

[③] 创意经济指那些从个人的创造力、技能和天分中获取发展动力的企业，以及那些通过对知识产权的开发可创造潜在财富和就业机会的活动。理查德·佛罗里达：《创意经济》，中国人民大学出版社2006年版。

[④] 厉无畏：《创意产业——城市发展的新引擎》，上海社会科学出版社2005年版。

[⑤] 内容产业的范围包括各种媒介上所传播的印刷品内容（报纸、书籍、杂志等），音响电子出版物内容（联机数据库、音像制品服务、电子游戏等）、音像传播内容（电视、录像、广播和电影）、用作消费的各种数字化软件等。详见赵子忠：《内容产业论》，北京广播学院出版社2005年版。

[⑥] 胡慧林：《文化产业学》，高等教育出版社2011年版。

[⑦] 向勇：《从创意产业到创意管理》，新世界出版社2010年版。

[⑧] 创意产业、创意经济（creative industry creative economy）或译"创造性产业"，是一种在全球化的消费社会的背景中发展起来的，推崇创新、个人创造力、强调文化艺术对经济的支持与推动的新兴的理念、思潮和经济实践。详见金元浦：《文化创意产业相关概念研究》，文化产业网，2008年1月21日。

[⑨][⑩] 皇甫晓涛：《文化资本论》，成报出版社2012年版。

二是安康社会建设理论，文化安全理论①，国家安全理论②，文化治理理论③，确立基于安康社会建设理论的安康城市发展目标，建立安康城市评估标准与标准模型。

三是长时段历史模型与历史文明理论体系④，源自于法国年鉴学派的长时段史学理论，汤因比的文明史、文明类型、文明主体史学理论⑤，中国三个"30年"长时段理论文明、历史模型史学观与两个100年历史文明、历史模型从小康社会到大国崛起的史学理论⑥。

四是城市区域文化理论体系，源自于本尼迪克特等文化模式人类学理论体系⑦，美国芝加哥等学派城市文化变迁与文化类型社会学理论体系⑧，费孝通等小城镇文化模式建构社会学理论体系⑨，区域地理文化、地缘文化、各体文化理论⑩，地理文化、文化层、文化丛等文化社会学理论、文化功能理论⑪，文化三重考据

---

① 胡慧林：《中国国家文化安全论》，上海人民出版社2005年版。

② 中国21世纪的国家安全应当主要是一个以维护中国发展权为核心的世界性的概念；对中国国家安全的关注，应当从传统的维护本土安全，转变为维护已走向世界的中国政治和经济利益安全；对中国国家安全系数评估基点，不应再主要建立在本土安全而应建立由本土辐射于世界的国家利益安全之上；最后，维护中国国家安全，也应当从封闭的和独守家门的模式，转变为积极进取和开放的模式；从制陆权为主的作战方式转变为集制空权、制海权和制电磁权为一体的现代作战方式。详见张文木：《中国国家安全哲学》，《战略与管理》，2000年第1期。

③ 文化管理是国家通过建立规章制度对文化行为进行规范化，对象是文化行为，主体是政府；文化治理是国家通过制度安排，利用和借助文化的功能用以克服与解决国家发展中的问题，对象是政治、经济、社会和文化，主体是政府+社会，政府发挥主导作用，社会参与共治。胡慧林：《国家需要文化治理》，《学习时报》，2012年6月18日。

④ ［英］彼得·伯克著，刘永华译，《法国史学革命——年鉴学派1929～1989》，北京大学出版社2006年版。

⑤ 历史研究的基本单位应该是比国家更大的文明。应该把历史现象放到更大的范围内加以比较和考察，这种更大的范围就是文明。文明是具有一定时间和空间联系的某一群人，可以同时包括几个同样类型的国家。详见阿德诺·约瑟夫·汤因比著，郭小玲、王皖强译，《历史研究》，上海人民出版社2010年版。

⑥ 《邓小平文选》，人民出版社1994年版。

⑦ 文化模式是文化中的支配力量，是给人们的各种行为以意义，并将各种行为统合于文化整体之中的法则。文化之所以具有一定的模式，是因为各种文化有其不同的主旋律即民族精神。人们的行为是受文化制约的，在任何一种文化中，人们的行为都只能有一小部分得到发挥和受到重视，而其他部分则受到压抑。详见［美］鲁思·本尼迪克特著，王纬等译，《文化模式》，社会科学文献出版社2009年版。

⑧ 芝加哥学派明确提出城市建筑设计形式应从功能考虑出发的观点，力求摆脱折中主义的羁绊，探讨新技术在高层建筑中的应用，强调建筑艺术应反应新技术的特点，主张简洁的立面以符合时代工业化的精神。［美］特瓦尔德著：《芝加哥学派》，中国社会科学出版社2010年版。

⑨ 费孝通：《费孝通论小城镇建设》，群言出版社2000年版。

⑩ 皇甫晓涛：《世纪中国：百年文化思辨录》，大连出版社1999年版。

⑪ ［英］马林诺夫斯基著，费孝通译，《文化论》，中国民间文艺出版社1987年版。

派文化人类学理论①，文化资源与文化资本研究的社会学、文化学理论②，区域哲学③、城市哲学的科技哲学理论④。

五是国家创新体系转型研究的创新理论体系，源自于熊彼特的创新理论⑤，世界各国的国家创新体系研究理论⑥，斯密中国难题的产权制度创新理论⑦，罗伯特中国难题的产业创新理论⑧，李约瑟的科技创新与科技哲学理论⑨，中国近年的国家创新体系转型理论⑩。

六是文化创新理论⑪，知识文明创新体系，源自于美国的理解科学理论⑫，知识经济理论⑬，世界各国的知识城市理论⑭，智慧经济理论⑮，信息社会理论⑯，知识文明创新理论⑰。

七是可持续发展理论体系，源自于联合国的可持续发展理论⑱，中国的科学发展理论⑲，和谐社会理论⑳，世界各国的低碳经济理论㉑，创新型国家理论㉒，

---

① 叶舒宪：《人类学"三重证据法"与考据学的更新——自序》，载叶舒宪：《诗经的文化阐释》，湖北人民出版社1994年版。
② 林楠：《社会资本——关于社会结构与行动的理论》，上海人民出版社2005年版，第1~3页。
③ 肖广岭：《科技创新与区域发展——以区域创新体系建设为中心》，中国科学技术出版社2004年版。
④⑥⑩ 曾古屏、吴彤主编：《科学技术的哲学研究》，内蒙古人民出版社2006年版。
⑤ ［美］熊彼特著：《经济发展理论》，中国画报出版社2012年版。
⑦⑧⑨⑰ 皇甫晓涛：《文化资本论》，成报出版社2012年版。
⑪ 苏涛：《关于文化创新的理论与实践探讨》，《江汉论坛》，2006年第8期。
⑫ 陆文华：《美国公众理解科学及有关指标》，《全球科技经济瞭望》，1999年第12期。
⑬ 黄顺基：《走进知识经济时代（知识经济时代丛书）》，人民大学出版社1998年版。
⑭ ［韩］宋丙洛著：《全球化和知识化时代的经济学·中文版序言》，商务印书馆2003年版。
⑮ "智慧经济"概念，由我国著名学者陈世清先生在其所著的《对称经济学》和《经济领域的哥白尼革命》中第一次提出并加以系统的阐述。只有运用对称的、五度空间的、复杂系统论方法的对称经济学才有可能真正揭示智慧经济的本质、结构、意义和功能。详见陈世清：《对称经济学》，中国时代出版社2010年版；《经济领域的哥白尼革命》，中国时代出版社2005年版。
⑯ 熊澄宇：《信息社会4.0——中国社会建构新对策·引言》，湖南人民出版社2002年版。
⑱ 详见《21世纪议程》，此文件是1992年6月3~14日在巴西里约热内卢召开的联合国环境与发展大会通过的重要文件之一，是"世界范围内可持续发展行动计划"，它是前至21世纪在全球范围内各国政府、联合国组织、发展机构、非政府组织和独立团体在人类活动对环境产生影响的各个方面的综合的行动蓝图。
⑲ 路甬祥、郑必坚：《科学发展》，高等教育出版社2006年版。
⑳ 中共十六大和十六届三中全会、四中全会，从全面建设小康社会、开创中国特色社会主义事业新局面的全局出发，明确提出构建社会主义和谐社会的战略任务，并将其作为加强党的执政能力建设的重要内容。中共十六大报告第一次将"社会更加和谐"作为重要目标提出。中共十六届四中全会，进一步提出构建社会主义和谐社会的任务，详见 http://baike.baidu.com/view/10891.htm?fromId=13768。
㉑ 雷鹏：《低碳经济发展模式论》，上海交通大学出版社2011年版。
㉒ 厉以宁：《建设创新型国家的战略思考》，北京大学出版社2012年版。

领识教育理论①，通识教育理论②，人文教育理论③。

八是生活质量提升理论体系，源自于联合国的可持续发展理论，Duxbury Ancy 的城市文化与地方文化发展理论④，中国的公共文化服务体系建构理论⑤，苏丹、中国等世界各国的幸福文明理论⑥，中国生活品质之都研究理论⑦，中国的以人为本理论⑧。

九是民族复兴与文化复兴理论，源自于文艺复兴理论⑨，民族复兴理论⑩，文化复兴理论⑪，东方主义复兴理论⑫，中国新文化复兴理论⑬，新人文与新理性理论⑭，比较文学与话语权重构理论⑮，国学复兴再阐释理论⑯，新国学理论⑰，中华性文化复兴理论⑱，"发展研究"文化复兴理论⑲。

十是文化强国理论体系，源自于文化立国理论⑳，文化兴国理论，文化强国

---

① 皇甫晓涛：《文化资本论》，成报出版社 2012 年版。

② 通识教育本身源于 19 世纪，当时有不少欧美学者有感于现代大学的学术分科太过专门、知识被严重割裂，于是创造出通识教育，目的是培养学生能独立思考、且对不同的学科有所认识，以至能将不同的知识融会贯通，最终目的是培养出完全、完整的人。详见哈佛委员会著，李曼丽译，《哈弗通识教育红皮书》，北京大学出版社 2010 年版。

③ [意] 维柯著，王楠译，《论人文教育》，上海三联书店出版社 2007 年版。

④ DUXBURY ANCY. Cities And Communities：Cultural Indicators at the Local Level [M]. Canada：Centre of expertise on culture and communities, 2007.

⑤ 公共文化服务体系，面向大众的公益性的文化服务体系。主要包括先进文化理论研究服务体系、文艺精品创作服务体系、文化知识传授服务体系、文化传播服务体系、文化娱乐服务体系、文化传承服务体系、农村文化服务体系等七个方面。详见中共十七届六中全会通过的《中共中央关于深化文化体制改革推动社会主义文化大发展大繁荣若干重大问题的决定》。

⑥ 刘茂才、继章：《第五次浪潮：幸福文明浪潮》，《四川广播电视》，2012 年第 6 期。

⑦ 2009 年 8 月 27 日，杭州举办了首届生活品质展，获 2009 第十一届中国杭州西湖博览会最佳新项目，开启了对于城市生活品质的理论研究。

⑧ 龙文元：《以人为本》，机械工业出版社 2004 年版。

⑨ 保罗·约翰逊著，谭钟瑜译，《文艺复兴——黑暗中诞生的黄金年代》，天津人民出版社 2007 年版。

⑩ 高书生：《关于文化产业发展若干问题的思考》，《中国编辑》，2011 年 10 月。

⑪ 1993 年，著名诗人俞心焦在上海和杭州的大学里讲学时，正式提出并致力于推动"中国文艺复兴运动"。他认为，这是一场人的全面复兴的运动，是为中华民族肩负社会正义与文化重建双重使命的运动。详见俞心焦：《掀起中国文艺复兴运动》，《星光》，1993 年 7 月。

⑫ 王岳川主编：《后东方主义与中国文化复兴》，黑龙江人民出版社 2009 年版。

⑬ 段怀清：《白璧德与中国文化》，首都师范大学出版社 2006 年版。

⑭ 皇甫晓涛：《世纪中国：百年文化思辨录》，大连出版社 1999 年版。

⑮ 曹顺庆编著：《比较文学论》，四川教育出版社，2002 年版。

⑯ 叶舒宪：《现代性危机与文化寻根》，山东教育出版社 2009 年版。

⑰ 王富仁：《新国学论纲》，载《新国学》，（第 1 辑），人民文学出版社 2005 年版。

⑱ 皇甫晓涛：《中华性与中华民族的复兴》，《人民日报》（海外版），2003 年 10 月 21 日。

⑲ 皇甫晓涛：《返璞归真的文化叙事与融合创新的文化阐发——〈中国文化读本〉》，《社会科学战线》，2009 年第 6 期。

⑳ 向勇：《文化立国》，华文出版社，2012 年版。

理论①、大国崛起理论②、和平崛起理论③、文化立市理论④、文化强市理论、新型城镇化理论⑤。

十一是生态文化理论体系，源自于生态科学理论⑥、生态文明理论⑦、生态道德理论⑧、环境经济理论⑨、低碳经济理论⑩、生态城市理论⑪、花园城市理论⑫、森林城市理论⑬、养生文化理论⑭、人居科学理论⑮、宜居城市理论⑯。

十二是非物质文化遗产理论体系，源自于联合国非物质文化遗产理论⑰、中国非物质文化遗产理论⑱、世界各国非物质文化遗产理论⑲。

---

① 中共十七届六中全会审议通过的《中共中央关于深化文化体制改革，推动社会主义文化大发展大繁荣若干重大问题的决定》和"建设社会主义文化强国"，强调了文化兴国与文化强国战略的重要作用。
② 唐晋主编：《大国崛起》，人民出版社2007年版。
③ 郑必坚：《中国和平崛起的发展道路》，发表于2004年4月20~22日在人民大会堂举办的主题报告会。
④ 王京生主编：《文化立市论》，海天出版社2005年版。
⑤ 王振中：《中国的城镇化道路》，社科文献出版社2012年版。
⑥ 生态科学研究生命系统与环境相互作用规律的学科，包括生物多样性的保护和作用、受害生态系统的恢复和重建、全球变化时对陆地生态系统的影响以及生态系统的管理等。详见：段昌群主编：《生态科学进展》（第六卷），高等教育出版社2010年版。
⑦ 陈寿朋：《略论生态文明建设》，《光明日报》，2008年1月9日。
⑧ 陈寿朋：《生态文明建设论》，中央文献出版社，2007年版。
⑨ 皇甫晓涛：《城市革命：环境经济新战略》，中国物资出版社2004年版。
⑩ 低碳经济，是指在可持续发展理念指导下，通过技术创新、制度创新、产业转型、新能源开发等多种手段，尽可能地减少煤炭石油等高碳能源消耗，减少温室气体排放，达到经济社会发展与生态环境保护双赢的一种经济发展形态，"低碳经济"最早见诸政府文件是在2003年的英国能源白皮书《我们能源的未来：创建低碳经济》，详见 http：//baike.baidu.com/view/1494637.htm。
⑪ 生态城市是建立在人类对人与自然关系更深刻认识基础上的新的文化观，是按照生态学原则建立起来的社会、经济、自然协调发展的新型社会关系，是有效的利用环境资源实现可持续发展的新的生产和生活方式。详见皇甫晓涛：《城市革命：环境经济新浪潮》，中国物资出版社2004年版；另见中国社科院每年发布的《生态城市绿皮书》。
⑫ [美]刘易斯·芒福德著，宋俊岭等译，《城市文化》，中国建筑工业出版社2009年版。
⑬ 狭义上讲，城市地域内以林木为主的各种片林、林带、散生树木等绿地构成了城市森林主体；而广义上看，城市森林作为一种生态系统，是以各种林地为主体，同时也包括城市水域、果园、草地、苗圃等多种成分，与城市景观建设、公园管理、城市规划息息相关。从2004年起，全国绿化委员会、国家林业局启动了"国家森林城市"评定程序，并制定了《"国家森林城市"评价指标》和《"国家森林城市"申报办法》。同时，每年举办一届中国城市森林论坛。详见中国森林城市网：http：//www.cuf.com.cn/，沈阳、大连市政府较早提出"森林城市"建设理论与规划体系。
⑭ 仓阳卿：《中国养生文化》，上海古籍出版社2009年版。
⑮ 吴良镛：《吴良镛论人居环境科学》，清华大学出版社2010年版。
⑯ 吴志强：《可持续发展中国环境评价体系》，科学出版社2004年版。
⑰ 非物质文化遗产（intangible cultural heritage）指被各群体、团体、有时为个人所视为其文化遗产的各种实践、表演、表现形式、知识体系和技能及其有关的工具、实物、工艺品和文化场所。详见联合国教科文组织于2003年9月29~10月17日在巴黎举办第32届会议发布的《保护非物质文化遗产公约》。
⑱ 中国非物质文化遗产保护中心编：《中国非物质文化遗产普查手册》，文化艺术出版社2007年版。
⑲ 向云驹：《世界非物质文化遗产》，宁夏人民出版社2006年版。

十三是现代性反思与现代化理论体系，源自于中国三步走理论①，西方后现代主义理论②，中国现代化、高级现代化理论③，现代性反思理论④，反思人类学理论⑤。

十四是文化输出理论，源自于比较文学与文化传播的文化渊源论、媒介传播论⑥，市场经济的比较优势国际贸易与国际分工理论⑦，后殖民文化的文明冲突理论⑧，文化帝国主义的全球化理论⑨，反思传播学的文化传播理论⑩，反思文化学的文化资本理论⑪，反思人类学的文化发展理论⑫，城市文化输出理论⑬。

十五是产业森林理论体系，源自于产业森林国际分工与知识分工理论，全球化的大国轴心理论，中国的产业转型与产业创新理论。

---

① 党的十四大、十五大根据邓小平的设计，明确指出，我国社会主义初级阶段社会经济发展的战略目标是：把我国建设成为富强、民主、文明的社会主义现代化国家，摆脱贫困落后，基本实现现代化。《邓小平文选》（第一卷），人民出版社1995年版。

② 后现代主义是20世纪60年代以来在西方出现的具有反西方近现代体系哲学倾向的思潮，详见刘象愚：《从现代主义到后现代主义》，高等教育出版社2002年版。

③ 详见中国现代化战略研究课题组自2001年起每年发布的《中国现代化报告》。

④ [以] S. N. 艾森斯塔特著，王爱松等译：《反思现代性》，三联书店出版社2006年版。

⑤ 皇甫晓涛：《文化产业学科建设的基础理论研究与当代人文社会科学的重构》，《学术月刊》，2010年第8期。

⑥⑦ [英] 史蒂文森著，王文斌译，《认识媒介文化》，商务印书馆2001年版。

⑧ [美] 塞缪尔·亨廷顿著，周琪、刘绯等译，《文明的冲突与世界秩序的重建》，新华出版社2002年版。

⑨ 利用先进的科学技术和发达的国民教育使文化始终居世界领先地位，大力开拓和占领世界文化市场，企图将这种一国的文化优势变成世界性的文化优势就是文化帝国主义。详见[英]汤林森著，冯建三译，《文化帝国主义》，上海人民出版社1999年版。

⑩⑪⑫ 皇甫晓涛：《文化资本论》，成报出版社2012年版。

⑬ 徐翔：《文化强国视阈下的"城市输出"战略》，《新西部》（理论版）2012年第11期。

# 第二编

# 当代中国城市转型的经济原理与发展模型研究

——基于"文化创意理念"的当代中国城市建设的文化模型与创新模式研究

# 第七章

# 中国当代城市非物质经济转型的经济原理研究

中国在改革开放30年的城市化高潮中,21世纪以来尤其近10年的文化产业大发展与中国新城新区建设高潮耦合为城市复兴与文化复兴的基于"文化创意理念"的城市化创新发展主潮,并形成城市化、知识化的文化产业国民经济支柱产业进入国家创新体系以来,正在从以经济增长为发展目标的工业化引导的后殖民国际分工城市化模式,转向以人文、文化、文化产业、文化创新、创意产业、创意经济、创意城市为价值中心、财富形态、财富价值、知识财富主权的基于"文化创意理念"的城市建设目标、方向、功能、模式,并由此形成全球博弈的城市化、知识化的知识城市、知识文明国家创新体系,形成以文化为优化生产力的创新要素、优势的创新型城市建设与创新型国家建设的城市转型、产业升级与城市复兴、文化复兴的大都市区域化知识城市、知识文明国家创新体系;与美国的信息化、知识化、全球化共同成为人类21世纪以来的两大核心事件,形成支配世界财富中心转移的全球博弈新格局,成为重组世界经济新格局的创新引擎、创新体系与创新目标、结构与方向。①

中国改革开放30年城市化、知识化、全球化的持续增长与21世纪以来城市转型、经济转型、产业转型、文化体制改革的新城新区建设形成的知识城市、知

---

① 关于中国城市与区域信息化、知识化、生态化、非物质化、服务化经济转型的有序结构与模型研究,详见中国现代化战略研究课题组编:《中国现代化报告2005——经济现代化研究·综述部分》,北京大学出版社2005年版。

识文明建设国家创新体系①，取得了举世瞩目的成就。然而，这一创新发展社会实践的创新预见与产业预见、创新原理与发展理论、经济学原理与文化学理论的总结与知识经济、非物质经济、文化经济及相关知识文明的理论归结，却是苍白无力的。经济学、文化学的研究未能跟上中国经济文化发展实践的前沿，仍然躲在象牙塔里沿袭西方经济学市场经济原理与理论体系的逻辑话语与话语权理论体系，沿袭西方现代文化文明渊源论、文明冲突论、文化单极论的现代化、现代性文化发展理论的逻辑话语与话语权理论体系，未能形成与经济文化建设的社会实践发展相对称的"中国学派"学术理论体系。

## 第一节 中国城市化转型发展的经济学原理与文化模型研究

这期间，中国的城市化、知识化世界知识城市与知识文明建设发生了三件大事，第一件是中国城市化发展中普遍的区域转型、经济转型、产业转型、城市转型，转型升级与结构调整，区域创新与都市创新，新城新区建设与国家创新体系建设，本书提出文化是优化生产力一切要素与结构的理论观点与文化生产力建构模型，提出文化创意城市化非物质经济全要素生产力优化结构与体系的演化模型、创新模式（见表7-1）。

表7-1 生产力文化创新要素的演化与文化优化生产力全要素的
城市化创新模型及相关文化创意要素的评估指数

| 文明类型 | 生产力要素模型 | | 文化生产力要素模型 | | 经济模式 | | 文化模式 | | 城市化模型 | 权重比（%） |
|---|---|---|---|---|---|---|---|---|---|---|
| 生态文明 | 土地生产力 | | 环境生产力 | | 环境经济 | | 生产文化 | | 文化城市化 | 10 |
| 产业文明 | 劳动力生产力 | ⇨ | 智力生产力 | ⇨ | 智力经济 | ⇨ | 人本文化 | ⇨ | 智力城市化 | 10 |
| 金融文明 | 货币生产力 | | 金融生产力 | | 金融经济 | | 货币文化 | | 金融城市化 | 10 |
| 知识文明 | 科技生产力 | | 知识生产力 | | 知识经济 | | 非物质文化 | | 知识城市化 | 10 |
| 信息文明 | 信息生产力 | ⇨ | 网络生产力 | ⇨ | 虚拟经济 | ⇨ | 网络文化 | ⇨ | 信息城市化 | 10 |
| 管理文明 | 组织生产力 | | 自组织生产力 | | 和合经济 | | 和合文化 | | 博弈城市化 | 10 |
| 自主文明 | 制度生产力 | | 自主生产力 | | 自主经济 | | 制度文化 | | 自主城市化 | 10 |

---

① 关于中国城市与区域经济转型与生产力结构优化的研究，详见牛凤瑞、潘家华主编：《中国城市发展报告》（NO.1），社会科学文献出版社2007年版，第96~104页。

续表

| 文明类型 | 生产力要素模型 | 文化生产力要素模型 | 经济模式 | 文化模式 | 城市化模型 | 权重比（%） |
|---|---|---|---|---|---|---|
| 服务文明 | 服务生产力 | 人文生产力 | 服务经济 | 人文文化 | 服务城市化 | 10 |
| 创意文明 | 文化生产力 | 创意生产力 | 创意经济 | 审美文化 | 创意城市化 | 10 |
| 世界文明 | 熵生产力 | 复杂性生产力 | 开放经济 | 开放文化 | 开放城市化 | 10 |

  同时提出，物质经济向非物质经济转型、演化①的文化经济学、后物质经济学、自主经济学原理与创新体系②，如从比较优势后殖民经济工业化、城市化、区域化国际贸易、国际分工定律③转化为综合创新优势、文化创新优势、自主创新优势的经济转型、升级原理与定律，从物质经济边际效益递减的"戈森规律"④ 城市化、区域化、全球化国际分工定律转化为非物质经济代际效益递增的经济转型、文化创新、自主创新原理与定律，从"重化物质经济不可逾越论"的"霍夫曼定律"城市化、区域化、全球化国际分工定律⑤，转化为非物质经济、非物质化转型的跨越发展论、科学发展论、自主发展论文化创新、自主创新原理与定律；提出现代经济学市场经济原理，从以物理学为基础的物质经济原理，杠杆原理、均衡原理、竞争原理、增长原理、比较原理、资源原理、物质原理、轴心与边际原理、发展中国家与发达国家国际分工原理等，转化为以文化学、生物学为基础的非物质经济原理，自主原理、自组织原理、演化原理、优化原理、博弈原理、竞合原理等⑥。从而形成经济转型与文化创新的知识经济、文化经济、创意经济、自主经济、非物质经济"全面文化"的创新原理、定律与理论体系，形成相关非物质经济、非物质化的转型创新经济模型与体系，创新原理、模型与创新体系：

---

  ① 关于演化经济学理论，详见《演化经济学前沿——竞争、自组织与创新政策》，高等教育出版社2005年版。
  ② 关于自主经济学的研究，详见张维迎主编：《中国改革30年：10位经济学家的思考》，上海人民出版社2008年版。
  ③ 关于国际分工与国际互动的世界体系理论，详见中国现代化战略研究课题组：《中国现代化报告2008——国际现代化研究》，北京大学出版社2008年版。
  ④ 庞巴维克：《资本实证论》，商务印书馆1997年版，第2～22页。
  ⑤ 皇甫晓涛：《文化资本论》，人民日报出版社2009年版。
  ⑥ 皇甫晓涛：《文化产业学科建设的理论研究与当代人文社会科学的重构》，《学术月刊》，2010年第8期。

表 7-2　城市转型、经济转型与经济学变革的城市化、
全球化知识革命模型内容分析

| 物质经济以物理学为基础的经济学原理与逻辑语汇、核心范畴与概念体系 | 非物质经济以文化学、生物学为基础的经济学原理与逻辑语汇、核心范畴与概念体系 |
| --- | --- |
| 杠杆原理、均衡原理、竞争原理、增长原理、比较原理、资源原理、物质原理、轴心与边际原理、发展中国家与发达国家国际分工原理等 | 自主原理、自组织原理、演化原理、优化原理、博弈原理、竞合原理等 |
| 城市转型与产业转型的世界知识城市变革的产业革命 | |
| 城市复兴与文化复兴的知识文明转型与创新 | |

## 第二节　文化自觉的城市转型与文化资本的创新原理研究

　　由文化自觉的城市转型与城市经济结构、区域产业结构升级诱发的文化优化生产力全要素与优化区域资源配置率全要素的创新体系，形成了文化创意城市全球博弈的创新基础与全球文化博弈国际分工重组的创新体系，形成了文化主导资本、文化资本主导城市化的中国新城新区建设国家创新体系。在从物质到非物质、从开放到自主、从国际城市到世界城市、从工业主导的城市化到文化创意主导的城市化、从物质文明到知识文明、从物质经济到知识经济的转型发展与创新突破中，首先是中国从边际效益递减的物质经济比较优势国际分工格局中走出来，重组支配世界财富中心转移的知识化、城市化、非物质化、服务化、全球化文化资本内核与格局，从而形成文化资本、文化创意城市、大都市区域化世界知识城市的文化创新比较优势与自主创新发展的综合优势，形成文化资本与文化创意城市、大都市区域化世界知识城市国家创新体系代际效益递增的科学发展基础与可持续发展的自主创新基础，形成文化、文化资本优化生产力全要素的非物质经济代际效益递增创新体系与经济结构、产业结构、创新模式，形成文化、文化创意城市建构优化全要素资源配置率的创新结构与文化资本代际效益递增的创新体系与创新模式，形成从物理学杠杆原理的轴心国与边缘国、发达国家与发展中国家、宗主国与后殖民地边际效益递减比较优势国际分工格局、体系、原理到生物学、文化学原理的自主与自组织演化原理、优化原理、博弈原理、竞合原理国际分工格局重组体系、原理的知识革命、产业革命、文化变革与城市革命的转型升级、经济变局，关键在于文化创新与城市转型的自主创新体系形成支配世界财

富中心转移的经济学原理与重组世界国际分工格局规则的变局,从而从工业化主导的城市化、物质经济支配的世界财富格局、工业资本竞争的边际效益递减国际分工地位的后发格局一变而为文化资本、文化城市化、文化创意城市创新体系代际效益递增的后发优势①,从而也改写、重构了轴心国与边缘国、发达国家与发展中国家的国家分工格局经济文化原理的后殖民经济三大定律与后殖民文化三大定理。

由此形成文化资本的十一大定律与文化城市化的创新体系:

第一定律:金融的本质是垄断②,垄断的本质是创新,创新的本质是文化,文化的本质是版权,由此形成了泛版权经济的经济学原理与国家版权经济创新体系。

第二定律:文化演化、优化资本系统,资本物化、泛化了文化资源与内容,由此形成了文化经济原理与国家文化创新体系。

第三定律(登峰造极,race to the top):文化使资本从物质向非物质化优化,非物质向物权演化,低能耗、低成本、低风险、低代价,提升资源配置率、全要素生产效率、财富创新的资本效益率,由此形成了非物质经济原理与支配世界财富中心转移的知识经济创新体系。

第四定律(寻底竞赛,race to the bottom)③:资本使文化变为资源动员能量的组织系统,产生以文化为内容、为基础、为产权的资源、知识、内容、信息、服务泛化与物化体系,形成以上层建筑为经济基础④的文化制度与新制度经济学的创新原理及相关国家创新体系。

第五定律:文化使资本变为资源动员与能量交换的版权经济系统与垄断金融资本,形成智力资本的版权经济与金融资本的创新体系。

第六定律(解构后殖民经济物质经济三大定理):文化资本的自主创新原理与跨越发展的国家创新体系。

逆戈森规律的代际效益递增创新原理与国家创新体系,解构物质资本的国际分工理论基础,形成文化资本的代际创新效益递增跨越发展模式。

逆霍夫曼定律,解构工业化重化物质经济,包括城市化与区域化的非物质化跨越发展与自主发展创新原理与体系。

---

① 关于二次现代的文化转型与经济发展的研究,详见中国现代化战略研究课题组《中国现代化报告2005——经济现代化研究·综述》,北京大学出版社2005年版。
② 希法亭(Rudolf Hilferding),曾令先等译,《金融资本》,重庆出版社2008年版。
③ 威廉·K.塔布:《寻底竞赛?》,【美】麦克尔·哈特等著:《控诉帝国——21世纪世界秩序中的全球化及其抵抗》,广西师范大学出版社2005年版。
④ 关于以知识为基础的社会到以上层建筑为经济基础的创新原理,详见宋丙洛:《全球化和知识化时代的经济学·中文版序言》,商务印书馆2003年版。

逆市场规律，解构物理杠杆生产原理，重构文化资本的生物学演化系统，从资源比较优势转向文化自觉的版权经济创新优势。①

第七定律：文化使资本从物质、物理杠杆作用转向生物组织演化、优化、极化原理与作用，现代经济学、产业经济学、金融学以生物学为基础重构文化原理与经济原理。

第八定律：文化主导资本，文化资本主导创新与金融资本创新，形成文化与经济、与科技、与生态的正关系。

第九定律：文化多样化、多元化与文化的垄断化、单极化双向逆行，文化的自主创新功能、价值，形成新的文化演化系统，使文化资本具有对文化渊源论、文化单极化、文明冲突论的后殖民文化三大定理的解构与转化作用。

第十定律：文化具有全息的资源存量、资本能量、金融本质与智力资本的自组织市场创新能力与全要素生产力的自主创新演化系统的功能价值。

第十一定律：文化资本已形成美日韩太平洋新资本主义、欧洲莱茵后资本主义、中国香港及中国澳门跨资本主义兼容创新原理与体系，形成跨资本主义的自主创新基础与优势。

表7-3　　文化资本的十一大定律与文化城市化的创新模型内容分析

| 序号 | 文化资本定律的内容模型 | 文化资本原理与规则 | 文化产权创新模型 |
| --- | --- | --- | --- |
| 第一定律 | 文化金融的泛版权经济垄断创新定律 | 泛版权经济代际效益递增原理与规则 | 泛版权化的文化金融模型 |
| 第二定律 | 文化优化资本定律 | 文化资源动员的物权演化原理与规则 | 物权演化模型 |
| 第三定律 | 文化资本非物质化定律 | 文化领土博弈原理与规则 | 文化主权演化模型 |
| 第四定律 | 文化资本自组织定律 | 文化自组织产权交易原理与规则 | 文化产权交易模型 |
| 第五定律 | 文化资源的能量转换定律 | 智力资本的版权垄断原理与规则 | 智力资源文化资本演化模型 |
| 第六定律 | 后殖民经济三大定律的国际分工格局重组定律 | 文化资本自主原理与规则 | 文化资本自主演化模型 |

① 皇甫晓涛：《文化资本论》，人民日报出版社2009年版。

续表

| 序号 | 文化资本定律的内容模型 | 文化资本原理与规则 | 文化产权创新模型 |
|---|---|---|---|
| 第七定律 | 文化资本对称定律 | 文化资本对称原理与博弈规则 | 文化资本对称模型 |
| 第八定律 | 文化优化金融资本的创新定律 | 文化资本与金融资本的自主交替原理与规则 | 文化金融的自主交替模型 |
| 第九定律 | 文化资本多元自主演化定律 | 文化多元互动的自主创新原理与规则 | 文化多元互动自主创新模型 |
| 第十定律 | 文化资本全息标量定律 | 文化资本全息流量原理与规则 | 文化资本全息演化模型 |
| 第十一定律 | 文化资本兼容创新定律 | 文化领土融合扩张原理与规则 | 文化资本兼容扩张模型 |

全球文化资本的博弈格局,有华尔街美元金融资本主义的文化系统与科技信息体系[①],有欧元知识资本主义的文化系统与科技信息体系,有"日元管理+服务+工贸资本主义"的文化系统与科技信息体系,有人民币跨资本主义的文化系统与科技信息体系。

文化的自觉与文化资本的自主,文化创意城市的建构与文化城市化的文化资本十一大定律,全面反思、批判、解构、重构了西方现代经济学与物质经济原理,形成基于"文化创意理念"的当代中国城市建设的经济创新原理与文化创新原理、城市创新体系与国家创新体系。由此,我们对十大经济原理,在这里也提出文化资本与非物质经济的学术反思与理论体系重构的经济学学理探索。

## 第三节 现代经济学十大原理的反思与文化资本的理论体系阐发

资本主义大工业的工业化原始积累期,市场与道德、资本与伦理的"斯密难题"形成了资本主义第一个发展阶段的经济危机与政治危机,产生了马克思主义批判资本理论与社会主义政治经济体系;资本主义大商业的城市化扩张期,

---

① 黄平、崔之元:《中国与全球化:华盛顿共识还是北京共识·后华盛顿共识的共识》,社会科学文献出版社 2005 年版。

物质资源与产业、增长与极限、生态与经济的矛盾成为资本主义第二个发展阶段的经济危机与资源危机，产生了可持续发展理论。资本主义大文化的信息化扩张期，非物质资源与文化产权、文化创新与经济法权、经济发展与国家主权的矛盾以"文明冲突"及宗教冲突为表象，形成资本主义发展第三个阶段的经济危机与文化危机、产权危机、法权危机及主权危机，带来了资本主义非物质经济世界财富中心的大转移，版权经济文化优势的大博弈，产权经济持续增长的大跨越，信息经济技术法权的大危机，带来了资本主义文化产权与国家主权、世界法权结构性的危机与崩溃。谁拥有了文化资源，谁就拥有了产权生产力，谁就拥有了法权优势。所谓"内容为王"，也就是文化资源从经学文本话语为圣的"立言"之境到内容生产财富为用的"立功"之法。

表7-4　　　　　　　　文化资本演化体系的内容分析

| 资本形态 | 产业结构 | 文明难题 | 理论体系 |
| --- | --- | --- | --- |
| 工业资本 | 资本主义大工业体系 | 市场与道德矛盾的斯密难题 | 马克思主义批判资本理论体系 |
| 商业资本 | 资本主义大商业体系 | 增长与极限难题 | 可持续发展理论体系 |
| 文化资本 | 资本主义大文化体系 | 物质与非物质转型难题 | 版权经济理论体系 |

亚当·斯密在对资本主义市场与道德难题的批判与解剖中，确立了自由经济与市场经济及财富创造的世界法权体系，马克思在对资本、工业与人的异化的批判与解剖中，确立了社会主义计划经济与国家资本的法权体系，庞巴维克在对资本的价值与功能的分析与解剖中，确立了西方现代经济学的边际效益理论与资本的"戈森规律"体系，法兰克福学派在对资本主义后工业文明消费与资本膨胀的文化批判中，确立了人文关怀的社会价值观与科学发展的和谐文化观，我们在对以"戈森规律"为资本理论精髓的西方现代经济学十大原理的批判与反思中，将以文化资本的代际扩张及多元互动来代替物质资本的边际扩张与交替关系，确立文化资源多元互动、重复使用的非交替关系与文化创新代际扩张的后经济学体系。

亚当·斯密以来的西方现代经济体系，一直是以经济增长方式为指标、以物质财富为核心的大工业产生的"庞大的商品堆积物"[①]，一是它过耗了物质资源与能源，二是它损害了生态与环境，三是它破坏了社会道德与文明，往往是以道德的沦丧为代价换取增长指数。因而形成了资本主义大工业原始积累时期道德与

---

① 马克思：《资本论》（第一卷），第1页，人民出版社1972年版。

经济的斯密难题，形成了资本主义商业扩张期发展与可持续发展的文明难题，形成了资本主义文化期文化与经济、资源增长的难题。作为对这一难题的破解，全球化、现代化、城市化的发展开始调整人类文明的向度与成长方向，在信息化、知识化、生态化、人文化、服务化的发展中形成以增长方式创新为内核的信息经济、知识经济、生态经济、循环经济、环境经济、文化经济、服务经济等后经济体系，并渗入到城市化的都市再造与以软实力为核心的后建设体系中；它颠覆了西方现代经济学创立以来的十大经济原理。

一是交替关系原理，是指资源用于甲就不能用于乙，现在是资源的循环使用，既可用于甲，也可用于乙，尤其在知识经济、文化经济、环境经济、生态经济、服务经济中，就是要用免费的午餐，要有得未必有失，要甘蔗两头甜，要鱼和熊掌兼得，后经济学将现代经济学的资源交替，置入交叉关系与循环关系，学习经济学的时间，就是对会计学与心理学、人口学的另一重时间积累与交叉，打工挣钱储蓄与保健、娱乐、学习，也是一种交叉、互渗与互动，效率与平等、增长与和谐、公正与自由更是交叉互补与互渗，而不是传统经济学思维中非此即彼的交替关系。

二是机会成本原理，传统经济学也是非此即彼的单项选择，比如上大学还是工作，在传统意义上是机会成本的非此即彼的单项选择，对于文化经济与文化资本来说，上大学是在积累文化资本的机会成本，工作则是上大学机会成本的文化资本交易，二者互动互融，也可边上大学边工作，或是边工作边上大学，都是文化资本的积累与兑现、增值与交易。

三是边际决策原理，在文化经济等非物质经济的后经济扩张体系中，并不是当人口增加时农业问题才会突出地成为边际问题，其次才是交通问题、电力问题、环保问题；而是从根本上来说，资源、能源、环境、生态、健康成为可持续发展的永恒的边际决策原理，发展权、生存权与人权也一样成为永恒的边际决策原理与底线，而边际效益大于边际成本的，不只传统经济学描述的一个点或是一种饱和状况，而是轴心与圆合的任何一个边际线上的点。

四是激励反应原理，激励是根据成本与收益做出决策的利益原则，但某种商品价格上升时，时尚经济、文化经济、非物质经济、服务经济、信息经济的市场规则都不会使人们因价格上涨而减少购买或选择其他替代品，起实质作用的是品质与时尚的符号消费原理，而不会是简单的利益激励的成本运营原理，不好的、落伍的东西越减价越卖不出去。税率的提高与生产激励的降低也改变不了时尚产业、文化产业与服务产业的代际扩张。

五是比较优势互补原理，已让位于极核优势互动的创新发展原理与相关技术扩张的市场规则。

六是"看不见的手"原理。七是"看得见的手"原理。这两个原理都简单地停留在计划与市场、价格与收益市场经济理念层面的现代经济语境,后经济学则是对资源与环境、生态与经济、优势与博弈、创意与产业、文化与资本、国家与创新做出圆合之核与轴心之轨的综合调整与全面整合,有着可持续发展、科学发展、和谐发展、跨越发展四大后经济定律与圆形心理构型的经济图式。

八是生产率差异原理,即一国生产物品和劳务能力构成的生产率导致的其人均收入和生活水平差异,然而在文化经济、符号经济、形象经济的非物质与非领土双向扩张中,一国生产物品和劳动能力的生产率高,或许正是其提供的物质能耗与资源耗量高,反而会使其生活水准与劳动收入相对下降,总是落在他人的后面。在文化经济、环境经济与循环经济中,劳动生产率原理已为全要素生产率原理所取代,决定一国收入、生活水准的,不是简单的劳动生产率,而是包括资源配置与重复使用、资源效能与知识资源创新的全要素生产率。

九是通货膨胀与失业短期交替关系原理,中国近20年服务经济、文化经济、环境经济等后经济的持续发展与美国近20年信息经济、知识经济等非物质经济的发展,都打破了通货膨胀率与失业率短期交替的菲利浦斯(E. phelps)曲线,说明后经济体系的持续增长与可持续发展的和谐经济是可以打破这一经济原理预设的周期陷阱的。

十是收益递减原理,即由生产、积蓄形成的物质资本随着社会需求的满足边际效益递减的"戈森规律",① 但由符号、信息与媒介形成的非物质资本在后经济的代际扩张中都出现边际效益递增的逆戈森规律,它改变了经济增长方式与生产方式,由物质生产力发展为文化生产力,也引起生产关系与全球信息社会的文化经济整个上层建筑的变化(见表7-5)。

表7-5 现代经济十大经济原理与后经济理论体系内容分析

| 现代经济原理 | 定律 | 后经济理论 | 定律 |
| --- | --- | --- | --- |
| 交替关系原理 | 资源交替排他规则 | 非物质资源循环共享理论 | 资源互补共享规则 |
| 机会成本原理 | 单项选择排他规则 | 后经济体系机会增项原理 | 多项机会成本互助规则 |
| 边际决策原理 | 边际排序排他规则 | 后经济体系边际N项原理 | 边际N项持续规则 |

---

① 十大经济原理,详见曼昆著,梁小民译,《经济学原理·微观经济学分册》,北京大学出版社2006年版,第3~15页。

续表

| 现代经济原理 | 定律 | 后经济理论 | 定律 |
| --- | --- | --- | --- |
| 激励反应原理 | 成本收益规则 | 后经济收益超成本规则原理 | 代际收益递增规则 |
| 比较优势互补原理 | 比较优势竞争规则 | 后经济优势集聚原理 | 极核优势互动规则 |
| "看不见的手"原理 | 市场杠杆规则 | 后经济优势博弈原理 | 优势演化规则 |
| "看得见的手"原理 | 收益调控规则 | 后经济兼容创新原理 | 竞合规则 |
| 生产率差异原理 | 劳力物品分配差异规则 | 后经济全要素生产率创新原理 | 生产率全要素优化规则 |
| 通货膨胀与失业率短期交替关系原理 | 菲利普斯曲线规则 | 后经济和谐互动原理 | 创新弥补规则 |
| 收益递减原理 | 国际分工比较优势规则 | 后经济代际创新原理 | 代际效益递增规则 |

由此，后经济体系形成生态经济、知识经济、信息经济、循环经济、体验经济、符号经济、环境经济、教育经济、城市经济、健康经济、旅游经济、能源经济、交通经济、地产经济的后经济体系，并形成文化经济学、生态经济学、消费经济学、人口经济学、城市经济学、教育经济学、健康经济学、旅游经济学、发展经济学、信息经济学、符号经济学、环境经济学、服务经济学、数量经济学、质量经济学、弹性经济学、比较经济学、能源经济学、循环经济学、交通经济学、科学经济学、房地产经济学、特区经济学、经济美学的系统后经济科学体系。① 都市再造的后建设与产业重构的后经济都有待于这一后经济学体系的理论阐发与文化创新的推动及提升。相对于这一后经济学体系，又有从布迪厄②到林楠③的社会资本、人力资本、文化资本、符号资本、无形资本、知识资本理论的后资本理论体系。对此卜长莉的《社会资本与社会和谐》有着更为深入系统的探讨，揭示了物与物生产交易形成的物质财富创造的大工业生产方式、生产关系向人与人服务关系形成的非物质财富创造的大文化生产方式、生产关系转型的后经济特征与文化发展趋向，探索了从制作世界的产业结构、社会结构、都市结构向后制作世界转换的产业结构、社会结构、都市结构特征，即后工业社会后制造时代的后建设特征。④

---

① 张仲礼：《新经济学科》，重庆出版社1988年版。
② 包亚明主编：《布迪厄访谈录——文化资本与社会炼金术》，上海人民出版社1997年版，第189~190页。
③ 林楠：《社会资本——关于社会结构与行动的理论》，上海人民出版社2005年版，第1~3页。
④ 卜长莉：《社会资本与社会和谐》，社会科学文献出版社2005年版。

## 第四节　经济学的社会实践本质与文化资本的主体性理论本质

经济学起源于人类的商品交换与物质财富生产原理的研究，起源于农耕文明的农业生产与庄园经济的研究①；近代经济学，则起源于世界范围的商品交换与国民物质财富生产原理的市场经济研究，起源于工业文明的工业生产与产业经济的研究②；当代经济学，则起源于基于知识文明的经济增长的发展理论与基于信息文明的全球博弈的竞争、博弈理论③。由此可见，经济学的人类社会实践本质，因而无论怎么说，经济学属于社会科学。

然而由于经济学与经济理论的分析框架与逻辑关系的日益完善，实证研究与计量研究方法论的系统化理论发展，经济学家在试图寻找一条客观的、实证的、计量的科学方法论，并试图将经济学与自己的经济学说说成是客观的经济科学，是实证的而非阐释的，是科学的而非实践的。④

我们认为，中国改革开放30年，无论是市场经济的制度创新，还是社会实践的发展成效，都更加说明了经济学的社会本质与实践特征，主体创造性与发展的多样性；然而经济学与经济理论的发展却是滞后的、苍白的，与中国经济崛起的实践是不对称的。除了对西方经济学理论、原理与市场经济实证分析的研究，未能提出适合中国社会发展与经济实践特性的理论体系与理论框架。笔者认为，中国这样一个经济大国，经济巨人的崛起，应该产生诺贝尔经济学获奖者这样的有国际影响的经济学家，然而没有。这就涉及中国经济实践发展与经济理论建设不适应全球语境的市场经济话语权建设问题，在经济学与经济理论发展中，我们是否也应该像文学、文化诗学、文艺理论、文艺批评、文艺学等领域对于中国"失语症"的反思一样⑤，也做一个经济学与经济理论的文化反思、经济学反思与学术反思呢？

---

① 宴智杰主编：《西方经济学说史教程》，北京大学出版社2002年版，第3～18页。
② 李宗正主编：《西方经济学名著述评》，中国青年出版社1992年版，第83～96页。
③ ［美］罗伯特·M·索罗著：《增长理论——一种解析》，中国财政经济出版社2004年版，第1～21页。
④ ［英］艾伦，罗伊·乔治·道格拉斯（Allen, Roy George Douglas）：《数理经济学》，麦克米伦出版公司1956年版，第1～2章。
⑤ 曹顺庆等：《汉语批评：从失语到重建》，乐黛云、曹顺庆编：《迈向比较文学新阶段》，四川人民出版社2000年版。

这就像"钱学森之问"①，不仅使我们要追问一下经济学到底是做什么的，经济学到底是科学的还是实践的？是主体的还是客观的？是争夺市场经济话语权的意识形态，还是重组国际分工格局的创新工具？是实证的，还是实效的？抑或至少是二者兼而有之的？

日本每当重大的经济转型期，都会到经济原理中重新寻找经济学的知识起点②，我们现在有必要重新检验一下经济学与经济理论的实践特性与科学本质。

另外，每当重大的经济转型期，都会有不同学科的学者跨入经济学领域，做出跨学科的理论阐发与经济学学科体系重构，例如，亚当·斯密本来是伦理学与哲学领域的学者，马克思本来是哲学领域的学者，前者进入经济学领域成为现代资本主义之父的市场经济理论奠基者，后者成为资本理论的集大成者。他们都为经济学研究带来了新的方法、视野与发展方向、理论体系。

## 一、资本是实证的，还是实践的？

无论是古典经济学家，还是当代经济学学者，他们在把经济学当做一门独立的科学的同时，他们也就选择了"科学"的实证的、逻辑的分析方法与研究方法。尤其是我国当代经验派的学者，为了证明经济学的独立科学价值，更倾向于以自然科学的方式来做经济学的研究与课题，如国家自然科学基金的经济学研究课题。

戈森、庞巴维克等西方新古典主义经济学家，也都曾尝试过以实证的方法来研究经济学的原理，并提出"戈森规律"③、"主观价值论"④等资本实证研究的边际效益递减与主观价值评价的市场经济边际效益递减公式，以此成为市场经济客观规律的论证基础与发展中国家、发达国家国际分工不对称的"科学"基础，并成为此后反马克思主义政治经济学历史、逻辑体系的"实证"科学佐证与学理基础。但戈森规律与庞巴维克的资本实证论本身，也被阐释为发达国家比较优势与经济侵略的国际分工理论基础与"科学"基础，又成为殖民经济政治经济学的原典著述与其三大定律之一的理论基石，形成全球语境国际分工中知识文明背景的殖民话语权，与世界市场经济的知识帝国主义经济学时政分析的理论基础。

---

① 徐小敏：《让我们直面钱学森之问——海峡基础教育研训中心首届校长论坛综述》，《福建基础教育研究》，2011年第5期。
② [韩] 宋丙洛：《全球化和知识化时代的经济学·中文版序言》，商务印书馆2003年版。
③ [德] 赫尔曼·海因里希·戈森：《人类关系的法则及人类行为的规范》，商务印书馆1997年版。
④ [奥地利] 庞巴维克：《资本实证论》，商务印书馆2011年版。

不仅如此，资源比较优势的市场经济的杠杆理论与国际分工法则，边际效益递减的轴心国与边缘国、发达国家与发展中国家权益分配的资本理论与资本帝国主义后殖民经济法则，重化物质经济不可逾越论的霍夫曼定律国际分工重组法则与后殖民经济原理①，也都是近代以来世界殖民经济与后殖民经济、发达国家与发展中国家、轴心国与边缘国世贸体系实践中国际竞争格局与规则的社会实践本质产生的经济定律与实证研究。首先，对于现代经济学理论体系是实践的，是服从于世界殖民经济与后殖民经济全球博弈的大国重组格局竞争发展与博弈空间的轴心国发达国家主体性比较优势法则社会实践本质的；其次才是相关经济实践事实、案例、真相、原理、定律的"实证"研究形成的理论体系。

中国改革开放 30 多年的历史实践与发展规律证明，经济与经济学首先是实践的；其次是自主的；再次是有规律可循的或"科学"的；其四才是实证的。

中国城市化与现代化发展的经济规律与经济学原理、实践原理、增长原理，证实了改革开放与创新发展的经济学实践哲学与经济实践原理，那就是自主创新的社会主义体制＋市场经济运行、公共资源优化管理＋产业资本的经济管理、公共服务设施体系的环境经济＋市场经济项目载体的产业经济、公众权益的宏观调控政策运行＋市场效益的增长驱动，形成"中国式"经济增长的演化原理、自组织原理、优化原理、自主原理、博弈原理、对称原理、竞合原理的经济实践生机，并从西方单一的市场经济杠杆原理、增长原理、均衡原理、竞争原理物质经济以物理学为基础的现代经济学体系的学习与借鉴、开放与发展，到以生物学、文化学为基础的现代经济学知识生态重构的自主创新原理与国家创新体系的自主与创新、博弈与崛起，形成超越市场经济理论体系的"中国式"可持续发展、科学发展、和谐发展、跨越发展与自主创新、兼容创新的现代经济学创新理论体系与发展理论体系。

中国改革开放，从实践哲学开始，在经济发展实践与自主创新发展的历史实践中，又形成社会主义＋市场经济的经济发展体系与经济学自主创新的实践哲学，这与亚洲崛起中，儒家文化＋资本主义的经济学实践本质与自主创新基础是一致的。

从宏观经济学与相关意识形态理论建设上，适应全球市场经济与中国国情自主创新与实践发展的一国两制国体体制设计，社会主义＋市场经济的一制两体机制创新，科学发展观的发展实践与科学求是，全球语境中莱茵后资本主义、太平洋新资本主义与中国香港和中国澳门跨资本主义融合的兼容创新，都证实了中国市场经济与自主创新兼容创新中实践发展的科学性与历史逻辑性严密、完整、融

---

① ［德］W. C. 霍夫曼：《工业化的阶段和类型》，1931 年。

合创新体系的历史实践生机。

从中观经济学与相关经济发展实践上,就是中国城市化、现代化发展实践与自主创新的成功;这不仅是经济增长的成功,而且也是城市化启动的现代化发展的知识化与知识文明科学发展的成功,跨越发展的成功,和谐发展的成功,可持续发展的成功。

从微观经济学与相关经济发展实践上,就是中国国企改制与民企创新并存的市场经济竞合发展生机与格局,还有文化体制改革的文化经济实践与文化产业自主创新发展的全球博弈,东部发达地区与西部欠发达地区知识经济、文化产业、创意经济的跨越发展、科学发展、和谐发展与可持续发展,奠定了中国自主创新的大国崛起微观经济发展基础,颠覆了西方现代经济学三大殖民经济原理与定律,产生了"逆戈森规律"的综合创新优势与跨越发展后发优势。

而这一切,首先都与中国改革开放的社会实践本质、生产实践本质、历史实践本质是密切相连的;其次是都可找出中国城市、企业的转型、创新、增长及区域、产业的转型、创新、增长的案例、事实、原理、真相、定律的实证研究基础,如北京、深圳、上海、沈阳、西安等城市与区域、产业与企业的创新发展之路;它证实了资本与资本理论、经济与经济学是社会实践与生产实践历史实践的产物,也是有着经济增长与转型、发展的实证研究基础。这一切从中国国民经济增长数据、城市化发展增长数据、产业转型发展增长数据中都能够得到实证研究的案例、事实、定律与相关创新原理、自主原理、发展原理、增长原理的实践依据与科学依据。

尤其是文化创新与自主创新的城市化、知识化、非物质化的科学发展与跨越发展,更是超越了资源比较优势、边际效益递减、重化物质经济不可逾越的后殖民经济与物质经济现代经济学三大定律及相关发展中国家与发达国家分工的资本定理,走出了知识经济综合创新比较优势、非物质文化创新代际效益递增、区域经济非物质化跨越发展的科学发展、跨越发展之路,形成了中国自主创新的经济学定理与知识资本、非物质资本、文化资本的三大定律,形成其自主创新的经济学体系与资本理论体系的实践基础与实证研究基础。

## 二、经济学是主观的,还是客观的?

我们在西方经济学市场经济理论体系与后殖民经济话语权的诱导下,在现代经济学"实证"科学体系的阐释下,总是以为经济学是客观的,实证的;却忽略了其以"国际比较优势"掩盖、遮蔽了为发达国家的国家主权优势、后殖民经济比较优势辩护的实践主体性与主权理论价值的理论主观性。这就是经济学之所以为社会科学的社会实践之奥秘所在。

经济学的社会实践本质,是其社会实践主体与主权权益、利益的意识形态理论本质,是国家利益的经济学阐释与全球博弈的价值规律阐发。

经济学的生产本质实践本质,是其生产实践主体与产权权益、利益的意识形态理论本质,是产业利润的经济学阐释与市场博弈的价值规律阐发。

经济学的历史本质,是其从殖民经济到后殖民经济历史实践主体与世贸轴心国最惠权益格局法权、利益的话语权意识形态理论本质,是发达国家国际分工地位与世界财富支配法则的博弈规则理论体系阐发。

经济学首先是主观的,是国家主体、产业主体、发达国家主体的主权、产权、法权主体性意识形态理论与主观价值体系及相关价值规律的理论阐发,同时经济学又有其基于经济主体与主体性的经济原理、实践规律、实证案例与事实的事实性、原理性、规律性的客观规律探究的知识属性。

与之相关的问题是,市场经济的经济学理论,究竟是经济事实、现象、规律、原理的真理探求,还是后殖民经济的意识形态理论?笔者认为,由经济学的实践主体性与话语权理论主观性建构来看,市场经济,说到底也只是一个后殖民经济的意识形态理论,并非经济与经济学的事实与真理的研究。同时这也是西方自文艺复兴以来关于发达国家与发展中国家、世贸轴心国与边缘国后殖民经济国际分工的理论基础与文化帝国主义的经济学原理及相关经济规律、价值规律的"普世价值"世贸价值观意识形态理论,也是现代经济学实证研究的话语权建构的理论本质与发达国家后殖民经济全球博弈的话语策略。

与此相关的另一个问题则是,经济学是创新预见与产业预见[①],还是后殖民经济的博弈工具与殖民工具?笔者认为,经济学由发达国家与发展中国家国际分工市场经济话语权建构的意识形态理论本质来看,以成为世贸话语的博弈工具与殖民工具。经济学理论尽管也有创新预见与产业预见的知识功能与创新功能,但也仍然是在这一世贸话语博弈规则与相关国际分工法则、财富支配权力的后殖民经济的法则基础上的知识功能与创新功能,创新预见与产业预见。

中国的经济学与经济学理论,要在超越后殖民经济世贸框架背景的自主创新基础上,总结中国经济发展实践与改革开放实践的历史规律与发展规律、经济规律与资本规律、价值规律与创新规律,提出超越后殖民经济世贸法权、法理的中国经济自主创新原理与规律、观点与体系;才能真正做到为中国腾飞的大国崛起奠定理论基础,找出实证研究的事实、真相、原理、定理,形成中国崛起的知识

---

① 曾国屏等:《对技术预见与产业发展理论关系的一个讨论》,《科学学与科学技术管理》,2011年第8期。

文明经济学体系与国家创新体系的相关理论体系。

### 三、经济学是数理的，还是生物与文化的？

在计量经济学的方法论与相关理论体系发展中①，经济学似乎日益成为统计工具与增长原理分析数理工具。然而人们似乎已经忘却，经济学与相关知识发展的一个基本原理，就是"物竞天择"的生存竞争与生存法则的生物社会学理论阐释。由于经济学的物质资本原理与价值规律，典型的物质经济的经济学原理，起初都是围绕着以物理学为基础的物质原理的，如杠杆原理、增长原理、均衡原理、竞争原理、价值原理、发展原理，统计经济学的数理方法论与数量工具论，不过是这一物理学原理的补充工具。这也是基于物质文明世贸生存法则、博弈规则历史实践市场经济意识形态理论演绎的主体性、主观性宏观后殖民经济文化背景下的一个围绕资本价值规律与市场规律微观实证研究的客观基础。

然而全球化复杂性的发展与市场经济的复杂性发展，使得经济学已由简单的以物理学为基础的数理工具与后殖民经济规律，演化为以生物学、文化学为基础的基于知识文明的创新工具，如自主原理、自组织原理、博弈原理、演化原理、优化原理、对称原理、可持续发展原理等生物学、文化学逻辑语汇形成的经济学体系，正在替代以物理学为基础的经济学逻辑语汇与理论体系。

中国经济与经济学的发展，经济理论与经济理论体系的发展，既要借鉴西方现代经济学的基础原理与创新工具的理论功能，又要有反思经济学的自主创新与经济学理论体系的实践研究、实证研究基础；既要有反殖民经济经济学理论体系的主观见解，又要有基于知识文明与中国发展实践及相关经济实践规律总结的客观基础研究、数理统计基础；既要有全球博弈的市场经济理论体系的意识形态建构与世贸话语权建构，又要有产业预见与创新预见、产业转型与城市转型的科学分析与相关国家创新体系建构的理论归结；既要有中国腾飞的大国崛起自主创新话语权建设的宏观、中观、微观经济学理论体系，又要有世界知识文明发展的经济学体系创新与理论突破。这是中国崛起经济学理论体系的知识文明准备与大国崛起必须做好的基础理论研究的知识积累与准备。

这就是中国与世界的，物理学与生物学、文化学的，实践理论与实证方法的，意识形态与价值规律的，主体理论与客观基础的，宏观研究与微观经济的，数理统计与创新工具的二元论的自主经济学理论体系与经济哲学的兼容创新原理。

---

① ［美］伍德里奇著，费剑平等译，《计量经济学导论：现代观点》（Introductory Econometrics：A Modern Approach），中国人民大学出版社1992年版。

## 四、市场经济是公共的，还是自由的？

与经济学的主观理论本质相关的，是人们对于市场经济自由本质与公共属性认识上的理论分歧。最初与市场经济自由本质相反的经济学理论体系，是社会主义计划经济体系的经济学思想理论。中国改革开放后，全面借鉴了西方市场经济自由经济学理论学说，形成了跨资本主义的改革开放市场经济与自由经济兼容创新体系，形成了"一国两制"的跨资本主义市场经济体制与自由经济机制，形成了相关的超越计划经济的市场经济与自由经济经济学理论思想与体系。

但近年来，华尔街市场经济与自由经济金融体系的危机，使人们能够超越市场经济对自由经济反思，并同时提出新制度经济学理论、公共选择与管制的经济学理论体系。

2009年诺贝尔经济学奖获得者埃莉诺·奥斯特罗姆（Elinor Ostrom），为美国著名政治学家、政治经济学家、行政学家和政策分析学家，是美国公共选择学派的创始人之一。她为公共资源优化管理与公共选择的经济学原理做出了系统理论阐发。①

在自由经济与市场经济资源配置的发展理论与经济增长学说，遇到了资源配置的社会正义、能耗安全危机、生态环境危机、金融体制危机等一系列自由经济与市场经济危机问题时，经济学理论开始反思其市场经济、自由经济、殖民经济侵略性、扩张性、正义性及可持续发展的全面危机问题，从而提出经济学的公共选择原理与市场经济资源配置的优化原理问题，以及二者内在联系的经济模型与经济学理论体系建构问题。它从一个侧面向我们说明，一是市场经济是有限的，二是自由经济是有害的，三是市场经济与经济学理论本质不仅是自由的，而且更重要的是公共选择政策、公共资源配置优化管理的政策调控与宏观管制，即市场经济是公共的宏观管制行为，经济学应该有公共选择原理与公共管制理论的系统探索、阐发与模型建构、理论建构及相关实践总结与实证研究。

与之相连续的，是2010年诺贝尔经济学奖的获得者美国经济学家彼得·戴蒙德和戴尔·莫滕森，以及具有英国和塞浦路斯双重国籍的经济学家克里斯托弗·皮萨里季斯，这三名经济学家对"经济政策如何影响失业率"完成了公共选择与公共管制理论的进一步分析。三人的理论可以解释许多经济现象，包括"为何在存在很多职位空缺的时候，仍有众多人失业"。三人建立的经济模型还

---

① ［美］埃莉诺·奥斯特罗姆：《公共事物的治理之道》，上海三联出版社2007年版。

有助于人们理解"规章制度和经济政策如何影响失业率、职位空缺和工资"①。

2011年的诺贝尔经济学获奖者,为公共选择与管制宏观经济学研究的萨金特、西姆斯,他们的研究成果展示了如何利用结构宏观计量经济学分析经济政策的持久影响,这种方法可应用于政府或企业随经济走势变化调整自身预期和政策。两名获奖者的研究成果解答了许多有关经济政策与宏观经济变量之间的关系问题,例如,提高利率或减税将对国内生产总值和通货膨胀产生何种影响,中央银行调整通货膨胀目标将产生何种后果等,为公共选择与公共管制的政策研究与制度安排,提供了实践总结与实证研究的系统理论与模型。

萨金特展示了如何利用结构宏观计量经济学分析经济政策的持久影响,这种方法可应用于政府或企业随经济走势变化调整自身预期和政策。②

西姆斯则以向量自回归模型为依据,来分析经济如何受短期经济政策变化等因素的影响。例如,西姆斯等研究者运用这种方法检验中央银行加息所产生的影响。他们发现,加息后,通胀率通常需一至两年才下降,但经济增长率会在较短时间内降低,并需大约两年才能恢复到先前的增长水平。

## 五、市场经济是对称的,还是不对称的?

公共选择原理与公共管制原则是对称的,而市场经济原理与自由经济原则,则是不对称的。公共选择的对称性,形成了公共资源管理与公共管制的均衡性、可持续性、社会正义性;市场经济与自由经济的不对称性,形成了一个市场经济资源配置的比较优势与自由经济的竞争优势。

总之,经济学与市场经济原理的研究,既要有自由经济的机制,又要有公共选择的体制;既要有市场经济的微观研究基础,又要有公共制度经济的宏观调控研究;既要有产业经济学的经济理论研究,又要有公共管理与管理科学的管理学研究体系;既要有实证的模型分析,又要有实践的理论总结;既要有客观的市场经济规律探索,又要有主体性建构的主权价值与相关国家创新体系的自主创新经济学理论体系研究;既要有数理统计的研究基础,又要有创新预见的理论体系研究与相关制度安排的政策体系研究。这就是二元论的自主经济学哲学思想与理论思想,哲学思维与理论思维。

改革开放30年,中国在哲学与文化研究上曾有两次逐层深入的思想大讨论的理论研究与思辨。第一次是由光明日报发起的"实践是检验真理的唯一标准"

---

① [美] 戴蒙德,米尔利斯:《最优税制与公共生产:(Ⅰ)生产效率、(Ⅱ)税收规则》,1971年。
② [美] 萨金特著,王小明等译,《宏观经济理论》,中国经济出版社1998年版。

的改革开放实践哲学大讨论与哲学思辨的思想解放；第二次是改革开放进入中期之后的全球博弈中，本土文化与国家主权话语回归的"文化失语症"反思与东方理念、亚洲理念、国家理念意识形态话语权重构的新理性、新人文建构的思辨发微与思想再解放。

今天，正值改革开放进入中后期的全球化复杂性经济博弈、大国崛起与文化创新、文化复兴阶段，应当由改革开放之初的哲学思辨，到改革开放中期的文化重构，深入到经济学市场话语权重构的理论建构中，展开经济学与反思经济学、反思经济学与自主经济学、自主经济学与文化经济学、世界经济学与中国经济学更为深入的理论反思与学术理论体系思辨的探讨，展开相关的国家意识形态与国家创新体系的研究；才能够真正做好大国崛起的理论准备与知识准备、思想准备与舆论准备，形成巨人崛起的科学理念与文化理念、实践基础与创新基础。

# 第八章

# 文化创新的知识城市建设的模型研究

## 第一节 文化自觉与"全面文化"的城市化创新体系与模型研究

21世纪全球化以来的另一件大事是文化立国、文化强国、文化复兴、文化创新的"全面文化"城市化、知识化发展与"全面文化"的知识文明国家创新体系建设,本课题组于2007年底在全国第一个做出大都市区域化文化复兴与城市复兴的广东文化大省建设规划,第一个在全国将文化产业作为大都市区域化国民经济支柱产业的文化复兴与都市创新规划,同期参与了北京大学文化产业研究院关于文化立国、文化强国、文化兴国的研究课题,合作了其所承担的"中国文化产业发展战略研究"的国家社科基金重大项目课题,从而在广东文化产业规划、青岛保税港区规划、福州海西新区文化产业规划、苏州文化新区规划等案例与"基于'文化创意理念'的中国当代城市建设研究"等一系列子课题中,提出"全面文化"的知识化、城市化世界知识城市建设与知识文明创新体系建设的理论观点与思想体系、创新原理与文化模型、自主经济与自主模型、创新模型与创新体系;并在后殖民经济三大定律国际分工原理与现代经济学市场经济、物质经济原理、理论体系的反思、批判的反思经济学研究基础上,在文化经济、非物质经济、知识经济、后物质经济创新原理与理论体系、模型建构基础上,提出对于欧洲文艺复兴以来后殖民文化全面反思、批判的反思文化学自主创新理论与文化自觉、文化自主、文化复兴的文化创新理论体系与模型,包括从欧洲影响学、渊源学、媒介学的欧洲现代文化中心论后殖民文化传播学理论体系,到文化平行研究、发展研究、自主研究的文化自主论、文化发展论、文化创新论;从文明冲突论、轴心论的文化生态观,到文化和谐论、演化论的和谐文化观;从文化单极论到文化多元论的文化多元观、文化复兴观,形成城市化、全球化的文化复兴、文化创新理论体系与模型(见图8-1~图8-6)。

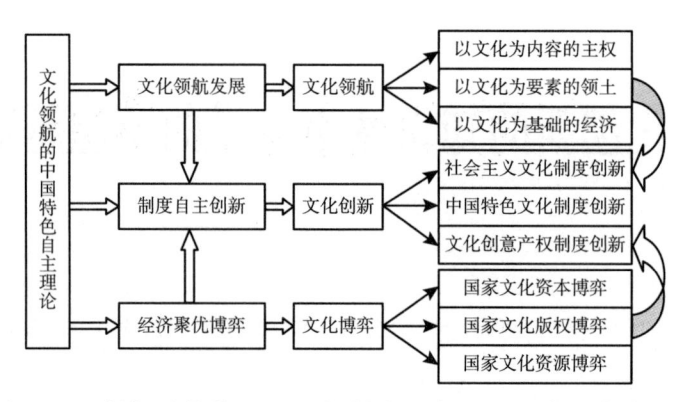

**图8-1 新拓展的基于"文化创意理念"的城市化自主模型**

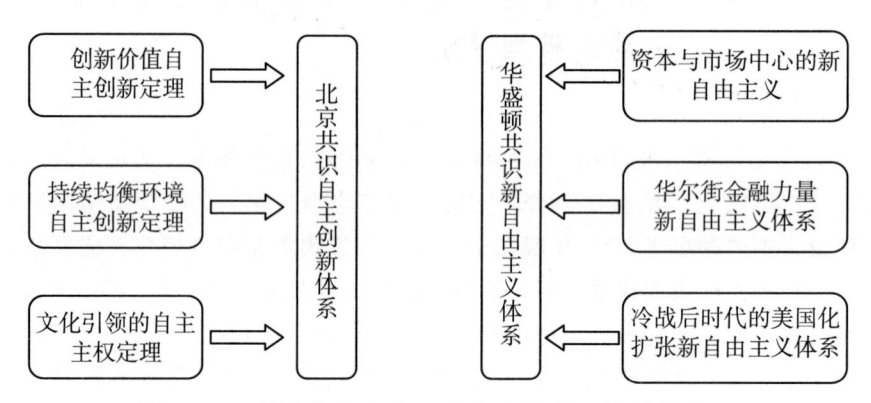

**图8-2 中国文化自主城市化文化学动力结构模型**

**图8-3 基于"文化创意理念"的城市化自主模型**

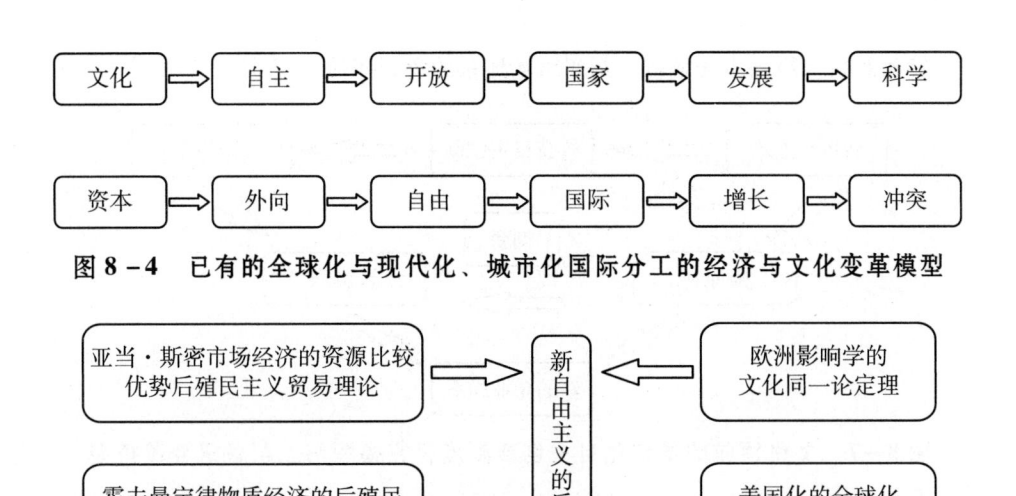

```
文化 ⇒ 自主 ⇒ 开放 ⇒ 国家 ⇒ 发展 ⇒ 科学

资本 ⇒ 外向 ⇒ 自由 ⇒ 国际 ⇒ 增长 ⇒ 冲突
```

图 8-4　已有的全球化与现代化、城市化国际分工的经济与文化变革模型

图 8-5　从文化反思到自主创新的城市化自主模式

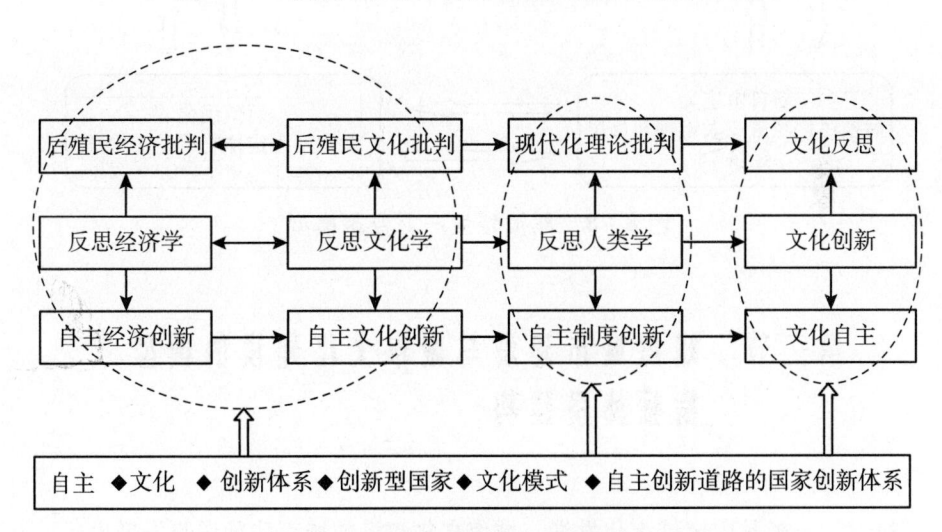

图 8-6　基于"文化创意理念"的城市化非物质主权
模型与上层建筑变革模型

由城市化、区域化、全球化后殖民经济文化重化物质经济国际分工定位的转型、创新，在基于"文化创意理念"的中国当代城市建设与中国新城新区建设的城市转型、创新、发展中，走向创意经济与文化产业、知识经济与产业转型的

产业转型升级与新兴市场领域、新兴市场体系的创新拓展（见图 8-7 和图 8-8）。

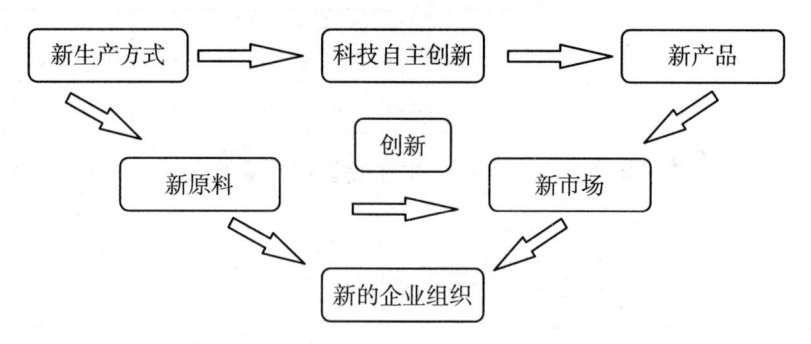

图 8-7　文化领航的城市化自主创新测度研究模型与上层建筑变革模型

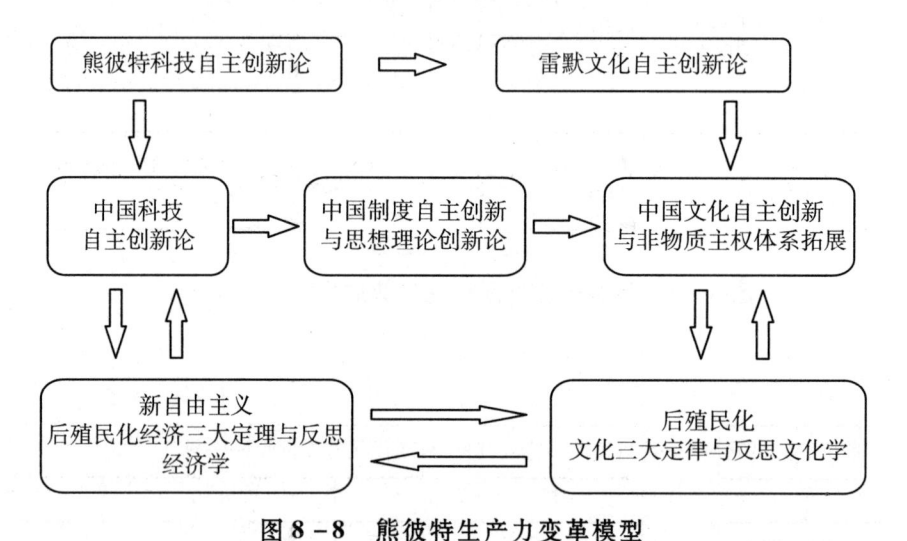

图 8-8　熊彼特生产力变革模型

## 第二节　知识城市建设与城市文化建设的模型、指标体系建构

第三件大事是中国城市化发展与城市文化建设的城市病问题与发展模式、发展难题的文化之解。由于改革开放 30 年工业化、城市化的持续增长与以经济增长为目标的城市化、现代化发展体系负重过深，形成了环境污染、交通拥堵、生态危机、亚健康心理危机、犯罪率上升、老龄化负重、社会道德误区、离异与家庭的弱化、人力资源误区、资源发展瓶颈、医疗卫生与教育发展配套瓶颈、贫富差距拉大、失业率上升、教育改革与社会保障建设不到位、户籍制度改革滞后、

资源分配的不公正、房价与空房率上升、城市空心化与同质化等一系列"城市病问题",都与城市化的文化建设、文化重构、文化复兴、文化创新及基于"文化创意理念"的城市科学发展相关,都要有城市难题文化之解的知识文明、知识城市创新体系建设与科学发展的中国城市文化理想范式及相关指标体系建设。对此,本课题在新中国 60 年城市发展各历史阶段文化模式分析基础上,在中国城市文化的文化学思辨与城市化文化建设理念的历史反思基础上,在中国城市发展的国际比较研究基础上,在对发达国家城市化道路经验及教训总结的基础上,提出基于"文化创意理念"的当代中国城市建设的发展模式、生态模式、创新模式与文化模式;提出世界城市建设中知识化、区域化、全球化、生态化可资借鉴的大都市区域化发展模式的对策;提出文化复兴、文化自觉、文化重构、文化创新基于"文化创意理念"的当代中国城市建设的创新体系、模型与借鉴外来文化影响的知识文明创新模式;提出基于"文化创意理念"的当代中国城市建设的理想范式模型与信息典型化的拟量指标体系(见表 8-1~表 8-3)。

表 8-1 城市文化理想范式优化率的信息典型化测绘系统

| 优化率范式分项 | 信息典型化（%） | 信息典型化测绘系统 | 信息典型化测绘系统的评估指标体系 |
| --- | --- | --- | --- |
| 资源配置优化率 | 20 | ≤50 分 | 失败 |
| | | 50~60 分 | 合格 |
| | | 60~80 分 | 成功 |
| | | ≥80 分 | 优异 |
| 文化创新代际资本递增率 | 20 | ≤40 分 | 失败 |
| | | 40~50 分 | 合格 |
| | | 50~60 分 | 成功 |
| | | ≥60 分 | 优异 |
| 内容再生产效益率 | 20 | ≤60 分 | 失败 |
| | | 60~70 分 | 合格 |
| | | 70~80 分 | 成功 |
| | | ≥80 分 | 优异 |
| 知识财富主权的全要素生产率 | 20 | ≤60 分 | 失败 |
| | | 60~70 分 | 合格 |
| | | 70~80 分 | 成功 |
| | | ≥80 分 | 优异 |

续表

| 优化率范式分项 | 信息典型化（%） | 信息典型化测绘系统 | 信息典型化测绘系统的评估指标体系 |
|---|---|---|---|
| 文化领土自组织创新效益率 | 20 | ≤50 分 | 失败 |
| | | 50~60 分 | 合格 |
| | | 60~80 分 | 成功 |
| | | ≥80 分 | 优异 |
| 非稀缺经济的低能耗生产率 | 20 | ≤60 分 | 失败 |
| | | 60~70 分 | 合格 |
| | | 70~80 分 | 成功 |
| | | ≥80 分 | 优异 |

表 8-2　城市文化理想空间指标范式信息典型化测绘指数

| 指标分类 | 理想空间指标 | 现代化标准值与信息典型化参考值 |
|---|---|---|
| 生态呼吸指数 | 呼氧率 98% 以上 | — |
| 生态绿化指数 | 绿化面积 50% 以上，人均拥有公共绿地 50 平方米以上 | 标准值，人均拥有公共绿地 10 平方米；参考值，北京平均绿地 50 平方米/人，绿化率为 45% |
| 交通指数 | 路长 15KM/人以上 | 路长 10KM/人 |
| 人居指数 | 50 平方米/人以上 | 18 平方米/人 |
| 医疗指数 | 60 名医生/万人以上 | 40 名医生/万人 |
| 教育指数 | 教育费用支出占 GDP 8% 以上 | 教育费用支出占 GDP 5% |
| 博物馆指数 | 1 个/万人 | 0.5 个/万人 |
| 文化娱乐指数 | （电影院、剧院等）1 个/万人 | 0.5 个/万人 |
| 旅游设施指数 | （酒店等）1.5 个/万人 | — |
| 商业设施指数 | 商业面积 3 平方米/人 | 上海 2.61 平方米/人、北京 2 平方米/人 |
| | 五星级酒店数量 3 个/百万人 | 北京 3 个/百万人、上海 1.8 个/百万人、深圳 3 个/百万人 |
| 体育设施指数 | 20 平方米/人 | （单位平方米/人）北京 2.2、上海 1.71、广东 1.91（2003 年数据）；汉城 11.35（2000 年）、洛杉矶 18.39（2001 年）、悉尼 28.35（2000 年）、亚特兰大 22.21（2002 年） |

续表

| 指标分类 | 理想空间指标 | 现代化标准值与信息典型化参考值 |
|---|---|---|
| 公园与公共设施服务 | 人均公园绿地面积20平方米 | 上海136个公园，面积0.64平方米/人；深圳824个公园，面积16.3平方米/人；北京339个公园，面积15平方米/人 |
| 金融服务指数 | 金融业占GPD比重为11%，金融业3年平均增长率为18% | 金融业占GDP比重，北京为15.5%，上海为12%，深圳为13%；金融业3年平均增长率，北京为11.87%，上海为23.97%，深圳为28.63% |
| 物流指数 | PMI 52%以上 | PMI（采购经理人指数）50%为经济增衰的界限 |
| 文化产业园人均指标 | 5个/百万人，文化产业占GDP 16% | 信息典型化拟测参考值，北京共69个，3个/百万人，文化产业占GDP 12%；上海108个，4.6个/百万人，文化产业占GDP 12%；天津31个，2.4个/百万人，文化产业占GDP 5%。文化产业占GDP标准值5%，美、日、韩等国际文化产业占GDP标准值20%~25% |

**表8-3　城市文化理想范式的社会关系指标信息典型化拟量评价体系**

| 指标分类 | 指标量化单位 | 社会关系指数 | 现代化标准值与信息典型化参考值 |
|---|---|---|---|
| 就业指数 | 失业率 | 3%以下 | 2010年数据北京为1.4%，上海为4.4%，广东为2.5%，天津为3.6% |
| 政府社会关系指数 | | | |
| 官民社会关系指数 | 公务员/居民比例 | 1:300 | 北京1:137，深圳1:65，全国1:198，美国1:94；中国西汉1:7945，唐朝1:3927，元朝1:2613，明朝1:2299，清朝1:911，1987年1:87，1998年1:40 |

续表

| 指标分类 | 指标量化单位 | 社会关系指数 | 现代化标准值与信息典型化参考值 |
|---|---|---|---|
| 社会群体指标 | 艺术家/人 | | |
| | 企业家/人 | 3名/万人 | 北京70万家企业，按10%中等以上企业为7万家，其中10%大企业为7 000家，企业家数量3.5名/万人；上海40万家，同比大企业4 000家，企业家数量1.7名/万人 |
| | 医生/人 | 60名医生/万人以上 | 40名医生/万人 |
| | 农民/人 | 20%以下 | 发达国家城市化率标准值80% |
| | 媒体人/人 | 1.5名/百人 | 北京朝阳传媒走廊（40平方公里）有167家知名传媒机构，共1万家媒体行业相关从业公司，总计北京约有200多个知名传媒机构，1.5万家媒体行业相关从业公司。平均每个知名传媒机构约为100人，约为2万人。平均每个媒体行业相关从业公司15人，约为22.5万人。总计约为25万人，参考值为1.3名/百人 |
| | 教育工作者/人 | 1.6名/百人 | 北京约有100所高校，150所中学，150所小学，150所幼儿园，按每所高校平均1 000名教职工，每所中小学300名教职工，每所幼儿园50名教职工算，总约为20万人，平均教育工作者1名/百人 |
| 知识群体指数（12%） | 医疗/人 | 60名医生/万人以上 | 40名医生/万人 |
| | 设计/人 | 1.5名/百人 | 参考值为比照媒介人 |
| | 媒介/人 | 1.5名/百人 | 北京朝阳传媒走廊（40平方公里）有167家知名传媒机构，共1万家媒体行业相关从业公司，总计北京约有200多个知名传媒机构，1.5万家媒体行业相关从业公司。平均每个知名传媒机构约为100人，约为2万人。平均每个媒体行业相关从业公司15人，约为22.5万人。总计约为25万人，参考值为1.3名/百人 |

续表

| 指标分类 | 指标量化单位 | 社会关系指数 | 现代化标准值与信息典型化参考值 |
|---|---|---|---|
| 知识群体指数（12%） | 娱乐/人 | 1.5 名/百人 | 参考值为比照媒介人 |
| | 艺术/人 | 1.5 名/百人 | 参考值为比照媒介人 |
| | 金融/人 | 金融业占 GPD 比重为 11%，金融业 3 年平均增长率为 18% | 金融业占 GDP 比重，北京为 15.5%，上海为 12%，深圳为 13%；金融业 3 年平均增长率，北京为 11.87%，上海为 23.97%，深圳为 28.63% |
| | 信息/人 | 3 名/百人 | 参考值：北京 2011 年 IT 从业者为 41.6 万人，平均 2.1 名/百人，未来 5 年将增加到 70 万人，即平均 3.5 人/百人 |
| | 管理/人 | 200 名/万人 | 北京公务员为 14.3 万人，企业家 3 名/万人，企业高管约为企业家的 10 倍，合计 6.6 万人，加事业单位及其他行业管理人员约为 10 万人，总计 31 万人，平均 157 人/万人 |

# 第九章

# 基于"文化创意理念"的中国当代城市建设的文化类型研究

## 第一节 文化创意城市建设的文化类型研究

中国在近10年来的新城新区建设中,正在兴起一个文化复兴与都市再造的文化创意城市建设主潮,较为成功与典型的有北京的世界文化创意城市建设(文化+科技的创新模式),深圳的世界创意(设计)城市建设(文化+金融的创新模式),成都的中国田园(耕读)知识(版权)城市建设(生态+版权的创新模式),青岛世界自由贸易港(保税港区)知识(知识生态城)城市建设(文化+服务的创新模式),苏州中国创意(工艺)城市建设(文化+艺术的创新模式),哈尔滨冰城夏都的国际文化旅游城市建设(文化+旅游的创新模式),福州海西新区生态文化旅游城市建设(文化+生态的创新模式),西安国际文化城市建设(文化+旅游的创新模式),形成中国以知识文明为主导、以世界文明为传播范围、以历史文明为文化资源动员与美学建设基础、以非物质文明为转型创新基础、以生态文明为环境建设基础、以自主文明为创新基础、以管理文明为科学发展基础、以制度文明为跨资本主义兼容创新机制、以幸福文明为理想范式的新城新区建设文化类型与国家创新体系,形成基于"文化创意理念"的中国当代城市建设跨学科研究基础与分类标准的拟量指标体系及相关评估标准的分类研究基础(见表9-1)。

表9-1 中国文化创意城市建设的创新模式与文化类型及相关分类研究指标体系

| 文化类型与创新模式 | 文明类型 | 创新体系 | 典型城市与案例 | 文化创意产业指标体系（%） | 文化创意城市的概念体系定位 | 现代服务业非物质经济指标体系①（%） | 文化创意城市的知识文明标准与标值② |
|---|---|---|---|---|---|---|---|
| 文化+科技 | 自主文明 | 资源自主建构型 | 北京 | 12.1 | 世界文化创意城市 | 75 | A类 |
| 文化+金融 | 知识文明 | 知识文明主导型 | 深圳 | 8 | 世界创意（设计）城市 | 52.4 | A类 |
| 文化+版权 | 幸福文明 | 理想范式型 | 成都 | 4.8 | 中国田园（耕读）知识（版权）城市 | 50.2 | B类 |
| 文化+服务 | 制度文明 | 兼容创新型 | 青岛 | 7.7 | 世界自由贸易港（保税港区）知识（知识生态城）城市 | 46.4 | C类 |
| 文化+艺术 | 非物质文明 | 转型创新型 | 苏州 | 5 | 中国创意（工艺）城市 | 41.4 | C类 |
| 文化+旅游 | 管理文明 | 科学管理型 | 哈尔滨 | 4 | 现代历史文化名城 | 51 | B类 |
| 文化+旅游 | 历史文明 | 资源美学建构型 | 西安 | 6.47 | 国际旅游文化名城 | 52.2 | B类 |
| 文化+生态 | 生态文明 | 环境友好型 | 福州 | 6.2 | 生态文化旅游城市 | 46.3 | C类 |

注：①本书以第三产业产值占GDP比重作为该项指标数据。
②现代服务业非物质经济比重超过50%，文化产业占GDP比重超过8%，为A类文化创意城市；现代服务业非物质经济比重超过40%，文化产业占GDP比重超过4%，为B类文化创意城市；现代服务业非物质经济比重超过4%，文化产业占GDP比重超过4%，为C类文化创意城市。

表9-2　　　　　　　城市病与城市文化之解的内容分析

| 城市病现象 | 单项权重比（%） | 文化之解 | 解项权重比（%） | 文化创意城市标准与标值① |
|---|---|---|---|---|
| 网络与科技心理病 | 5 | 创意文化之解项 | 5 | |
| 贫困与贫富差距 | 5 | 制度文化之解项 | 5 | |
| 失业与失业率 | 5 | 产业文化之解项 | 5 | |
| 离异与家庭弱化 | 5 | 社会文化之解项 | 5 | |
| 犯罪与犯罪率 | 5 | 法制文化之解项 | 5 | |
| 交通肇事犯罪 | 5 | 交通文化之解项 | 5 | |
| 亚健康心理病 | 5 | 健康文化之解项 | 5 | |
| 户籍与身份正义问题 | 5 | 制度文化之解项 | 5 | |
| 资源分配问题 | 5 | 制度文化之解项 | 5 | |
| 房价与空房率 | 5 | 管理文化之解项 | 5 | |
| 污染与环境问题 | 5 | 生态文化之解项 | 5 | |
| 文化心理病 | 5 | 智力文化之解项 | 5 | |
| 老龄化社会发展问题 | 5 | 社会文化之解项 | 5 | |
| 医疗卫生配套建设问题 | 5 | 健康文化之解项 | 5 | |
| 人力资源发展问题 | 5 | 智力文化之解项 | 5 | |
| 社会道德发展问题 | 5 | 道德文化之解项 | 5 | |
| 教育发展问题 | 5 | 教育文化之解项 | 5 | |
| 同质化问题 | 5 | 艺术文化之解项 | 5 | |
| 空心化问题 | 5 | 人居文化之解项 | 5 | |
| 软环境建设等其他问题 | 5 | 软科学文化之解项 | 5 | |

注：①单项权重评分比与解项权重评分比成正比，则为文化创意城市与知识文明达标城市。

表9-3 基于"文化创意理念"的城市知识文明科学管理与跨学科研究的文化智库主体建设发展基础内容分析

| 跨学科知识文明的科学发展基础 | | 智库主体构成 | 知识经济与文化功能 |
|---|---|---|---|
| 文化科学 | | 高校、科研机构、企业、第三方机构组织、评估机构、规划机构、政府组织、统计机构、知识服务业、咨询机构、其他社会组织 | 产业研发与产业预见<br>管理研究与管理文明建设<br>科技创新<br>文化创意<br>现代服务业发展<br>法制文明建设<br>软环境建设<br>评估标准建设<br>规划智库与研发<br>创新预见<br>健康管理<br>生态文明建设<br>信息经济发展<br>以人为本的科学之解<br>城市病的文化之解<br>城市影响力与品牌传播<br>城市投资目的地建设<br>城市旅游目的地建设<br>文化教育发展<br>社会保障建设<br>社会正义建设<br>制度文明建设<br>自主文明建设<br>幸福指数与幸福文明建设 |
| 艺术科学 | | | |
| 管理科学 | | | |
| 生态科学 | | | |
| 信息科学 | 数字地球与互联网、数字城市 | | |
| | 智慧地球与物联网、智能城市 | | |
| | 文化地球与云联网、云城市 | | |
| 金融学 | | | |
| 经济学 | | | |
| 法学 | | | |
| 人文科学 | 哲学 | | |
| | 美学 | | |
| | 史学 | | |
| | 文学 | | |
| 自然科学 | 生命科学DNA技术 | | |
| | 新材料科学新媒体技术 | | |
| | 光学激光新媒体技术 | | |
| | 统计数学评估技术 | | |
| 认知科学 | 心理学 | | |
| | 人类学 | | |
| | 传播学 | | |
| | 社会学 | | |
| | 文化学 | | |
| | 其他交叉学科、边缘学科、软科学 | | |
| 鉴识科学 | 精算学 | | |
| | 鉴定、测绘 | | |
| | 评估 | | |
| 规划科学 | | | |

从中可以看出,文化创意城市,一是有文化资源与先赋资源的资源禀赋、资

源美学建设基础与客观条件,如北京、西安、洛阳、成都、南京等古都再造与文化创新;但仅有先赋资源与资源美学建设基础还不够,如同样的古都再造,北京在世界文化创意城市建设中,又占据了知识资源、智力资源、人力资源等后赋资源的主体性文化创意优势,因而发展为A类文化创意城市。深圳尽管没有先赋文化资源与资源美学建设的客观基础,但由于深圳也占据了知识资源、智力资源、人力资源等后赋资源的主体性文化创意优势,因而发展为A类文化创意城市。从中可以看出,知识资源、智力资源、人力资源的知识文明、知识经济创新基础在文化创意城市建设中的比较优势与重要作用。

二是现代服务业、知识服务业的发展与城市化、知识化配套发展建设的文化创意城市创新发展环境建设很重要,如北京、深圳的非物质经济发展基础,成都、哈尔滨、西安的非物质经济发展建设基础。

三是自主文明、知识文明、管理文明的文化自觉与文化创新,在文化创意城市建设中很重要,已成为基于"文化创意理念"的当代中国城市建设的科学发展基础与知识文明建构的创新基础。

## 第二节 文化创意城市概念的内涵与外延

文化创意城市,就是在文化资源动员与知识资源建构、先赋文化资源重构与后赋文化资源建构、文化产业发展与创意经济发展、知识服务业与现代服务业发展建设、物质经济与非物质经济发展融合中,形成的以文化符号重构、文化资源动员为城市环境、建筑建设内容与风格,以文化复兴的都市再造带动文化创新的城市发展,以文化产业、创意经济带动创意城市及现代服务业发展,从而促进城市转型与经济升级、产业升级的文化创新与都市创新、文化复兴与都市复兴,并以文化科学、自然科学、人文科学、认知科学、社会科学、信息科学、管理科学、生态科学、鉴识科学和规划科学等跨学科、跨领域的知识文明建构,形成不同文化类型、文明类型的城市知识文明创新体系与文化自觉的区域化、知识化、全球化、服务化、生态化、城市化、非物质化的自主创新体系、结构、功能、机制与城市文化的自组织发展模型、创新模式。

文化创意城市的建构,一是要有文化资源的要素与禀赋;二是要有城市转型的文化自觉与文化创新;三是要有智力、智能主体跨学科、跨领域发展的知识文明创新体系;四是要有现代服务业与非物质经济综合配套的自组织创新基础与发展基础。并不在于其区位优势是否是直辖市、省级城市、地级市等区域行政建制的主体组织层级或地位、规模，也不在于其是处于发达地区或欠发达地区的经济自组织层级、地位与规模，如成都、西安、昆明、沈阳、洛阳、腾冲、桂林、阳朔、拉萨、哈尔滨等内陆不同层面城市的文化创意城市建构与影响，与北京、深圳等Ａ类典型文化创意城市及青岛、福州、温州、苏州等沿海城市发达地区的文化创意城市建设一样，都具有不同文化类型、文明类型、文明主题的文化创意城市知识文明构型、自主文明类型、生态文明基础、管理文明模式、制度文明机制、幸福文明范式，具有一样巨大的文化产能与创意潜力，一样的文化生产力创新基础与创新体系、结构，以及各不相同的城市建筑文化风貌、生态环境、发展模式、创新模型。

可以说，在城市转型与文化复兴中，在文化自觉与文化创新中，所有的城市都有文化创意城市的建设基础、发展潜质，也都有文化创意城市建设的发展诉求与突破方向、发展机遇。但较为典型的文化创意城市，则是文化资源与文化创造伟力历史融合的创新产物与知识文明历史整合的文化演化。另外，越是文化欠发达的地方，文化资源贫困的地方，就越是更加需要文化创意城市的建设与城市病文化之解的知识文明提升。本书正是在这三个层面与文化类型的建构中，在从历史文明、生态文明、非物质文明的文化创意城市建设基础，到知识文明、自主文明、管理文明、制度文明的文化创意城市创新体系，再到幸福文明的文化创意城市理想归宿与人文家园，展开了逐层深入的基于"文化创意理念"的当代中国城市建设的文化创意城市创新体系、结构、主体、模型、模式的跨学科研究，形成文化创意城市研究的基础理论与学术体系，城市转型发展的知识文明创新体系与国家创新体系。

由此可见，从广义的文化创意城市建构来说，什么城市都适合走文化创意转型、重构之路；从狭义的文化创意城市建设来说，文化资源动员与城市转型发展的知识文明整合之都，最适合典型的文化创意城市建设与理想的文化创意城市范式建构。一是文化资源与文化复兴的建设基础；二是智力主体与文化自主的知识文明创新基础；三是文化自觉的城市转型战略诉求与优化资源要素与经济结构的规划建设目标。

简而言之，从文化是一切生产力优化发展的创新灵魂与要素来说，从文化是城市转型的创新引擎与创新工具来说，在大国崛起的文化复兴与新城新区建设高潮中，所有城市都有发展文化创意城市的战略诉求与创新需求；然而从文化创意城市建构的主客观条件来说，客观上需要有文化资源，主体上需要有知识建构，这就需要狭义的文化创意城市建构的发展条件与建设基础。而这一切在文化自觉与都市创新中，又都是可以凭借人类的创造伟力与文化的自组织活力来创造的，这就为广义的文化创意城市的发展建设留下了更加普适的道路与发展空间，为大国崛起的文化复兴与城市复兴留下了历史机遇与发展机遇,留下了知识文明的创新空间与机遇,包括那些文化条件匮乏的同时由于工业化的过渡发展而形成的资源枯竭型城市,如大庆、抚顺、阜新、鄂尔多斯、沈阳、鞍山、本溪、吉林、营口等。

另一个问题是,城市文化的核心是什么,城市精神是什么?例如,北京提出的爱国、创新、包容、厚德,这是从北京古典与世界的建筑语言、符号,到其开放的世界文明精神建设、传统的本土文化精神建设、自主的文化创新精神建设、民俗的道德文明建设融而为一的精神品质建设与文化历史精神建设,世界文化创意城市的时代精神建设,这也包括人文北京、绿色北京、科技北京自主文明、生态文明、知识文明融而为一的精神品质建设与文化历史精神建设,形成的世界/本土文化双向复合内涵创意之都的创造伟力与人文魅力。

## 第三节 文化创意城市建设的国际比较优势研究

文化创意城市的发展与建设,不是凭空产生的历史捏造,即使非物质经济的发展,也不能完全脱离物质经济的建设基础,否则将会使文化创意城市、文化创意经济、文化创意产业的发展脱离国民经济的建设基础、产业经济的创新基础。

现代城市的发展,不能囿于工业化主导的城市化的发展误区,但又不能离开工业经济的发展基础。"后工业社会就不需要工业了",这种观点是偏激或以偏概全矫枉过正的错误观点。在城市化与知识化、信息化的文化创意城市建设中,我国的信息化、文化产业的发展要走物质经济与非物质经济融合创新的建设发展之路。近年来,在文化产业与非物质经济的发展中,亦有城市文化与文化经济大跃进的浮躁趋势,忽略工农业的物质经济建设基础与发展基础,甚至毁弃工农业到处滥建一些空心化的文化旅游、文化产业园区项目。我国的农业、工业还是要发展,工业发展水平其实还很落后,尤其是工业化的创新。欧洲现代城市发展就是在创意经济、创意城市、创意产业与工业化、信息化、知识化的文化创意融合中,形成世界文化创意城市国际分工比较优势与城市化、知识化、服务化、贸易化的知识文明创新体系。城市全球博弈的发展,要有一个国际分工的比较优势与国际分工格局重组的创新基础,问题在于在新工业体系全球博弈的国际分工格局中,城市要在融合创新的国际分工格局中承担工业化哪一部分或环节。如承担作为工业化创新引擎与知识经济国际分工的创意设计部分,则仍然具有文化创意城市、文化创意产业与新工业城市、新工业体系的知识融合双重品格与知识文明建设的主体品格。在国际分工的微笑曲线的知识文明比较优势建构中，美国侧重知识产权、商标、专利等研发创新环节，却把工业制造业转移到菲律宾、中国、越南、拉丁美洲、巴西等。例如，苹果产业链的国际分工，在美国设计好，有了专利知识产权，生产交给了富士康代工。从世界产业分工来看，中国的许多城市承担这一国际分工格局的边际生产角色。但我们不能总是别人产业链上被动的体系，应该有自主的体系，这就是城市转型与产业升级的自主文明建设，就是基于"文化创意理念"的中国当代城市自主文明建设的国际分工格局重构，这一文化复兴与都市复兴的文化创意城市建设，创新潜能与经济潜能的发展空间都很大；例如北京、深圳的世界文化创意城市建设，都具有重组国际分工格局的创新基础与城市化、知识化、全球化博弈的创新体系与突破。

中国有 600 多个城市，固然每个城市有不同的类型，都有自己的特点。但如果在文化自觉的城市复兴与文化复兴概念性规划的创新体系上有文化自主与自主创新的定位与突破，文化创新的全球博弈与国际格局重组，就应能够使城市转型的生产力要素优化，能够让经济发展的边际效益递增，从而真正实现文化复兴与城市复兴的文化创意城市建设的国家创新体系新突破。

## 第四节　文化创意城市的发展模式与文化模型建构

文化创意城市与基于"文化创意理念"的中国当代城市建设发展模式，在文化复兴与都市复兴、文化创新与城市创新的文化大繁荣、大发展中，一是传统文化资源的动员、重构与创新、复兴；二是国际分工重组与全球经济文化博弈的城市转型与区域经济转型、产业转型的开放发展与转型升级，包括对工业化主导的城市化的传统工业的重构与新工业体系之都的再造，包括文化产业与文化产业园区发展的文化创意城市创新引擎建设与创新体系建构；三是文化创意城市的智库建设、智力支撑与知识文明创新体系建构，包括创意城市、创意经济、创意产业的定位布局与规划建设，文化旅游产业发展的定位布局与规划建设，养生养老新兴市场领域拓展的定位布局与规划建设，文化创意城市的定位布局与规划建设；四是城市病文化之解的文化科学管理与文化科学对策的创新型体系与创新型城市建构；五是现代服务业的综合配套与非物质经济的规模发展及自组织演化创新体系建构。总体上，已形成文化+科技、文化+金融、文化+旅游的文化创意城市创新体系（见表 9-4）。

**表 9 – 4  文化创意城市的类型与文化创新演化模型**

| | | | |
|---|---|---|---|
| 文化创意城市类型 | 资源文化层与都市文化资源丛结合 | 传统文化资源动员、重构与创新、复兴 | 文化创新演化模型 |
| | 创新文化层与都市文化发展丛结合 | 国际分工重组的城市转型与全球经济文化博弈方转型升级 | |
| | 智力文化层与都市文化知识丛结合 | 文化创意城市的智力支撑与城市布局及规划建设体系 | |
| | 管理文化层与都市文化科学丛结合 | 城市病文化之解的文化科学管理与文化科学对策的创新模型 | |
| | 服务文化层与都市文化服务丛结合 | 现代服务业的综合配套与非物质经济的自组织演化体系 | |

文化创意城市的发展模式分类与文化类型的创新模型建构，一是资源型的文化复兴与文化创新，包括复兴式、生态式、田园式、耕读式、自主式的文化复兴与古都再造，都市复兴与文化创新，如成都的田园城市与耕读文化重构，版权立市与田园城市文化创意之都创新模型的建构，杭州的休闲旅游文化之都重构与文化创意城市建构，洛阳的古都再造与中国文化创意城市建构，西安的国际文化城市建设与古都再造的文化创意城市建构，南京的古都再造与文化复兴，文化+旅游的文化创意产业发展与文化创意城市建构，大同的古都再造与文化复兴，文化旅游的文化创意产业发展与文化创意城市建构；二是智力型的创意城市与文化创新，包括自主式、创新式、服务式、开放式的文化创新与创意城市建设，重在文化服务业、创意服务业、艺术服务业、知识服务业与现代服务业的发展，包括与高新技术、会展旅游、文化贸易、金融服务的融合，如深圳的世界创意设计之都建设与文化创意城市建构；三是融合型的文化创意城市建设与发展，包括自主式、兼容式、复兴式、创新式的文化创意产业发展与文化创意城市建构，如北京的世界文化创意城市建设；四是创新型的文化创意城市建设与发展，包括转型式、重构式、开放式、新兴式的文化创新与文化创意城市的建构，如大庆、抚顺、阜新等老工业城市、资源枯竭型城市的转型创新与经济、产业的演化升级及优化发展中的文化创意城市建构与文化创意产业发展，青岛、福州、南宁、北海等城市依托保税港区的世界自由贸易港建设，依托海西新区的两岸多地一国两制跨区域国家新区新城建设，依托北部湾东盟贸易跨区域、跨文化、跨国经济文化合作区轴心体系建设，而形成的开放式、新兴式文化旅游、文化贸易、服务贸易、自由贸易、养生养老、文化产业新兴市场领域与文化创意领域的文化创意城市知识文明创新体系演化模型与发展模式（见表 9 – 5）。

表 9-5　　　　　文化创意城市的发展模式分类与文化类型模式

| 文化创意城市的发展模式分类 | 文化类型模式 | 典型文化创意城市案例 |
| --- | --- | --- |
| 资源型 | 复兴式、生态式、田园式、耕读式、自主式 | 成都的田园城市与耕读文化重构，版权立市与田园城市文化创意之都创新模型的建构；杭州的休闲旅游文化之都重构与文化创意城市建构；洛阳的古都再造与中国文化创意城市建构；西安的国际文化城市建设与古都再造的文化创意城市建构；南京的古都再造与文化复兴，文化+旅游的文化创意产业发展与文化创意城市建构；大同的古都再造与文化复兴，文化旅游的文化创意产业发展与文化创意城市建构 |
| 智力型 | 自主式、创新式、服务式、开放式 | 深圳的世界创意设计之都建设与文化创意城市建构 |
| 融合型 | 自主式、兼容式、复兴式、创新式 | 北京的世界文化创意城市建设 |
| 创新型 | 转型式、重构式、开放式、新兴式 | 大庆、抚顺、阜新等老工业城市、资源枯竭型城市的转型创新与经济、产业的演化升级及优化发展中的文化创意城市建构与文化创意产业发展 |

文化创意城市发展的文化类型与文化创新模型的自组织演化体系，从传统文化资源的动员、传统工业文明的重构，到传统产业的转型、传统经济的转型、传统工业化主导的城市化转型、都市再造的城市转型、文化复兴的城市文明转型，到文化重构、工业重构、文化复兴、都市复兴的自主文明、知识文明、幸福文明创新体系演化与文化创意城市建设的创新模型自组织演化体系建构。

# 第十章

# 从外向到内源的文化创新与都市再造

改革开放30多年,中国城市化走过了创新发展的宏伟历程与结构。城市化率已从20%达到60%以上,文化创意产业从无到有,从小到大,从弱到强,已达到2%~5%以上,知识经济贡献率已达到20%~40%以上,服务经济与三次产业占GPD比重已达到40%~60%以上,进出口贸易已从1978年的206.4亿美元达到2011年的36 421亿美元,GDP从1978年的2 683亿美元达到2011年的7.3万亿美元。当中国成为排在世界第一、二位的贸易大国时,中国的城市与城市化其实已成为全球生产网络与生产空间组织复杂巨系创新体系的创新引擎与具有国际核心竞争力的历史舞台。

## 第一节 大都市区域化创新模型与国家创新体系的建构

20世纪80年代初,在从计划经济向市场经济转型的过程中,在小康社会的发展建设中,中国曾一度受国际城市化、郊区化影响,仅从传统耕读社会、牧歌生活、田园城市的传统文化重构角度,来反思、借鉴西方城市化、现代化发展所遇到的工业化带来的环境污染、交通拥挤、生活成本高、压力大等各种困境、问题,以郊区化的生态重构与人居环境重构,来拓展生活环境,提升生活品质。从而提出小城镇与卫星城的城市化发展方向,如费孝通等所代表的反城市化、逆城市化学术文化思潮。

然而，西方在工业化福特式大规模生产组织与都市空间遭遇空心化解构之后，旋即进入世纪之交的信息化、知识化、服务化都市再造与大区域都市化的复杂巨系空间都市再造规模重构中，以构筑其全球博弈的区域竞争力与国家竞争力。

中国是一个人口众多，环境与资源压力极大的国度，不可能走分散式郊区化的反城市化之路。对内需要集约资源与物力以降低成本提升生产效率，对外需要培育大区域都市化的增长极形成规模发展的核心竞争力。

正基于此，20世纪90年代后，中国迅速展开了从珠三角、长三角、环渤海到西部、东北、中部，从北部湾经济区、海西经济区、黄河三角洲经济区、山东半岛蓝色经济区、辽宁五点一线经济区，到沈阳经济区、长株潭经济区、郑汴洛经济区，从深圳、珠海、海南特区，到前海、横琴、南沙"特中特"小特区，从浦东新区、滨海新区，到两江新区、西咸新区、新加坡工业区，从开发区、保税区，到高新园区、文化产业园区的国家增长极大区域都市化创新体系，超越了西方郊区化、生态化的人居环境变革与简单的生活方式重构的城市变迁，超越了单一的福特式大工业体系的现代化发展误区，超越了开放发展之初国际城市建设的国际分工被动局面，超越了东方牧歌式千古耕读社会田园城市小城镇、卫星城建设的小生产、小康发展格局。走出自己大区域都市化全球生产空间网络体系建设、创新引擎建设、配套制度安排与政策保障的软环境建设规模与道路，走出具有国际核心竞争力的城市化自主创新道路与大区域都市化全球生产网络体系建设的自主模式，走出全球化安康社会建设的科学发展之路与自主创新之路。

## 第二节 桃花源模式的文化内涵与内源城市化创新模型的建构

中国自古有桃花源的生态理想与人文理想，诞生于中古魏晋时期的中国山水田园诗文，即是这一桃花源理想的文化诗学与艺术哲学的审美表达，魏晋之际人的自觉与觉醒、文艺的自觉与文化复兴、自然的发现与山水田园诗文的兴起，为盛唐时代的到来奠定了人文、文化与艺术的基础，奠定了宫廷社会、文官制度与王化、教化、汉化政教合一的意识形态理论与体系，奠定了庄园经济、园艺建筑、园林生态、王者领地、圣贤政教、儒释道融一的文化艺术精神、田园牧歌城市的东方古典城邦文明创新体系，在这后面就是中国、东方、人类一个全盛时代的盛唐之音，春江花月，小桥流水，前不见古人，后不见来者，孤独而深远，寂寥而辽阔，惆怅而冲动，自然、永恒、青春帝国，文化缔造，诗意空间，水墨环宇，天人之和，礼乐人文，青烟般的惆怅，星河样的瞩望。这一桃花源式的东方古典城邦文明创新体系，最终演化为城市文化诗学的楼阁亭台与水榭花都建筑符号形式与审美文化体系，形成苏州园林的古典城邦诗学符号建筑体系与相关园艺生态环境建设体系。在这一东方古典城邦文明的桃花源文明体系中，意象与意境，工艺与习艺艺术，水墨与山水，建筑符号与城市诗学话语，田园庄园与耕读生活，雕梁画栋与飞檐照壁，苏式红木家私与宫廷礼仪符号，苏绣纤维织锦与中华丝艺霓裳，微雕石玉古玩与精致优雅人生，昆曲评弹曲艺与诗乐礼乐人文，养生药艺与诗酒厨艺，从元素到系统，从自然到人文，从艺术到技术，从生产方式到生活方式，从思维方式到行为方式，从智慧形式到风俗时尚，从物质财富到非物质文化财富，都形成每一个中国人历经千载而永不泯灭的桃花源生活愿景与东方山水田园诗学文化精神；成为东方田园牧歌之都的文化想象与诗学体验；成为本土文化复兴的文明起源与艺术精神、想象形式、创造形态，虽历千载而弥新，真可谓越为古老而久远，就越为鲜明而真切。

"五四新文化"发生之后，曾有梁漱溟、费孝通、晏阳初、陶行知、蔡元培等现代文化巨人，提出本土文化城市化与现代化的重构、复兴与发展问题，来探讨城市文明的现代经济文化之根与教育、知识之本等问题。梁漱溟提出现代化与城市化发展的乡村文化建设与归宿的本土文化重构问题，晏阳初提出平民教育与科学文化的平民化发展问题，费孝通提出乡村经济模式的文化生态可持续发展问题，陶行知提出职业教育与科学文化的发展问题，王国维、蔡元培提出美育与智育发展关系的科学文化教育问题。

桃花源之梦，山水田园环境，园林园艺生态建筑与人居环境建设体系，本土文化之根，平民职业化的市民社会构成，田园牧歌与庄园经济的国民经济构成，美育与艺术的人文基础与创造底蕴，这样一幅东方牧歌诗乐升平的桃花源之都，又成为现代文化巨人对于中国文化复兴城市化方向的文化重构与文明重塑。后来这一人文理想与知识模式对于传统文化的重构，在学理上体现为新儒学的新理性、新人文重构与东方文化复兴思潮；在文学艺术上体现为京派作家田园牧歌式的文化守成与东方生活艺术图景的重构；在建筑美学与园艺诗学上，体现为对古典东方传统文化符号的重构，如中国苏州园林、岭南园艺、平遥古城、京派四合院；在文化生活上，体现为对于古玩字画艺术品收藏的财富价值重构；在艺术生活上，体现为对传统曲艺与服饰文化艺术的重构。

## 第三节 从外向到内源的文化创新与都市再造概述

问题是我们如何既能摆脱逆城市化、反现代化、反城市化的东方"十景病"的小农、小生产方式、小康生活的局限与资源、能耗过高的分离式狭隘空间结构,又能摆脱大工业环境污染、交通拥堵的城市化负面影响;既拥有桃花源古典主义理想知识模式,又拥有大都市区化优势集聚、资源能耗集约、知识文明集优的核心竞争力;这是世界与中国城市化、生态化、本土化、知识化、信息化、服务化、创意化发展的本土文化复兴与知识文明重构。亚洲崛起的创新模式就是儒家文化+资本主义,中国香港和中国澳门的一国两制与社会主义+市场经济的大都市区域化本土文化复兴与知识文明重构。

北京的世界/本土城市建设,就是在这样全球语境中的文化复兴与知识文明重构。紫禁城+中关村、颐和园+奥运村、万里长城+国贸CBD商都,万千气象,新宇乍开,皇家园林,国家森林,千古一都,一都千面,东方牧歌,世界创意,尽在其中;蕴藏着无限的创造发展生机与无穷的科学文化智慧底蕴。

杭州、成都、洛阳、大同、西安、开封的古都再造与文化创新,也可以看做是这一桃花源理想的知识文明重构,创意与创新,创造与创业,知识与智造,智能与产能,古典与未来,自然与人文,生态与家园,相融为一。中国终于走出一条既是本土的、自主的文化,又是世界的文明与国际经验的本土文化复兴与自主创新之路。借鉴西方而不迷失于他者,文化复兴而不囿拘于守成,自主创新而不自负自大,具有市场活力而优化资源要素,而又不迷失于一时一地一利之误区;一花一世界,一沙一天国,一智一主体,一城一风格。

从外向、开放国际型的沿海城市带的崛起,到内源、自主本土文化重构与知识文明再造的世界城市建设,从基于人居环境的郊区化生态家园重构,到基于文化创意的知识化世界文明重构,从珠三角到环渤海,中国城市化已形成本土化文化复兴与知识化世界文明重塑相融为一的国家创新体系,创新型城市建设与创新型国家发展道路,在文化科学发展观的知识文明重塑中,形成文化复兴与文化创新的知识文明驱动力,从而走出一条科学发展、和谐发展、跨越发展的城市化、现代化"北京共识"创造模式与创新发展之路。

# 第三编

基于"文化创意理念"的文化科学与城市规划理论研究

# 第十一章

# 文化创意的文化科学体系与当代中国文化创意城市规划体系研究

## 第一节 文化创意的城市创造力与城市转型的基础理论研究

文艺复兴以来国内外关于城市化与城市建设的论文及著述、学派与学理阐发很多,新世纪以来关于文化产业、创意经济的研究论文及著述、学派与学理阐发也很多;但能够将二者联系起来,形成有机内容的学术体系的著述与论文还很少。其中较有影响的,有芒福德的《城市文化》,但其对于"文化创意理念"的认知与研究较少。近年来,我国学者开始关注二者的内在联系与创意结构,主要的论文有中国人民大学金元浦教授的《大竞争时代的城市形象》[1],该文从城市形象的原创力、竞争力、注意力入手,阐发了城市文化的经济内涵与形象元素,但对于"文化创意理念"进入城市建设体系的内在关联深入不够,对于创意经济与创意城市内在关联的创新体系的阐发也不够深入与明晰。同济大学章仁彪教授的《城市文明、城市功能与城市精神》[2] 对于城市功能与城市精神、城市文明的内在联系进行了学术阐发与理论探讨,但对构成城市化文化建设内容的创意理念尚未展开深入、明晰的探讨。二者都注意了城市软实力建设的文化内容与功能

---

[1] 金元浦:《大竞争时代的城市形象》,《文化研究》,2006 年第 3 期。
[2] 章仁彪:《城市文明、城市功能与城市精神》,《文化研究》,2006 年第 3 期。

元素，但都未能深入系统地探讨"文化创意理念"对于城市建设体系形成的创造力与创新体系作用，或提出文化创意与城市建设内在关联的学术观点与理论体系。2003年台湾经济建设委员会在《全球化趋势下文化产业园区发展策略之研究》报告中，明确提出城市规划的"去工业化"理念与"设施产业"及"有创意"的文化产业城市化建设理念，然而由于局限于文化产业园区策略性规划，对于创意文化理念所展开的城市建设体系未能进行深入的探讨与系统的整理。在考察世界最富创意与文化含量的城市伦敦时，人们将文化与创造力相结合，给文化运营的创新体系做了如下三个能量升级的定义。

1. 伦敦创意城市议程涉及英语中两个最复杂的单词：文化和创造力。

2. 真正的创造力包括：再思考或从最基本的原理出发思考问题的能力，敢为人先的能力，修改规则的能力，想象未来方案的能力，以及或许是最为重要的，"在一个人所能胜任的边缘状态下而不是完全能胜任的状态下工作的能力。"

3. 典型创意城市构造的特点：

——不断明确的目的和抱负；

——不断鼓励富于想象力的个体和组织；

——思维开放，乐于冒险；

——坚持战略上的原则性和战术上的变化性；

——在制定计划时要坚决但不宿命论因此要保持预见性；

——乐于认识当地的文化渊源和当地的特色，并愿与之共同发展；

——确保领导阶级的广泛性；

——消除怪罪文化（blame culture）。

这比较接近"文化创意理念"的核心元素与原创力，但只是侧重于文化测绘的评估指数与城市文化的评价标准，尚未形成"文化创意理念"的城市建设理论与创新发展的学术体系及认知科学基础。

我们在《都市再造与产业创新》①、《城市文化与产业哲学》②、《都市创新与文化创新的城市化后经济体系》③、《文化产业新论》④、《城市革命：环境经济新战略》、《城市革命：都市产业新浪潮》⑤、《开放城市先导区系建设》、《重写大东北　重构沈大都市新体系》⑥、《深圳全球生产方式演进下的产业转型研究总报

---

① 皇甫晓涛：《都市再造与产业创新》，《文化产业战略与对策研究》，清华大学出版社2006年版。
② 皇甫晓涛：《城市文化与产业哲学》，《文艺报》，2007年1月18日。
③ 皇甫晓涛：《都市创新与文化创新的城市化后经济体系》，《文艺报》，2006年10月14日。
④ 皇甫晓涛：《文化产业新论》，湖南人民出版社2007年版。
⑤ 皇甫晓涛：《城市革命：环境经济新战略》、《城市革命：都市产业新浪潮》，中国物资出版社2004年版。
⑥ 皇甫晓涛：《重写大东北　重构沈大都市新体系》，《中国工业报》，2003年12月18日。

告》等著述与论文、报告中，明确提出基于"文化创意理念"的后经济与后建设都市创新体系，并在对十大经济原理反思经济学基础上，提出文化经济的后经济原理与创意经济、创意城市建设的学术体系，将创意文化理念的文化运营用于中国城市化发展的建设实践中，依据深圳、青岛、苏州、福州、沈阳大城市群、北京、广东、云南等国家文化产业案例的实践基础与创新基础，提出了从外向经济到创意经济、从物质经济到非物质经济、从工业经济到文化经济的后经济、后建设城市发展观与大都市区域化的都市文明观系统学术观点与理论体系，并在本课题的调研与学术研究中展开创意文化理念更为深入系统的城市创新体系的学术建设与理论阐发，形成基于创意文化理念的中国城市建设模型与发展模式、评价体系的数据库与案例体系。

## 第二节 城市文化竞争力评价指标体系与城市文化创意规划建设体系研究

在全球城市竞争力报告中，明确地显示出文化创新力是制约中国城市竞争力的主要因素。在12个主要的评价指标与指标体系中，有近10个指标涉及城市的文化与创新、环境与服务的文化产业生产要素与知识资源要素，说明对城市竞争力的评价已由物质基础设施规模与物质产业规模的评价转向后建设与后经济的综合创新与文化运营中，形成国家创新体系的城市化生产要素与知识要素指标体系。由此可以看出，城市已成为建设创新型国家的主要力量与知识文明主体，而文化产业的城市创新力与城市化运营体系，也决定着国家国际竞争力和综合国力的提升，成为创意经济转换的关键所在，也是后建设、后经济的都市创新必由之路。

"文化创意理念"的城市建设，目前的实践发展与理论研究并重，已形成"创意工业"（creative industry）、"创意经济"（creative economy）、"创意城市"（creative city）的研究和探索热潮。1998年联合国教科文组织（UNESCO）在其《文化政策促进发展行动计划》中就曾断言："文化的繁荣是发展的最高目标"。英国从20世纪90年代末创意工业与创意城市的文化创新探索，如伦敦的文化战略，强调文化多样性的世界都市（world city），曼彻斯特的文化战略，创意之都（creative city），都在由工业化到"去工业化"的经济转型与文化创新中形成了"都市再造"与"产业重构"的创意城市提升。西班牙巴塞罗那的文化战略，则提出"文化—知识城市（knowledge city）的发动机"的创意规划。新加坡的文化战略，提出"亚洲文艺复兴城市"（renaissance city）。香港的文化战略，提出"香港无限"的创意规划体系。北京的文化战略，提出振兴国家文化创意产业的世界创意城市建设规划体系。上海的文化战略，提出"世界都会"的多样性文化发展体系。广州的文化战略，提出文化经济的创意规划体系。深圳的文化战略，提出创意深圳的设计、会展文化产业升级的2020规划体系。杭州的文化战略，提出休闲之都的创意文化规划体系。成都的文化战略，提出"生活品质之都"的城市创意规划体系。沈阳的文化战略，也在由世博会与世遗会从重工业城市转向文化创意建设之都。大连的文化战略，则由环境经济、知识经济、会展经济、旅游经济的文化创意体系，推出"中国浪漫之都"的城市文化品牌。

这一高级城市化的创意化文化发展战略与文化创意经济规划建设，已形成基于"文化创意理念"的城市后经济、后建设体系。我们应该从后经济基础理论与后建设规划体系入手，研究城市后文明结构的文化内涵与文明元素，提出相关的发展战略与对策，完成相应的理论阐发与都市创新、文化创新体系，形成中国城市建设与城市化发展文化复兴与文化繁荣目标体系及相应的国家创新体系，完成相应的学理建设与学术研究体系。

# 第十二章

# "文化创意理念"的认知科学基础理论与国家创新体系转型研究*

## 第一节 文化生产力的认知科学基础研究

19世纪,美国继英国资本主义大工业积累时期以自然科学为基础的工业革命及欧洲以人文科学为基础的文艺复兴之后,在资本主义大商业扩张中,进行了以社会科学为基础的产业革命;20世纪,美国又在此基础上在资本主义大文化扩张体系中进行了以认知科学为基础的信息革命,形成世界非物质化的财富中心大转移与全球化的轴心经济文化帝国。人类的知识与科学、思想与理论、文化与技术、艺术与传播、资源与产业由此从文史哲修辞工具的人文科学、数理化数理工具的自然科学、经管法生产工具的社会科学,发展为产学研创新工具的认知科学体系。诚如,管理学的鼻祖祖皮特·德鲁克在《21世纪的管理挑战》中所说:"一切机构,都应该把提高全球竞争力定为战略目标。如企业、学校、医院等任何组织机构,如果跟不上其领域中的领先者所制定的标准,那么在世界任何地方不用说成功,就是连生存也不要指望。"所谓标准,就是学科、符号、媒介、信息、技术、资源、资本、创新、产业、文化、管理、传播、产权、生态、博弈、体制、制度、政策、区域、城市、国家、全球、企业、品牌、内容、服务、生

---

* 本章刊于《北大文化产业评论》(上卷),金城出版社2010年版。

产、娱乐的认知体系与创新机器，它们共同构成了后经济体系的信息革命认知标准与知识元素，形成创意产业、创意城市、创意经济链的产业革命发动机。学科标准是产业的专业基础与信息内容研发的认知体系，符号标准是产业的文化资本与交易规则的认知体系，媒介标准是产业的传播生产力与扩张的认知体系，信息标准是产业的技术规则体系与数字化工程的认知系统，技术标准是产业的知识元素与创新要素的认知体系，资源标准是产业的配置方式与生产方式创新的认知体系，资本标准是产业的增长方式与规模的认知体系，创新标准是产业的代际扩张体系与常规的认知形态，产业标准是产业的运营体系与生产指数认知系统，文化标准是产业的制造内容与市场目标认知体系，管理标准是产业的组织执行体系与生产机制认知体系，传播标准是产业的市场互动机制与生产认知体系，产权标准是产业的法权体系与制度基础认知体系，生态标准是产业的安全体系与绿色通道认知体系，博弈标准是产业的对称结构与游戏规则认知体系，体制标准是产业的主体机制与市场功能认知体系，制度标准是产业的支配规则与组织形态的认知体系，政策标准是产业的方向调整机制与发展优势基础的认知体系，区域标准是产业的市场领域与资源配置基础的认知体系，城市标准是产业的成长空间与运营平台及载体的认知体系，国家标准是产业的博弈基础与法权的认知体系，全球标准是产业的领航方向与规则基础的认知体系，企业标准是产业的生产主体与经营实体的认知体系，品牌标准是产业的商业机制与市场认知体系，内容标准是产业的研发体系与创意基础认知体系，服务标准是产业的商业模式与生产方式的认知体系，生产标准是产业的产品质量与知识元素的认知体系，娱乐标准是产业的体验经济基础与文化服务认知体系。它们都以产业为核心形成创新机器的标准化认知体系，才会有全球化领航的生存策略与发展空间。因而联合国在四大核心技术的计划组中，非科技的核心知识计划组，只有认知科学一个领域，可见其对于人文科学、自然科学、社会科学的集成作用与对于科学文化、技术文化、工程文化、产业文化的认知体系、创新体系知识整合作用。

  我们已分明感觉到，学科、资本、产业、经济、文化、创新、博弈、产权、传播、城市、区域、资源、生态、体制、国防，这些概念的内涵在发生深刻的认知科学变化的同时，它的外延也在发生跨学科、跨领域、跨行业的延伸，它在形成认知科学基础理论的基本范畴的同时，也在变得越来越显著地成为时代发展的前沿具体问题的载体，从而形成认知科学融会自然科学、人文科学、社会科学的知识要素与科学基础，形成国家创新体系的知识要素与科学基础，形成认知科学发明体系的后经济理论系统，也就是学科理论、资本理论、经济理论、产业理论、创新理论、文化理论、博弈理论、法权理论、传播理论、城市理论、区域理论、资源理论、生态理论、体制理论、国防理论以及形象理论、符号理论、媒介理论、非物质理论、非均衡理论、非稀缺理论的认知科学基础理论体系及后经济学基本范畴的国家创新体系的基本问题，这里每一个社会发展前沿的重大基本问题，也都是产学研认知科学发展的基本范畴与基础理论问题，同时又形成了后经济的国家创新体系与科学基础。每一个理论问题，又都是一个产业发展问题，是一个从自然科学、人文科学、社会科学方法论的现代经济学体系演化为认知科学后经济学体系的基本范畴与基础理论问题，如产学研的产业科学与产学研经济体系，产业资本的后资本经济体系，产业化的产业经济体系，产业经济的后经济体系，产业文化的文化经济体系，产业创新的创意经济体系，产业博弈的博弈经济体系，产业法权的产权经济体系，产业传播的传播经济体系，都市产业化的都市经济体系，区域产业化的区域经济体系，产业资源的资源经济体系，产业生态的生态经济体系，产业体制的新制度经济体系，产业装备的国防经济体系，产业形象的形象经济体系，产业符号的符号经济体系，产业媒介的媒介经济体系，非物质化的非物质经济体系，非均衡化的非均衡经济体系，非稀缺化的非稀缺经济体系，这是以产业为核心的当代认知科学为人类文明带来的新的发明体系，也是信息革命前沿重大基本问题与后经济基本范畴及认知科学基础理论相对称的国家创新体系的知识要素与元素，是推动当代经济发展与社会发展的 21 项认知科学新发明，它将成为我国伟大的民族复兴与全球化开局的国家创新体系在形成的认知科学基础、文化理论基础、经济变革基础与规划科学基础。

## 第二节　文化经济的知识变革模型研究

作为生产工具的西方现代经济学社会科学体系，曾有生产选择原理、市场竞争原理、商品供需原理、劳动价值原理、边际成本原理等十大经济原理构成的数理应用与生产模型方法论构成的理论体系，而作为创新工具的后经济学认知科学体系，则是在产学研学科理论、资本理论、经济理论、产业理论、创新理论、文化理论、博弈理论、法权理论、传播理论、城市理论、区域理论、资源理论、生态理论、体制理论、国防理论以及形象理论、符号理论、媒介理论、非物质理论、非均衡理论、非稀缺理论的 21 项发明体系中形成了自己的数据基础与技术模型的科学基础与科学范畴、逻辑语汇与文化资本基础理论。产学研的认知科学理论基础是专业研究及研发的学科建设、学科规划与研发理论的学术建设体系，如学习型创意内容与学习型组织创新，学习型政府与学习型企业建设，学习型城市与学习型园区发展等；资本理论从亚当·斯密市场资本"看不见的手"、马克思商品资本"庞大的胃"、庞巴维克产业资本"第二个馒头"（边际资本递减规律）到布迪厄文化资本"可交易的身份"、林楠社会资本"动用过第二次的资源"，从工业资本、物质资本、商业资本、产业资本到知识资本、符号资本、媒介资本、信息资本、形象资本、制度资本、社会资本、消费资本、非物质资本、文化资本，是从社会科学数理应用生产模型的理论分析到认知科学创新工具数据基础与技术模型的阐发体系。产业理论从工业经济、产业经济到商业模式、知识产权、创意标准，也在从物质经济到非物质经济、从工业经济到创意经济、从商品经济到产权经济转化，如英国工业革命发明了电，美国的产业革命则发明了电力应用的各产业与商业模式，如五星级酒店辉煌社区的顶级服务产业，从印刷工业到刻录复制的文化制造业，再到内容生产的数字产业、媒介产业、影视产业的商业模式的转化也是如此，都完成了从经管法的数理应用生产模型的社会科学理论分析到产学研的认知科学数据库技术模型操作。产业的概念与发明及产业文化思维，甚至也都用到有关经济生活的各个领域与文化活动中，如大型节会的节庆产业、小型文化活动的婚仪产业，甚至小到一本书也可以成为一个有创意、内容、信息、符号、媒介、艺术、产权、产业链、制作技术产业要素与知识标准的产业，如《哈利波特》。又如 2006 年的超女尚雯婕，就是运用从商经验的产业思维跟踪超女跨区商业模式进行产业与文化的双重博弈而成功的，而不是小女生音乐才艺的竞赛。社会科学数理应用生产模型与生产工具的经济学体系，是如此让人生畏，没有数理基础与专业训练的人是没法接近它的，而经济学是应用得最为广泛的关于生产与物质生活实践的科学，同时它也在向关于生活方式与文化实践的认知领域延伸与转化，于是就形成了以数据技术模型为基础的后经济学体系及认知科学的创新工具，如文化经济、生态经济、媒介经济、信息经济、城市经济、产业经济、服务经济、知识经济、体验经济、创意经济、影视经济、符号经济、总部经济、制度经济、国防经济、传播经济、产权经济、资源经济、旅游经济、休闲经济、会展经济、体育经济、俱乐部经济、注意力经济、全球经济等。再没有比经济这个概念延伸得更为广泛，应用得更有创意与活力的词汇了。文化的概念也是如此，它已成为一个创新工具在建立自己认知领域的数据基础与技术模型，并从人文科学文史哲修辞工具的文本活动及其表达体系中走出来，通过文化学、社会学、人类学的理论创新与产学研的延伸，形成科学文化、技术文化、工程文化、产业文化的系统形态，从而具有了城市文化、生态文化、国防文化、制度文化、器物文化、资源文化、非物质文化、服饰文化、交通文化、传播文化、广告文化、数字文化、媒介文化、娱乐文化、休闲文化、影视文化、音乐文化、视觉文化、体育文化、田园文化、符号文化、校园文化、海洋文化、快餐文化、服务文化、礼仪文化、餐饮文化、健康文化、医药文化、创意文化、区域文化、戏曲文化、博弈文化等各种形态与载体,并将人文科学的史论基础与符号模型作为内容生产的文化资源,渗透到各种生产工具与创新工具的数据库及认知科学的技术模型中,形成文化博弈的创新基础与内容为王的创新优势。创新理论本是从社会科学生产模型的经济学开始的数理应用知识工具,后来在后经济学文化体系的拓展中,独立发展为认知科学创新工具数据库的技术模型及核心知识体系。创意经济、创意城市、创意产业及文化创新、创新机器、常规创新的认知科学体系与基础理论的基本范畴由此而生,科技创新、产业创新、都市创新、体制创新、知识创新、理论创新、艺术创新的数据库与技术模型,规划体系、评估体系、技术体系、操作体系、标准体系、测绘体系、管理体系也由此形成了创新理论数理应用的技术模型及基本范畴。博弈理论是后经济学数据基础与技术模型认知体系的核心理论,近年来,诺贝尔经济学获奖者几乎都使用了这一创新工具的技术模型与数据基础的认知体系,来寻找全球博弈的产业标准与对称结构,包括产学研对称的内容认知体系,资本与生产对称的产业认知体系,经济与后经济对称的创新认知体系,创意与技术对称的文化认知体系,物质与非物质对称的资源认知体系,知识与产权对称的版权认知体系,传播与生产对称的符号认知体系,城市与区域对称的发展认知体系,体制与机制对称的政策认知体系,信息与市场对称的博弈认知体系,管理与战略对称的优势认知体系等,都是以博弈理论、博弈数据、博弈模型、博弈规则、博弈技术、博弈信息、博弈文化、博弈资源,博弈作为游戏规则与寻找竞争优势的后经济原理,已渗透到后经济体系创新机器的各个方面,成为经济学与社会发展的一大发明体系。产权经济是后经济学的一个核心环节,知识产权已和国家主权、国际法权紧密地联为一体,形成创意经济与内容产业的大国成长之核与世界财富之魂。国家之核在于创新,创新之核在于文化,文化之核在于产权,文化资源大国能够成为文化财富大国的根源即在于文化版图与文化版权的双向扩张。产权像一个幽灵,已从物质资产与企业资产的财富权演变为非物质资产与文化财富的核心内容,从而使经济学的生产工具原理走向认知科学创新工具后经济体系的知识博弈。没有产权的资产是空心化的资产,没有产权扩张的产业是没有博弈能力的衰退产业,产权已从系列的工业产品、制造设备、生产资料变为大到与国家主权相连、与国际法权相连,小到与人的身体、形象、符号、创意相连的市场规则与文化法权。传播理论与传播经济学是认知科学的创新机器,从口传文化、印刷文化到数字文化,人类的传播行为及媒介也从思想、物质的附载物变为生产内容的认知体系,传播的生产性、信息性、版权性、创新性认知体系使其变为具有媒介资本、符号资本、形象资本、文化资本等非物质产业资本价值的经济主体、创新主体、生产主体与产业主体。传播也就随之成为一个重要的创新理论与认知科学概念进入到与文化生产力相关的各个领域,成为信息对称的内容、符号、媒介、形象等生产博弈机制与条件。城市与区域在城市创新与区域创新、城市资源与区域资源、城市文化与区域文化、城市科学与区域科学的认知科学发展中,已获得自身形象、符号、信息、文化、传播的数据模型与创新工具的认知体系,城市化、区域化、生态化已与知识化、信息化、数字化、服务化、非物质化一道成为现代化的符号模型与数据模型的认知体系,城市、区域组合为大到都市区域化的世界城市的都市再造,小到主题园区知识化发展的产业重构,已深入到人类生产方式与生活方式、思考方式与行为方式的各方面。美国城市规划大师芒福德曾说,20世纪人类有两大发明,一个是飞机,使人类拥有了第三维的空间,从而能够从大地飞到天上,另一个是花园城市,使人类能够在荒野社区化的城市化发展中,又回归到生态家园与人文家园,使飞上天的人们回到大地,能够又回归自己的心灵家园。这就是城市、区域发明体系的技术模型与创新模式的认知科学体系,在芒福德《城市文化》一书出现之前,人们注重的只是城市的经济、科技的物质结构与实在结构,《城市文化》的数据模型、技术模型与创新模式发展了城市科学与区域理论的认知结构与文化结构,城市、区域成为全球化的文明单元、文化单元、经济单元的认知体系与博弈空间,成为我们无所不在的向往、抉择与归宿,生产、信息与价值、梦想,符号、媒介与形象,具有了独立的经济主体、艺术主体、生态主体、政策主体品格,获得了新的生产能量与文化活力。资源与产业的关系及矛盾日渐凸显,已成为人类文明的发展难题与危机之源,资源经济的创新模式与技术模型、符号模型,更为关注的是后赋资源的内容生产与可持续发展活力,资源理论也就成为后经济学的核心认知体系,成为人类文明进展的又一大发明体系。资源与产业、资源与生态、资源与发展、资源与城市、资源与国家、资源与人、资源与资本、资源与文化、资源与全球化形成错综复杂的联系形式与创新模式,技术模型与符号模型,数据模型与生产模型,使人类的文明生生不息,前景无限。尤其是文化资源、人力资源、符号资源、生态资源、后赋资源、知识资源与文化产业、创意产业、知识产业、生态产业、符号产业、非物质产业相联系而产生的文化资本、创意资本、知识资本、绿色资本、符号资本、社会资本、人力资本、非物质资本后物质资本的创新机器与创新体系,形成新的资源配置方式、经济增长方式与产业创新模式,成为知识经济、文化经济、创意经济、生态经济、符号经济、信息经济后经济学认知体系的核心理论,导致了经济学新发明体系的认知科学创新理论的产生。生态资源、生态经济、生态理论、生态管理、生态安全已形成生态文明的认知体系与数据模型、技术模型、符号模型、生态模型的认知科学发明体系,形成创新模式与文化模式、产业模式的创新体系及标准体系,生态与文化回归成为人类自然、人文两大梦想的认知体系与文明系统,生态作为绿色认证标准与认知体系，对人类的生产活动与文化活动已形成一票否决的文明水准线及环保技术发明体系，为此生态理论曾经引起反思人类学、反思经济学、反思文化学、反思社会学的人文社会科学重构，从而促使生态文明认知体系在各个领域展开认知科学的知识创新与理论创新，生态认证体系与环保制度已成为全球文化标准、产业标准、安全标准、绿色标志进入国家制度的核心与世界财富的核心、人类文明的核心认知体系。体制理论是在重大的全球化转型期形成的后经济制度认知体系，经济体制改革、科技体制改革、产业体制改革、城市体制改革、人事体制改革、环保体制改革、金融体制改革、企业体制改革、世贸体制改革、政治体制改革，新体制的发明与制度经济学的延伸，中国改革开放 30 多年高速增长的实践与全球博弈的大国成长历程，充分证明了体制创新与政策生产力的重要性。企业体制、产业体制、国家体制、全球体制，在标准化的认知体系与市场模型中，已形成人类的新发明体系与改革开放的认知科学体系，促进着生产体制、管理体制、人才体制、文化体制、市场体制的完善与公正的认知科学体系的建立，形成新的生产力要素与社会文明要素。国防经济与国防文化以四个现代化进程为起点，在全球博弈的国家安全战略体系与新军事变革中，正在形成国防文化的认知体系与技术模型，如法律战、心理战、舆论战的认知科学作训、装备、规划、评估体系及教育体系，成为国家安全战略与新军事变革的一大发明体系，也是中国和平崛起的保障体系及国家主权、国际法权、知识产权的战略保卫系统，有着其专业化的认知科学基础与国防理论基础。按以往的国际经验，往往最先进的技术都是先用于国防装备，之后再军转民用，但创新工具认知科学的发展，使文化技术模型与数据模型的认知体系，已在国民经济及文化产业的后经济发展体系中形成新军事变革的核心技术及国防文化的认知体系，如新三战的国防文化装备体系、国防文化的作训体系、国防文化的主权体系、国防文化的制略体系、国防文化的安全体系、国防文化规划体系、国防文化评估体系等，使国防战略的认知体系已进入反恐、安全、主权、符号、媒介、信息、文化、传播、技术、生产、服务各领域，形成国家战略与大国成长的新发明体系。固然，枪杆子里面出大国，但在美苏争霸的冷战时期，苏联的霸权体系仅有枪杆子的强悍与核武器的威力，是比不过美国枪杆子加好莱坞大片（文化）、麦当劳薯片（产业）、微软芯片（信息）文化认知体系的国防认知科学技术模型创新机器的。美国人是把国防"三片"新发明体系当作其意识形态知识财富主权双向扩张的最有力武器的，苏联作为军事霸权大国、文化资源大国，但没有强大的知识财富主权与文化产权国防认知体系及相关文化技术实力，在这场信息时代新发明之战的认知科学博弈中，终因缺乏文化技术模型的商业领土、知识财富主权领土的商业模式、产业模式、创新模式相链接的国防认知体系与国防文化发明体系而失去博弈基础。

## 第三节 "文化创意理念"的国家创新体系转型研究

美国芝加哥大学的诺贝尔经济学奖获得者罗伯特·福格尔基教授说,到公元1750年为止,中国远远领先于西欧发达国家。那么,从那时开始,西欧发达国家是如何超过了中国呢?有两个原因。一是发明了能够把人力、资源、技术及资本聚集到生产目的上的叫做株式会社的企业组织;二是发明了这些株式会社能够很好地生存和发展的环境,即资本主义(市场经济)体制。也就是说,西方一有这两种发明,其经济就能够突飞猛进地发展,从而超过了中国。恰是从1750年始,人类的生产方式(产业)与生活方式(文化)、知识结构与认知方式都发生了深刻的变化①。诚如管理学的鼻祖皮特·德鲁克在其著名的《21世纪的管理挑战》一书中所描述的,此前人类的知识是修辞工具的知识,此后人类的知识是生产工具的知识;此前以文本为核心,形成农业文明的人文社会与文官制度,此后以产业为核心,形成工业文明的商业社会与产业制度。而20世纪的信息革命,则又是在此基础上形成的以信息为核心的创新工具认知科学体系,形成了知识社会与产权制度。从这一角度检讨中国以四大发明为基础的国家创新体系,就会在反思人类学、反思文化学、反思社会学、反思经济学的理论反思中发现许多知识生产与知识创新的根本问题。

文明构型的核心技术与认知基础的智能结构,作为国家创新体系的核心内容,它也可以透视出"天人感应"系统与"天人合一"之境的文化向度与个体经验似的文化智慧的实践哲学特征,与由此形成的"伦理纲常"群体结构社会交往方式中人才隔绝机制的创新障碍。这使我们透视出在中国人文社会中,作为原创力文化载体的个性发挥与发展空间不足,作为应用创新的技术载体系统思维又不足。"天人感应"的个体经验与"天人合一"物我之境修辞工具的认知结构使其难以超越农业文明小生产实践哲学的文化向度,"天理纲常"的群体结构与人伦社会又造成人才隔绝机制的社会体制与文化结构。这是国家创新体系文化向度与文明内核的不足,创新与发展的文明创造所需要的文化基因,恰恰是原创力的个性自由空间与活力,创新力的系统应用与科学,研发能力的超文本生产工具实践功用;而我们的群体结构在文化原创力上是反个性化的,在我们的个体经验似的"天人感应"小生产实践哲学在文化创新力上又是反系统性的,在

---

① 【韩】宋丙洛著:《全球化和知识化时代的经济学》(中文版序言),商务印书馆2003年版。

文化诗学的修辞文本中又是反认知逻辑的。这几个文明基因就造成了国家创新体系与创新之核在文化载体与技术载体上的双重短缺，体现为人才与应用两个系统的文化短缺与创新障碍。克服了这两个障碍，才会有技术认知与应用的系统思维与产业化工程，文化融合与科学融会的跨学科、跨领域、跨行业、跨文化的原创力整合与人才之核的个性化发展，自然科学与社会科学的融合，认知科学与超级计算机信息技术、纳米新材料技术、基因工程生命科学技术两两相加的科学融会，加上文化创新与内容生产、版权经济、产权生产力的创意产业大融会，就会使中华文明智慧与中国的国家创新体系获得历史的新生而有民族复兴的大飞跃。

印刷技术的发明，是在"百家争鸣"的文化复兴重构夏、商、周上三代华夏文明后的两汉儒学复兴时期，这是文化传播与文明扩张的需求产生的新媒体核心技术。印刷术出现之后，一是完成了上三代口述历史、口传文化的重构，所以梁启超先生说，"六经皆史"；二是以六经讲学，开设经学文化书院，形成经学教育体系；三是以经学教育的应试开科取士，形成文官制度与史官文化的汉唐文明；四是从印刷术到造纸术的两大发明与文本文化的繁盛，造成了汉代儒学复兴、唐代诗学复兴、宋明理学复兴的民族文化重构与复兴，最终形成中华文明的创新之核与文化之魂。然而印刷术、造纸术的后面沉寂了 1 000 多年，一是没有完成产业化的工业基础，二是没有出现信息化的产业革命，最终没有完成科技系统与信息系统的链接，而在信息文明到来后落伍于世界，在信息经济与文化经济的发展中落在他人的后面。火药的发明，由于没有钢铁工业的链接，只能用于节庆的爆竹，而终于让西方的坚船利炮打破了国门。指南针的发明，又由于缺乏玻璃工业的链接，而只能用于堪舆术的看风水，没有用到航海术的商贸、国防文明的拓展与轴心中来。究其原因，一是中国的科技创新，缺乏系统思维的技术链接，二是缺乏材料工业支撑的创新链，三是缺乏生产领域的应用与生产方式转换的产业化拓展，四是缺乏商业文明的市场链，五是缺乏学科融通与人才融会的知识链，从而造成人才创新的隔绝机制，六是缺乏科技文化创新的动力、政策与社会文化氛围，是价值观与社会机制的障碍，七是缺乏认知科学对于人文科学与自然科学的知识整合，缺乏社会科学产业思维的中间环节，缺乏生产工具与创新工具的知识整合及理论思维的技术发明。

从文史哲的人文科学，数理化的自然科学，到经管法的社会科学，再到产学研的认知科学，从工业革命、产业革命到信息革命，从修辞工具与数理工具的知识结构，到生产工具与创新工具的知识结构，从中国四大发明的核心技术到联合国教科文新材料计划组、超级计算机计划组、DNA 计划组、认知科学计划组的人类四大核心技术体系①，从全球化开局的国家创新体系，到伟大的民族复兴的知识纲领，我们应该重视从1750年以来人类知识变革中出现的新问题、新方法、新理论、新范畴与生活实践发展的密切联系，例如，认知科学的知识变革与信息革命的文化产业之间隐微而又核心的内在联系；对此，目前中国知识界、中国政府与中国企业界的认识显然是不够的，准备与积累也是十分不足的②。然而，无论是经济学界还是文化学界，学术理论界对于经济学及当代人文社会科学正在转向认知科学后经济理论体系的动态、意义及核心问题的准备仍然是不足的，重视也是很不够的。仍然会有经济学界或文化学界的专家认为二者不可同日而语，甚或是水火不容的，他们在守望着自身的书写身份与权威家园，他们就会疏远世界前沿的文明之核、创新之核与知识革命的重大变化、生产实践的重大变革。他们守住的只是他们自身所拥有的将来或许会被边缘化的那部分文化知识与经济知识，但诚如鲁迅先生所言，人类会踏着铁的蒺藜前进，因为人类的生存与发展需要融会这些关于经济与文化的认知体系，而不再是在知识与专业、学科与人才的隔绝机制中走向萎缩或衰亡。每当大的社会变革与知识变革到来时，经济学的逻辑语汇与学术方法、理论向度、文化思维也都会发生根本的变革，都会有人文学者的介入与理论创新，如搞伦理学的亚当·斯密就成为现代资本主义之父的经济理论奠基人，马克思则成为政治经济学的拓荒者。文化产业正在认知科学的融会中重构当代人文社会科学，从数理逻辑的现代经济学社会科学方法，到数据库建设的后经济学认知科学体系，认知科学正在产学研的学科、产业、资本、经济、文化、创新、博弈、产权、传播、城市、区域、资源、生态、体制、国防的基本前沿问题中形成认知科学发明体系的后经济理论系统，也就是学科理论、资本理论、经济理论、产业理论、创新理论、文化理论、博弈理论、法权理论、传播理论、城市理论、区域理论、资源理论、生态理论、体制理论、国防理论以及形象理论、符号理论、媒介理论、非物质理论、非均衡理论、非稀缺理论的文化产业理论基础与数据库。数据是能够发送并给别人的记号、讯号及资料。这一认知科学基本范畴的数据库也将形成国家创新体系的知识要素，推动文化产业理论与实践的深入发展，成为创意产业与创意经济的基础理论。而文化产业研究缺乏的恰恰是这一跨学科、跨领域知识整合的理论基础，经济学的发展同样缺乏这一创新工具的知识整合与社会科学数理逻辑应用体系之外的数据库建设。同时认知科学产学研的研发认知体系，应该成为创意产业与内容生产数据模型、技术模型、符号模型、知识模型建设的创新工具与商业模式、文化模式、产业模式的创新

---

① 熊澄宇：《科技融合创新拓展文化产业空间》，《瞭望》新闻周刊，2005年2月21日。
② 皇甫晓涛：《文化产业的难题、困惑与发展、创新》，《中国文化报》，2005年3月18日。

体系。

　　中国在全球化开局的国家创新体系与伟大的民族复兴的认知体系理论建设中，先是提出东南沿海开放的开发经济发展之路，造成了从珠三角到长三角及环渤海东部沿海一线的崛起，造成了珠三角开放资本的觉醒与长三角知识资本的觉醒，继之又在后发优势中提出西部大开发的资源经济开放之路，造成东西互动互补的国家发展优势与资源资本跨越发展的民族复兴气象，后来又在第三增长极的重构中提出振兴东北老工业基地，造成国家核心资产的重构与从物质经济到非物质经济的东北工业城市群都市经济大发展，造成都市产业与产业资本的觉醒，目前又在优化沿海经济及整合中部经济的战略跨越中走上全球经济博弈的创新发展之路和造成文化资本从珠三角到环渤海三个增长极的全面觉醒与科学发展的优化提升，再加上港澳台及世界华人文化经济圈的崛起，民族复兴的工程就不再仅仅是思想理论的准备，而是中华崛起创新之路的开拓与产学研的学科、资本、产业、经济、法权、传播、文化、生态、城市、区域、创新、国防、体制、资源认知科学基础的形成。对此，我们应有创新工具的认知科学体系与实施纲要的规划科学基础，来展开产学研创新要素的发明体系，形成中国文化版图的版权经济体系。尼克松曾说，一个伟大事件与人文的产生，要有大国成长的基础，大的历史积累与跨度，大的时代难题与破解，文化产业认知科学基本问题与基础理论的发展，正是在这样一个大的科学跨度中与国家创新之核共同成长。

# 第十三章

# 都市创新体系的文化科学与"文化创意理念"的知识创新体系研究

## 第一节 "文化创意理念"的知识模型与都市创新体系的文化科学研究

"文化创意理念"的都市创新体系与基础理论研究,包括人文创新体系与文史哲的符号模型历史文明研究,社会创新体系与经管法的生产模型自主文明研究,认知创新体系与产学研的创新模型知识文明研究,鉴识创新体系与评规测的测绘模型管理文明研究。包括文化建构型都市创新体系、创意型都市产业创新体系、金融型都市资本创新体系、科技型都市技术创新体系、知识型都市知识创新体系、网络型都市数字创新体系、创新型都市经济创新体系、制度型都市政策创新体系、大都市区域化型创新体系、生态型都市生态创新体系、服务型都市服务创新体系、形象型都市媒介创新体系、符号型都市符号创新体系、资源型都市资源创新体系与跨学科、跨领域的相关应用理论研究;形成都市创新的国家创新体系与"文化创意理念"的基础理论研究体系(见表 13-1 和表 13-2)。

都市人类学研究城市的文化起源与生活方式、生产方式、风俗习惯、制度文明,文化学研究城市的建筑文化史、社会文化史、风俗史、心灵史与精神生活史,研究城市发展的文化性格与文化模式、文明基因与文化导向,由此形成都市文明的创新体系与文化形态,形成文化型城市文明的创造伟力与城市文化的原创力。

表 13 – 1 "文化创意理念"的知识模型与都市创新体系的文明类型内容分析

| 文明类型 | 知识模型 | 创新模型 |
| --- | --- | --- |
| 历史文明 | 文史哲的符号模型 | 都市人文创新体系 |
| 自主文明 | 经管法的生产模型 | 都市社会创新体系 |
| 知识文明 | 产学研的创新模型 | 都市认知创新体系 |
| 管理文明 | 评规测的测绘模型 | 都市鉴识创新体系 |

表 13 – 2 "文化创意理念"的都市创新模型与国家创新体系的城市化文化类型内容分析

| 文化模型 | 都市创新体系 | 应用理论 |
| --- | --- | --- |
| 文化型 | 都市文明创新体系 | 文化理论与人类学理论 |
| 创意型 | 都市产业创新体系 | 产业理论与产业经济学 |
| 金融型 | 都市资本创新体系 | 资本理论与金融理论 |
| 科技型 | 都市技术创新体系 | 科技哲学与科技传播理论 |
| 知识型 | 都市知识创新体系 | 知识经济理论与智力生产力理论 |
| 网络型 | 都市数字创新体系 | 文化地球与云联网的信息科学 |
| 创新型 | 都市经济创新体系 | 经济学与管理学 |
| 制度型 | 都市政策创新体系 | 制度经济学 |
| 区域型 | 大都市区域化创新体系 | 区域科学 |
| 生态型 | 都市生态创新体系 | 生态科学 |
| 服务型 | 都市服务创新体系 | 现代服务业理论与知识服务业理论 |
| 形象型 | 都市媒介创新体系 | 传播学与媒介学、影响学与渊源学 |
| 符号型 | 都市符号创新体系 | 符号学 |
| 资源型 | 都市资源创新体系 | 公共管理学与文化资本理论 |

产业理论与产业经济学研究自产业组织、产业文明产生以来,城市文化与产业形态的内在联系,亦即创意产业与产业经济的内在联系,形成了创意产业、创意城市、创意经济的文化自组织创新体系;创意产业把创意城市当做产业创新与经济重组的历史舞台,已形成创意产业与创意城市发展的新浪潮,产业理论与产

业经济学研究的新领域、新问题与新增长、新方向。

资本理论与金融理论研究城市文化资源演化为文化资本、文化产能演化为文化产权的文化经济与创意经济、版权经济与知识经济的创新基础与创新体系,形成金融型都市资本创新体系;金融已成为现代服务业的创新引擎,金融中心城市常常与创意中心城市相融合,互为创新动力与引擎,形成创新体系与伟力,如北京与深圳。

科技哲学与科技传播理论,研究城市文化与产业哲学的内在联系,研究科技哲学与科技传播的创新原理与体系,城市文明的核心技术与都市极的创新结构。例如,北京以印刷术为核心的故宫等千年古都文明与故宫—琉璃厂、潘家园等文物艺术品文化经济区的文化复兴与文化旅游产业重构;以蒸汽机技术为核心的王府井—国贸城市 CBD,每平方米 GDP 为全国城市平均水平的 10 倍;以信息技术为核心的中关村—上地文化科技城区,每平方米 GDP 为王府井的 14 倍;以金融技术为核心的西城金融街,每平方米 GDP 为中关村的 10 余倍。可见从印刷术、蒸汽机技术到 IT 技术、金融技术,从工业技术到后工业技术,从物质经济技术到非物质经济技术,从城市物质结构到后物质结构,形成了科技型都市创新体系;科技史的变化与科技传播的导向,对于城市创新史与创新结构的影响,对于创新型城市建构与国家创新体系建设发展都产生了深刻影响(见表 13 - 3)。

表 13 - 3　　　科技哲学创新模型与科技传播源的文明类型内容分析

| 城市科技哲学模型 | 占全国城市每平方米 GDP 指数 | 科技传播源的文明模型 | 北京世界创意城市文化 + 科技创新模式与都市再造模型 |
| --- | --- | --- | --- |
| 印刷技术 | — | 耕读文明 | 故宫—琉璃厂、潘家园 |
| 蒸汽机技术 | 10 倍 | 工业文明 | 王府井—国贸 |
| IT 技术 | 140 倍 | 信息文明 | 中关村—上地 |
| 金融技术 | 1 400 倍 | 知识文明 | 金融街 |

知识经济理论与智力生产力理论将知识与文化从文本中解放出来,将知识从修辞工具演化为生产工具与创新工具,形成城市化、知识化的知识产业、知识服务业、知识城市、知识经济、知识文明的创造伟力、创造精神与创新引擎、创新体系。

信息科学从数字地球的互联网城市革命与产业重构,到智慧地球物联网的城市革命与网络重构,再到文化地球云联网的云计算、云城市都市再造与文化创新,构筑了从数字城市、智慧城市到云城市的创意基础与创新体系,将对大都市区域化的全球化都市再造与文化复兴,以及人类相关的生活方式与生产方式,产业文明与都市文明，知识文明与幸福文明，产生深远的影响与深宏的创造伟力。

经济学与管理学在将人类的知识从修辞工具演化为生产工具与创新工具的同时，也将为知识城市、知识文明的建构与发展，都市经济文化创新体系的建构与发展，经济创新与文化复兴的发展，产生智力支撑与创新智库的科学作用；从而形成都市再造的经济文化创新体系，形成创新型城市建设的科学基础与管理文明发展的科学基础。

制度经济学研究都市政策创新体系的理论、实践与对策、效益。制度经济学与新制度经济学对于城市化、知识化、全球化的博弈与新经济格局的重组，都产生了深远的影响，形成制度型都市政策创新体系和以政策为引导的都市再造创新基础。

区域科学为大都市区域化创新体系的发展提供了科学规划的依据与区域型都市再造的规划建设研发基础，中国有三四十年代的现代城市—乡土重构的文化大讨论，到八十年代改革开放后的大都市与小城镇发展建设的争论，再到九十年代郊区化与大都市区域化都市再造的争论，在从珠三角、长三角、环渤海的大都市区域化国家创新体系规划布局到西部、东北、中部、海西大都市区域化国家创新体系的战略规划构建，逐渐可以看出从区域规划、城市规划、文化规划、经济规划区域科学与规划科学的成熟及相关国家智库的建构。

生态科学为城市化、生态化的都市生态创新体系奠定了科学发展的基础，同时也为生态型城市的建设与低碳文明的发展提供了都市再造的科学发展基础。生态科学不仅包括环境科学、人居科学的工业污染治理研究体系与评估指数研究，而且还包括都市五行空间生态型文明构筑的生境指数及相关生态正指数建构评估体系的研究。

现代服务业包括信息、金融、会展、咨询、物流、代理，知识服务业包括创意、艺术、文化等，现代服务业理论与知识服务业理论，为都市服务创新体系的发展，打开了跨领域、跨学科、跨行业的文化领土与空间，形成了服务型都市再造的科学发展基础。

传播学与媒介学、影响学与渊源学，为都市媒介创新体系的原创力与创造伟力发展，影响力与传播力建构，形成都市再造的形象创新体系，对于旅游目的地、人居家园建设、投资目的地传播，都将起到文化创意的都市文化力建构作用。

符号学为城市品牌建设、环境建设、形象建设、创新与发展要素的建构，为都市符号创新体系的创造活力与历史伟力，为符号型城市建构的科学发展，都将起到影响深远的历史作用。

公共管理学与文化资本理论，将为城市公共资源的保护与开发、建设与发展，为文化资源的动员与文化资本的创新，起到科学发展的都市知识文明建构作用，尤其是文化资源转化为文化资本、文化产能转化为文化产权的文化创意城市建构与文化产业创新发展，文化资本理论都将起到科学发展的创新作用。不仅如此，资源枯竭型城市都市再造与产业重构，资源分配的正义原则与公众规则，公共管理科学与文化资本理论都将起到科学发展的作用。

## 第二节 "文化创意理念"的人文科学文化理论研究

文化产业，来源于人文科学的艺术史评论与哲学批判，从法兰克福学派的文化批判开始，以反思文化学介入反思经济学的理论思考，文化与艺术的独创性与创造性，艺术史论的内涵与审美个性，哲学思辨的价值反思与人文反思，是文化产业研究的三大人文科学来源与叙述起点。

这使文化与文化产业的研究不得不更多地运用人类学的探本溯源与文化回归，社会学的批判理论与文化反思，文化学的价值模式与原型理论。

联合国对于文化产业界定都是划入教科文组织的规划体系中，欧盟的文化产业规划，也是划在文化委员会的创意经济规划中，可见来源于文化、人文研究的文化产业研究，无论怎样发展是都离不开文化理论、人文科学基础的，这是在国际法权体系的文化归类与规划体系中的。

这是问题的一个方面，文化产业与文化理论，人文科学的内在联系不仅在于理论来源研究方法的叙述起点上，还有文化创新、内容生产的人文、文化资源研究对象及符号模型的研究起点上。资本主义现代文明在历经了道德与经济的市场难题之后，进入了产业与资源的扩张难题，而文化资源、人文资源、知识资源的符号模型与内容元素一经形成内容再生产的产业元素与文化资本，对于文化创新及文化增长方式的创新体系都是极其重要的，从而是人文、文化资源的符号模型从修辞工具的文本传播中经生产工具的物质制造，转化为创新工具的文化生产力及文化产业体系。这是人文科学文史哲修辞工具的符号模型与文化产业研究内容生产研发的内在联系。

人文科学与文化产业研究在更深层面的联系，是经济史、科技史的人文内容、文化资源及产业哲学、城市文化的人文理性与文化创新、文化生产的内在关系，它决定了人类产业化、城市化、知识化的资源配置方式的变革与发展方向，这是现代化理论的人文基础与人文内涵。由以经济增长为核心的西方现代经济学、经济发展理论转化为可持续发展、科学发展理论，其根源即在于此。这也是其芒福德以来的人文、文化规划、发展学派所强调的文化 GDP 与绿色 GDP。

人类有两项伟大的发明对经济、文化的影响都是至关深远的。一个是文字，文字的产生，为文明之本，文本传播的内容载体与文明基础，它也是一个人文符号工程，思维革命的系统符号工程，这一符号发明一经产生，就立即全面推进了文史哲的人文科学与人文社会发展，如中国汉字的传播与汉印刷术的发明，确立了汉文史哲融一的六经文本与汉王朝书写文化的文明轴心体系，六经书院的教育体系与文官制度的人文社会，又在史官文化与文官制度的扩展中影响到书法、绘画、建筑、歌舞及汉唐文化符号体系的形成，以及以汉王朝书写文化为核心的中华文明轴心体系的形成。这是人文科学与人类文明起源的渊源关系，也是文化资源的符号模型形成的内容生产基础。依据新媒体与信息传播技术兴起的文化产业，不过是这一文明演进的技术、传播与生产推进形成的文化创新与产业创新体系，它的发展同样离不开文字、文本书写的传播基础与符号基础，离不开文史哲的人文科学基础与由此形成的人文社会文明基础。

城市几乎是与文字同时产生的人类发明体系与文明基石。一部城市史就是文明史、技术史、生态史、资源史、艺术史、符号史与人类生产方式的内容史。城市也有它的文化原型与符号功能，宫廷城堡的政治符号，风雅颂的艺术符号，歌楼酒肆的商业符号，万里长城的国家符号，烽火台的军事符号，山林庙宇的宗教符号，休养生息的生态符号，服饰器物的人文符号，生活方式与生产方式的文化符号，都有文化资源的内容要素与知识元素，有文史哲的人文科学知识要素与文化资源的产业元素。这是城市化与产业化、知识化、信息化的组合，形成了文化产业的创新基础与人文基础。人文科学的文史哲也要研究城市，形成城市诗学、城市史学、城市哲学与城市美学、城市文化、城市科学的人文基础与文化基础，并从修辞工具的符号模型走向生产工具、创新工具的技术模型与数据模型，形成创意城市与创意产业的人文基础与文明构型。

人文科学，已从咬文嚼字的文化诗学、历史哲学、思辨理论发展为经天纬地的宗教哲学、文化哲学、历史哲学、艺术哲学、科学哲学、技术哲学、工程哲学、产业哲学宇宙图式的数据库及文化求解，它既是历史的归结原型，又是未来的猜想与规划。将人类文字符号体系、文本文献文化与城市符号体系、物质文化载体相联系的，是文物、器物的媒介体系所传达的文化信息与内容资源，夏陶、商铜、周漆、汉玉、唐俑、宋瓷、明木、清画，从内容元素到器物载体的生产元素，就是这一人文科学修辞工具与文化生产创新工具相组合的产物，它从另一侧面证实、诠释了文化研究与文化产业研究既不是玄思臆想的文本，也不是离开人文科学的物质生产与载体，而是二者组合形成的文化生产力与内容创新力。

## 第三节 "文化创意理念"的社会科学经济理论研究

文化产业是由文化工业产品的单数制造、文化身份的单数符号，演化、发展为文化产业扩张的复数、文化资本扩张的符号复数的"产业化"、"资本化"经济行为，这正如当年法国年鉴学派对于历史的数据发现一样，他们从单数的帝王将相英雄历史的后面，发现了复数的人的历史，从此历史进入另一重文化书写。这也和毛泽东当年从帝王将相、才子佳人的政治、艺术里发现了工农兵的政治与艺术，发现了复数的人民性与现代性、艺术性的关联，都是一个生产工具技术模型的变化，是由人文科学修辞工具符号模型的人学书写历史到社会科学创造历史技术模型的人学的一个基本问题。文化产业，说到底离不开产业理论与资本理论的产权理论与管理理论的经济学、管理学、法学核心问题。当一个文化器物、事象、现象、符号是一个单数式，它还是审美艺术创造与文化创造的载体与媒介，资源与内容。而当它变为复数的扩张体时，就完成了从资源到资本、由内容到产业，由文化到经济的演变。这正像一个农妇篮里的一枚蛋，只是她的生活资料与餐饮炊食资源，而它一旦演变为6个或10个鸡时，就是生产与经济了。而这演变是用机器与资本，技术与市场扩张时，就是产业了。一个更有趣的数据模型与数字案例，是"文化大革命"极左快要结束，而生产与市场刚要恢复时，曾有个不成文的规定，在农村是养10只鸭是资本主义，养10只以下是社会主义，这个问题一直提到国家领导人邓小平的面前。还有一个难题，就是雇佣十几个人是资本家的剥削，十几个人以下就不是。就也可以看作是对"资本"、"产业"的朴素理解。复数的文化与复制的技术，复数的资本与复数的扩张，而不是单一的工业产品或者文化工业，这就形成了文化与产业，内容与生产、资源与资本的正关系。并由人文科学的文化批判转向社会科学的经济阐发。文化产业与数字、数字化的内容生产关系就这样建立起来。

经济学正处于最活跃的变革期，每当经济学的大变革时代，都有大的人文学者的介入，如亚当·斯密与马克思。经济学在寻找内容生产的复数文化与复制资本，一种新的生产方式与创新模式，寻找从修辞工具的内容资源、符号模型到生产工具的复制技术、技术模型再到创新工具的复数资本与数据模型。从反思人类学、反思文化学到反思经济学，形成文化创新与文化产业的后经济体系，形成管理学理论、法学理论的后经济体系。这一理论体系包括全球化理论、知识经济理论、内容生产理论、文化传播理论、媒介运营理论、符号经济理论、城市化理论、现代化理论。经济学不再只是研究物质生活与物质生产，而要研究文化生活与艺术生产；管理学不再只是研究管理政府、企业与人，而是要研究管理知识，资源与文化，科技、信息与资本，产业、内容与创新；法学不再只是研究刑法与民法，而是要研究资源法、资本法、产权法、国际法、军事法、文化法、符号法、安全法、主权法。经管法，以经济理论及经济发展为主，形成社会科学的后文明观理论体系。社会科学的方法，由生产工具的技术模型，发展为创新工具的数据模型。一位文化产业研究的学者说，文化产业理论，要用人文、文化的理论，社会科学的方法，即可看出文化产业研究在由人文科学向社会科学跨越的创新动向。人文科学是以史论为基础的文本阐发与哲学思辨，而社会科学则是以体用之体论为基础的经济分析与管理法权的功能体系阐发。它要用自然科学的推理模型与数理工具，要有数论基础与相关技术模型。

　　人文与自然，是一个对应范畴及对称结构，自然与社会，又是一个对应范畴及对称结构。人文科学要有自然科学的科学理论与知识基础，自然科学要有人文科学的文化关怀与价值判断。社会科学要有人文科学的思想基础与理论来源，又要有自然科学的方法论与技术模型，才能形成生产工具的科学基础。没有人文科学的文化理论，文化产业研究就如无源之水，就会是空心化的"产业"仪式，缺乏内容基础。从修辞工具文本中心的文化为圣，到科学、民主时代社会科学融合的文化为用，再到文化产业的文化为新、文化为王，文化、文化创新、文化产业与人文科学的联系是不道自明的。如果没有自然科学的基础，文化产业研究就失去了文化创新的科学依据，失去了文化技术的科学功能与知识经济的科学基础，也不会有信息技术、新材料技术、生命技术的文化科学与文化传播技术支持内容。没有社会科学的生产工具与技术模型，没有经济分析的管理体系与法权体系，文化产业研究就不会形成产业内容的创新体系，就成了无用之体，无实之本，无规之矩。由经济学产生生产力经济学、产业经济学、发展经济学及文化经济学、生态经济学、媒介经济学、符号经济学的经济学体系，由管理学产生公共管理学、经济管理学及文化管理学、媒介管理学、资源管理学、符号管理学、形象管理学的后管理学体系，由法学产生世贸法规、国际法规、国家主权法规及知识产权法的知识法学、信息安全法的信息法学、媒介运营法的媒介法学等后法权体系，都为文化产业研究的社会科学拓展创造了新的体用形态与知识空间，形成以文化为基础的经济体系与创新理论。

## 第四节 "文化创意理念"的认知科学创新理论研究

以心理学、伦理学、传播学为基础的认知科学，被联合国教科文组织列为决定人类未来发展的四大核心技术之一，超级计算机信息科学技术、新材料科学的纳米技术、生命科学的 DNA 技术、认知科学的文化技术，形成了联合国教科文组织技术创新体系的四大核心计划组织规划体系。四大核心技术，最终都在文化创新中形成产业装备的全球竞争力，这促使产业的概念在自然科学、人文科学、社会科学、认知科学做跨学科、跨领域的延伸，从人文科学的产业内容与资源，自然科学的产业技术与科学，社会科学的产业经济与法权，到认知科学的产业创新与文化，产业成为人类认知领域的创新工具与数据内容，无所不在地影响着我们的生产方式与生活方式。产业也可以负载、运营文化、艺术、教育、体育、生产、环境、城市，可以负载、运营小到任何一个经济链的环节与细节、载体与项目，如擦鞋产业与新兴服务业的产业化等，甚至小到一本书，如《哈利·波特》的产业化运营，因而它也可以将任何一个小的细节元素放大为无限扩张的经济复数单元。产业作为经济运营的生产单位，还可以大到宇航产业，全球化产业等，组装进一系列新的产业元素与生产内容。产业理论已由经济组织理论扩展为经济制度理论、经济创新理论、经济案例理论，扩展到人类一切新的认知领域，扩展为人类生活、生产的一切数据内容。一座城市与一次城市化行为也可以看作城市经营的都市产业。超女获胜的尚雯婕，并非形象或小女生的歌艺超过他人，而是其做过小老板的产业思维跟踪了超女的商业模式而获胜，这就是产业的魔力。一旦资源、内容、文化经历过产业的扩张与复数的制造，就进了资本的博弈与规则较量的优势积聚，产业也就成了改写规则与文化创新的载体与内容基础，把个人或单项的文化资源变为无限的扩张或代际扩张的资本链与文化链。

《21世纪的管理挑战》一书的作者曾经说辉煌无比的中国近代的落后根本原因就是没有产业组织、产业思维的新发明，没有株式会社的企业创新与产权保障及扩张。亚当·斯密也曾说过中国人为什么勤劳而不富有，就是因为缺乏产业创新机制的产权文明尊严，今天看来，也就是缺乏经管法的社会科学与产学研的认知科学发明体系。中国的法学是以政治、伦理为基础的，中国文官制度的管理思维，也是以人文、文化的史论为原型的，不像西方经管法的社会科学是以经济体用、体系的数论、体论为基础的。管理学是经济学产业运营的管理延伸，政府的管理也是以经济管理为基础的、以国家为阐释单位的宏观经济管理学的转化。法学更是财富、产权及国际法权体系的经济内容延伸。由社会科学发展而来的认知科学，尽管以心理学、伦理学、传播学为理论基础及认知原理，但是其无一不在向产学研的认知方向转化。发展理论的核心经济学理论，是由发展心理学的理论基础延伸而来，博弈理论的经济学对称结构，也是在著名的"囚徒困境"的心理学命题而来。而企业伦理学、经济伦理学、产业伦理学、市场伦理学、生态伦理学、资源伦理学、环境伦理学、科技伦理学，更把伦理学的认知基础扩展到经济发展的前沿，成为产学研认知科学的基础理论。而由传播的生产性到媒介经济、内容生产、文化产业，更是把传播学、媒介学、影响学的认知科学发展为产学研的内容生产的文化创新理论，发展为文化传播、科技传播、艺术传播等一系列文化产业研究的产业理论与传播理论。

中国产学研的产业思维、产业理论、产业组织欠发达，直接影响到文明之核的发明主体的建构。在四大发明的国家创新体系与文明之核构筑中，中国人发明了汉字与造纸术，但只是形成了文史哲的修辞工具与人文科学的经典文本，形成了人文社会的文官制度与诗梦之国，但在印刷术后面，没有产业的链接与产业技术的驱动，没有信息技术的发明与新媒体传播技术的产权体系及产业化运营。在火药发明的后面没有钢铁工业及相关工业组织的产业链接，产业文明没有经管法的体用系统、体论思维与产学研的知论基础及认知思维，所以只能用火药来放鞭炮，用于生活场景的文化仪式。在指南针的后面没有玻璃工业与航海术，就不能实现商业领域的拓展与海权文化的拓展，只能用于生活、人居上的堪舆术及看风水上。这就是单数的文本与单向的文化，而不是复数的文化与复制的资源，形不成文化创新的产业主体与经济主体的思维的创新理论。产学研的认知科学，在心理学、伦理学、传播学、媒介学、影响学的认知体系上，完善产业的主体品格与主体理论，这是认知科学极为重要的文化创新与创新理论集成。最后完成了社会科学经管法的主体发明、塑造及主体理论创新。

## 第五节 "文化创意理念"的鉴识科学测绘理论研究

如果说人文科学完成了文化产业的文化理论与基础理论，社会科学完成了文化产业的经济理论与核心理论，自然科学完成了文化产业的科学理论与应用理论，认知科学完成了文化产业的创新理论与主体理论，那么鉴定科学完成的是文化产业的测绘理论与中介理论。这一测绘工程包括评估、规划与鉴定、认证的鉴识科学的四元技术体系。它从人文科学以史论为基础的定向研究、自然科学以数论为基础的定型研究,社会科学以体论为基础的定性研究,认知科学以知论为基础的定位研究,到鉴识科学以鉴论为基础的定量研究。鉴识科学包括鉴定、评估、测绘、规划,形成以鉴识为基础的测绘工具与拟量模型,包括规划科学、预测技术,也要最后通过拟量模型的评估测绘。鉴识科学越来越应用于科技创新、政策创新、产业创新、都市创新、区域创新、文化创新的创新理论及创新研究中,包括科技项目的规划与评估,工程项目的设计、规划与评估,产业结构调整与产业升级换代规划的预测与评估,城市、区域发展及可持续发展的规划与评估,政策创新的规划与评估,文化产权、文化交易项目的研发与评估,文化资源、文化资本、符号资本、形象资本、媒介资本证券化、期权化、权证化的评估,都要建立自己的拟量模型与测绘工具。尤其是近年的"十一五"中的长期规划,如深圳 2020 城市规划与构想,都要有分项的科技规划、城区规划、工程规划、区域规划、政策规划、产业规划、文化规划,而这一规划体系的基础是鉴识科学对于全球博弈对称结构的经济测绘及发展预测。

  拟量模型的定量研究与技术模型,一方面要有鉴定科学的基础,如在工程测绘、技术测绘中,曾有人发明了信息典型化的测绘理论与技术,并在这一"测不准原理"的典型化数据分析中综合运用定性研究与定量研究的方法,从工程测绘到科学测绘、技术测绘,形成信息典型化鉴定科学测绘理论与方法。后来我们将其用于产业规划与文化测绘,用于云南符号的文化产业测绘,形成云南符号的信息典型化文化产业测绘报告。另一方面,拟量模型的鉴定科学的定量研究,在与人文、社会科学及认知科学定性、定向研究的组合融会中,也要有鉴定科学的技术模型与分析框架,如区域科学、区域理论、区域规划的鉴定科学研究,就要有自然系统、经济系统、社会系统、文化系统的区域系统模型与分析框架,有对区域自组织功能开放系统综合性、层次性、非线性、动态性、不确定性的框架分析与信息典型化处理数据模型,有对作用于区域开放系统的全球化结构演替组合功能的拟量模型分析对策。[①] 如扩展与重构的简化结构,实证与范畴的汇集数据,假设与定量的模拟系统,预测与评估的逻辑阐发,发现与再发现的验证假设与理论,创新与规划的优化结构与设计方案等,都是区域模型的鉴定科学测绘与定量研究模式。

  对李约瑟难题的破解,拥有悠远文明的中国近代科学为什么落后于西方?有人曾提出中国的工匠文明的科学在于缺乏持续发展及纯科学研究,缺乏自然科学以数论为基础的纯科学系统及社会科学经管法与认知科学产学研持续发展的科学动力,缺乏从生产工具到创新工具的交流机制与公平机制,缺乏鉴定科学关于专

---

① 秦耀辰:《区域系统模型原理与应用》科学出版社 2004 年版,第 1~10 页。

利与股份的认证、产权与评估体系,而没有得到长足的发展。① 而要在科学创新与文化创新上追赶西方,就要在资源动员与知识增长中的人文、自然、社会、认知、鉴定五重科学方法论中进行系统的科学方法论与人文价值观、文化思维方式的反思与梳理,形成定向、定性、定位、定量的研究系统方法论与从文化哲学、历史哲学、艺术哲学到自然哲学、技术哲学、工程哲学、产业哲学的理论体系。这一点无论对于文化产业、产业哲学的发展,还是对于中国的科技创新、文化创新及都市创新、产业创新的优化升级"寻底竞赛"全球博弈都是十分重要的科学基础。

---

① 刘里远:《中西自然科学思想——中国古自然科学思想与西方现代自然科学思想》,中国大地出版社 1999 年版。转引自朱清时、姜岩:《东方科学文化复兴》,北京科学技术出版社 2004 年版,第 44 页。

# 第十四章

# "文化创意理念"的文化科学体系研究*

——文化科学的基础理论研究与当代人文社会科学的重构

文化、文化创新、文化产业的发展，使文化学与经济学、人文科学与社会科学、认知科学与鉴识科学发生了跨学科的整合与重构。① 文化产业的发展与研究，必须正视当代人文社会科学的文化重构，以及学理、学术与原理、理论的研究基础与发展基础。这涉及全球化国家创新体系的发展与中国跨越发展的大国崛起创新基础的话语权建设问题，涉及中国国际竞合力科学发展的基础理论建设问题，涉及全球化与全球语境超越后殖民经济文化体系的经济学、文化学及其跨学科发展的人文社会科学重构的时代前沿重大创新问题，涉及版权经济发展的经济原理研究与文化原理研究的文化产业基础理论建设问题。

## 第一节 从物质经济到非物质经济的经济学与文化学重构

文化作为新的生产要素优化市场资源配置，形成了一系列经济学基础理论的新变化：经济学从物质经济到非物质经济的基础理论核心定律与十大原理变

---

\* 本章发表于《学术月刊》，2010 年第 8 期，转载于人大复印期刊《文化创意产业》，2010 年第 6 期。

① 皇甫晓涛：《文化产业的理论基础与当代四大科学的发展》，《中国文化产业评论》（第七卷）。

革——从边际效益递减的"戈森规律"①到代际效益递增的"逆戈森规律"②，从"看不见的手"的物理学理论基础到经济自组织演化功能的生物学理论基础③；经济学从生产原理到生长、创新与演化原理的变化；经济学核心理论的资本理论的变化——资本从物质财富的货币价值体系发展为资源动员与能量交换的组织演化系统④；经济学从"物竞天择、适者生存"的市场经济"森林法则"竞争原理到信息对称与"优者多赢"版权经济、知识经济、文化经济、信息经济、全球经济"海盗法则"与"天人法则"的竞合原理变革；从福特式垄断性大工业、大商业物质经济、物质资本到微软式全息性非物质经济大文化、大信息资本创新原理、组织机理的变革。金融的本质是垄断，垄断的本质是创新，创新的本质是信息与文化，这使金融、信息与文化成为演化经济学的核心范畴与创新体系，使经济学的核心理论发生了一系列的变化；经济学从生产原理到创新原理的演化；经济学从劳动力主体竞争原理的研究到智力与知识、文化、服务、人文主体系统对称结构博弈原理的研究⑤；经济学从土地生产力要素竞争原理的研究到环境、资源、生态系统生产力要素对称结构博弈原理的研究⑥；经济学从科技、技术竞争原理的研究到信息、数字对称结构博弈系统原理的研究；经济学从物质资本竞争原理的研究到金融服务系统对称结构博弈原理的研究；经济学从产品竞争原理的研究到服务博弈组织系统原理的研究；经济学从先赋物质资源比较优势原理的研究到内容后赋资源综合创新原理的研究；经济学从物质财富资产形态原理的研究到产权经济、版权经济博弈原理的研究；经济学从个体市场主体竞争原理的研究到个体群企业、产业、区域、国家产权结构、股权结构组织演化主体博弈原理的研究；经济学从物质利益最大化竞争原理到权益最优化竞合原理的变革；经济学从市场均衡原理到博弈对称原理的变革；经济学从后殖民轴心体系单向竞争结构原理到多元、多边自组织系统博弈结构原理的变革；经济学从垄断性组织原理的研究到复杂性（非线性、非对抗、非接触）博弈结构原理的研究；经济学从市场竞争形态的研究到竞技场博弈形态的研究。

  经济融入文化后，归属于文化与文化学原理的文化产业研究基础理论也出现一系列重大变化：文化从文本到田野形成文化人类学的内容产业研究基础；文化

---

① 有关"戈森规律"的资本理论，参见［奥］庞巴维克著，陈端译，《资本实证论》，商务印书馆1997年版，第1~22页。
② 有关"逆戈森规律"的文化资本理论，参见皇甫晓涛：《文化资本论》，人民日报出版社2009年版。
③ 陈劲、王焕祥：《演化经济学》，清华大学出版社2008年版。
④ 皇甫晓涛：《关于文化产业与文化资本创新问题的思考》，《光明日报》，2009年4月28日。
⑤ 皇甫晓涛：《中国文化创意产业发展的创新基础》，《文艺报》，2009年6月6日。
⑥ 皇甫晓涛：《城市革命：环境经济新战略》，中国物资出版社2004年版。

从纸媒到网络形成文化传播学的内容生产研究基础；文化从宫廷社会、文官制度到产权制度、版权经济的变革形成信息社会文化产业的研究基础；文化从传统的诗学创造到"科玄"之争融合的科学创新形成文化创新的生产机制；文化主体从知识分子到中产阶级形成从大学教授俱乐部到达沃斯文化的知识经济创新基础，高校从教学、科研到创新、服务形成知识经济、知识服务的创新引擎与创新基础；文化从思考方式、行为方式的价值观与民俗社会、风俗时尚到生产方式、生活方式的创新体系形成文化生产力创新结构；文化从创意内容到创新系统形成后赋资源的文化产能创新结构；文化从宗教哲学、历史哲学、文化哲学、艺术哲学到科学哲学、技术哲学、工程哲学、产业哲学，形成从修辞工具到创新工具的创新体系；文化从文史哲的人文科学，经管法的社会科学，到文化学、人类学、心理学、传播学、思维科学的认知科学，边缘学科、应用学科、交叉学科、创新理论、创意理论、战略理论、对策研究的软科学学科群，形成文化力的科学创新体系。

## 第二节　当代世界后殖民文化的反思与人文科学的重构

当代世界文化的三大定律，一是欧洲影响学的文化渊源论与文化传播论，二是美国全球化与一体化的文化一体论与单极论，三是亨廷顿的文明冲突论与文化生存论，都是后殖民经济体系中贸易化、资本化、金融化的西方单边轴心化后殖民文化体系。文化产业与版权经济的发展，不过是这一"寻底竞赛"[①] 单极化后殖民文化演化体系的理论诠释与经济折射，由此形成了文艺复兴以来"擅理性，役自然"的反自然人文观与科学观、技术观，与达尔文社会学以来的反人文社会观、文化观，形成了从"物竞天择，适者生存"的欧洲大陆法系市场经济主体演化的工业化、城市化、贸易化的后殖民经济文化体系，并由此形成"森林法则"的文化、经济、管理、法律体系社会科学结构，继而又发展为"优者多赢"的美日韩太平洋新经济信息化、知识化、服务化、非物质化、金融化"海盗法则"的后殖民经济与版权经济的文化、贸易、金融、管理、法律体系社会科学结构。

中国的改革开放与"北京共识"的自主创新，中国的民族复兴与文化复兴，

---

① 美国当代学者威廉·K. 塔布在《寻底竞赛》一书中曾提出文化产业是全球化的"寻底竞赛"的重要观点，参见［美］麦克尔·哈特等著，肖维青等译：《控诉帝国——21世纪世界秩序中的全球化及其抵抗》，广西师范大学出版社2005年版。

中国的跨越发展与和平崛起，正在超越这一后殖民经济文化体系，以确立文化领航的国家创新体系与自主创新的文化复兴体系。这包括全球化开局的和谐发展观、自主创新观、科学发展观、人本价值观的科学发展文化创新体系的确立，它们都是在探寻打通古今中西与融合经济文化的竞合、和合多元文化发展道路与自主创新复兴道路，以期形成"天人法则"的文化领航的国家创新体系与自主创新道路，形成融社会主义价值观、中国"天人法则"自然观、生态观、人文观与科学发展观创新体系为一体的人文社会科学结构。

这包括反思文化学、反思人类学、反思社会学的人文重构；包括科技哲学、产业哲学的文化重构；包括文化哲学、历史哲学的理性思辨；包括宗教哲学、艺术哲学的和谐乐章；包括文化创新、文化产业的科学思辨与创新发展；包括文化传播的互动互融与文化创新的跨学科发展；包括科技融会的自主创新与文化创新；包括生态学的兴起与生态文明的跨学科整合；包括整个社会人文的重构与本土文化复兴之路的科学发展。

古老中国的文字、文本、文化教育与文官制度，形成了儒化、汉化、王化、教化、风化的人文传统与文化承传体系，亚洲的复兴形成了儒家文化加国家资本主义与市场经济生产力要素的文化创新体系，中国"天人法则"的和谐文化与科学发展，正是基于这一文化创新优势的人文社会科学重构，以期形成东西兼容与今古融合的信息化、知识化、贸易化、服务化、非物质化文化自主创新体系与国家创新体系，形成伟大民族复兴的科学创造与创新基础。

这使文化与经济形成了正关系，人与经济、文化形成了正关系，经济、文化与生态、人文形成了正关系，生态、人文与创新、发展形成了正关系，国家与民本、人本形成了正关系，民本、人本与经济、文化形成了正关系，民主与自主、民本与民智形成了正关系，经济、文化与国家形成了正关系，国家与全球化形成了正关系。人文社会科学的重构，正是要寻找这一正关系的创新基础并破解这一正关系的创新难题。

## 第三节 当代世界后殖民经济的反思与社会科学的重构

当代世界后殖民经济三大定理，包括亚当·斯密以来的市场经济"看不见的手"非均衡资源配置的"资源比较优势"国际贸易定理；物质资本边际效益递减非均衡市场要素竞争的"戈森规律"国际分工定理；工业化、城市化重化物质阶段不可逾越论的"霍夫曼定律"现代化国际分工定理。而在全球化、信息化、知识化、城市化、非物质化发展与自主创新中,基于文化竞争优势的资源配置优化结构,已变为环境、智力、金融、科技、信息、服务、组织、制度、文化生产力九要素的综合创新体系与比较创新优势,物质资本边际效益递减的"戈森规律"已变为非物质资本代际效益递增的"逆戈森规律",而由重化物质工业化、城市化引导的现代化已转变为由非物质化、知识化、信息化引导的现代化。整个经济也在由以物质为基础的经济转向以文化为基础的经济,转向以上层建筑为基础的文化经济,转向以人为本的服务经济与版权经济。

文化与文化传播、文化创新与文化产业已由修辞工具变为生产工具与创新工具。[1] 而资本已由简单的货币增值系统转向资源动员与能量交换的复杂性组织系统。这需要我们重新来研究非物质经济、服务经济、知识经济、信息经济、全球经济,研究其后的资本原理与产业原理,产权原理与经济原理,文化原理与创新原理。同时这也使经济学由物质经济学转向了以知识、科技、信息、制度、组织、服务、创意、创新、文化为主的非物质经济研究,使以工业管理为主的经济管理转向了知识管理、公共管理、艺术管理、媒介管理、文化管理、服务管理、贸易管理、信息管理的非物质经济文化管理体系。同时又使欧洲大陆工业体系的"森林法则"殖民经济"庞大商品堆积物输出"[2] 的法学体系,经过太平洋信息社会"海盗法则"后殖民经济版权博弈法学体系,转向东方儒学法制化"天人法则"竞合、和合、平行、多元合作与开放发展的法学体系;以期形成经济与文化的正关系,全球化与国际分工的正关系,创新与发展的正关系,竞争与合作的正关系,经济文化演化与资源配置生产力结构优化的正关系。这正是当代社会科学重构的发展目标与创新宗旨。

中国传统的人文、文化与人文社会科学,由于只有单一的文、史、哲学科结构,缺乏经、管、法的社会科学知识结构,造成了只有修辞工具与书写工具的文官制度,缺乏生产工具与创新工具的经济社会,形成了近代中国落伍的三大难题。一是亚当·斯密所提出的"为什么中国人勤劳而不富有"的产权经济难题,二是李约瑟所提出的中国"为什么近代落伍"的科技体制难题,三是罗伯特所提出的"为什么近代中国停滞"的产业经济难题。三大难题,都有其深刻的近代中国社会科学发展不足的学科误区与创新鸿沟[3]。

中国的四大发明,在印刷术与造纸术的后面,只形成了文本经院与文官制

---

[1] 有关观点请见皮特·德鲁克关于1750年前后东西方的知识的分析体系([美]皮特·德鲁克著,朱雁斌译:《21世纪的管理挑战》,机械工业出版社2005年版)。
[2] 马克思:《资本论》(第1卷),人民出版社2004年版,第1页。
[3] 皇甫晓涛:《文化资本论》,人民日报出版社2009年版,第9、51~53、120~123页。

度，而没有产业经济与经济体制的链接；指南针的发现，只用于看风水的小农生产方式庄园经济建设，而没有玻璃工业（望远镜）的航海术与海洋贸易的拓展，即使有郑和下西洋的壮举早于哥伦布发现新大陆，也仍然难免于被列强的坚船利炮打破国门的命运，这也是国家经济、管理、法律的科学认知跟不上所致，可见科学技术与社会科学、社会科学与人文科学的创新鸿沟所形成的历史障碍，对于国家的发展来说有多么难以逾越。[①]

新中国的三大发明，胰岛素的生物技术由于缺乏国家科技创新、科技管理、科技传播体制，被他人拿去了此项技术的诺贝尔奖；核武器的发明，由于缺乏核工业能源基础的链接，又使我们新能源的开发落伍于他人；卫星上天，由于缺乏信息技术与信息经济的链接，又使我们失去了全球化信息社会与文化传播、版权经济博弈的先导性。

如上种种，不仅可以看出技术发明后面文化创新的重要性，而且还有深入其后社会科学体系建设的重要性，还有经济文化原理话语权建设的自主创新基础的重要性，还有人文社会科学融合的科学创新基础的重要性。

文化产业的研究，也不能仅仅停留在经济现象与文化思辨上，还要有更为深入的人文科学研究与社会科学研究的融合，文化创新与科技创新的融合，文化软实力，软科学与软技术的融合。近百年前"五四"新文化始，其实就已开始了"科玄"之争的人文科学与社会科学融合探索，而我们的文化产业发展，在国家制定的文化产业分类标准上，却把中国陶玉工艺、纺织园艺、汉学教育、中医药文化四大发明体系划在核心层之外，本身就使我们的文化产业与文化贸易、文化承传与文化创新、文化复兴与文化发展输在了起跑线上。而教育、医疗的公共文化服务体系不能够市场化，不等于教育咨询与健康产业不能够产业化与贸易化。这一认知误区也是由于社会科学经、管、法的文化创新研究不够所致。而国家《文化产业振兴规划》[②]，也由于没有人文科学与社会科学融合的文化产业基础研究深度，缺乏中国文化产业生产力要素系统与文化资源元素体系的深入发掘，而有些空心化，缺乏中国文化资源动员与文化创新持续发展的科学基础与创新基础。这又需要我们对于文化产业的跨学科发展，做出更为深入的社会科学创新与重构。

---

[①] 关于中国四大发明认知科学的文化反思，详见皇甫晓涛：《中国文化创意产业发展的创新基础》，《文艺报》，2009年6月6日。

[②] 中华人民共和国国务院《文化产业振兴规划》，2009年7月。

## 第四节 文化产业的创新发展与当代认知科学、鉴识科学的重构

文化产业的创新发展,对于当代人文社会科学的重构,又带来了对认知科学与鉴识科学的挑战与创新。比如,人类学从后殖民经济话语比较研究体系走向反思人类学全球语境的文化研究体系;文化传播理论从欧洲渊源学后殖民文化比较研究体系走向反思文化学全球语境的文化创新体系;社会学从达尔文社会学的"森林法则"走向反思社会学"天人法则"的和谐社会发展观;经济学从后殖民经济的资源比较优势与"戈森规律"等非均衡国际分工的物质经济体系走向反思经济学的"逆戈森规律"十大经济原理批判的非物质经济创新体系。①

认知科学的发展,对人文社会科学的重构,还体现在经济学市场经济由"杠杆原理"的物理学资源配置原理,走向了组织生产力研究的生物学主体优化原理,以及与之相关的非对称性创新优势文化博弈原理,出现了演化经济学等生物经济学的理论体系,融入了生物学最新研究原理与生物技术的 DNA 信息认知研究成果。包括对经济从物质到非物质的认知体系,也融入了对生物组织物质与信息元素融合的认知原理。还有对资本能量交换组织系统的认识,也揭示了经济学与生物学原理的内在联系。这对于非物质产业、文化产业、内容产业、创意经济的研究尤为重要。经济学也在由对物的关注转向了对人的关注,由对简单的物权财富的关注转向了对人权、版权、产权价值体系优化体制、制度的关注,由对商品的关注转向了对资源、生态、信息、内容、文化、版权、产权的经济演化体系的关注。对金融安全技术与危机管理的研究,也融入了对于生物安全技术、文化安全技术与危机管理及其组织系统、信息系统、传播系统的研究。

认知科学对于产、学、研创新体系的研究,也融入了社会科学经、管、法国家创新体系研究的理论基础。而知识资本、文化资本的转化与创新,优化与发展,也融入了产、学、研认知科学体系的研究成果。而产业组织的文化创新系统,学科、学术与大学的科学创新基础,产业发展的研发创新基础,都与认知科学的创新发展有着密切的内在联系。

联合国教科文组织的四大科技计划组,超级计算机信息技术计划组,DNA 技术生命科学计划组,纳米新材料计划组,认知科学计划组,以认知科学为创新

---

① 刘次全:《三维遗传信息和第三遗传密码》,《科学文化评论》,2005 年第 2 期。

基础，形成科技融合的文化创新体系，装备了文化产业的科学技术体系，形成了文化创新的认知科学原理与理论、思想、学术、技术来源。①

文化产业的认知科学融合，还包括文化人类学、文化传播学、文化创意学、文化社会学四大认知科学的融合与传播理论、创意理论、创新理论三大认知理论的融合，形成产、学、研的文化创新体系与认知科学基础。

鉴识科学，包括评估、规划、测绘、鉴定的科学体系、理论体系、技术体系、认知体系，还包括文化鉴定、文化评估、文化测绘、文化规划的鉴识科学融合，与文化金融精算的统计数学、计量数学与精算数学技术体系，这都将进一步促进当代人文社会科学的重构与认知鉴识科学的发展。

---

① 熊澄宇：《科技融合创新拓展文化产业空间》，《瞭望》，2005年2月21日。

第十五章

# 文化资本的创新基础与文化繁荣的科学发展规律*

## 第一节 基于"文化创意理念"的中国城市化发展的理论问题

### 一、亚当·斯密以来三大市场经济定理的后殖民话语误区

亚当·斯密以来的市场经济理论,在"看不见的手"等十大经济原理中形成现代经济学体系,尤其是国际市场分工资源比较优势的资源贸易理论,"戈森规律"的资本市场寻租边际效益递减产业资本理论,霍夫曼定律的物质市场积累不可逾越论的城市化、区域化、工业化产业与区域国际分工理论,形成后殖民话语的现代经济学体系与现代化发展的基本经济原理,以现代化理论形态与市场经济意识形态主导、影响着中国的发展起点、基础与方向、方法,影响着中国区域的产业规划与城市化的发展方向,也影响着中国城市与区域国际分工的战略抉择与资源配置,以及中国创新型国家的发展与自主创新道路的现代化发展模式。

---

\* 本章发表于《福建论坛》(人文社会科学版),2011年第6期。

在全球生产方式演进的国际分工和以国家为单元的现代化经济博弈中，世界生产方式正在发生深刻变革，生产方式变革的经济转型也在支配着世界财富中心的转移。在以印刷技术为核心的世界第一次生产力高潮的文官制度田园经济中，中国作为世界财富中心的大国曾经领先人类生产力高潮1000年，但在以蒸汽机技术为核心的工业化的产权制度与第二次生产力高潮的世界财富中心转移时，由于清朝王室国家科技体制、产权制度、产业组织的落伍，形成近代中国科技、制度、经济落伍的三大难题，即"近代中国为什么落伍"的李约瑟科技哲学难题。在以信息技术为核心的人类第三次生产力高潮中，世界财富中心正在由物质经济的大工业制造转向非物质经济的大文化创新，包括信息经济、生态经济、知识经济、产权经济、制度经济、创意经济、文化经济、媒介经济、全球经济、非稀缺经济等非物质经济的后经济体系，以物质为基础的经济正转向以非物质为基础的经济，也就是以文化为基础的创意经济。亚当·斯密以来的十大物质经济原理及其三大物质经济定律，在这一经济转型与世界财富中心转移的历史变革中，也在经受着新的反思经济学的理论检验和非物质经济发展的实践检验，并越来越暴露出其世界大工业原始积累时期物质经济的殖民化国际分工的局限及后殖民经济理论的误区。

中国正处于大国崛起的经济转型敏感期，对于中国经济转型的问题与方向、实践与创新，必须要有相应的现代化发展的经济理论支撑与基础理论创新，它必须是从中国创新与发展实践中总结出来的理论，又是能够指导中国跟上世界财富中心大转移、与国际接轨的较为普适的发展理论。创新型国家的建设与创新型经济的发展要有创新理论的自觉与指导、支持，自主创新的基础首先是理论的自主创新，这样才能更好地指导中国的现代化走出自主创新的发展模式与历史道路。

亚当·斯密以来的市场经济理论，最核心的资本实证原理，就是"戈森规律"物质资本与产业扩张边际效益递减的经济定律，由此导致了发达国家的轴心资本、技术优势与发展中国家边际效益递减的国际分工地位，从而成为现代物质经济原理与世界殖民经济的一大定律。而随着世界资本主义原始积累的完成，世界殖民经济有限物质商业领土的瓜分完毕与国际分工饱和，这一定律的历史作用也在逐渐减弱。取而代之的是非物质经济文化领土、文化版图、文化创新的代际扩张，从而形成了非物质资本与产业代际效益递增的逆戈森规律。美国自"9·11"之后将高新技术装备到文化产业上，由信息社会、信息技术形成以文化为基础的经济，从而引起世界财富中心的非物质化大转移。美国目前最大的出口产业是文化产业，仅音乐产业一项，已盖过了航天航空工业的物质经济实效。20世纪，美国人将最先进的技术和材料，装备到英国工业革命成果的现代都市化建筑业上，形成了"辉煌社区"的五星级酒店顶级服务产业，形成了品牌经济的轴心资本体系；21 世纪，美国人又将最先进的技术与材料装备到最小的芯片上，形成了以信息技术为核心的非物质化产业革命。联合国教科文组织与计划总署的人类基因计划组、超级计算机计划组、纳米新材料计划组、认知科学计划组四大核心技术的科技融会，正是这场产业革命的技术引擎，它不仅改写了产业的技术装备与科技创新基础，而且也改写了资本的扩张规则与文化创新基础。目前美国每年技术创新中，有 1/7 的科技创新是与文化创新相关的综合创新与自主创新，但这 1/7 的综合创新与自主创新，却占了科技贡献率与知识财富贡献率及全部产值的 6/7，可见代际效益递增的文化创新非物质经济成效对于边际效益递减的物质资本原理的解构，已形成反思经济学、后经济学的非物质经济原理，颠覆了物质经济基础理论的第一大定律。

从资源配置来说，非物质经济使用的是后赋资源的非稀缺资源，具有自主创新与文化创新代际效益递增的科学发展、和谐发展、可持续发展的作用。这对于中国的增长方式转变及资源配置方式变革的现代化自主创新道路及创新型国家建设来说，都是极其重要的。中国目前 30 年的持续增长，每年消耗了世界增长指数资源成本中 1/7 的淡水和水泥，1/6 的电、煤与钢材，每增长 1 个 GDP 几乎是发达国家能耗成本的 10 倍，这意味着中国急需增长方式变革、产业转型与自主创新升级。

逆戈森规律的非物质经济原理，对我们最大的启示，是在世界财富中心非物质化大转移中，我们要在反思经济学的创新机制中，走出发达国家为我们布下的承接重化工业国际分工的现代化、城市化误区，走出非物质经济与文化经济、创意经济自主创新的跨越发展之路与产业升级之路。比如，深圳与广东对于适度重型化现代化模式的超越，对于文化经济、创意经济、知识经济与服务经济的扶持与促进、转型与升级；大连环境经济、信息经济、服务经济对于东北老工业基地转型与振兴、促进与提升，云南、海南以生态资源为文化创新的基础跨越发展文化产业的实践，都是在对发达国家世界后殖民经济物质资本与产业国际分工边际转移的博弈与反思中，走出了非物质经济自主创新的城市化、现代化跨越发展道路。

亚当·斯密以来市场经济的第二大定理，是这一"看不见的手"所制造的物质经济不可逾越论的"霍夫曼定律"的后殖民神话，它为发达国家物质经济的重化工业转移到发展中国家进行廉价劳动力与物质资源的掠夺与扩张，提供了充分的理论工具。这也一度影响了我国对工业化与现代化、城市化的进程、内涵与方向的设定，大连城市革命、环境经济的"争议"与深圳"适度重型化"的争议即源于此。直到 2007 年我们为国家发改委做"全球生产方式演进下的深圳 2020 产业修编规划"总报告时，这个问题还是一个争议很大的焦点。对此，我们做出了知识化、信息化、生态化、服务化、非物质化的城市化、现代化的跨越发展产业升级规划纲领与灵魂，并提出相应的非物质经济自主创新理论依据。

最近中共十七大报告提出海西经济开发问题，从深圳特区、浦东新区到渤海新区、北部湾新区，中国展开了全面的开放起飞之翼，由东南沿海一线的沿海开放城市带发展为国际化、生态化、信息化、区域化、全球化、服务化、融合化的核心区域载体都市群的崛起，并带动着城乡统筹的城镇化与现代化的发展，由物质经济向非物质经济、由外向经济向创意经济、由文化自主的创意基础向文化领航的创新型城市、创新型产业全面跨越与发展。超越霍夫曼定律，我们在深圳全球生产方式演进的 2020 产业修编规划与海西新区的规划思路中，提出了以创意经济自主创新为基础的现代化跨越发展的规划思路与理论依据，这对目前我国城市化与现代化、知识化与全球化、信息化与服务化的科学发展及自主创新的实践指导都是极其重要的理论思考。

亚当·斯密以来市场经济的第三大定理，是"看不见的手"所支配的世界贸易中的资源比较优势，即发达国家以科技与产业优势在国际贸易分工中换取发展中国家物质资源的市场"比较"原理，发展中国家则以源源不断的物质资源"比较优势"与优质资源配置"优势"供给发达国家的产业、资本扩张需求，这为发达国家后殖民经济的资本与文化扩张提供了充分的理论依据，也为发展中国家自觉地输出"比较"资源提供了貌似公允的贸易理论，成为后殖民经济堂而皇之的"寻底竞赛"（racetothebottom）护身符与隐身术。

## 二、中国跨越发展的经济学核心理论思考

Hummels 等（2001）曾提出了垂直专业化分工理论，此前 Gereffi（1999）建立了全球价值链（GVC）的分析框架，竞争力理论创始人 Porter（1990）则强调"要素创造"的作用，此后 Humphrey 和 Schmitz（2001）提出了全球价值链中工艺、产品、功能及产业四个层次的转化升级模式，可以见出西方经济学者对于国际分工与国际竞争全球经济理论的关注，对全球生产方式演进中从微观经济理论到宏观经济理论国际分工与国际竞争问题的关注，以及现代经济学参与国际分工论证与国际竞争考量的理论动向与技术路线，我们对此不可忽略，更不能过于书生气地对待西方现代经济学的发展动向。对此，国内学者也曾关注我国企业处于全球价值链的"微笑曲线"底端如何向高端攀升的问题，但还未形成系统的思路和对策；原因就是对于亚当·斯密以来的市场经济三大定理尚未形成反思经济学的现代经济学自主创新理论与体系。

最近，比尔·盖茨在其所发表的旨在"用市场力量和制度创新，服务穷人"

的有关"21世纪的新资本主义"演讲话题的理论分析中,还是没能跳出发达国家与发展中国家、资本与资源、产业与需求、制度与市场的二元论经济学思维,依然在发达国家技术、资本优势与发展中国家市场、资源优势中寻找后殖民经济的天平与神话。他是在世界财富金字塔的顶尖上试图去填平世界财富金字塔底层的市场鸿沟与公平基础。

我们认为,制度与资本所带来的问题,还需要在制度与资本自身的深层层面去解决问题。真正的创新是要在知识产权、国际法权与国家主权的自主创新之路中走出超越资本主义市场经济与全球化后殖民经济三大定理的现代化发展之路,即创新型城市、创新型国家建设的市场经济之路。

在目前的全球博弈文化版图中,我们将日、美、韩视为真正意义上的新发展的资本主义商业领土与文化版图,即太平洋新资本主义;我们将欧洲大河莱因资本主义视为福利社会的后资本主义;我们认为目前中国大陆所进行的改革开放及其向纵深阶段推进的现代化发展与创新型国家建设,正是在对前者借鉴的基础上,努力探索一条跨资本主义的开放自主综合创新之路。这是中国在改革开放30多年的持续增长与科学发展中,探索出的不同于前两者的现代化自主创新的发展道路,同时也是有别于亚当·斯密以来完全市场经济及其三大定理所支配的后殖民经济发展模式的新型现代化发展道路,唯有如此,才能揭示出中国30年持续增长的经济原理、创新原理、发展原理与科学原理。

中国城乡二元体制的改革实践,类似于世界发展中国家与发达国家市场经济的二元体制演绎。在计划经济大锅饭的落后体制中,农村分产到户的生产责任制是一个解放生产力的历史进步,但这种改革的先进性只能维持3年,因为它毕竟是退回到小农生产的市场经济,无论是从资源配置还是生产方式,都带有小农经济的先天不足,而我们却将其持续了30年,只能用城镇化的发展拉动农村经济的现代化起步,此间保留了一级财政核算的集体经济进行农工商一体公司化运营的农村,几乎都走出了城乡二元体制的边际产业分工、重化物质工业承转与仅靠资源输出来发展的误区,从而进入全球化、城市化、郊区化、区域化的市场经济平台,比如大连红旗镇,天津大邱庄,北京各郊区县的城市化、区域化发展,江苏的华西村,广州的联星村,东莞、顺德的城镇化与城市化、郊区化发展,上海与温州、苏州等江浙的城镇化、城市化与郊区化发展,都保留了自主制度经济的基础与市场产业组织元素的创新活力。这为世界市场经济博弈及现代化进程中发展中国家与发达国家二元体制的经济原理及创新路向,提供了鲜活的历史经验与实践基础。

然而,从资源比较优势到自主创新优势,从边际效益递减到代际效益递增,从物质经济到非物质经济,这一国际分工的跨越与全球经济的国家创新体系建设，毕竟是一个艰巨的经济文化变革，不仅有全球新经济的反思经济学代际创新原理——比如美国每年有 1/7 的产品与产业是代际创新的核心技术构成，却形成 6/7 的产值与生产效益，自主创新原理——比如从资源比较优势到自主创新优势的自主现代化经济发展原理，非物质经济原理——比如从霍夫曼定律的重化工业现代化发展到非物质经济的跨越发展；而且还要有文化领航的全要素生产率自主创新体系与超越全球化三大文化定理的现代文化创新基础、体系与原理。一是从文化影响渊源学的比较原理到文化发展自主论的创新原理，二是从全球文化单极化的一体化原理到世界文化多元化的本土化科学重构，三是从文明冲突论的国家、种族社会达尔文主义"物竞天择"自然原理到文明和谐论的市场经济多营博弈文化和谐原理；形成以文化为基础的新经济原理与文化领航的创新型国家现代化自主创新经济理论，包括土地、资本、人力的物质资源配置自主创新体系，信息技术和信息社会的信息对称自主创新体系、科技自主创新体系、组织自主创新体系、制度自主创新体系和服务自主创新体系，形成全要素生产率社会组织创新体系与反思经济学聚优博弈原理。

弄清这一反思经济学的经济原理、文化原理、创新原理、自主原理、博弈原理与科学原理，对于我们在全球生产方式演进国际分工中的城市与产业、文化与经济的科学发展、跨越发展、和谐发展、持续发展是很重要的，对我们创新型国家建设与现代化自主模式的形成，都是重要的理论基础与科学基础。

## 第二节　文化繁荣的创新基础与文化发展的科学基础

文化大发展，需要文化持续大发展的时代环境与创新基础。每个时代、国家、民族的文化大繁荣，又都成为社会大发展的创新基础，推动着社会、时代、国家和民族的大发展与大飞跃。

### 一、"长时段"的和平、稳定创新基础与民族融合、开化的发展环境

首先，每个时代的文化大繁荣，都有着和平环境与稳定盛世的社会基础，如春秋战国战乱之后的汉文景之治，带来了"马踏飞燕"的大汉气象与农业文明蒸蒸日上的文化大繁荣。此间由于造纸术的出现，汉书体与文体从书写材料、媒

介到文本、风格、技术、艺术的形成，促进了经学与史官文化的发展，重构了夏、商、周上三代的口传文化，形成了诗、书、易、乐、春秋等六经文化的经学阐发与经史体系、史官文化与文官制度，并对此前的经学、史学、科学、艺术做出较为全面的总结。地理、天文、数学等自然科学也有较大的突破，形成汉代武能拓边、文能安邦的文化大繁荣与大跨越，形成汉化、教化与王化的国家意识形态及其书写、教育与承传、传播体系。

法国年鉴学派曾用"长时段"的历史范畴，解析文化单元的历史演进与文明发展。纵观每一个文化大繁荣的时代，都是有着长时间段的和平环境与民族团结共同进步的稳定社会环境。而每一个文化衰退的时代，都有战乱迭起与社会动荡的根源，和则兴，乱则衰，和平是文化大繁荣的文明基石，文化繁荣又促进提升了和平的时代环境与创造蕴藏力。

每一个和平环境，又都经历了民族大融合与大团结，文化大开放与大进步的过程。如经过春秋战乱动荡后汉代民族大融合，唐代三国与魏晋南北朝社会大动荡后的民族大融合，清经金元辽战乱后的民族大融合，都由民族融合发展为文化融合与文化创新、文化繁荣，形成从书写、书体、媒介到文本、文体、文官制度的国家理念、意识形态、艺术体系、民族精神等主流文化系统，形成文化大繁荣的时代环境与创新基础，全面促进了文化的繁荣、进步与跨越。

## 二、学术自由的时代环境与轴心文明的承传积累

文化大繁荣除了需要稳定的社会环境及客观的科学基础、创新基础外，还要有自由的学术环境与精神，开放的文化交流环境，能够培育天才的民族、国家、时代的文化土壤，科学、和谐的教育制度与文化制度，文化积累、文艺自觉与文化复兴、文化重构等一系列的文化准备。

如汉史官文化对于上三代华夏口传文化的史学阐述与经典轴心体系重构，汉代儒学复兴的文化创新，造就了汉意识形态的书写与民族精神的全面提升，唐宋诗学复兴与文官制、文化制度的发展，此间书法艺术、绘画艺术、建筑艺术、园林艺术、服饰艺术、歌舞艺术、说唱艺术的发展，促成了汉唐文化轴心文明体系的大繁荣。新文化的复兴，则又在现代中国新理性、新人文的复兴和全球化的多元融合中，重构了中华文明的现代化文化轴心体系。

欧洲的文艺复兴，也是在世界转向近代的和平环境跨越中，由工业革命的科技创新基础，把人从神学中全面的解放出来，一是有和平的稳定的环境和和谐盛世的创新基础；二是有人文主义及科学认知的创新内容；三是有着从近古到近代地理大发现的开放基础与科学基础；四是有学术自由的创新机制；五是重构古希

腊自由精神，这一切构成了文艺复兴的文化繁荣基础，形成欧洲"影响学派"的文化创新与文化传播。

## 三、文化创新的生产力要素与文化认知的科学重构

当今世界，文化变得越来越复杂，不仅从文字、文本、文体、文艺中走出来，带着技术、产权、产业走，而且在进入复杂关系中，又将物质生产力如土地、资本、劳动力经济基础、内容体系演化为信息、制度、服务、组织、创意的全要素生产力与国家自主创新体系。文化繁荣的时代环境与创新基础发生了更为深刻与隐蔽的变化。文化技术化，以文化传播为主要形态，已成为内容生产的创新工具；文化信息化，也从信息技术、信息社会、信息制度的创新体系中，成为数字文化生产的创新基础与创新体系，将以物质为基础的经济改写为以文化为基础的经济；文化制度，更在文化体制改革中成为全球博弈的国家创新之核与世界财富中心转移的杠杆；文化服务，已发展成为内容为王知识服务与智力产业；文化组织，更是把文化内容与内容生产在产业组织中系统地演化为创新工具与创意机体，成为领航世界财富中心转移的非物质经济大创新与大跨越；而文化创意，则成为全球生产方式演进与国际分工中产业重构与再造的创造力与创新体系，进入经济活动与人文活动的舞台，成为经济与文化创新发展、跨越发展的交响乐。文化繁荣所需要的和平环境、学术自由、民族融合、文艺自觉、文化复兴、创意内容、开放机制等软实力发展的条件，不仅增加了技术、信息等硬件的竞争，而且也增加了制度、组织等中介隐蔽环节与兼容、融合创新的文化主体间性创造空间与生产环节的博弈。

可以说，文化创新正在重构整个当代人文社会科学，人文社会科学的重构又全面促进了文化创新与文化繁荣。为此，我们应该重视文化软实力的认知与发展，人文社会科学的重构与创新，本土文化的承传与复兴，自然科学与人文社会科学的融合与创新，都将成为文化繁荣的时代环境与创新基础，成为文化大繁荣的科学基础与创新基础。

文化繁荣，在文化技术、文化制度、文化组织、文化内容上都有其深刻的科学基础与创新基础。信息技术与版权经济的数字文化生产力发展，产业组织与文化产业的创意内容生产力兴起，文化内容与文化服务的文化创新国际分工与要素竞争力博弈，改革开放以来东西交融的文化创新力提升，都为中国的文化大繁荣创造了科学基础、创新基础与发展基础。

## 四、文化创新的四大定律与中国走向文化繁荣的理论反思

文化大繁荣，一个根本的问题，是在内容、技术、制度、组织上要有文化自主的创新基础，这是文化发展、文化创新的第一大定律。文艺复兴以来，现代化的欧洲影响学派的文化传播，全球化时代美国的文化扩张与文化输出，文明冲突论的文化竞争与文化博弈，都是以剥夺他者文化自主性为现代性发展的文明前提与历史逻辑。中国的改革开放持续了30年的经济增长，不仅为跨越西方文化三大定律的文化自主奠定了经济基础，也为超越世界后殖民经济三大定律的现代化文化自主创新道路提供了科学根据与创新基础。

文化大繁荣与文化创新的第二大定律，就是文艺自觉、艺术自觉与人的自觉、生态的自觉，形成艺术、人文、自然的创新基础与价值重构，自我发现、艺术美发现、自然美发现与文化承传的学术创新基础及文化复兴，如汉代儒学复兴与天人感应的文艺初觉，魏晋玄学复兴与中古文艺自觉的文化大繁荣，唐宋诗学复兴与意境美文化诗学的发现，儒释道融一的"盛唐之音"审美文化创造，宋明理学复兴的文艺自觉与文化重构，现代文艺自觉与新文化的复兴，新世纪新理性的复兴与本土文化的重构，都有文艺自觉的文化创新与文化复兴的学术发现。

文化大繁荣的第三个定律，是要有学术、思想自由的开放气象与从科技融合、民族融合到文化融合的融合创新，从客观环境的自由开放、融合开化到文化主体的自主、自觉与自我重构，从文化自主的主体创造到文化兼容的主体间性复杂体系自由创新，自由是文化繁荣的创造前提与环境机制、创新基础。从借鉴、传承到自由创造，从自主、自觉到自由创新，从中古文化的"引外融中"，到近代文化的"借西改中"，再到今日文化大繁荣的"融他入中"，直至文化大繁荣的自由创新之境，都有助于中国自主创新的东方化、现代化道路的大跨越与大飞跃。

文化大繁荣的第四个定律，是文化自信的从容步履与自我创造，从自我文化的觉醒到历史信念的重构，每一个民族、国家、城市、企业、家族、个人，都有着文化灵魂与文化精神的"绝对理念"，形成民族精神、城市文化、企业文化、家族传统、个性世界的文化自信和自我、自主创造系统与创新体系，有着自我超越与文化自主、自赏、自由精神的系统升华之境。

这就是文化繁荣的创新基础，它有着时代环境的历史内涵与创新机制，有着民族精神的历史内涵与创新机制，有着科学基础的创新条件与发展道路。对此，我们应有更为系统、深入的研究与学术理论及思想、文化探讨，并开拓相应的思想理论探讨，这对于中国的文化繁荣与腾飞尤为重要，更是一个关涉国家、民族

命运的百年大计之基。今天我们探讨文化繁荣的创新基础,就要有这一超越全球化、现代化经济文化理论,走出与世界第三次生产力高潮自主创新的道路反思经济学、反思文化学、反思人类学的理论基础与科学基础框架,以便更好地把握中国大国崛起自主创新道路与持续发展的自由创造之境。

# 第十六章

# 基于"文化创意理念"的文化科学体系阐发

——当代文化的知识生态与知识文明创新体系的跨学科阐发

文化科学是文化信息化、知识化、系统化、媒介化、生态化、社会化发展的跨学科复杂性知识创新与知识文明系统研究体系与方法、理论。

文化科学的原理理论体系包括人类学、文化学理论体系，文学、史学、哲学、美学、艺术学、艺术科学理论体系，宗教哲学、历史哲学、文化哲学、艺术哲学、科学哲学、技术哲学、工程哲学、产业哲学的创新预见与哲学思辨理论体系；包括自然史、科学史、艺术史、文学史、哲学史、创新史及史学理论的文化史知识体系；包括传播学、符号学的文化科学原理、理论体系。

文化科学的应用理论体系包括文化管理科学、文化鉴识科学、文化规划科学、文化生态科学、文化环境科学、文化教育科学、文化信息科学、文化媒介科学、文化传播科学、文化经济科学、文化管理学、知识管理学、艺术管理学、符号管理学等科学体系。

文化科学的创新理论体系包括文化认知科学、文化软科学、文化边缘科学、文化交叉科学等学科体系与理论体系。

文化科学的经济学理论体系包括文化产业学、文化资本理论、版权经济理论、内容产业理论、创意产业经济学体系与学科体系。

文化科学的行为科学包括文化社会学、民族学、文化区域科学、文化心理学等科学体系与理论体系。

文化科学是实践的科学，理解的科学，阐释的科学，创新的科学，是人类思维方式与智慧形式，思考方式与行为方式，生活方式与生产方式的范围、意义、内容、功能的科学阐发与认知系统。文化科学具有知识的主体性、系统性、复杂性的实践特性，具有客观事物普遍联系与内在规律的逻辑性。

文化科学的形式，有文化普遍联系的文化结构学形式，有文化系统演进与发展的文化动力学形式，有文化创新性与突变性演化的文化创造学形式。①

文化，人类思考、行为方式形成的器物、制度、技术、符号等物质文明与精神文明的创造方式、流程与习俗、功能形态，以及相关的价值观与大众时尚、物质载体与非物质媒介传播系统与创新系统、创造行为。包括宗教、历史、文学、艺术与科学、技术、工程、产业的知识文明总体构成，以及由此形成的人类解决人与自然、人文与科技、知识与社会矛盾关系的体制、机制与制度、方法、形态与思维方式、智慧方式、创造方式的系统、规律与创新体系。包括知识文明的普遍联系与科学、技术、工程、产业的复杂性科学系统的演化流程与方法，以及由此形成的生活方式、生产方式、资源管理体系、国家创新体系的知识文明制度创新体系、方法与态度、智慧。

文化科学是探索人类思考方式、行为方式与思维方式、智慧形式的规律、联系、价值、功能、方向、方法的总体科学，包括对于由此形成的生产方式、生活方式、认知系统、鉴识系统、信息系统、创新系统、价值关系的知识文明创新体系与元素总结、阐释以及做出相关复杂性创新预见、评估规划的系统科学。

文化科学的研究对象是知识文明的思维方式、创新体系与科学形态、价值关系、实践特征。文化科学的研究范围是人类知识与实践形成的系统思维体系、科学体系、知识体系、创新体系与跨学科的知识文明创新体系。文化科学的研究方法一是人类从整体到细分知识范畴，再到整体的整体科学思维与细分专业技能综合方法论人文科学体系；二是既有定性研究的历史、逻辑方法，又有定量分析的数理科学方法；三是既有历史、经验的总结，复杂性物质与非物质现象及体系、结构、系统、元素的阐发、描述与分析，又有创新预见、规划与评估、测绘的鉴识科学体系。

## 第一节　文化科学与人文科学的知识文明阐发

人文科学主要包括文史哲，起源最早的原典应该说是《易经》的人文科学总汇，《易经》也是最早的文化科学原典创辟之作，是跨学科的文化科学集成之

---

① 黄文山：《文化学及其在科学体系中的位置》，新文丰出版公司1981年版。

作。具体包括口传文化演说辞的文学修辞工具，历史事件春秋大义与宫廷政治变迁的华夏上三代史学体系，宗教哲学、历史哲学、文化哲学、艺术哲学的"天人合一"与东方哲学思想文化体系；还包括科学哲学、技术哲学、工程哲学、产业哲学的创新预见及相关国家创新体系、华夏文明创新体系。包括历史反思、文化反思、现实反思的反讽、反思中"风"的国民意识形态思想文化批判体系，包括天伦与人伦、自然与人文、生态与文化的主流文化、宫廷文化的国家意识形态"雅"的文化形态与人文基础；包括解决天人关系、自然与人文关系、生态与文化关系、神话与历史关系的早起宗教意识形态"颂"的文化形态与人文基础。

除此之外，《易经》还包括数学、物理学、生物学等自然科学的知识文明起源萌芽与数理思维之纲，包括管理科学、法学的天人之道与人文之轨的原理、理论与相关知识文明的思想体系，包括艺术科学天人感应的直觉思维与艺术创作规律、原理的初步探讨，包括信息科学知识文明起源的朴素原理与整体思维，包括环境科学、人居环境科学、生态科学的自然风水与人居人文天人关系、环境生态的知识文明萌芽与思想渊源，包括人类童年期对宇宙、世界、自然、人文周际世界的触摸与反应的认知科学雏形与理论思想渊源，包括评估、规划、计划、鉴定、鉴识、精算、统计、测绘的规划科学知识要素与鉴识科学知识文明起源的科技手段及相关预测学创新预见的方法论思想理论体系，包括总领万物、领识教育、化育天成的领识科学、教育科学、领识思维、人文教育知识文明起源的思想理论体系，包括从一到无限循环往复与复杂巨系开放系统的熵思维知识文明起源与系统科学的相关思想理论体系。

人文、文化与科学、技术，本来都是认知学科分类与科学思维融合的知识文明要素与创新体系，马克思说过，从阿尔卑斯山脉将地球分为东西两半球的地理人文，使得人类的东西方文化截然不同，有类于人类童年期发育成熟的左右两半脑，东方偏人文与文化，西方偏科学与技术。

然而积习成为自然，文化演化守成，知识反成意义与范畴无以转换的局限与障碍。于是，五四新文化发生与外来文化进入、东西文化交融之际，遂发生了科玄之争的东西文化大论战，科玄之争、文白之争、新旧之争于是就成为催生五四新文化与现代文明发生的复杂巨系的内在纠纷与矛盾，成为其复杂巨系开放之门的熵与现代文明之源的永恒困惑。科学与玄学，文言义理之玄与事实陈述之"白"，新旧思想之异，势同水火，相攻相克而不相容。今日看来，也为文化与科学相遇之处新文化童年之期的困惑与幼稚，终在今日得以成熟与融合，那就是科学与文化的融合，人文科学与自然科学等其他科学体系的融合，文化科学与人文科学的融合，也就是今天说的文化创新的科技融会，包括文化与超级计算机信息科学的科技融会，文化与纳米技术新材料科学的科技融会，文化与认知科学的科技融会，文化与 DNA 生命科学技术的科技融会。①

皮特·德鲁克曾说，1750 年以前的人类知识是修辞工具的人文知识，1750 年以后的人类知识是生产工具的科学知识；② 我们认为新时期以来的人类知识文明重构，使得人类知识正在发生重大的变化，那就是 21 世纪以来的人类知识文明，是人文科学与文化科学融合的创新工具。

人文科学文史哲的修辞工具知识模型、社会科学经管法生产工具的知识模型、文化科学人文科学、社会科学修辞工具、生产工具及产学研与评（评估科学）、规（规划科学）、测（测绘科学）、信（信息科学）、鉴（鉴识科学）、统（统计科学）的创新工具知识模型的科技融会与知识融合，形成文化科学的创新预见与产业预见知识文明科学体系与创新体系，将会是人类知识模型与知识工具的巨大变革与变化。

人文科学是文化科学的创新基础，文化科学是人文科学的创新体系，文化科学与人文科学的融合，将在人类的知识革命中产生与引领生产方式与生活方式、思维方式与行为方式的巨大变革与变化。

## 第二节 文化科学与自然科学的知识文明阐发

自然科学数理化生的科技创新体系，与文化融合的科学创新体系，形成文化科学的知识变革。自然科学因认知科学的发展与创新、突破，已由一般物理学理论来源的知识体系，演化为以信息科学、系统科学、认知科学、生命科学为基础的知识文明创新体系；而这四大科学的发展，又与人文科学、社会科学等软科学的发展密切相关，融合为新的知识文明创新体系，包括鉴识科学、人居环境科学、环境科学等知识体系的新发展。比如信息典型化测绘理论，就是把物理学的数理技术评估工具，发展为信息科学、系统科学、复杂性科学与科学哲学、技术哲学、工程哲学的测绘工具与认知科学体系，演化为创新工具的新科学体系。③

又如以物理学为基础的经济学，杠杆原理、增长原理、均衡原理、物质原理、竞争原理等，正在演化为以生物学、生命科学、文化科学、信息科学为基础的经济学，如自主原理、自组织原理、演化原理、优化原理、极化原理、博弈原理、复杂性原理等；生命科学关于生物自组织信息传递原理与理论、生命科学关

---

① 熊澄宇：《科技融合创新拓展文化产业空间》，《瞭望》新闻周刊，2005 年 2 月 21 日。
② 皮特·德鲁克著，朱雁斌译：《21 世纪的管理挑战》，机械工业出版社 2009 年版。
③ 皇甫晓涛：《文化资本论》，人民日报出版社 2009 年版，第 52~53 页。

于 DNA 复杂性系统自组织原理的信息传递理论，正在用于文化科学的经济学分析、管理学分析、创新原理与理论分析、自主原理与理论分析、自组织原理与理论分析、优化原理与理论分析、博弈原理与理论分析、复杂性原理与理论分析等方面，可以看做是文化科学与自然科学融会的科技文明创新体系与创新预见。①

## 第三节 文化科学与社会科学的知识文明阐发

社会科学经管法的生产工具，主要是物质文明创新体系的知识系统，仅有传统的物质生产原理与理论，市场经济物理杠杆原理与理论，物质商品价值原理与理论，物质资本边际效益原理与理论，物质资源比较优势与理论，是远远不够的。在由物质经济向非物质经济转化的支配世界财富中心转移的知识文明重组中，物质生产原理已演化为文化创新原理，市场杠杆原理已演化为资源优化原理，商品价值原理已演化为版权领土原理，物质边际效益递减原理，已演化为非物质经济代际效益递增原理，资源比较优势原理，已演化为综合创新优势原理，物质经济均衡发展的国际分工理论体系，已演化为非物质经济跨越发展的国际分工文化理论，等等。可见，文化科学已将以物质文明为创新体系的社会科学生产工具，演化为支配世界财富中心非物质化转移的知识文明的文化科学创新工具。

## 第四节 文化科学与艺术科学的知识文明阐发

艺术科学包括美术设计的创意科学、音乐舞蹈的艺术科学、影视艺术的艺术传播学、艺术理论的相关理论学科，艺术科学不仅是精神文明创新体系的精神原创力与历史伟力，而且还是文化艺术应用发展与跨学科发展的创新工具，艺术科学不仅是文化科学的创新基础，丰富了文化科学的学科内涵与知识文明创新体系，而且也为文化科学的发展提供了更为广泛的实践领域与知识空间。反过来文化科学的发展又为艺术科学的创新与成长，提供了认知科学、软科学的科学工具与创新工具，提供了思想理论与文化思想的科学体系。

---

① 皇甫晓涛：《文化产业学科建设的基础理论研究与当代人文社会科学的重构》，《学术月刊》，2010 年第 8 期。

美国没有社会科学院，但是有国家艺术科学研究院，中国的艺术研究院设在文化部下的一个司局级单位，我们认为从体制和创新机制的制度安排上，在全球文化博弈中是失衡与不对称的。美国没有社会科学院专业地做国家意识形态的社会科学研究，但美国用艺术科学院与好莱坞相融合的模式，演化美国梦的美国英雄意识形态，每年只拍世界2%的影片，却占据了世界80%以上的电影市场，人们说美国的好莱坞大片+麦当劳土豆条+微软的芯片，成为美国艺术+科技+商业的文化意识形态演化模式与文化领土侵略扩张模式，帮助其成功地缔造了全球化的文化帝国，演化着其文化帝国主义的美国单极化全球文化扩张模式，取得全球化文化博弈的创新基础与优势。

中国如果把层层自主自组织供给与安排的过百个社会科学院的事业经费，组织其强大的国家艺术科学院、中国电影制作中心，才能够形成与美国全球化文化博弈的主体、制度、组织、文化生产力的创新基础与文化缔造的创新优势；把力量集中起来办大事本来是中国社会主义体制与制度的优势，但改革开放以来由于这方面的设计不够，才成为制度短缺的发展劣势。

诺贝尔经济学奖获奖者著述近年来反复阐述的四大原理，一是组织生产力的文化缔造与知识文明缔造原理；二是知识自组织与文化自主的博弈原理与创新原理；三是制度与科技、轴心与边际的信息对称原理；四是市场自由演化自组织原理与公共资源集约优化管理自主原理兼容体制与制度创新优势。① 联想近代中国落伍的"中国之问"三大难题，一是亚当·斯密的"中国人为什么勤劳而不富有"的财富产权制度缺位难题；二是罗伯特的"中国近代为什么落伍"的产业组织与市场经济制度缺位难题；三是李约瑟的"近代中国科技为什么落伍"的科技体制与制度缺位难题，② 都是由于诺贝尔经济学奖获奖者著述所反复揭示的这四大原理的组织与制度的信息不对称所造成的。

不仅如此，从更深层面的组织、制度博弈与相关信息对称的创新原理来看，我国改革开放30多年，只注重了物质经济发展中的科学院院士、工程院院士的制度安排与组织保障，国家重大科技实验室平台建设的制度安排与组织体系保障，却忽略了非物质经济与文化软实力、软技术建设的文化科学、艺术科学及相关软科学、软技术的科学院院士、工程院院士的制度安排与组织保障，国家软技术与相关文化科学技术、艺术科学技术重大实验室平台建设的制度安排与组织体系保障，迄今为止，都是制度短缺与平台空白，这使我们的全球文化博弈的信息不对称，发展基础薄弱。

---

① 埃莉诺·奥斯特罗姆：《公共事务的治理之道：集体行动制度的演进》，上海三联出版社2000年版。
② 宋丙洛著：《全球化和知识化时代的经济学》（中文版序言），商务印书馆2003年版。

与之相关的问题是，在艺术发展中，我们忽略了文化科学与艺术科学的融合创新，只是偏艺术、轻技术，难以与知识文明的科学体系、创新体系相对称。比如，解放军艺术学院，应改造升级与重组为国防文化大学与国防艺术科学院，才具有全球博文化弈与文化领土、主权领土安全建设的创新功能与科学发展基础。

## 第五节 文化科学与信息科学的知识文明阐发

信息科学对于科学技术与文化发展的影响最大，已成为知识文明的创新引擎与核心技术。信息科学从数字地球的互联网知识文明创新体系，到智慧地球物联网的知识文明创新体系，① 最后必将发展到信息典型化处理的文化地球云联网知识文明创新体系。而每一个信息科学发展的新阶段，都为人类基于知识文明创新基础的知识革命与文化革命、产业革命与城市革命、产业预见与创新预见，带来了新的创新引擎与知识变革。

文化地球，是信息科学与文化科学科技融会与知识融合的知识文明创新体系与知识经济创新引擎。无论是在城市化非物质基础设施的三网融合发展上，还是在区域数据库、城市数据库、产业数据库的建设上，或是在文化资源的评估、流通、资产交易、产权市场发展的数据库建设上，都将产生系统、科学的革命性作用。

文化地球给我们带来的最大变化，给文化科学与信息科学带来的最重要的载体与创新引擎，就是云城市的云计算系统与相关综合配套的创新平台、创新体系，这也包括云文化、云计算的数据库建设与文化资源优化配置的创新平台建设及相关文化资产、产权流通的制度安排与组织保障体系的建设。②

## 第六节 文化科学与环境科学的知识文明阐发

中国最早使文化与科学融合、文化科学与环境科学融合、知识文明与生态文

---

① 许晔等：《IBM"智慧地球"战略与我国的对策》，《中国科技论坛》，2010年第4期；缪其浩、党倩娜：《"智慧地球"给我们的启示：从技术到产业的开放式创新值得关注》，《科技时报》，2010年3月30日。

② 皇甫晓涛、赖章德：《关于文化产业交易的理论思考》，《中国美术》，2011年第6期；皇甫晓涛：《文化交易与版权经济的创新引擎》，《中国文化报》，2009年8月18日；皇甫晓涛：《国家主权与文化产权——创新型国家的核心内容与后经济产业的发展灵魂》，《文艺报》，2006年10月24日；皇甫晓涛：《版权经济论》，科学出版社2011年版。

明融合的创新体系，就是《易经》、《河图洛书》中关于天人关系解决、人文与自然关系解决、人居与环境关系解决系统科学方案的风水、天文、地理学理与认知系统。

中国古代的整体科学思维，使其在人文中蕴含着天文，天文知识中又蕴含着人文认知科学体系，形成天文、地理、人文复杂巨系的文化科学与环境科学、生态文明与知识文明科学体系与创新体系。

知识经济的第一个要素是谁来做，风水与天文的研究也是如此，巫师做即是巫术，江湖术士做即是骗术，人文巨匠与文化大师做就是文化与生态，科学家与工程师做即是科学与技术。

还有一个更有趣的现象与案例是，《哈利·波特》产生的英国文化与人类学背景，在《哈利·波特》中，科学技术与神话巫术、文学艺术与游戏魔术相融为一，融为人类学知识文明的科学体系，创造了无限的生机与想象，形成了巨大的版权经济链与知识经济产业链。马林诺夫斯基曾有《巫术、科学与宗教》的文化功能论的学术阐发，这对魔幻艺术与科幻动漫艺术的产生，也是有着文化科学的创作背景与知识文明的学术语境的。

文化科学、生态科学与环境科学相融为一，精神文明的原创力与文化原型、神话原型、文学母题、母题情结相融为一，形成人文知识模型的修辞工具，与生态科学的知识原型、环境科学的文化母题相融为一，形成文化科学知识模型的创新工具，就会产生原创文化的艺术魅力与知识伟力，产生神话与历史融合、宗教与人文融合、文化与科学融合的无限创造力与想象空间。这无论是《哈利·波特》的神话哲学宇宙空间与精神结构，还是《红楼梦》百科全书的人文知识与宗教哲学的精神空间，抑或是《西游记》东方神话哲学儒释道融一的宇宙空间与精神结构，都有其文化科学、生态科学、环境科学融一的知识文明与生态文明创新体系与创造伟力、原创伟力。

《大长今》在内容生产上，所形成的宫廷建筑、服饰与中医药文化科学、风水环境科学、生态科学咨询的人类学报告研发基础，此前韩国人购买同仁堂、达仁堂版权经济交易的创新基础，是形成其韩服、韩餐、韩国旅游热的文化科学创新基础，远非一般我国随意所拍古装戏或香港戏说历史的电视剧在内容生产的分量上可比，不在一个信息对称的技术产能水准上。前者为有意义的情报的内容生产咨询产业，后者为有意味的形式的审美创造艺术创作上；而能否够得上艺术创作有时又另当别论。

所以有时人们把《红楼梦》当作史书来读，当作神话来读，当作哲学来读，当作医书来读，当作厨艺来读，当作风水环境科学与人居环境科学之著来读，把《西游记》当作医书来读，当作风水环境科学之著来读，当作生态科学之著来读，可见其文化科学的内容生产价值与环境科学、艺术科学的创新价值。①

与之相关的另一问题是，英国前首相撒切尔夫人曾说道，不用怕中国作为大国的崛起或文化大国的崛起，因为中国再也生产不出走向世界的《红楼梦》与《西游记》，只会生产占世界1/3的电脑、1/2的数码相机及DVD播放机、2/3的印刷机、60%的体育用品和占全球市场75%以上的礼品玩具；② 我们冷静下来也在反思，钱学森之问中的相关文化、历史与教育问题，相关文化艺术与文化科学的学科建设问题，③ 是否是因为我们失去了中国古代人文科学作为文化与天文学、环境科学相融为一的整体科学知识构成与知识文明背景，才会产生我们失去原创力与创造伟力、创新活力的知识文明前提或逻辑前提呢？

如果我们今天按目前艺术教育的学科管理与学者学衔制度岗位管理的要求，向鲁迅、老舍、徐志摩、徐悲鸿、齐白石这样的文学与美术艺术家要课题费与学术论文发表数量与等级的科研工作量，同样也是折杀了艺术天才而又会徒劳无功。不仅他们生产不出这样的科研工作量，而且还会"杀死"现代中国的诸多文化巨人与艺术天才。

## 第七节　文化科学与认知科学的知识文明阐发

认知科学的复杂性最多，创造生机也最多，创新价值与潜力也最大，跨学科问题也最多。联合国教科文组织将信息科学超级计算机计划组、生命科学DNA计划组、新材料科学纳米技术计划组、认知科学计划组列为人类科技融会的四大核心科技体系，可见其科学价值与知识文明的创新价值与潜力。

认知科学不仅是自然科学与人文科学、社会科学的科技融会与科学融合，而且也是文化科学与其他科学、软科学、边缘科学、交叉科学的科技融会与文化融合。

文化科学与文化创新研究中，较为重要的基础理论与基础学科，如人类学、文化学、传播学、心理学等，都与认知科学密切相关、相融为一。

文化科学的发展，促进了认知科学的知识革命，文化科学的重构，促进了当代人文社会科学的重构；认知科学的发展，又促进了文化科学的科技融会与知识创新。

---

① 周文志：《破析西游记——创新思维学》，知识产权出版社2005年版。
② 转引自郭之纯：《文化赤字根在文化产品没文化》，《中国青年报》，2007年4月26日。
③ 顾明远等：《探寻"钱学森之问"解决路径笔谈》，《教育发展研究》，2011年第7期。

文化科学与认知科学的融合与创新，不仅将形成国家创新体系的文化、认知科学理论基础与基础理论的发展，而且也将全面促进文化创新体系的跨学科发展与跨领域发展的知识变革，形成知识文明的创新体系与科学创新基础。

无论是自然科学还是人文社会科学的发展，认知科学与文化科学的发展，都是其创新与重构知识文明变革的基础，也是其知识变革的创新基础与认知基础，将形成其知识文明创新发展的基础理论学术研究与支撑体系。

## 第八节  文化科学与规划科学的知识文明阐发

文化+科技的发展，文化科学的发展，在实践与创新上遇到更多的，还是与管理科学与工程学科背景相关的规划科学。规划科学是一个生产工具与创新工具融合的实用科学与技术，同时也与创意管理、创意科学关系最为密切。知识文明的发展，主要就是信息、管理与技术。同时规划科学的创新价值也最大。在规划科学与文化科学的科技融会中，我们最常见的是基于"文化创意理念"的城市规划与后物质、后经济的城市规划建设体系及创新体系，其所形成的产业预见、创新预见、城市预见、区域预见的创新体系，已形成中国新城新区建设的文化竞争力与优化发展的核心竞争力，形成国家创新体系的大区域都市化成长空间与发展平台，如从珠三角、长三角、黄河三角洲、中原经济区到西部、东北、环渤海的国家区域化规划建设体系与发展体系、创新体系，从沿海开放城市到特区、新区的创新体系与先导区系的制度安排，从深圳特区、浦东新区、北部湾新区、海西新区、两江新区到西咸新区、滨海新区的国家新区创新体系与平台的制度安排与政策保障，从广州南沙、深圳前海到珠海横琴的"小三特"、"特中特"开放体系与国家创新体系的平台建设与制度保障，从开发区、保税区到高新区、文化新区、文化产业园区的国家创新体系与平台建设。

文化科学与规划科学的知识文明创新体系，依据我们对于广东文化大省建设规划、深圳2020年产业规划、海西新区规划、苏州文化新区规划、青岛保税港区规划、大连环境经济规划、哈尔滨文化旅游产业规划的规划与创新的经验与研发，对于中国新城新区建设与基于"文化创意理念"的城市、区域规划建设，主要是：一要有资源配置优化方案的定位研究，二要有制度安排与体制创新的定性研究，三要有文化资本、知识资本与金融资本规划的定量研究的研发基础与创新基础。

芒福德曾说，人类的城市文明，在大工业时代是以物质文明为基础，其价值核心是物质财富与科学技术功能；而在知识文明的转型中，城市的价值核心是人、人文与生态。这是规划科学的文化创新基础，也是规划科学与文化科学相融合的知识文明叙述起点。①

有意思的是，芒福德在提出这一观点时，所举的典型案例是大工业化时代的城市的反人文、反自然科技功能特色与财富价值基础，与中国《清明上河图》所展示出的自然与人文相融为一的蓬勃生机。他认为前者是沙丘上的蜂巢与蚁穴，后者是人文家园与城市文明的归宿。这充分显示了中国天文、地理、人文整体科学的环境科学价值与规划科学生机、魅力、影响所在，是超越物质文明与科技文明的文化科学雏形与起源。同时也显示了中国天人合一哲学的环境哲学、城市哲学、产业哲学思想文化价值与城市预见、创新预见、产业预见的知识价值。

文化的自觉与自主，文化科学的起源与发展，规划科学的融合与创新，会使我们在基于"文化创意理念"的中国当代城市建设中真正走出一条文化科学发展观的可持续发展之路与全球文化博弈的文化创新之路。

这正是目前中国文化复兴与都市再造、文化创新与城市发展的新起点与无限生机，如北京的文化复兴与世界文化城市建设，洛阳的文化复兴与都市再造的生态文化城市建设，成都的文化复兴与耕读文明重构的版权兴市的田园城市建设，杭州的文化复兴与休闲文化旅游之都的建设，拉萨的文化复兴与幸福城市的建设，沈阳的文化复兴与老工业基地的重构，西安的文化复兴与国际文化之都的建设。

## 第九节 文化科学与鉴识科学的知识文明阐发

鉴识科学，是规划科学、评估科学、测绘科学、统计科学、精算科学的科学技术融会，也是文化科学的核心技术体系及跨学科的科技度量系统。

鉴识科学，给文化科学的定性研究，赋予了定量研究的科学基础。尤其是对于复杂性的定量研究，一是要有信息典型化的文化科学整体科学方法；二是要有规划、评估、测绘、统计、精算的跨学科与系统科学方法。

对于文化资源的存量与流量，资源配置的优化与权重，文化科学与鉴识科学较容易给出定量研究的系统框架与结论，尤其是在信息科学与文化地球复杂性测量系统研究的基础上，也并不是很难解决的技术问题。然而，对于一座城市的压

---

① 刘易斯·芒福德著，宋俊岭、倪文彦译：《城市发展史——起源、演变和前景》，中国建筑工业出版社 2005 年版。

力、挑战与人文活力等活力因子的测度，对于产业边际效益与代际效益的综合运算与评估，对于产业预见与创新预见的科学研究与评估，对于较有活力的文化因子的测度与指标体系的建设，这是较为困难的科学哲学问题与技术哲学问题。有时，这需要"测不准原理"的复杂性处理系统与测度系统，将其放到更为广泛的空间系统中结合定性研究与信息典型化方法，给出其接近"黄金分割法"的定量结论与规制评价。

更为困难的是，对于始终处于价值得失活动、变化中的企业的信用评级的定性定量研究，它是以企业市场信用率、经济信用度、财富信用值的文化资本为测评基础的，但其主体活动性的不确定性更多，这不仅需要定性、定量研究的技术融合与理论融合，更需要相关的制度、法规、政策的保障与相关配套研究的复杂性方案解决。

但也恰是这一部分，知识经济与知识文明的创新价值更大，市场需求更大，成长空间更大，文化资本的机会成本更大。这都需要在文化地球云计算的科学测度基础上，做出更为成熟的复杂性测评体系与指标规划。

## 第十节　文化科学与教育科学的知识文明阐发

教育科学，是从人文教育到科学教育，再到通识教育还原给文化科学教育的一个过程。

中国一直坚持人文教育的理想范式，以培养文官制度的士大夫主流人群，引领圣贤政治的管理模式。

中国的人文教育与圣贤教育，是基于领识教育的知识模式。首先是印刷技术对于口传文化重构的四书五经中华文明原典、原创文化科学体系的传播与传授。这一教育形式是以私塾教育、私家家学与家训补之以文化书院与书院教育，最后形成文官教育制度、文官管理制度、文官田园经济的耕读社会、田园社会体系与体制，形成翰林院的官方圣贤教育与圣贤政治模式。

五四新文化发生之后，一是圣贤教育回归平民教育；二是人文教育替嬗为科学教育，贵族教育演化为平民教育，文化教育演化为实用教育。同时产生了新儒家的乡村本土人文教育学派[①]（梁漱溟）、职业教育与平民教育学派[②]（晏阳

---

① 梁漱溟：《乡村建设大意》，《梁漱溟全集》（第一卷），山东人民出版社1989年版。
② 晏阳初等：《平民教育概论》，高等教育出版社2010年版。

初)、生活教育学派①(陶行知)、劳动教育学派②(毛泽东),以及其他的科学教育学派、实用教育学派③(胡适)、实验教育学派④(王国维)、美育教育学派⑤(蔡元培),最终又有人文教育与领识教育的重构⑥(皇甫晓涛)。

英国的精英教育,美国的实用教育,日本的管理教育,欧洲的人文主义文化教育,又形成各不相同的国际教育流派。

但纵观教育科学的发展,一方面是中国古代的人文教育、领识教育、圣贤教育真正产生过文化复兴的大家巨子,如汉唐文化的复兴、近古宋明文化的复兴、新文化的复兴;另一方面,就是精英教育与科学教育、通识教育、实用教育都产生过一些大家巨子,如英美教育的发展与影响。

我国近年提出人力资源大国建设的战略目标,但缺乏相应的国家创新体系支撑。于是有"钱学森之问"对于现当代民国之后教育的失败提出质疑,笔者想这个实质问题就是文化科学与教育科学,文化与科学,专业知识教育与跨学科的通识教育,民本教育及国民知识教育与精英教育、领识教育、圣贤教育,国学教育与科学教育、美育与艺术科学教育的融合不够,基础不够,创新不够,高度不够。

比如艺术科学与文学艺术的教育,不是从学苗中选拔有志趣基础的天才,而是在高考应试教育体制中,回避普通高考缺项的弱势,以艺术考生来均衡总分考上的学生,自然其成长与发展不够理想,难有大家与艺术天才出现。最典型的就是清华大学陈丹青教授多年欲招的一位有艺术天分的考生,因综合考分中英语的缺项始终没有考上,陈教授感到很奇怪,美国的艺术天才要考取最好的学校,并不需要汉语考试达标,中国的艺术天才为什么一定要把英语考好才能进入体制内?体制成了学生进门的一堵墙。以是观之,郭沫若小学考初中时语文不及格,中国现代三大文学巨匠鲁迅、郭沫若、茅盾都是学医的出身,而胡适又是学农的出身,他们都成了文学与文化的大家巨子。当然,一是与其自幼所受私塾教育的国学功底有关;二是与其长大后异国文化环境的国际视野成长阅历相关;三是与新旧文化撞击的文化融合相关。徐悲鸿、老舍等学贯中西的大家莫不如是。

更有意思的是,文学大家钱钟书,在其考取清华时最初根本没有考上,是年轻人的血气使其敲开了清华校长的门,人文清华本身的考题有问题,而被校长破

---

① 陶行知:《中国教育改造》,上海亚东图书馆,1928年版;《中国大众教育问题》,上海大众文化社1936年版;《普及现代生活教育之路及其方案》,生活教育社1945年版。
② 毛泽东:《五七指示》,1966年5月7日。
③ 季蒙:《胡适论教育》,《中国文化》,2006年第2期。
④ 王国维:《论教育之宗旨》,《教育世界》,1903年56号。
⑤ 蔡元培:《蔡元培教育论集》,湖南教育出版社1987年版。
⑥ 皇甫晓涛:《复合教育与综合发展——人文教育与教改发展的战略主题》,《北方论丛》,1998年第3期;《文化领识——人文教育与领识教育的跨文化比较研究》,书籍出版社2012年版。

格录取。如是今朝，小钱钟书们可有敲开清华校长之门的机会否？

而在教育的师资管理中，无论是艺术学、艺术科学还是文学、史学、哲学的教授们，都要求其与规划院、工程院、科学院的专家学者一样，要有科研课题费的衡量指标，这一体制又障碍了许多真正可能成为大家巨子的人文学科学者的成长与发展，而只能做应用、御用学科或课题的理论阐发与学术应题之命，难有大家巨子的文化创造与真实自由的学术思考。

我们很难想象一个时代的文化大师会没有文化思想，这是一个时代的悲哀，教育科学的悲哀，文化科学的悲剧，也是制度与体制难题的悲剧。

美国的大学教育也未必尽如人意的完善，但我们看到其最有创新活力的学生也纷纷做了校园的"反叛者"，如比尔·盖茨、乔布斯等。

这就需要我们不仅对中国教育与教育科学提出"钱学森之问"的体制之问、科学之问、艺术之问、教育之问、创新之问，而且也要对人类与世界的教育文明、教育科学提出中国之问与知识文明之问。

再就是从五四沿袭至今的文化教育、白话语文教育，始终只有文史哲，后来发展的社会科学的经管法，包括金融学等，全都成了大学的贵族专业学科。而今日法制之世界，非法学博士在许多发达国家都没有竞选总统的资格，而华尔街的金融创新系统，又将引起变作恶意债务霸权的绑架工具；在这样的逻辑前提和市场经济生存环境前提下，儿童如无适当的经管法教育与金融学的基础教育，未知何时将被洗劫与绑架，或被殖民，亦为可知；因而建议教育部在教育体制创新与教育科学发展上，应尽快设法在中小学开出经管法的社会科学常识课与金融学的基础课。

今天，很多家长为孩子竞争起点之虑，去让小孩子们学习艺术与外语，殊不知经管法与金融学才重要。我们正在规划少儿版的MBA教程或青少年版的MBA动漫教程，或开设"财富未来"少儿业余学校或夏令营、冬令营，来补充这一课。同时更需要补充的，就是国学教育、母语教育的书院圣贤教育、精英教育重构。

由此观之，我们从教育科学与文化科学的融汇上，建议重构书院国学教育，重构圣贤人文教育，重构精英科学教育，重构领识文化教育，重构通识创新教育，重构美育艺术教育，同时还有培养学生心志与劳动态度的劳动教育，培养青年谋生之道的职业教育，培养成人可持续创新能力的终生教育。

## 第十一节　文化科学与系统科学的知识文明阐发

系统科学与系统哲学，是在自然科学与复杂性科学发展的基础上，形成的科学体系与知识文明创新体系。同时又是在系统论、信息论、控制论科学思想与工程技术、科技知识、创新引擎与创新体系发展的基础上,对于科学与知识、科技与文化做出跨学科系统总结与哲学思考的科学思想。这也是和航天航空技术、生命科学技术、信息科学技术、新材料科学技术、认知科学技术知识文明的创新发展密切相关。

一般认为,系统科学的起源是《自然辩证法》的自然观、科学观与科学方法论的理论构成与发展,同时也是钱学森等组织管理技术与系统工程思想理论的发展与学术创新。系统科学曾给予区域科学发展以新的科学理论研究基础,形成区域规划理论的区域科学系统理论与方法。在此基础上,形成了复杂性系统研究的复杂性系统理论与方法,来解决科技、经济、环境、社会复杂性的社会协调问题,后来又应用到资源配置优化与复杂性经济学的理论研究中,形成资源比较优势研究的复杂性经济学理论与思想。

由于文化科学与经济学、管理学的密切关系,文化哲学与产业哲学的密切关系,使得文化科学与系统科学的关系越来越密切,同时文化科学与系统科学的融合,也使文化科学在解决、处理复杂性定量问题研究中,有了科学测度的基础而与鉴识科学、规划科学的应用学科产生了更多的内在联系与创新效益。

## 第十二节 文化科学与人居科学的知识文明阐发

人居环境科学是吴良镛先生依据人居环境发展的科学内涵而提出的新的跨学科科学体系,包括其对环境科学、规划科学、生态科学的融合与创新,对环境美学、城市美学、城市史学、建筑学、建筑艺术学、建筑美学的融合创新。①

人居环境科学与文化科学的融会,将成为城市化幸福文明创新体系的科学依据,成为基于"文化创意理念"城市建设的科学规划基础与科学发展基础。

人居环境科学与我国传统的风水生态理论的知识重构,也将形成风水生态理论文化科学重构的创新基础与应用创新发展的科学基础。

人居环境科学同时还涉及宗教哲学、文化哲学、历史哲学、艺术哲学与科学哲学、技术哲学、工程哲学、产业哲学融合创新的跨学科知识体系与科学体系的拓展与融合创新。

---

① 吴良镛:《人居环境科学导论》,中国建筑工业出版社2001年版。

## 第十三节　文化科学与管理科学的知识文明阐发

　　管理科学本是一般的社会科学中的一门学科，但管理科学的兴起，最初是由经济管理的知识诉求而产生的，后发展为公共管理的一门显学与新兴学科，最后形成企业管理与经济管理、产业管理，公共管理与政府管理的知识文明创新体系。

　　管理科学与文化的融合，对于文化科学的形成产生了较大的学术文化与思想理论创新作用，知识文明的要素之一就是管理，由此管理学从产业经济学的经济管理，发展为管理科学与工程的跨学科体系，包括鉴识科学、规划科学、建筑艺术学、工程学等学科创新体系。

　　从物质经济的管理学创新体系，企业管理、工程管理、公共管理、政府管理，到非物质经济的管理学创新体系，生态管理、环境管理、符号管理、文化管理、创意管理、知识管理、信息管理、智库管理，最后演化为第三方管理的复杂性管理与智库管理知识文明创新体系。

　　因而管理学科与文化科学的融合，又将全面促进知识文明创新体系的发展，促进新兴市场领域的无限创造生机与文化科学发展的创新基础建设。

# 第四编

基于"文化创意理念"的当代中国城市建设的创新体系与转型模型研究

第十七章

# 基于"文化创意理念"的中国城市建设转型的发展模式研究<sup>*</sup>

## 第一节 全球语境的文化自觉与城市化的文化自主创新

21世纪的全球化以来,一方面,美国的信息化与中国的城市化两大核心事件构成了文化资本大趋势,形成中国从珠三角、长三角到环渤海、海峡两岸①、北部湾②、新西部③、新中部④、新东北及从黄河三角洲到泛黄海经济合作区的河

---

\* 本章发表于《北大文化产业评论》,2011年下半年刊。

① 关于环海峡经济区的研究,详见李闽榕、王秉安:《环海峡经济区发展报告》,社会科学文献出版社2008年版;《国务院关于支持福建省加快建设海峡西岸经济区的若干意见》,2009年5月;北京领识城市规划设计研究院:《海西新区战略研究暨开发建设策划研究报告(2009~2020)》,2009年7月。

② 关于北部湾合作发展研究,详见古小松、龙裕伟:《泛北部湾合作发展报告》,社会科学文献出版社2008年版;杜新:《关联经济》,新华出版社2007年版;清华大学中国发展规划研究中心:《北部湾经济区区域规划(2006~2020)》,2007年3月。

③ 有关新西部的国家战略研究与西部文化战略研究,详见国家发展和改革委员会:《西部大开发"十一五"规划》,2007年3月;蒋晓丽:《全球化背景下的四川文化强省对策研究》,2005年。

④ 有关新中部国家增长极与郑汴洛中原城市群文化创新的研究,详见胡惠林、齐勇锋等有关郑汴洛文化一体化与文化新河南的观点,详见郑州中原崛起开放论坛:《郑汴洛要实现文化一体化》,东方今报,2006年4月;有关新中部国家增长极与长株潭城市群文化创新的规划与研究,详见欧阳友权主编:《文化产业通论》,湖南人民出版社2006年版;张萍:《关于建立长株潭经济区的方案》,1984年11月;国务院,长沙、株洲、湘潭城市群全国资源节约型和环境友好型社会建设综合配套改革试验区的有关决定文件,2007年11月。

海新区①的国家增长极创新结构与创新体系，为美国与世界的信息经济、知识经济、文化经济、版权经济的文化资本、知识资本形成消费资本②的最大国际市场城市化物质基础与创新基础。③

美国的信息化与信息经济、知识化与知识经济、非物质化与文化经济的技术网络与创新体系，为中国城市化的资源动员与内容生产，文化创新与自主创新，知识资本与文化资本，提供了文化自觉与文化创新的技术条件与信息条件，科技支撑与信息网络，为中国城市化形成自主创新与文化创新的内容生产机制与文化产业机制，提供了超级计算机技术、DNA生命技术、纳米新材料及认知科学技术的四大科技融会的文化创新基础与自主创新基础。

美国的信息化和中国城市化的技术融会与文化融合，形成了21世纪以来都市经济与版权经济、物质经济与非物质经济融合的持续增长与增长极，创新结构与创新体系，规避、延缓了资本主义周期性危机与结构性崩溃的全球化风险。

另外，美国货币化、金融化、贸易化的老牌资本主义百年历程与太平洋资本主义市场化运营体系三次以上资源动员与资产膨胀的证券化、市场化扩张体系，再加上信息化、网络化、数字化技术与国家主权、国际法权、知识产权的版权经济后殖民化扩张体系，形成的"寻底竞赛"④（race to the bottom）国际化、全球化、殖民化知识资本与文化资本、消费资本市场经济扩张体系，也终于爆发了全球金融海啸的经济危机与资本主义结构性崩溃⑤。此间，华尔街资本主导的城市与城市化地产金融模式⑥，资本主导文化的版权贸易化、金融化的华尔街自由主义文化金融模式，资本主导科技的知识金融与信息化金融模式，都像资本主义大工业原始积累期的阶级矛盾危机，资本主义大商业扩张期的生态环境矛盾危机一样，成为导致资本主义大文化扩张期的矛盾危机根源。

---

① 有关黄河三角洲与泛黄海经济区河海新区区区联动、区港联动、港港联动的战略研究，详见成思危：《从保税区到自由贸易区：中国保税区的改革与发展》的国家自然科学基金应急课题研究成果，经济科学出版社2004年版；北京领识城市规划设计研究院：《青岛保税区十点一线河海新区"1+N"区区联动、区港联动、港港联动增长极先试先行创新体系科学发展战略规划纲要》，2009年7月。

② 消费资本论的理论，是北京世界新经济研究院陈瑜教授提出的消费资本主权理论体系与消费资本主导的市场经济创新理论，详见陈瑜：《消费资本论》，中国统计出版社2008年版。

③ 熊澄宇：《科技融合创新拓展文化产业空间》，《瞭望》新闻周刊，2005年2月21日。

④ 威廉·K.塔布《寻底竞赛？》，[美]麦克尔·哈特等著：《控诉帝国——21世纪世界秩序中的全球化及其抵抗》，广西师大出版社2005年版。

⑤ 关于文化工业与资本主义文化解构的关系研究，详见陈晓明：《文化研究：后结构主义时代的来临》，《文化研究》（第一辑）；关于全球化资本主义文化一体化与消费主义文化市场化必然带来资本主义结构性崩溃与全球化危机的理论预言与历史逻辑关联的学术研究，详见皇甫晓涛：《文化创新与非物质经济的全球博弈》，《中国文化产业评论》，2006年第2期。

⑥ [英]雷默：《中国与全球化：华盛顿共识还是北京共识》，转自 http://blog.sina.com.cn/s/blog_53c6f2fc0100dbbq.html。

在全球金融危机的应急对策中,美国与西方资本主义国家采取了逆市场化的计划体制救市,成为不能不用的跨社会主义兼容创新体制、机制。中国则在跨资本主义的改革开放30多年市场经济基础上,加强了城市化、知识化、信息化内需拉动与自主创新相融合的知识资本、文化资本、消费资本新增长策略与对策,并在对珠三角、海峡西岸的、黄河三角洲与泛黄海经济合作区区区联动、区港联动、港港联动国家战略规划体系与创新机制突破中,深化了内需拉动与自主创新相融合的城市化、区域化国家增长极创新结构的战略布局与创新基础的建设。

面对这样错综复杂的全球金融危机与复杂性的国际竞合格局,中国的城市化的创新结构更加成为探索中国自主创新现代化发展道路与有中国特色社会主义发展道路的关键因素。一方面,中国要在对市场经济借鉴及对改革开放30多年历史经验的总结中形成跨资本主义兼容创新体制的有中国特色的社会主义市场经济之路,要在对美国信息化科技基础与版权经济的学习借鉴中形成自身跨越发展、和谐发展、科学发展的创新基础;另一方面,又要在对美国信息化的城市化、知识化文化产业、文化创新博弈中走向文化自觉,对美国货币化、金融化、贸易化、殖民化资本主导的城市化、知识化,在文化博弈中,规避其城市作为金融产品、文化改为内容产业的金融风险与文化误区,规避其"寻底竞赛"的资产膨胀与资本抄底,规避其文化扩张的文化资本主义异化体系[①]与金融海啸的城市资本主义结构性崩溃发展误区。

这就要求我们的城市化、知识化、信息化、区域化增长极要有科学发展与和谐发展的创新极与文化极、自主极与人文极、民生极与科学极,有终极关怀的人文理性与文化自觉,有从小康社会的增长极到全球化复杂性应对与管理的安康社会的自主极与创新极。

中国正在现代化发展的中期阶段,一方面,大国崛起的创新基础与核心目标不仅要有小康社会的跨越发展与新增长;另一方面,还要有安康社会的文化自觉与经济自主。这对于有中国特色的社会主义道路的自主创新与从富到强的自觉自主,走向成熟与富强是极其重要的科学发展基础与自主创新基础。否则如晚清直到鸦片战争后的40年,1880年GDP还是欧洲的1.2倍,日本的5.1倍,但只富不强的"小康",一夜之间被西方列强大工业装备的坚船利炮打碎。21世纪以来的金融危机,又有诸多国家的破产与危机,也都是为全球化"寻底竞赛"中的后殖民经济体系所扰乱与摧毁;其中资本主导的城市化的金融化、证券化、贸易化,与文化的空心化、边缘化,是其主要的历史成因。

---

① 关于对文化资本主义对人类文明的异化的反思与批判,详见马克思:《1844年哲学经济学手稿》,《马恩选集》(第一卷),人民出版社1995年版;法兰克福学派与后马克思主义都有对文化资本主义对人类文明异化的反思与批判。

因而中国科学发展的目标、大国崛起,就要于全球金融海啸的动乱之际,走出从小康社会的社会主义初级阶段发展体系与增长结构,走向安康社会文化自觉与自主创新的科学发展体系及自立于世的自主创新结构。

资本主导的城市化是货币化、证券化的金融产品与都市产业化的市场运营体系,是资本主义大工业与资本主义大商业"庞大的商品堆积物"①的工业化集成、产业化集合与金融化集结,是金融资本扩张体系对商业资本扩张体系的延续,商业资本扩张体系对工业资本扩张体系的延续;是资本与资本主义对城市与城市化的异化,是资本主导的城市化对人与人类文明的异化。这是金融海啸城市资本主义结构性崩溃的根本原因。而要摆脱城市资本主义的毁灭性灾难影响,抗衡金融海啸城市资本主义的结构性崩溃与殖民化扩张体系的侵蚀,就要在创新型城市与创新型国家建设中,走出科学发展、和谐发展、跨越发展的城市化自主创新之路;就要以文化自觉为起点,走出跨越资本主义的城市化文化主导的安康社会社会主义现代化发展道路,走出城市化的文化资本自主创新之路。

从马克思对资本主义人类文明异化的反思与批判,到法兰克福学派对当代资本主义都市文明发展中文化工业对文化异化的反思,都可看出人类的文化自觉及其对资本主义物质文明的警觉;可以看出人类对资本与文化、物质与非物质、城市与文明、人与发展文明逻辑人文理性的探索及其正关系的探寻。然而要走出跨资本主义的城市文明与文化产业自主创新之路,走出创意城市与创意产业的文化资本复合创新之路,没有文化自觉与人文理性的文明基础不行,仅有这些内容生产的创意基础也不够,还要有信息化的文化装备与文化产业创新发展基础,还要有文化资本创新的版权经济发展之路,还要有城市化的文化资本与知识资本、消费资本的三大资本融合创新之路与文化主导的城市化跨资本主义自主创新之路。从文化到资本,在城市化发展中跨越了金融资本、知识资本、社会资本、产业资本、后资本、博弈资本、创意资本、文化资本、媒介资本、制度资本、符号资本、城市资本、区域资本、生态资本、安全资本的人类十五大文明创新体系,形成了文化资本的国家创新基础与文化自觉的自主创新体系。寻找城市与文明的正关系,就是寻找文化与产业的正关系,创新与资本的正关系;也就寻找到了人类文明科学与发展的正关系,和谐与社会的正关系,安康与增长的正关系。

中国改革开放 30 多年,城市与城市化的发展历经了工业化物质资本引导的城市化与知识化文化资本引导的城市化的两大阶段。在 21 世纪以来第二阶段城市化发展中,知识化的文化资本形成了文化创新与文化产业的创新工具与自主创新发展态势与主流。同时中国的文化产业,也历经了文化事业转型与文化体制改

---

① 马克思:《资本论》(第一卷),人民出版社 1975 年版,第 1 页。

革的市场化文化产业发展阶段，创意产业与创意城市发展的创意经济产业融合阶段，文化自觉的创新型城市与创新型国家建设的文化自主创新与国家创新体系发展阶段。在这三个阶段发展中，中国的城市化在马克思主义反思人类学对资本主义工业原始积累与大商业扩张体系异化的历史反思中①，在法兰克福学派对文化工业批判的哲学反思中，形成了文化产业与城市文化的人文理性，形成了城市化的文化自觉，并以文化产业与创意城市为创新工具②，在借鉴美国城市化、信息化的文化产业技术体系与欧洲创意城市的知识化、服务化创新体系基础上，规避其资本主导的城市化、金融化、贸易化、殖民化的资本主义异化扩张体系带来的全球化风险，力求在文化产业与创意城市发展中将城市化转向知识化与创意化的跨资本主义自主创新之路，形成文化资本、知识资本、消费资本三大文化资本主导与十五大非物质经济文明体系主导的自主创新之路与安康社会建设的科学发展、跨越发展之路。

中国的城市化与现代化发展，在全球语境资本主导的城市化扩张体系与金融产品、文化产业博弈中，无论文化的自觉还是经济的自主，其历史机遇与挑战并存，它的探索与创新、过程与方向、发展与目标、路线与方法论的成功机率与指向，都是一次性的，也是不可逆转的，这就更要注重其文化自觉的人文理性建设与经济自主的现代化发展模式创新基础的建设。

中国的城市化与知识化发展，除了知识化的自主创新与文化资本的创新体系，更应注重的是其消费资本的市场话语建设与市场资源的成长空间及创新、发展基础。美国麦肯锡报告指出，到2030年，中国将有10亿人口住进城市，这一城市化的成长空间与创新基础形成了巨大的消费资本与国家创新体系，应有更大的消费自主博弈空间与文化资本成长空间。

在面对全球金融海啸的对抗、博弈与抗衡中，世界瞩目中国的，正是这一消费资本自主空间与文化资本成长空间、知识资本发展空间，它将拉动城市化带动的钢铁、能源、建材等十几个战略产业扩张体系，也将拉动城市化带动的物流、金融、创意、文化、信息等非物质战略产业与文化产业扩张体系。中国应在城市化与知识化的发展中，走出内需拉动的消费资本与自主创新的知识资本、文化资本融合创新的跨资本主义自主发展之路，文化自主与自主创新之路。这是更深一个层面的文化自觉与文化资本觉醒，更深一个层面的城市自主创新对策与自主经

---

① 叶舒宪：《人类学质疑"发展观"》，《永远的红树林——中国生态前沿报告》，南方出版社2005年版。

② 章仁彪：《城市文明、城市功能与城市精神》，《同济大学学报》，2005年第16卷第2期；金元浦：《大竞争时代的城市形象》，《北京规划建设》，2005年第5期；皇甫晓涛：《都市创新与文化创新的城市化后经济体系》，《文艺报》，2006年10月14日。

济战略，应有其创新型城市与创新型国家建设的国家主权、国际法权、知识产权、消费主权的文化资本创新的政策、法规与体制、机制建设体系，有基于"文化创意理念"的中国当代城市建设更深入些的文化自觉之路与文化资本演化体系，更为系统与细致的全球语境下的城市化文化自觉研究与金融海啸对策研究的自主创新之路。

## 第二节　城市文化理念的觉醒与城市化的自主创新体系研究

城市文化理念的觉醒，是城市化发展科学定位的自主创新基础。早在90年代初，大连在城市革命中率先提出建设"花园城市"、"森林城市"、"智能城市"、"北方明珠"、"东北之窗"等城市文化理念，从生态理念、环境理念、科技理念、产业理念的文化自觉到区域理念、开放理念、发展理念的文化自觉，形成从重化工业城市到非物质经济城市的文化自觉的自主创新体系。同时提出"不求最大，但求最佳"的发展理念与质量增长型的创新型城市发展道路。在这场"城市革命"的文化自觉中，一是大连提出了从重化工业城市物质经济向生态化、知识化、信息化、服务化转型的自主创新方向、目标与道路，打破了"霍夫曼定律"物质经济不可逾越论的后殖民经济国际分工的第一大定律的神话，走出自主创新的城市化、非物质化科学发展之路；二是在从重化工业到非物质经济的城市化、知识化、非物质化发展中，较早以"文化创意理念"的文化自觉与文化创新，展开星海湾、金石滩、双D港等非物质经济的都市产业、文化产业自主创新序列，从而打破了资源比较优势的亚当·斯密以来市场经济后殖民经济第二大定律的神话，走出自主创新与综合创新的城市化、知识化、非物质化跨跃发展之路；三是大连的城市经营、环境经济、都市产业文化理念的自觉与非物质化的科学发展与跨越，打破了"戈森规律"物质经济边际效益递减的后殖民经济国际分工的第三大定律，走出了环境经济都市产业与文化经济、创意产业边际效益递增的自主创新和谐发展之路。即"良性经济"与"环境友好""资源节约"与"持续创新"的和谐发展自主创新之路；四是大连从物质经济到非物质经济的跨越发展，有一个隐蔽的中间环节，就是环境经济与生态经济的去工业化都市再造过程。10年城市迁出上千家重化工业企业，种了8亿棵树，引入上万家非物质经济商业项目，环境经济投入产出比为1∶6，政府财政拉动力为1∶50～1∶100。

城市文化理念的自觉，形成城市发展目标、方向、结构的科学定位的科学发展基础，在此基础上，所有的资源动员都有了优化提升与集聚效应的文化资本创新与自主创新目标，也都有了创新型城市发展的创新结构与创新基础，形成"北方航运物流中心"、"金融服务中心"以及科教兴市、区域联动的四大战略体系。

北京城市化、知识化、区域化、非物质化的文化自觉走向更深层面的"文化创意理念"，也在国家文化体制改革的文化产业发展基础上，自觉运营国家文化产业创新轨道、人才、政策与资源，转向更深层面的内容生产与自主创新，在全国率先提出发展"文化创意经济"的城市化、知识化、非物质化发展目标，这一创意经济、创意城市、创意产业的文化自觉，更好地动员、发挥了北京的人才资源、政策资源、知识资源与文化资源，形成北京创意文化资本与知识资本融合的自主创新优势，并据此展开其去工业化的文化创新与自主创新[①]。首先是首都经济的科学定位与科学发展基础，从国家政治中心、经济中心和文化中心三大中心中去掉经济中心；继而据此首钢等大型工业企业搬迁，首都产业结构优化升级，牵动了石景山等区域的去工业改造与文化产业、创意经济的都市再造。其次是新农村建设与郊区化、区域化、知识化的融合，怀柔、通州、昌平、顺义也都展开了由都市型农业到都市文化产业与创意经济的跨越发展布局，打破了霍夫曼定律的重化工业物质经济阶段不可逾越论的后殖民经济国际分工的理论神话，以及资源比较优势的贸易后殖民经济国际分工理论局限，走出了边际效益递增的非物质经济"逆戈森规律"城市化自主创新与综合创新之路，拓展了城市化、知识化的文化产业发展空间与创意经济新增长道路，由"文化创意理念"的自觉走向创意产业、创意城市、创意经济产业融合的文化创新与创新型城市发展之路。由此，文化体制改革的文化产业市场化发展、文化创新的城市化发展向创意城市的区域化发展跨越，从而使文化产业与创意经济成为创新型城市建设与创新型国家建设的创新工具与文化资本新增长的国家创新体系。

北京的文化自觉与城市化的文化资本演化体系，还体现在不同历史层面与文化层的都市文明核心技术体系创新结构上，并且每一个历史层面与文化层的创新机构，都有其自身的文化理念自觉与都市再造的自主创新体系。第一个文化层是千年古都的紫禁城，它是以印刷技术为核心体系的文化资源与古都市文明，除了故宫博物院的文化符号旅游资源，还发展出潘家园与荣宝斋的艺术品及工艺文化交易市场创新体系，每年成交额上百亿元。第二个层面是百年北京的王府井CBD商圈，它是以蒸汽机技术为核心的都市文明，每平方米GDP是全国城市每

---

① 关于去工业化的非物质文化产业自觉与后经济的文化创新体系研究，详见夏学理：《从WTO、全球化谈文化创意产业整合、文化创意产业之经营与创新》，《台湾WTO去工业化的文化产业发展规划》，1999年。

平方米 GDP 的 10 倍，拓展出国家的商都文化创新体系。第三个文化层面是中关村，它是以信息技术为核心的都市文明，拓展出上地的科技文化创新高地，每平方米 GDP 是王府井的 14 倍，半年产值是 4 000 多亿元，是一个工业大省的全年产值，美国军费同期开支的 1/8。从古都旅游文化产业与工艺文化产业，到商都文化服务于知识服务产业，再到智都创意产业与创意经济发展，北京的三重文化跨越与多重文化重构的都市再造，展现了古都文化自觉的惊人活力与自主创新的大国崛起之风，这一文化理念自觉所产生的惊人创造伟力与自主创新活力，不仅使人联想起九叶诗人穆旦所写的诗：

苍白的钟声

苍白的钟声　衰腐的朦胧

疏散　玲珑　荒凉的　蒙蒙的　谷中

——衰草　千重　万重——

听　永远的　荒唐的　古钟

听　千声　万声


古钟　飘散　在水波之皎皎

古钟　飘散　在灰绿的　白杨之梢

古钟　飘散　在风声之萧萧

——月影　逍遥　逍遥——

古钟　飘散　在白云之飘飘

这是都市再造的文化复兴，这是文化巨人的创新历程与文化自觉的凤凰涅槃中文明的觉醒。她不再只是诗人的呓语与哲人的惊讶，而是带着大国崛起的雄风成就了城市化文明基石的重塑。

在这一去工业化的文化自觉与文明再造中，北京的高校与知识化历程也拓展出文明之核的创新结构。理工与工科院校的基础理论、基础知识、基础研究转向应用创新的同时，也在跨学科、跨领域的科技融会中转向去工业化的知识整合与文化创新，各理工院校由单一的理科、工科结构转向了文理工并存的综合创新，理工院校纷纷建立了文史哲的人文科学与经管法的社会科学学科结构，并又向传播学、心理学、教育学的认知科学新领域拓展。

与此同时，上海展开了世界城市的文化自觉与时尚之都的创意经济链；深圳展开了创意之都的文化产业大舞台，由"三来一补"的外向工业城市转向文化自觉的"设计之都"都市再造创新体系，将文化产业、高新技术、金融服务与物流服务确立为四大支柱产业。金融海啸之后,这两大世界创意城市的文化自觉与自主创新基础,都体现出其强于他者的发展优势与创新博弈优势。相比之下,东莞、顺德、珠海等其他"四小虎"城市,在抗风险能力的自主创新建设基础上,就略差一筹。

值得注意的,还有杭州休闲城市、幸福之都的文化自觉与自主创新体系,长沙媒体城市与时尚产业的文化自觉与自主创新体系,成都的娱乐休闲与文化产业的文化自觉与自主创新体系[①],郑州中原文化重构与都市再造的文化自觉与自主创新体系,青岛工业文明与旅游华城的文化自觉与自主创新体系,沈阳都市再造与文化振兴的文化自觉与自主创新体系,长春、西安文化巨都的文化自觉与自主创新体系,天津、重庆新城新区的文化自觉与自主创新体系,还有广西北部湾新区、上海浦东新区、天津滨海新区、福州海西新区、黄河三角洲与泛黄海经济合作区的新城新区的文化自觉与自主创新体系等;都在从珠三角、长三角、北部湾、海峡西岸到中部、西部、环渤海、黄河三角洲与泛黄海的国家增长极创新体系的文化自觉中,形成创新型城市与创新型国家建设的文化资本自主创新基础与大国崛起的城市化国家创新体系的都市文明基础。

---

① 关于成都的文化自觉与城市化文化自主创新体系研究,详见蔡尚伟:《百年双城记:成都重庆的城市文化与传媒》,四川大学出版社 2005 年版。

# 第十八章

# 城市化、区域化、知识化、全球化转型的创新体系与发展模型研究

在城市文化自觉的城市文化理念觉醒中,城市化科学定位的创新基础,是城市概念性规划的文化创新,形成城市化文化资本演化的科学发展基础与自主创新体系。它涉及城市区域化发展目标、知识化资源动员与现代化发展的复杂性技术路线设计与战略规划。具体包括城市与区域国家增长极与新增长目标、结构的战略背景、创新体系与技术路线,城市与区域资源动员的现状评价与循环经济、知识经济的生态保障、环境建设,城市与区域安康社会建设的基础设施、基础产业与设施产业的优化发展与战略升级,城市与区域产业结构与经济结构的优化发展与自主创新的战略升级,城市与区域重大项目、重点布局的前沿突破与后台、后院、后花园后经济体系建设的创新基础,城市与区域的和谐发展的科学基础及其人与自然、经济与文化、科技与社会、资本与人文、资源与发展正关系的科学发展基础,等等。

## 第一节 城市化、区域化、知识化、全球化转型的发展模型研究

从城市的文化自觉到城市化的概念性规划,已在形成超越地缘关系与行政区划的国家智库与国家创新体系。先是国家"十一五"规划在城市化、知识化、

生态化、非物质化发展中的全面启动，包括"十一五"科技规划、文化规划、产业规划的专题概念性规划启动。继之又是浦东新区世界城市概念性规划实施与长三角国家增长极内需拉动与自主创新的知识经济科学发展体系的确立，国家西部"十一五"发展规划的启动与西部增长极内需拉动与自主创新的跨越发展体系确立，国家滨海新区战略规划的实施与环渤海增长极内需拉动与自主创新的科学发展体系确立，北部湾东盟贸易新区国家增长极内需拉动与自主创新关联经济跨越发展体系的确立，海峡西岸经济区的规划实施与海西新区国家增长极内需拉动与自主创新的联合经济跨越发展体系的确立，长株潭与郑汴洛中部崛起城市群的战略规划与中部国家增长极内需拉动与自主创新的都市经济跨越发展体系的确立，辽宁"五点一线"东北滨海新区的战略规划实施与东北港口工业开放新区国家增长极内需拉动与自主创新老工业基地重构的工业经济科学发展体系的确立，以及打通黄河三角洲与泛黄海经济合作区的区区联动、区港联动、港港联动"1+N"河海新区的突破等，都在概念性规划的城市化、区域化文化创新中，演化为城市化、区域化、知识化的文化资本自主创新体系，形成超越地缘关系与行政区划的国家增长极自主创新基础。

在这一城市化、区域化概念性规划国家创新体系与国家增长极文化资本演化体系中，在大连环境经济概念性规划的文化创新、广东文化大省概念性规划的文化创新、苏州国家文化新区概念性规划的自主创新、海西新区概念性规划的文化创新、青岛保税区区港联动河海新区概念性规划的文化创新、深圳2020全球生产方式演进概念性规划的文化创新、重庆城乡统筹概念性规划的文化创新、北京昌平与亚运村概念性规划的文化创新系统案例研究基础上，在国家建设部重大软科学项目"都市创新与文化创新"、国家科技部"十一五"软科学项目"都市极的创新结构与都市文明的核心技术体系"、国家博士后科学基金项目"文化产业的资本形态与创新体系"、国家科技部十五重大软科学项目"环境经济与都市产业"、国家军科院"十一五"规划项目"国防文化建设与文化创新"等一系列国家规划项目研究基础上，我们提出了基于"文化创意理念"的中国城市化、区域化、知识化发展的概念性规划研究体系与创新型城市建设、创新型国家建设的十大关系规划纲要理论研究、战略研究体系，具体包括全域城市化、全民知识化的创新型城市建设与创新型国家建设的理论研究与战略研究体系。

一是城市化、区域化与知识化、全球化全域资源配置理论研究、战略研究体系，也就是全域城市化的资源配置与战略规划体系。因为中国的城市化刚进展到40%，在未来10~15年内还要达到80%，这一城市化内需拉动的巨大消费资本增长空间，也要以自主创新的科学规划为基础，全面优化资源配置结构与发展战略的规划体系。

二是城市化、区域化与知识化、全球化全民知识普及理论研究、战略研究体系，也就是城市化跨越发展的科学基础，不仅要有物质基础建设的现代化科技创新体系与知识服务体系，更重要的是非物质化的民智启动的民本、人本、人文、文化主体性建设创新体系。美国知识经济的知识化、城市化发展，也是以"理解科学"全民知识教育为创新基础与民智基础、人文基础、文化基础的，这是城市化的文化创新、文化传播文化生产力发展的根本所在。

三是城市化、区域化与知识化、全球化全球金融博弈理论研究、战略研究体系，也就是世界城市建设的金融服务能力发展与金融技术体系的发展，城市化文化资本的发展与金融资本发展的创新体系，文化交易金融产品的发展与金融创新体系的发展，国家文化金融技术重点实验室的建设与实验室园区化金融创新引擎及金融高新技术知识经济创新体系的发展，城市文化主体资本动员能力的发展与文化引导的资本创新体系的发展，城市资源动员能量交换组织系统与元素创新体系的发展及城市资本自主自组织能量交换系统与元素创新体系项目平台的发展。

四是城市化、区域化与知识化、全球化全域文化自主理论研究、战略研究体系，也就是文化引导资本、文化主导金融、文化主导经济与产业的城市化发展创新体系，城市要成为人文家园的文化资本创新平台，而不是金融产品的资本杠杆或陷阱，城市要成为文化技术创新的产业升级创新引擎与载体，而不是科技资本异化人类与社会的金融陷阱与载体。城市要成为国家文化复兴的创新舞台，而不是金融资本异化的误区与雷区。城市文化要成为以人为本的资源的自觉、生态的自觉、人的自觉与科技、产业、资本自主发展的创新基础，而不是资本异化的误区与人本异化的误区。

五是城市化、区域化与知识化、全球化全息科学发展理论研究、战略研究体系，也就是要整合知识、科技、文化、信息的文化生产力创新体系，整合自然科学科技生产力、人文科学的文化生产力、社会科学的经济生产力、认知科学的创意生产力、鉴识科学的服务生产力产学研创新体系，全方位的调动与动员科学技术与文化创意的创新能力、能量与发展活力，动员与调动科技人才、文化人才、艺术人才、管理人才的创新活力与智力生产力创新能量，全方位地调动与动员智力生产力与文化生产力的创造潜力，形成复杂性生产力的全息创新体系。

六是城市化、区域化与知识化、全球化全要素创新升级理论研究、战略研究体系，也就是要全面走出城市福特式的资本主义大工业生产方式与产业结构，降低经济与产业发展能耗，优化资源配置，提升产业结构，走出世界工厂的国际分工老路与以重化物质工业为基础的城市化、现代化发展路子，走出"霍夫曼定律"的重化工业城市化国际分工老路，走出亚当·斯密以来的依托资源比较优势底线的市场经济定律国际分工老路，走上跨越发展全球博弈中城市转型与产业升级的"微笑曲线",比如深圳设计之都、创意之都、科技之都、文化之都的发展与创新,产业结构的升级与城市的创新转型,文化引导的跨越与创意自主的创新之路。比如东北一些资源型城市的转型与产业结构的升级,云南、海南等从农业到生态旅游文化的跨越及城市化、非物质化的发展的产业升级。

七是城市化、区域化与知识化、全球化全产业市场化运营理论研究、战略研究体系,也就是运用产业化、市场化、公司化、股份化的创新机制优化农村资源配置,推动农业与国际接轨、与市场接轨、与产业接轨的创新体制与机制,降低农业发展的市场风险与小生产发展的资源成本,提升农民的劳动生产率与社会生产效益。中国的改革开放,本来是从农村的包产到户开始的,这对于计划经济的大锅饭来说,本来是一次生产力的解放,但这一生产力解放的先进性,对于农业发展的资源配置与市场效益来说只能维持3年,然而我们却维持了30年,致使农业滞后拖了城市化、城镇化、郊区化、现代化发展的后腿,"三农"问题再次成为中国现代化发展的国计民生基本问题凸显出来。因为包产到户毕竟是小农与小生产的落后生产方式,难以优化资源配置与市场经济效益,也难以抵抗全球化的市场风险,也很难有农业产业化的分工组合与发展优势。发展比较好的农村与县域经济,反而都是那些保留了一级财政核算的集体经济与能够基于集体经济集约化发展的农村、农业,比如北方的红旗镇、大邱庄与南方的华西村等地,还有北京与广州等发达地区城市化的郊区化集体经济发展之路,还有山东以县、镇为农业产业分工基础的集约化发展之路。从中可以看出,农业的产业化与农村的城市化之路,也是要走公司化、市场化、产业化、股份化的产业化、集约化发展道路,走出全乡公司化的城市化、全球化、区域化、知识化创新发展之路。

八是城市化、区域化与知识化、全球化全网交通建设理论研究、战略研究体系,也就是城市化、城镇化、郊区化、区域化发展的交通网络基础设施与设施产业创新体系,基础产业的内需拉动与自主创新体制、机制及创新体系,基础产业与农业、生态观光业、旅游业、文化产业的产业融合创新体系,比如大连黄海大道的建设对于金州、普兰店、瓦房店、庄河县域经济及观光农业带的发展促进作用。城市化、区域化与知识化、全球化全识生态保障理论研究、战略研究体系,也就是城市化、区域化、全球化、知识化的资源配置与工农业生产所有领域与方面,都要渗入生态保护与生态发展的理念、技术、政策、法规、文化,都要有生态保障的规划、管理与创新、支撑。

九是区域化与知识化、全球化全程安全管理理论研究、战略体系研究,也就是要把安全管理深入到城市化、城市建设与城市管理的生产、卫生、医疗、环保、生态、食品、品牌、产业、企业、资本、金融、信息、科技、服务各个领域,成为城市化的科学发展基础与安康社会建设的文化创新基础(见表18-1)。

表 18-1　城市化、区域化、知识化、全球化转型的创新体系与发展模型

| 城市化创新模型 | 转型模式与发展模型 | 规划体系与模型 |
| --- | --- | --- |
| 全域区域城市化 | 全域资源配置战略体系与发展模型 | 全域规划的区域创新体系与模型 |
| 人本民本城市化 | 民本、人本、人文、文化主体性建设创新体系与"理解科学"全民知识教育的创新基础与民智基础、人文基础、文化基础 | 人本规划的科学创新体系与模型 |
| 文化金融城市化 | 文化资本的发展与金融资本发展的创新体系，城市文化主体资本动员能力的发展与文化引导的资本创新体系的发展，城市资源动员能量交换组织系统与元素创新体系的发展及城市资本自主自组织能量交换系统与元素创新体系的发展 | 金融规划的文化创新体系与模型 |
| 文化资本城市化 | 文化引导资本、文化主导金融、文化主导经济与产业的城市化发展创新体系，人文家园的文化资本创新平台、文化技术创新的产业升级创新引擎与载体、文化复兴的创新舞台 | 文化规划的自主创新体系与模型 |
| 全息科学城市化 | 全息科学整合知识、科技、文化、信息的文化生产力与文化科学创新体系，整合自然科学科技生产力、人文科学的文化生产力、社会科学的经济生产力、认知科学的创意生产力、鉴识科学的服务生产力创新体系，形成复杂性生产力的文化科学全息创新体系 | 全息规划的科学创新体系与模型 |
| 全要素城市化 | 全要素优化资源配置，提升产业结构，走出世界工厂的国际分工格局与以重化物质工业为基础的城市化、现代化发展模式，走上跨越发展的城市转型与产业升级的"微笑曲线"与文化引导的自主创新之路 | 全要素优化的产业创新结构与模型 |
| 县域经济全市场化 | 全产业市场化运营理论研究、战略研究体系，运用产业化、市场化、公司化、股份化的创新机制优化农村资源配置，推动农业与国际接轨、与市场接轨、与产业接轨的创新体制与机制。农业的产业化与农村的城市化之路，要走公司化、市场化、产业化、股份化的产业化、集约化发展道路 | 全产业市场的县域规划体系与模型 |

续表

| 城市化创新模型 | 转型模式与发展模型 | 规划体系与模型 |
|---|---|---|
| 全网交通城市化 | 全网交通建设理论研究、战略研究体系，交通网络基础设施与设施产业创新体系，基础产业的内需拉动与自主创新体制、机制及创新体系，基础产业与农业、生态观光业、旅游业、文化产业的产业融合创新体系 | 全网交通县域的安康社会规划建设体系与模型 |
| 全程安全城市化 | 全程安全管理理论研究、战略研究体系，把安全管理深入到城市化、城市建设与城市管理的生产、卫生、医疗、环保、生态、食品、品牌、产业、企业、资本、金融、信息、科技、服务各个领域，成为城市化的科学发展基础与安康社会建设的文化创新基础 | 全程安全的安康社会规划建设体系与模型 |

在此基础上，我们又提出中国城市化与区域化全要素生产力创新体系的战略研究与理论研究体系。具体包括自主创新与内需拉动的城市化战略规划背景与起点的理论、对策研究，全要素生产力的城市化与现代化发展规划所做的理论、对策研究。

## 第二节 文化生产力创新体系与文化城市化发展模式研究

美国麦肯锡研究报告指出，中国未来20年将有10亿人口住进城市，中国城市化将达到西方发达国家的80%以上。中国正在兴起一个以自主创新与内需拉动为国家现代化创新基础的城市新文化与新资本运动。20年前，美国以信息技术的文化创新为核心，形成版权经济的现代化国际分工比较优势与知识经济的国家创新基础，以信息化带动知识化引领知识服务业与现代服务业的国家核心竞争力，形成全球化与现代化的比较优势与国家创新基础。中国则以城市化引领现代化、信息化、知识化与全球化的发展，形成城市经营与环境经济的内需拉动与自主创新城市化国家创新基础，全面提升了现代服务业与知识服务业的发展，提升了创新型城市与创新型国家发展的国际分工水准。为此，早在20世纪末，英国的雷默研究报告就指出，中国的"北京共识"与美国的"华尔街共识"，将形成全球化与现代化发展各自不同的比较优势与自主模式，全要素生产力的城市化与现代化发展规划理论、对策研究体系包括：

（1）传统的土地物质生产力要素，已演化为从国土资源的城市经营，到环境经济、生态经济、服务经济、知识经济、信息经济、全球经济国家资本自主创新的都市再造政策、法规、制度、市场创新体系,建立了初步的城市经营的土地储备及管理运营的政策、法规、制度。

(2) 传统的劳动者物质生产力要素,已演化为人的解放的智力生产力发展人力资源管理、创新体系,建立了全面的城市化社会保障与人力资源管理体系及人力资本运营、政策体系。

(3) 传统的物质资本生产力要素,已演化为资本的金融服务与金融技术创新体系,建立了国家金融管理市场化机制与金融服务业发展的政策、法规、制度。

(4) 新的科技生产力的创新要素,已演化为知识经济发展,建立了高新技术与知识服务业城市化、园区化发展的国家创新体系及相关政策、法规。

(5) 新的服务生产力的创新要素,已演化为服务经济、现代服务业与知识服务业发展的城市化、园区化创新体系,演化为信息服务、金融服务、物流服务、知识服务、文化服务的服务生产力国家创新基础与科学发展基础。

(6) 新的信息生产力创新要素,已演化为智能城市、数字城市、数字交通、数字集群、网络服务业、信息产业、双D港的城市化、园区化创新体系,建立了信息化的政策、法规与初步的信息安全战略及产业创新体系。

(7) 新的制度生产力的创新要素,已在"一国两制"的大中华空间布局基础上,演化为泛珠三角的城市化、区域化、知识化、全球化国家增长极,演化为兼容计划经济与市场经济、社会主义与资本主义、沿海经济与内陆经济、开放经济与自主经济的城市化、区域化、全球化、知识化、特区化跨资本主义国家创新体系,建立了全面的特区制度、"一国两制"法规制度、沿海开放城市政策法规及开发区、保税区、保税港区的国家创新体系。

(8) 新的文化生产力创新要素,已在文化体制改革中,演化为出版、演艺、会展、旅游、网络、体育、影视、工艺、设计等城市化与知识化发展的国家创新体系与文化经济、非物质经济城市化、知识化创新体系,演化为创意产业、创意城市、创意经济的文化产业国家创新体系,演化为创新型城市与创新型国家的基础产业与创意产业链。

(9) 新的复杂性生产力,已演化为集土地与资源、环境与经济、智力与社会、金融与资本、科技与创新、数字与城市、服务与知识、制度与政策、文化与创意全要素生产力的国家创新体系与城市化、知识化、全球化创新体系。

这样从城市与区域概念性规划的文化自觉与文化创新,到城市化、区域化文化资本演化的生产力创新体系形成,也形成城市化、区域化国家创新体系的重大理论突破与知识重构,形成城市化、区域化文化产业科学发展观的四大理论重构与文化理论重构、经济理论重构、创新理论重构、测绘理论重构的人文科学、社会科学、认知科学、鉴识科学重大前沿理论问题的突破，形成人文科学的科学发展观与文化理论的重构、社会科学的科学发展观与经济理论的重构、认知科学的科学发展观与创新理论的重构、鉴识科学的科学发展观与测绘理论的重构。恩格斯曾说，一旦社会产生某种需求，将比办十所大学推动这门学科的发展还要快。鉴识科学的评估理论、测绘理论与规划理论正是在这一城市化、区域化文化自觉的概念性规划理论与对策研究文化思潮中，迅速发展为一门独立的创新理论与基础研究、应用研究学科结构的。

马克思说科学研究是从具体到抽象，再还原给具体的过程。将这一鉴识科学与创新理论应用于城市化、区域化概念性规划的研究体系、理论体系与战略体系、应用体系上，我们又提出中国城市化、区域化集约与分散、轴心与辐射、物质与非物质、承传与创新、保护与建设、前沿与后院、文化与资本、创意与产业、系统与元素的复合规划体系与科学发展体系。具体包括基于"文化创意理念"的四大概念性规划体系。

# 第十九章

# 基于"文化创意理念"的城市文化转型模式与创新体系研究

## 第一节 都市创新体系与模型的概念性规划体系研究

"文化创意理念"的创新体系,包括"文化创意理念"的文化型都市创新体系与概念性规划体系,"文化创意理念"的创意型都市创新体系与概念性规划体系,"文化创意理念"的金融型都市创新体系与概念性规划体系,"文化创意理念"的科技型都市创新体系与概念性规划体系,"文化创意理念"的知识型都市创新体系与概念性规划体系,"文化创意理念"的网络型都市创新体系与概念性规划体系,"文化创意理念"的创新型都市创新体系与概念性规划体系,"文化创意理念"的制度型都市创新体系与概念性规划体系,"文化创意理念"的大都市区域化创新体系与概念性规划体系,"文化创意理念"的生态型都市创新体系与概念性规划体系,"文化创意理念"的服务型都市创新体系与概念性规划体系,"文化创意理念"的形象型都市创新体系与概念性规划体系,"文化创意理念"的符号型都市创新体系与概念性规划体系,"文化创意理念"的资源型都市创新体系与概念性规划体系。

每一个创新体系,都是一个都市再造的文化创新体系,一个文化传播的生产与发明体系,都有着从生产工具、传播工具到创新工作的经济文化整合作用,又都关联着资源、生态、人文、政策的优化发展与安全底线。

"文化创意理念"的文化型都市创新体系与概念性规划体系，一是文化创意的内容生产要有对城市化资源配置的优化作用与产业升级的创新作用；二是要有文化主导城市化、文化主导资本、文化主导金融的文明方向与路向；三是要有创新型城市建设与创新型国家建设的"文化创意理念"与文化创新基础；四是要有"文化创意理念"的城市建设主体内涵与系统文化风格体系；五是城市要有"文化创意理念"渗入各个领域的文化领航作用与自主创新基础；六是城市要有"文化创意理念"的系统要素与人文元素。

"文化创意理念"的创型都市创新体系与概念性规划体系，一是城市的都市再造与产业重构要有文化创意优化发展方向与极化创新基础；二是城市文化要有产业哲学的文明进度与方向；三是城市要有产业文化的创新基础与创意元素；四是城市要有产业蓝海战略的创意基础、创新领域与方向；五是城市要有产业"细分王国"的长尾战略体系与产业链的文化创意体系。

"文化创意理念"的金融型都市创新体系与概念性规划体系，一是城市要有基于"文化创意理念"的非物质经济跨越发展的文化资本创新基础；二是要有文化主导的城市化的人文家园发展方向与路径，以规避资本主导的城市化的金融工具创新误区；三是城市要有文化资本"逆戈森规律"代际扩张模式与创新结构；四是城市要有文化资本优化资源配置的科技文化发展知识密度与项目平台发展的资本密度；五是城市要以文化为创新方向、以资本为创新工具取得全球博弈的开放发展双重效益。

"文化创意理念"的科技型都市创新体系与概念性规划体系，一是城市要有文化创意基础的概念性规划技术体系，有城市文化定位的文明基础与创新基础；二是城市要有科技主导的产业优化结构与知识经济发展方向；三是城市要有知识化、信息化的自主创新基础与信息服务能力发展的数字技术体系；四是城市要有金融服务能力发展的金融技术创新基础；五是城市要有创新引擎的技术体系与技术支撑。

"文化创意理念"的知识型都市创新体系与概念性规划体系，一是城市要有科技文化的知识融合与科技融会知识经济创新基础；二是城市化要有知识化的科学发展基础与自主创新基础；三是城市要有知识资本与文化资本主导的消费资本与商业资本创新体系；四是城市要有知识服务业的现代服务业提升与文化服务业的发展；五是城市要有知识资源的优化配置与知识供应链开发创新；六是城市文明要有知识经济的流量、文化经济的含量、科技经济的信息量传播体系与创新体系。

"文化创意理念"的网络型都市创新体系与概念性规划体系，一是智能城市建设的网络化数字经济体系；二是数字产业发展的集群效应与创新结构，比如大连从双 D 港到中国北方最大的软件外包基地的智能城市建设；三是数字化信息服务能力是知识化的城市化核心技术体系，也是世界城市建设中与金融服务能力、文化服务能力、生态服务能力、安全服务能力四大服务能力并列的服务创新体系。

"文化创意理念"的创新型都市创新体系与概念性规划体系，一是城市化的经济创新体系要有非物质经济跨越发展的创新基础与发展方向、创新结构；二是城市要有经济文化的复合发展结构与创新结构；三是城市经济运营要有以文化为基础的经济的自主创新能量；四是城市经济要有创意、品牌、内容、符号的文化要素与文化融合效益；五是城市经济运营要有媒介、信息、会展、出版、影视、旅游、网络、娱乐等文化产业创新要素与创新元素及活力。

"文化创意理念"的制度型都市创新体系与概念性规划体系，一是城市化的发展要有文化创意经济发展的政策与导向；二是城市管理要有"文化创意理念"的定位与规划；三是城市政策要有全球博弈的文化创意经济理念与创新基础；四是城市政策要有基于"文化创意理念"产业结构升级与资源配置优化的杠杆作用；五是城市政策要有文化体制改革的创新作用与文化产业发展的法制环境；六是城市发展要有"文化制宪"的政策环境与文化权益优化的创新结构；七是城市政策要有文化公共服务体系的正义基础与发展结构；八是城市化非物质基础设施与文化设施产业的发展要有良好的政策支持与政策环境。

"文化创意理念"的大都市区域化创新体系与概念性规划体系，一是全球化发展中突破国家、城市、行政区域管理体系的区域化市场经济资源配置优化与资本拓展极化的发展体系与创新体系；二是新城新区建设的国家增长极创新关联体与区域创新体系，如中国从珠三角、长三角、环渤海、东北老工业基地振兴、中部长株潭与郑汴洛崛起、西部大西南与大西北开发到黄河三角洲、海西新区十大国家增长极创新体系与创新关联体的全球化、城市化、现代化、生态化、知识化、信息化、服务化、非物质化发展创新体系。

"文化创意理念"的生态型都市创新体系与概念性规划体系，一是城市化的生态资源的保护、管理与建设发展与创新体系；二是城市化的生态资源创新体系与生态技术发展体系；三是城市化的生态经济与旅游文化经济相融合的发展体系；四是城市化的生态环境的发展、保护、管理与环境经济的发展、建设体系；五是城市化的环保技术与环保产业的发展创新体系；六是城市化的生态经济与环境经济、环保产业的政策法规发展体系。

"文化创意理念"的服务型都市创新体系与概念性规划体系，一是城市化的服务化与知识化、非物质化发展创新体系；二是城市化的现代服务业、知识服务业与文化服务发展创新体系，如深圳的物流、金融、高新技术、文化产业四大支柱产业规划体系，几乎都是文化服务业、知识服务业与现代服务业；三是世界城市建设的信息服务能力、金融服务能力、生态服务能力、文化服务能力、安全服务能力五大文化服务、知识服务、现代服务业发展创新体系。

"文化创意理念"的形象型都市创新体系与概念性规划体系，一是城市文化传播力的打造与城市品牌、符号、元素的文化传播体系打造；二是城市媒介运用体系的内容生产能力与媒介资本发展能量；三是媒介运营的创意经济基础与文化生产力创新体系；四是媒介创新体系的人才与人力资本管理创新体系及相关政策法规体系。

"文化创意理念"的符号型都市创新体系与概念性规划体系，一是城市品牌、符号、元素的文化生产能力与内容生产要素；二是城市符号资源的开发深度与运营广度创新体系；三是产业品牌与符号的资本运营能力与文化经济创新发展活力。

"文化创意理念"的资源型都市创新体系与概念性规划体系，一是城市文化资源的发掘与资源配置优化的创意经济发展基础；二是文化资源保护与资源开发建设的优化创新体系；三是资源管理与资源代理、资本托管的创新体制、机制与文化产业创新体系；四是资源保护、建设、开发、管理的政策法规建设创新体系（见表19-1）。

**表19-1　都市创新体系与模型的概念性规划内容分析**

| 都市创新类型 | 都市创新体系与模型 | 概念定位与概念性规划体系 |
|---|---|---|
| 文化型 | 1. 资源配置优化与产业升级；<br>2. 文化主导城市化、金融化；<br>3. 创新型城市建设与创新型国家建设；<br>4. 文化主体内涵与系统文化风格体系；<br>5. 文化领航自主创新基础；<br>6. "文化创意理念"的系统要素与人文元素 | 文化创新 |
| 创意型 | 1. 都市再造与产业重构；<br>2. 城市文化与产业哲学的文明进度与方向；<br>3. 产业文化的创新基础与创意元素；<br>4. 产业蓝海战略的创意基础、创新方向；<br>5. 产业"细分王国"的长尾战略体系与产业链的文化创意体系 | 产业创新 |

续表

| 都市创新类型 | 都市创新体系与模型 | 概念定位与概念性规划体系 |
| --- | --- | --- |
| 金融型 | 1. 非物质经济文化资本创新基础；<br>2. 人文家园交替金融工具的发展方向与路径；<br>3. 文化资本"逆戈森规律"代际扩张模式；<br>4. 知识密度与资本密度；<br>5. 文化资本全球博弈的双重效益 | 资本创新 |
| 科技型 | 1. 文化创意基础的概念性定位规划体系；<br>2. 科技主导的产业优化结构与知识经济方向；<br>3. 知识化、信息化的自主创新基础；<br>4. 金融技术创新基础；<br>5. 创新引擎的技术体系 | 科技创新 |
| 知识型 | 1. 科技融会的知识经济创新基础；<br>2. 知识化的自主创新基础；<br>3. 知识资本主导的消费资本创新结构；<br>4. 知识服务业的发展；<br>5. 知识资源的优化配置；<br>6. 知识经济的流量、文化经济的含量、科技经济的信息量创新体系 | 知识创新 |
| 网络型 | 1. 智能城市建设的网络化数字经济体系；<br>2. 数字产业发展的集群效应与创新结构；<br>3. 数字化信息服务能力 | 数字创新 |
| 创新型 | 1. 非物质经济创新基础与创新结构；<br>2. 经济文化的复合发展结构与创新结构；<br>3. 以文化为基础的经济的自主创新能量；<br>4. 创意、品牌、内容、符号的文化要素与文化融合效益；<br>5. 媒介、信息、会展、出版、影视、旅游、网络、娱乐等文化产业创新要素 | 经济创新 |
| 制度型 | 1. 文化创意经济发展的政策与导向；<br>2. "文化创意理念"的定位与规划；<br>3. 全球博弈的文化创意经济理念与创新基础；<br>4. 基于"文化创意理念"产业结构升级与资源配置优化；<br>5. 文化体制改革与文化产业发展的法制环境；<br>6. "文化制宪"的政策环境与文化权益优化的创新结构；<br>7. 文化公共服务体系的正义基础与发展结构；<br>8. 非物质基础设施与文化设施产业政策支持与政策环境 | 制度创新 |

续表

| 都市创新类型 | 都市创新体系与模型 | 概念定位与概念性规划体系 |
|---|---|---|
| 区域型 | 1. 区域化市场经济资源配置优化与资本创新体系；<br>2. 新城新区建设的国家增长极区域创新体系；<br>3. 中国从珠三角、长三角到环渤海等十大国家增长极创新体系；<br>4. 全球化、城市化、现代化、生态化、知识化、信息化、服务化、非物质化发展创新体系 | 区域创新 |
| 生态型 | 1. 生态资源的保护、管理与建设发展创新体系；<br>2. 生态资源创新体系与生态技术发展体系；<br>3. 生态经济与旅游文化经济相融合的发展体系；<br>4. 生态环境与环境经济的发展、建设体系；<br>5. 环保技术与环保产业的发展创新体系；<br>6. 生态经济与环境经济、环保产业的政策法规发展体系 | 生态创新 |
| 服务型 | 1. 服务化与知识化、非物质化发展创新体系；<br>2. 现代服务业、知识服务业与文化服务发展创新体系；<br>3. 世界城市建设的信息服务能力、金融服务能力、生态服务能力、文化服务能力、安全服务能力五大文化服务、知识服务、现代服务业发展创新体系 | 服务创新 |
| 形象型 | 1. 城市文化传播力的打造与城市品牌、符号、元素的文化传播体系打造；<br>2. 城市媒介的内容生产能力与媒介资本发展能量；<br>3. 媒介运营的创意经济基础；<br>4. 媒介创新的人力资本及相关政策法规体系 | 形象创新 |
| 符号型 | 1. 城市品牌、符号、元素的文化生产能力与要素；<br>2. 城市符号资源的开发创新体系；<br>3. 产业品牌与符号资本运营能力 | 符号创新 |
| 资源型 | 1. 城市文化资源的发掘与资源配置优化；<br>2. 文化资源保护与资源开发建设的优化；<br>3. 资源管理与资源代理的创新体制、机制；<br>4. 资源保护、建设、开发、管理的政策法规建设 | 管理创新 |

## 第二节 基于"文化创意理念"城市规划建设体系的创新模型研究

城市文化原型、城市文化史的创新体系与创意城市文明基因、文化理念的知识模型：

1. 城市起源与宫廷文化的王化、教化文明要素及发明体系，以印刷技术为核心的城市、文字两大发明与宫廷建筑、庄园经济建设体系，庞大的王权、权力堆积物与文化符号、文化礼仪、教化文本文明体系。

2. 大工业机器与工业化的城市发展与变革，以工业技术为核心的产业、资本两大发明与物流、人流、资金流的庞大商品堆积物，由商场、商业设施、学校、医院、交通枢纽、交通与电讯设施及消费结构形成的近现代城市文明体系。

3. 由信息化、知识化、生态化、创意化、服务化、非物质化引发的后现代城市革命与文化创意元素的城市创新体系，以超级计算机信息技术为核心的传媒、创意两大发明与娱乐、服务的庞大信息堆积物，由网络、网视、娱乐、创意、版权形成的文化基础设施与文化产业媒介，生活方式、生产方式的变化与以文化为基础的经济的城市创新体系的形成。

一是从生产工具向创新工具转型的城市知识化转型与知识城市规划建设，由大工业引导的城市与城市化，成为大工业机器的生产车间与生产工具，向以信息化与信息技术为非物质基础设施的知识化、信息化引导的城市与城市化转型，城市成为信息、科技、文化资源配置优化与知识经济流通的创新工具与创新引擎，展开了创新型城市与创新型国家建设的新城新区建设文化资本运动高潮。

二是从生活中心向学习中心转化的城市社会化转型与学习型城市规划建设，城市由商场、火车站、车间、医院等CBD生活社区的自组织形态，向学习中心的科技文化谷、学校、校区、园区等自主自组织形态转型与提升。

三是从财富中心向信息中心转化的城市网络化转型与云城市规划建设，城市从庞大的商品堆积物与物质集散地向系统的信息网络体系及非物质要素集结地转化。

四是从工业中心向生态中心转化的生态化转型与生态城市规划建设，城市从工业生产的中心与工业车间、厂房、烟囱的集结地向绿色空间的城市花园生态环境转化，草坪、绿地、广场、蓝天、阳光、景观、水景、湖泊、河流、小桥、华彩成为城市与城市化的生态要素与最大的财富。

五是从商业中心向人文中心转化的创意化转型创意城市规划建设,城市从消费膨胀的商场与人欲横流的红尘闹市,向人文、文化景观与精神、环境与丛体形成的人文家园、心灵家园、精神家园转化,形成以人为本的民生、民本、民智、民主、民权兼容的人文创新体系。

六是从娱乐中心向休闲中心转化的郊区化转型与休闲城市规划建设,城市从娱乐吵闹拥挤的中心,向幽静、优雅的自然、人文、艺术休闲中心转化,并在郊区化转型中拓展出新的自然、人文、艺术休闲空间与城市诗学发展创造空间。比如一项新的城市科技谷、文化园、画家村、戏剧村、休闲吧、音乐吧等,比如维也纳的农家音乐餐馆等郊区化田园诗学休闲文化艺术丛,比如一些郊区化的东方小镇、中国文化小镇、欧洲小镇、葡萄酒小镇休闲文化丛的发展与建设。

七是从经济中心向艺术中心转化的新文化转型与艺术城市规划建设,城市从物资经济、工业经济的中心向建筑艺术、环境艺术、广场艺术、生态艺术、音乐艺术、表演艺术、馆藏艺术、会展艺术、装饰艺术、传播艺术新文化艺术的转型。

八是从物流中心向金融中心转化的极核化转型与金融城市规划建设,城市从以铁路蒸汽机技术为核心的物流经济向以信息技术为核心的资本集结地的转化,金融服务业、信息服务业与金融技术、信息技术的科技融会与产业融合,形成城市文化与创意、资本与金融新的生机与环境、生态。

九是从交易中心向服务中心转化的服务化转型与服务城市规划建设,城市从商品堆积物的生产交易之地向服务供应链的服务产业优化中心转化,以市场为中心的城市发展为以人本为中心的城市。比如北京在去工业化的文化建设中,也由国家经济中心转向了中国的文化中心,各个区、县同时都展开了文化创意经济的发展与文化创意产业的人才、政策、平台、项目、环境建设(见表19-2)。

表19-2　基于"文化创意理念"的城市建设体系的转型模式内容分析

| 城市建构模型 | 城市转型的规划建设体系与模型 | 城市转型模式 |
| --- | --- | --- |
| 知识城市 | 由以大工业引导的城市化向以信息化引导的城市化转型 | 从生产工具向创新工具转换 |
| 学习型城市 | 由商场、火车站、车间、医院等CBD生活社区的自组织形态向学习中心的科技文化谷、学校、校区、园区等自主自组织形态转型 | 从生活中心向学习中心转化 |
| 云城市 | 从庞大的商品堆积物与物质集散地向系统的信息网络体系及非物质要素集结地转化 | 从财富中心向信息中心转化 |

续表

| 城市建构模型 | 城市转型的规划建设体系与模型 | 城市转型模式 |
| --- | --- | --- |
| 生态城市 | 从工业生产的中心与工业车间、厂房、烟囱的集结地向绿色空间的城市花园生态环境转化,草坪、绿地、广场、蓝天、阳光、景观、水景、湖泊、河流、小桥、华彩成为城市化的生态要素与财富基础 | 从工业中心向生态中心转化 |
| 创意城市 | 从消费膨胀的商场与人欲横流的红尘闹市,向人文、文化景观与环境丛体形成的人文家园、心灵家园、精神家园转化 | 从商业中心向人文中心转化 |
| 休闲城市 | 从娱乐吵闹拥挤的商业中心,向幽静、优雅的自然、人文、艺术休闲中心转化,并在郊区化转型中拓展出新的自然、人文、艺术休闲空间与城市诗学发展创造空间 | 从娱乐中心向休闲中心转化 |
| 艺术城市 | 从物资经济、工业经济的中心向建筑艺术、环境艺术、广场艺术、生态艺术、音乐艺术、表演艺术、馆藏艺术、会展艺术、装饰艺术、传播艺术新文化艺术丛结的转型 | 从经济中心向艺术中心转化 |
| 金融城市 | 从以铁路蒸汽机技术为核心的物流经济向以信息技术为核心的资本集结地的转化,金融服务业、信息服务业与金融技术、信息技术的科技融会与产业融合,形成城市文化与创意、资本与金融新的生机与环境、生态 | 从物流中心向金融中心转化 |
| 服务城市 | 从商品堆积物的生产交易之地向服务供应链的服务产业优化中心转化,以市场为中心的城市发展为以人本为中心的城市 | 从交易中心向服务中心转化 |

## 第三节 基于"文化创意理念"的城市规划建设体系的功能模式研究

一是城市文化贮存功能规划体系与历史文化型城市规划建设体系,包括各种非物质文化遗产的储存与传播,包括各种人才与人力资源的文化储存,包括金融与资本的文化储存与储备,包括科学技术与知识创新能力与能量的储存与储备,包括文化艺术传统与城市文化元素的储存与储备。

二是城市文化流通功能规划体系与会展贸易型城市规划建设体系,包括城市文化资源流通与文化资本流通体系的规划，包括城市文化产品与文化产业的流通体系的规划，包括城市文化技术与文化服务的流通体系的规划，包括城市文化交流与文化合作流通体系的规划。

三是城市文化生产功能规划体系与文化创意型城市规划建设体系，包括城市各领域文化生产能力功能体系的规划，包括文化产业核心层、外围层、相关层生产能力规划体系，包括城市中国文化工艺、园艺与建筑、纺织与丝绸、中医药与中餐饮、戏曲与民间艺术中国文化四大发明体系的文化生产能力的规划体系。

四是城市文化交流功能规划体系与会展旅游型城市规划建设体系，包括区域城市规划交流与国际城市文化交流共同规划体系，包括城市艺术文化、体育文化、商业文化、科技文化、旅游文化交流功能规划体系，包括空中半径、铁路半径、高速半径、城轨半径、港口半径的城市文化交流功能规划体系，包括城市政府文化交流、社区文化交流、产业文化交流、乡土文化交流的文化交流规划体系。

五是城市文化扩张功能规划体系与大都市区域化型城市规划建设体系，包括城市文化丛体的城市化、郊区化、区域化、知识化扩展功能体系，包括城市产业文化的城市化、郊区化、区域化、知识化扩张功能规划体系，包括城市文化教育城市化、郊区化、区域化、知识化扩展功能规划体系。比如大连城市革命中，从大商集团对东北百货店的区域性并购与非物质商业领土拓展，大连商业银行上市并在中国北方的非物质资本领土拓展，大连商品交易所的非物质市场领土拓展，到大连万达足球、国际服装节的非物质文化领土拓展，大连万达广场在全国的城市化非物质产业领土拓展，都是一种创新关联体的文化拓展与文化传播。

六是城市文化创新功能规划体系与文化创新型城市规划建设体系，包括城市科技创新、产业创新、文化创新的各方面创新功能规划体系，比如北京从故宫到潘家园的古典文化创新功能发展体系，从王府井到国贸的现代文化创新功能发展体系，从中关村到上地的科技文化创新功能发展体系。

七是城市文化传播功能规划体系与文化形象型城市规划建设体系，包括城市文化的数字化文化传播功能体系，城市文化的知识化文化传播功能体系，城市文化的贸易化文化传播功能体系，城市文化的艺术化文化传播功能体系，城市文化的在地传播、在场传播、在线传播、在版传播文化传播规划体系。

八是城市文化承传功能规划体系与文化复兴型城市规划建设体系，包括城市文化遗产的承传、文化资源的承传、文化服务的承传、文化艺术、生态文化的承传等文化承传体系。

九是城市文化管理功能规划体系与文化制度型城市规划建设体系，包括城市文化管理功能规划体系、艺术管理功能管理体系、科技管理功能规划体系、知识管理功能规划体系、生态管理功能规划体系、法制管理功能规划体系、信息管理功能规划体系、医疗管理功能规划体系、创意管理功能规划体系、安全管理规划功能体系、教育管理功能规划体系、金融管理规划体系、人才与人力资源管理功能规划体系、产业管理功能规划体系、商贸管理功能规划体系、贸易管理功能规划体系、交通管理功能规划体系等。

十是城市文化归宿功能规划体系与幸福文化型城市规划建设体系，包括城市人文文化归属功能规划体系、精神文化归属功能规划体系、生态文化归属功能规划体系、资源文化归属功能规划体系、能源文化功能规划体系等。

十一是城市文化服务功能规划体系与文化服务型城市规划建设体系，包括公共文化服务与服务产业规划体系、文化服务与知识服务规划体系等。

十二是城市文化娱乐功能规划体系与文化娱乐型城市规划建设体系，包括城市文化娱乐、艺术娱乐、体育娱乐、健身娱乐、网络娱乐、休闲娱乐等文化娱乐规划体系。

十三是城市文化安全功能规划体系与文化和谐型城市规划建设体系，包括城市食品安全、卫生安全、生态安全、信息安全、金融安全等安全功能规划体系。

十四是城市文化组织功能规划体系与文化自主型城市规划建设体系，包括城市第三机构、专业组织、文化组织、功能规划体系，包括城市文化创新关联体的自主自组织功能规划体系，包括城市组织生产力创新体系。

十五是城市文化学习功能规划体系与文化学习型城市规划建设体系，包括学习型社区、学习型城市功能规划体系，学习型乐园、学习型组织、学习型企业文化功能规划体系。

十六是城市文化教育功能规划体系与文化知识型城市规划建设体系，包括城市基础教育、大学教育、职业教育、艺术教育、继续教育功能规划体系，教育不能够市场化，但不等于教育不能够产业化与贸易化，它属于文化贸易、知识贸易、服务贸易的教育产业化发展体系，因为也要做出教育贸易化、产业化的功能规划体系以及教育咨询业、培训业的功能规划体系。

十七是城市文化符号功能规划体系与文化符号型城市规划建设体系，包括城市资源、要素、品牌、符号的功能规划体系与创新体系，如大连的女骑警、服装节、金石滩等大连元素的构成与创新要素的发展。

十八是城市文化信息功能规划体系与数字文化型城市规划建设体系，包括城市数字化的文化信息功能规划体系、网络化的文化信息功能规划体系、科技化的文化信息功能规划体系、教育化的文化信息功能规划体系、艺术化的文化信息功能规划体系、生态化的文化信息功能规划体系等（见表19-3）。

**表 19 – 3　基于"文化创意理念"的城市建设的功能模式内容分析**

| 城市创新功能建构模型 | 城市创新功能规划体系与模型 | 城市创新功能模式定义 |
|---|---|---|
| 历史文化型城市 | 1. 非物质文化遗产的储存与传播；<br>2. 人力资源的文化储存；<br>3. 金融与资本的文化储存与储备；<br>4. 科学技术与知识创新能力与能量的储存与储备；<br>5. 文化艺术传统与城市文化元素的储存与储备 | 城市文化贮存功能规划体系 |
| 会展贸易型城市 | 1. 文化资源流通与文化资本流通体系的规划；<br>2. 文化产品与文化产业的流通体系的规划；<br>3. 文化技术与文化服务的流通体系的规划；<br>4. 文化交流与文化合作流通体系的规划 | 城市文化流通功能规划体系 |
| 文化创意型城市 | 1. 文化生产能力功能体系的规划；<br>2. 文化产业核心层、外围层、相关层生产能力规划体系；<br>3. 中国文化工艺、园艺与建筑、纺织与丝绸、中医药与中餐饮、戏曲与民间艺术规划体系 | 城市文化生产功能规划体系 |
| 会展旅游型城市 | 1. 区域城市文化交流与国际城市文化交流；<br>2. 艺术文化、体育文化、商业文化、科技文化、旅游文化交流功能规划体系；<br>3. 空中半径、铁路半径、高速半径、城轨半径、港口半径的城市文化交流功能规划体系；<br>4. 政府文化交流、社区文化交流、产业文化交流、乡土文化交流的文化交流规划体系 | 城市文化交流功能规划体系 |
| 大都市区域化型城市 | 1. 文化丛体的城市化、郊区化、区域化、知识化扩展功能体系；<br>2. 产业文化的城市化、郊区化、区域化、知识化扩张功能规划体系；<br>3. 文化教育城市化、郊区化、区域化、知识化扩展功能规划体系 | 城市文化扩张功能规划体系 |
| 文化创新型城市 | 1. 科技创新、产业创新、文化创新的创新功能规划体系；<br>2. 北京从故宫到潘家园的古典文化创新功能发展体系、从王府井到国贸的现代文化创新功能发展体系、从中关村到上地的科技文化创新功能发展体系城市文化创新功能规划体系 | 城市文化创新功能规划体系 |

续表

| 城市创新<br>功能建构模型 | 城市创新功能规划体系与模型 | 城市创新<br>功能模式定义 |
| --- | --- | --- |
| 文化形象型<br>城市 | 1. 数字化文化传播功能体系；<br>2. 城市文化的知识化文化传播功能体系；<br>3. 城市文化的贸易化文化传播功能体系；<br>4. 城市文化的艺术化文化传播功能体系；<br>5. 城市文化的在地传播、在场传播、在线传播、在版传播文化传播规划体系 | 城市文化传播功能规划体系 |
| 文化复兴型<br>城市 | 1. 文化遗产的承传；<br>2. 文化资源的承传；<br>3. 文化服务的承传；<br>4. 文化艺术的承传；<br>5. 生态文化的承传等文化承传体系 | 城市文化承传功能规划体系 |
| 文化制度型<br>城市 | 1. 文化管理功能规划体系；<br>2. 艺术管理功能管理体系；<br>3. 科技管理功能规划体系；<br>4. 知识管理功能规划体系；<br>5. 生态管理功能规划体系；<br>6. 法制管理功能规划体系；<br>7. 信息管理功能规划体系；<br>8. 医疗管理功能规划体系；<br>9. 创意管理功能规划体系；<br>10. 安全管理规划功能体系；<br>11. 教育管理功能规划体系；<br>12. 金融管理规划体系；<br>13. 人才与人力资源管理功能规划体系；<br>14. 产业管理功能规划体系；<br>15. 商贸管理功能规划体系；<br>16. 贸易管理功能规划体系；<br>17. 交通管理功能规划体系等 | 城市文化管理功能规划体系 |
| 幸福文化型<br>城市 | 1. 人文文化归属功能规划体系；<br>2. 精神文化归属功能规划体系；<br>3. 生态文化归属功能规划体系；<br>4. 资源文化归属功能规划体系；<br>5. 能源文化功能规划体系等 | 城市文化归属功能规划体系 |

续表

| 城市创新<br>功能建构模型 | 城市创新功能规划体系与模型 | 城市创新<br>功能模式定义 |
|---|---|---|
| 文化服务型<br>城市 | 1. 公共文化服务与服务产业规划体系；<br>2. 文化服务与知识服务规划体系等 | 城市文化服务功能规划体系 |
| 文化娱乐型<br>城市 | 1. 文化娱乐、艺术娱乐；<br>2. 体育娱乐、健身娱乐；<br>3. 网络娱乐、休闲娱乐等文化娱乐规划体系 | 城市文化娱乐功能规划体系 |
| 文化和谐型<br>城市 | 1. 食品安全、卫生安全；<br>2. 生态安全、信息安全；<br>3. 金融安全等安全功能规划体系 | 城市文化安全功能规划体系 |
| 文化自主型<br>城市 | 1. 城市第三机构、专业组织、文化组织功能规划体系；<br>2. 城市文化创新关联体的自主自组织功能规划体系；<br>3. 城市组织生产力创新体系 | 城市文化组织功能规划体系 |
| 文化学习型<br>城市 | 1. 学习型社区、学习型城市功能规划体系；<br>2. 学习型乐园、学习型组织、学习型企业文化功能规划体系 | 城市文化学习功能规划体系 |
| 文化知识型<br>城市 | 1. 城市基础教育、大学教育；<br>2. 职业教育、艺术教育、继续教育功能规划体系 | 城市文化教育功能规划体系 |
| 文化符号型<br>城市 | 1. 城市资源、要素的功能规划体系与创新体系；<br>2. 城市品牌、符号的功能规划体系与创新体系 | 城市文化符号功能规划体系 |
| 数字文化型<br>城市 | 1. 数字化的文化信息功能规划体系；<br>2. 网络化的文化信息功能规划体系；<br>3. 科技化的文化信息功能规划体系；<br>4. 教育化的文化信息功能规划体系；<br>5. 艺术化的文化信息功能规划体系；<br>6. 生态化的文化信息功能规划体系等 | 城市文化信息功能规划体系 |

城市化、区域化文化自觉的概念性规划体系的科学发展基础不仅要有国家创新基础的战略研究、对策研究与理论研究、应用研究体系，还应有相关国家主权与国际法权建设的国家创新基础与政策法规的概念性规划实施的"文化制度"立法基础与相关法规、法制、政策与对策研究基础及实施方略。

# 第二十章

# 基于"文化创意理念"的当代中国城市建设的发展模式研究

基于"文化创意理念"的中国当代城市建设发展模式的创新基础，一是要有科技融合、产业融合、区域融合、文化融合的都市创新与文化创新体系的融合模型与发展模式。

二是要有基于"文化创意理念"的知识化、人文化、数字化、信息化、服务化、非物质化、生态化的创新体系与城市建设模型，要有相关发展指数的指标规划体系与评价体系建构。

三是要有创意产业、创意城市、创意经济的城市化、区域化、极核化、全球化城市规划建设博弈系统、发展模型、创新建构与评估体系。

四是要有基于"文化创意理念"的后经济原理与后建设城市创新应用体系的城市后文明结构规划体系、创新模型、转型模式与相关发展指数的评估体系。

五是从外向经济到创意经济、从物质经济到非物质经济、从工业经济到知识经济、从市场经济到生态经济、从商品经济到文化经济的城市转型与转型模式的建构、发展模式与创新模型的建构、规划体系与评估体系的建构。

六是以文化为基础的经济与1750年以来以城市为创新基础的文化及以人类14项相关发明体系，即知识资本、社会资本、产业资本、后资本、博弈资本、创意资本、媒介资本、文化资本、制度资本、符号资本、区域资本、生态资本、安全资本、城市资本的城市化创新体系与模型。

七是莱茵后资本主义的创意城市文化体系、太平洋新资本主义的创意城市文化体系、中国跨资本主义的创意城市文化体系的文化领土博弈，相关国家创新体系与文化创新体系的创意经济模式、内容产业模式、文化产业模式的比较研究，相关创新体系发展模式、转型模式与规划体系、评估体系、规划模型、评估模型、发展指数、评估指数的建构。

八是中国城市化与城市建设"文化制宪"的对策研究中，文化领土主权、创意规划设计主权、知识财富主权模型的建构；相关版权经济发展模式、转型模式的建构，相关政策法规与制度文明的建构；文化产权、知识产权创新模式与创新体系的建构；国际法权与法规政策的全球博弈体系的建构。

九是城市"化力为形"、"化能量为文化"、"化死的东西为活的艺术形象"、"化生物的繁衍为社会创造力"的创意城市、文化创意城市、文化产业园区、文化新区建设内容与复杂巨系的创造生机、模式、模型建构及相关规划体系、创新体系、创新工程、示范项目体系的建构。

## 第一节 基于"文化创意理念"的中国城市建设发展模式研究

城市人文类型与文化创意转型创新发展的起点，是基于"文化创意理念"的创意城市建设系统与人文类型的研究起点，包括工业城市的转型与文化创意之都的重构，如沈阳、本溪、齐齐哈尔、牡丹江、辽阳等；文化遗产城市的文化承传与文化再生产的文明演进，如西安、洛阳、北京、成都、大同等；资源枯竭型城市的非物质经济跨越与创意城市的文化重构，如大庆、阜新、抚顺、鄂尔多斯、太原等；沿海城市的生态文明与港口城市的数字化流通机制建设，如大连、青岛、营口、温州、珠海、天津、滨州等；商业城市的会展博览与旅游业的产业融合发展，如深圳、重庆、上海、广州、哈尔滨等；文化名城的文化要素流通与版权经济建设，如开封、郑州、杭州、南京、长沙等；学习型城市的文化组织发展与都市文明建设，如福州、铜陵、台北、常德等。

基于"文化创意理念"的中国城市建设的文化自觉与文化创新，知识文明构筑的文化科学与科学方法，文化战略与文化复兴，有文化之都基础设施建设与设施产业发展的创新基础与创新体系结构，如西安、大连、沈阳、丽江等；有文化复兴规划与文化可持续发展"古都再造"的文化创新与创新体系，如大同、洛阳、开封、南京等；有文化学习（Culture and Learning）之都与学习型城市建设的创新体系构筑，如福州、铜陵、台北、常德、大连、北京、深圳等；有文化大同（Culture for All）之都与大型文化活动建设的大都市区域化创新体系建构，如滨海新区、西咸新区、深圳、广州南沙新区、浦东新区等；有文化经济（Cultural Economy）之都与文化产业创新体系建构，如北京、上海、深圳、广州等；有文化营销（Marketing Culture）之都与文化品牌建设创新体系建构，如大连、伊春、宜春、霸州、营口、哈尔滨等。

基于"文化创意理念"的当代中国城市建设的叙述起点，为世界文化之都与文化轴心城市体系建设的转型发展模式构筑，为中国文化走出去与全球文化博弈构筑历史舞台与国家创新体系的发展平台。基于"文化创意理念"的世界城市建设体系规划方向与方案研究的叙述起点，包括世界城市内容元素研究，世界城市生产、服务能力研究，世界城市信息、流通能力研究，世界城市文化创意能力研究，世界城市符号注意力研究，世界城市安全服务能力研究，世界城市生态服务能力研究等；如北京的世界文化创意城市建设，文化 + 科技、文化 + 金融、文化 + 旅游国家创新体系的构筑，人文北京、绿色北京、科技北京知识文明都市创新体系的构筑，爱国、创新、包容、厚德"北京共识"文化精神与文化理念创新体系的构筑，中关村、金融街、国贸 CBD、空港商贸区、怀柔影视城、顺义国际会展中心、丰台总部园区、大兴新媒体园区、石景山动漫园区、798 艺术区、琉璃厂艺术区、宋庄画家村等创新引擎与世界旅游文化城市文化创意平台的构筑；深圳世界创意设计之都的建构，深圳世界会展商贸之都的建构，深圳世界金融之都的建构，深圳世界文化科技之都的建构等；上海世界文化科技之都的建构，上海世界文化服务之都的建构，上海世界文化金融之都的建构，上海世界文化商贸之都的建构等；杭州世界文化休闲之都的建构，洛阳世界文化旅游之都的建构，西安世界文化旅游之都的建构，伊春世界森林之都的建构，吉林世界生态之都的建构，成都世界田园知识城市的建构，青岛世界自由贸易之都的建构，天津世界文化商业之都的建构，长沙世界媒介产业之都的建构，哈尔滨世界商贸旅游之都的建构等；都在世界城市服务能力与世界城市文化要素的创新发展中，构筑了世界城市模型、体系与创新结构。

中国城市化与城市复兴、文化复兴、城市转型、文化转型的发展，一是要打通本土文化资源动员的创新发展之路，二是要打通全球博弈的产业转型升级的国际分工重组之路，三是要打通国际资本旅游目的地、投资目的地、合作目的地、人居目的地的创新发展之路，四是要打通世界城市的知识文明重构之路，五是要打通支配世界财富中心转移的轴心文明体系创新发展之路（见表 20 - 1 和表 20 - 2）。

表 20-1　　世界城市建构的文化创新体系、模型内容分析

| 世界城市建构 | 世界城市复兴 | 世界城市博弈 |
| --- | --- | --- |
| 本土文化资源动员 | 文化复兴 | 文化传承 |
| 国际分工重组 | 产业复兴 | 全球博弈 |
| 国际资本目的地 | 资本复兴 | 旅游、投资、合作、人居资本平台 |
| 世界共识 | 知识复兴 | 知识文明 |
| 世界财富支配地位 | 主权复兴 | 轴心体系 |

表 20-2　　世界城市建构的发展模式内容分析

| 世界城市转型模式 | 世界城市创新要素 | 世界城市文明类型 |
| --- | --- | --- |
| 信息化 | 世界信息服务能力 | 信息文明 |
| 生态化 | 世界生态服务能力 | 生态文明 |
| 安全化 | 世界安全服务能力 | 安全文明 |
| 创意化 | 世界文化服务能力 | 知识文明 |
| 金融化 | 世界金融服务能力 | 金融文明 |

## 第二节　基于"文化创意理念"的中国城市建设人文类型与对策模型研究

基于"文化创意理念"的当代中国城市建设的城市化与新城新区发展，已形成基本的人文类型与对策模型体系，包括北京文化承传与城市符号资本的文化资源动员，如故宫、长城的古都再造与文化旅游产业发展，中关村等文化+科技等知识文明的创新发展，金融街等文化+金融文化资本的创新发展，奥亚村等现代服务业的创新发展，总部园区等都市再造创新体系的发展，新媒体与艺术区文化创意与文化旅游产业的创新发展等。

上海文化时尚与城市创意空间的文化重构，浦东新区的文化资本与金融资本重构，徐家汇商贸文化时尚与城市创意空间的重构，南京路文化商贸之都与时尚文化之体的都市再造与创新发展等。

广东文化制造与城市化的文化经济体系发展，印刷业基础工业与文化创意产业的文化科技融合与创新，传统工业基础与文化创意产业的融合创新，会展旅游与物流金融业的产业融合与创新发展，创意设计与高新技术产业融合的创新发

展等。

　　云南文化符号的城市化动员体系，西双版纳、香格里拉、丽江等文化品牌的生态旅游、文化旅游、艺术旅游、商贸旅游创新体系，腾冲、和顺、建水等生态符号、人文符号、建筑符号品牌的新发现与文化旅游创新发展的都市再造创新体系，影视文化、原生态文化、茶马文化传统与现代多元发展的文化创意产业新兴业态等。

　　成都的"生活品质之城"与田园耕读之都文化休闲经济运营体系与知识城市创新体系的重构，娱乐之都、休闲之都、生态之都、田园之都、知识之都、版权之都的融合发展与文化复兴，文化立市、版权立市的融合创新与创新体系等。

　　杭州的休闲之都的建设与发展，动漫与养生、旅游与影视文化产业的融合发展，新兴市场领域的拓展与幸福文明之都的重构，知识城市的建构与旅游名城的创新发展等。

　　天津滨海新区的文化创意空间与产业重构，滨海新区的文化金融、动漫影视、工艺文化、习艺文化的产业融合与创新发展，近代天津旧城区与租界等老城区都市再造与城市复兴、文化复兴创新体系的发展等。

　　大连环境经济与文化融合的都市创新与文化创新，会展旅游等非物质经济与现代服务业的转型发展与创新体系，IT动漫等新兴市场旅游的拓展与软件外包基地的国际分工格局重组，中国浪漫之都城市品牌的建构与旅游文化产业的创新发展等。

　　沈阳的东北华彩之都重构与创意文化空间创新体系，世博会、世遗会的建构与铁西区都市再造的商贸旅游文化产业发展，沈北新区、浑南新区、辽中保税区、和平新城、棋盘山旅游文化区都市再造新格局的打开与沈阳经济区的文化复兴、都市复兴等。

　　河南的中原文化之都与文化资源重构的都市文化创新体系，洛阳的古都再造文化创新体系，郑州的古都再造与文化复兴，开封的古都再造与文化复兴，商丘的古都再造与文化复兴；中原崛起与郑汴洛中原经济区的大都市区域化国家创新体系新格局的发展等。

　　哈尔滨的边贸之都与开放人文形象创新体系，松花江湿地生态旅游文化新区的规划建设与太阳岛旅游文化产业的重构，马迭尔中央大街文化商贸的旅游文化产业重构，伏尔加庄园世界建筑生态文化博物馆园区的都市再造与文化创新，哈尔滨国家动漫产业基地的科技文化创新发展，冰雪大世界冰城夏都的文化旅游产业品牌构筑等。

　　西安的大唐之都与文化承传之策，西咸新区的非遗文化发展与文化旅游产业创新，生态旅游与养生文化的新兴市场旅游拓展，国际旅游文化城市建构与文化复兴、都市复兴的创新融合，本土文化资源动员与国际旅游文化产业的拓展等。

新疆的民族文化之都与歌舞艺术形象创新体系构筑，达坂城、石河子的旅游文化产业发展与创意城市的文化复兴，丝绸之路的文化旅游拓展与西域旅游文化产业的重构，喀纳斯湖、巩乃斯、巴音格勒草原的生态旅游文化产业发展与养生文化新兴市场领域的拓展，喀什南疆民族风情之旅的文化创意产业拓展与吐鲁番田园旅游文化的重构等。

内蒙古的草原文化之都与城市的游牧文化形象创新体系建构，包头海西湖旅游文化产业的规划建设与鄂尔多斯旅游文化产业的兴起，呼和浩特民族建筑、服饰、艺术的多元文化产业发展与文化贸易之旅的重构等。

山东的齐鲁文化之都与中国人文形象创新体系的建构，胶东蓝色经济区文化创意的发展与旅游文化产业的重构，黄河三角洲文化创意产业的兴起与滨州世界贸易之港的建构，齐鲁人文的发展与青岛世界自由贸易之都的建构，中国文学艺术的发展与齐鲁文化的复兴等。

基于"文化创意理念"的中国城市建设人文类型与对策模型研究，是对当代中国城市建设的发展模式研究的实践探索，对中国当代城市建设发展模式的模型建构创新基础的研究；这对于中国城市化与文化资本建构创新基础的研究，对于都市再造与文化创新引擎的产业重构模型、体系与相关案例的研究，也都是很重要的实践探索的创新基础。

# 第二十一章

# 基于"文化创意理念"的都市再造[*]

## 第一节 非物质城市结构的文化资本缔造

在知识服务业与都市产业、产业重构与都市再造中,文化产业发展的科技、信息工程与知识、文化工程的基本建设与基础构造,在城市化、工业化与知识化、信息化中分软、硬件建设两个系统,硬件系统包括资源整合的主题社区开发、市场服务设施、信息技术设备与基础、传媒设备及影视工业基础、会展平台与休闲文化设施及相关的教育机构;软件系统包括技术政策、金融政策及相关的经济与创意知识工程、知识服务业基础。

文化测绘是评估、收集文化资源、设施、活动、人员、组织数据、状况,为文化规划做相应的研发准备与数据模型、资源评价。文化规划是对文化产业发展的战略规划与中长期规划,包括资源的发展规划与项目实施的工程规划,还包括文化创意规划、文化资源规划、文化产业规划、城市文化规划、文化设施规划、文化媒介规划、文化信息规划、符号管理规划与技术指标规划、服务业态规划。

城市化的非物质结构与和谐社会健康成长的经济模型是文化产业都市创新体系的重要内容,由于物质经济非物质化的发展,信息结构、符号结构、媒介结

---

[*] 本章发表于《清华大学文化产业研究》,2007年。

构、生态结构全要素生产率的经济结构与社会自组织系统、产业自组织系统产生了越来越重要的社会生产效益与市场经济效益，由此影响着城市结构自交通、建筑、能源的物质结构向生态、信息、符号、媒介非物质结构转化，包括信息基础设施、媒介基础设施、符号基础设施与生态基础设施，非物质基础设施与城市化的社会自组织系统、产业组织系统的非物质化经济、文化整合，形成了社会资本的都市制造业、信息资本的数字制造业、媒介资本的传播制造业、绿色资本的生态制造业、文化资本的符号制造业，并由此引导着传统的建筑工业向环境产业的转化，交通工业向都市产业转化，能源工业向资源服务业转化，印刷工业向媒体产业转化，电子工业向信息产业转化，由工业化带动的城市与现代经济正在向非工业化与非物质化转化，由此所产生的城市内涵与城市结构，城市化与都市经济，都市产业与城市文化的变化，影响着城市、产业的社会自组织效益、产业自组织系统与全要素生产率的经济、文化测绘资本目标与产业结构，发展方向与战略规划，继而影响着城市规划理论与现代化成长理论的发展、变化。近代以前，城市以政治、宗教、文化、军事及交通、商业为中心，宫廷政治的基础设施，军事城堡的领土基础设施，庙会、教堂的字宗教基础设施，歌楼酒肆的文化商业基础设施，运河、驿道的交通基础设施，构成了城市建筑群与城市核心体系。万里长城、斯蒂芬大教堂、运河都是这一建筑文化丛的典型建筑群与物质载体。近代以来的城市以工业、商业、交通、人居及教育、医疗、文化为中心，大工业体系的产业厂区，CBD 商圈的商业区，铁路、高速公路的交通体系的都市产业圈，政府大楼与社会自组织系统的教育、医疗、体育、人居社区，工厂、商厦、政府大楼、医院、学校、小区、车站、机场与交通口岸枢纽，成为都市的核心物质系统与建筑群落。世纪之交的全球化、知识化、信息化、生态化浪潮中，城市的后现代结构与后物质文明，以信息基础设施的信息经济结构、生态基础设施的环境经济结构、符号基础设施的文化经济结构，媒介基础设施的媒体经济结构，发展出非物质结构的都市产业体系与非物质资本的知识服务业，从非物质基础设施结构到非物质都市产业结构，再到非物质化的主题社区，创意工业文化园、创意商业文化园、创意生态文化园、创意数字文化园、创意体育文化园而成的 CTV 文化商谷（科技文化谷）。北京王府井的 CBD 商圈，每平米 GDP 为全国城市的 10 倍，而 CTV 的每平米是 CBD 商圈 GDP 的 14 倍以上，如北京的中关村。由此带来都市财富结构的变化与城市财富中心的转移，实质上也是非物质化、服务化、信息化、生态化带来的世界财富中心的转移。又如城市文化基因结构的非物质化城市符号、媒介结构的非物质遗产，城市信息结构的资源整合，等等，都涉及后物质时代的城市结构与文化遗产。这在现代化发展的城市化建设中，都应做出城市规划理论的深入研究，城市结构理论的深入研究与战略规划的城市结构原理研究与城市创新体系的突破。

## 第二节 产业重构与都市再造的文化资本创新

产业重构则是指文化产业在知识服务业发展中的创新体系、技术构成、新兴业态与非物质资本形态的资源配置、能量提升与文化整合,还有其对产业结构调整与经济增长方式的持续影响与产业创新体系的根本改观。都市再造是指文化产业在知识服务业发展中对都市产业的促进与对城市文化设施、服务产业业态及非物质经济资源配置、财富创造、资本形态的改观所诱发的城市革命、产业革命、文化变革与新经济、新技术革命,还有文化产业对以城市为载体的社会结构及上层建筑的影响与改观,对城市化方向、进程、技术路线与生产力要素及核心竞争力、信息博弈力、符号财富力的影响。由此文化经济形成新的社会财富观与价值体系,即由文化产业的资本形态与非物质资本的资源配置方式、资本递增效益形成的新的文化财富观与非物质财富价值观,包括媒介资本、符号资本、信息资本、形象资本、绿色资本、教育资本、知识资本的财富创造力与世界财富整合力、国家财富博弈力与国际财富竞争力。其中尤以文化产业启动的产业财富与城市财富表现形态最为明显,个人财富价值观与社会财富价值体系由此产生了深刻的变化。

我们在对文化产业资本形态与创新体系的观察中,发现都市产业资本正在向非物质经济的文化产业资本及新兴服务业态转移,从而也构成财富中心、财富创造力与动力源的产业群转移,如从交通工业到物流产业,从田园产业到休闲产业,从建筑工业到环境产业,从服装工业到形象制造业,从医疗产业到健康产业,从产品交易到产权交易,从印刷工业到创意工业,等等。并由英国福莱斯特的"非物质经济"引出在文化运营中对都市产业、知识服务业的产业集群进行了重构与分类。北美产业分类 SIC(standard industry classification,又叫 north american industry classification systems)标准,在文化运营与文化规划中又将知识服务产业分类为商业服务、动画片、医疗保健、法律、教育几大类,与文化产业互为交织渗透,并指出其优势资本对产业创新的影响作用,其实知识服务业与文化产业都有如下几大运行特点:

(1)低能源消耗与资源消耗。
(2)由非物质经济形成的资源重复使用的低成本进入。
(3)由非物质经济文化形成的低代价成长。

（4）由边际效益不断扩展、增值形成的高成长性。

（5）由符号资本、文化资本、信息资本、媒介资本形成的文化含量高的高文化、高资本竞争力。

（6）由知识、技术、文化条件形成的高人力资源特性。

（7）服务业态的创新。

（8）产业形态的创新。

（9）产业政策的创新。

（10）产业哲学的创新。

在文化运营中我们把资本不再作为一种社会制度的象征、工具或政治经济范畴，而是作为全球化过程中非物质经济的财富价值与文化产业的经济媒介，来考察它在城市化财富创造、知识化服务交易、数字化信息博弈、制度化符号管理中的原创力与创新力，运营价值关系与动力杠杆作用。

科技竞争的大工业资本形态具有"戈森规律"的边际效用递减规律，信息博弈的信息经济资本形态具有边际效益整合的互动互补功能，文化创造与文化传播的文化资本具有边际效益递增的文化力规则与非物质经济核心价值体系，因而全球资本主义的文化产业非领土扩张与非物质资本，不仅没有引起法兰克福学派批判文化工业时所预言的"资本主义系统结构性崩溃"，反而促成了世界财富中心的转移与全球新经济的持续增长。工业化促进了城市化，城市化促进了城市经济与服务产业，服务经济促进了知识化与商业主义的融合，这一历史融合爆发了全球范围的文化产业资本优势之火，文化资本又引领了现代化跨领域的全部创新体系，包括信息资本与数字制造业的创新体系，符号资本与文化娱乐的创新体系，媒介资本与传播制造业的创新体系，社会资本与都市制造业的创新体系，教育资本与人才制造业的创新体系，绿色资本与休闲制造业的创新体系，等等。从大工业的静态资本到服务业的动态资本再到文化产业的虚拟资本，在城市化与产业化中展开了它的一体两翼。由工业型城市的科技创新，到服务型城市的产业创新，到信息型城市的媒介创新，再到符号型城市的文化创新，知识经济、服务产业的能量升级与都市博弈的文化升级、文化创造的资本升级、文化资本的财富升级、文化传播的媒介升级，是同步运行的，它既是产业化的资本运营，又是城市化的文化运营。正如安迪·卡斯维宾（Antti Kasvio）所说的："现代信息社会的发展过程从科技创新开始，其重心从信息收集与科技传递，逐渐转向科技所传播的内容。在这一阶段最大的增长期望是从信息技术产业转向传媒和文化。"埃克森与移动公司、MCI与斯普林特、旅游人与花旗公司、美国在线与时代华纳、沃达丰与曼内斯曼的资本遇合与文化联姻，正是文化运营这一"增长期望"的产业巨无霸之合与都市资本跨国、跨领域、跨行业的联姻。在城市社区集聚与产业扩散中，形象资本与符号资本起到效用递增的文化创造力作用，信息资本与媒介资本起到了信息博弈的文化传播力作用，智力资本与知识资本起到产业创新的文化竞争力作用。因而曼彻斯特的工业之都、洛杉矶的电影之都、北京的文化之都、伦敦的创意工业之都、大连的会展之都、杭州的休闲之都、三亚的生态之都、成都的安逸之都、上海的金融之都与文化资本组合后，都形成了从房地产的主题社区开发到商贸、旅游的文化运营的投资热潮与非物质经济的资本形态及相关创新体系。这就是文化产业资本形态的能量升级与创新体系的各领风骚。

文化运营的创新体系还体现在体验经济、梦想社会、心理消费与符号经济的产业形态与边际效应中，这是文化产业资本的空间集聚效应与核心扩散功能。"文化商品创造的活动或阐释也是不同文化间的对话，不同的文化取向并存于产品自身内在的价值象征活动之中，在产品内部，古今交汇，不同的文化传统纵横交错。"[①] 因而有人又说："文化产业是以经营符号性商品为主的经济活动。"文化资本在向创意工业与都市产业的发展中引领了社会资本、知识资本与都市资本的城市创新，在向数字制造业的媒体文化发展中引领了媒体资本、信息资本的媒体创新，在向符号经济的品牌效应发展中引领了符号资本的企业创新，在向非物质形态的知识服务业发展中引领了信息资本、知识资本的产业创新，在向产业资本的边际效益提升中引领了非物质资本的资本创新，在向非领土扩张的产业资本发展中引领了文化资本的资本创新，在向社会应用前沿与核心竞争力延伸中引领了科技资本的科技创新，在国家战略产业与核心资本打造中引领了政策创新。难怪卡西·布里克伍德说："新的文化领域被赋予了新的使命，那就是改善欧洲的社会结构。"现代化的大工业时代是科技改变社会结构，数字化的全球化时代是信息改变社会结构，今后的知识化的大文化时代是文化改变社会结构，这些都是通过文化产业显性资本形态与隐性战略的创新体系来完成的。因而，近年来，关于文化产业的问题，着重研究的就是文化力、文化配置、文化运作与资本运营的社会结构问题，包括就业空间、形态、市场、政策的文化产业创新体系。从文化产业的资本形态与创新体系来说，确如欧洲议会所属的区域电信理事会所认知的："文化不再被视为一种辅助性行为，而是社会的一种驱动力。"过去我们说，科技是第一生产力，昨天我们说，信息是第一生产力，今天我们说，文化是第一生产力。科技生产力、信息传播力与文化创造力，构成了今日城市与产业、国家与区域的国际竞争力。

---

① 彭立勋主编：《文化软实力与城市竞争力（2008年深圳文化蓝皮书）》，中国社会科学出版社2008年版，第3页。

## 第三节　文化测绘与文化博弈

在考察世界最富创意与文化含量的城市伦敦时，人们将文化与创造力相结合，给文化运营的创新体系做了如下三个能量升级的定义：

1. 伦敦创意城市议程涉及英语中两个最复杂的单词：文化和创造力。

2. 真正的创造力包括：再思考或从最基本的原理出发思考问题的能力，敢为人先的能力，修改规则的能力，想象未来方案的能力，以及或许是最为重要的，"在一个人所能胜任的边缘状态下而不是完全能胜任的状态下工作的能力"。

3. 典型创意城市构造的特点：

——不断明确的目的和抱负

——不断鼓励富于想象力的个体和组织

——思维开放，乐于冒险

——坚持战略上的原则性和战术上的变化性

——在制订计划时要坚决但不宿命论，因此要保持预见性

——乐于认识当地的文化渊源和当地的特色，并愿与之共同发展

——确保领导阶级的广泛性

——消除怪罪文化（blame culture）

这是对伦敦的文化测绘，从中可见文化资本形态与创新体系在城市载体中的延伸与深入。

其实，从文化运营来说，已有正、反两方面的文化产业案例，可供我们在文化测绘中做出多方面的探索与思考，如大连城市革命、环境经济、都市产业整合中的会展文化产业，已产生1∶6的环境经济投入产出率，1∶100的财政拉动力，投资5亿元，已产生500亿元资本效应的财政拉动力，形成都市产业新浪潮的文化产业拉动力。沈阳文化古都重构与非物质产业社区再造的文化个案，东北振兴一号工程"金廊工程"的文化产业重构与都市再造，东北老工业城区铁西创意商业文化区的城区再造与都市产业重构。

我们应从文化运营与文化产业资本形态创新体系入手，确立中国文化资本的良性发展之路与全球语境下国家竞争优势的文化产业战略与对策。仅以《珍珠港》为例，它的发行收益是1.4亿元，放映收益是1.6亿元，礼品开发0.2亿元，形象专利产品转让0.5亿元，音像制作0.8亿元，玩具软件0.3亿元，旅游

收入 0.7 亿元，合计投资回报实效接近 5 亿元美元！而迪士尼乐园仅在香港投资开发，与港方合资的虚拟资本股份合作中，就以 35 亿元的小投入赚取了港方 290 亿港元投入的 43% 的版权。这就是在文化运营中产业品牌与资本品牌的效应，开发产业链与资本链的效应。

英国国务大臣克里斯·史密斯（Chris Smith）撰文认为："文化产业作为创意产业对知识经济和国民财富的重要性得到了广泛认同——创意产业已经从外围进入中心。"也就是说，它的资本形态已经由外围进入世界财富的中心，它的创新体系正支配着世界财富中心的转移。

## 第四节　文化产业的城市化创新方向[①]

改革开放以来，中国的城市化进程飞速发展，占世界人口总量的 1/5 的特殊国情使得我国的城市化建设面临诸多发展问题。如何依据可持续发展的原则，推进城市化的发展，是当前中国必须面临的重大问题。中国的城市化举世瞩目，联合国最近公布的《世界城市化展望 2009 年修正版》显示，全球超过 50 万人口的城市中，有 1/4 都在中国，然而中国的城市化"质量"却很低。综合中国改革开放以来 GDP 的持续增长与占世界总人口数量 1/5 的国情事实来看，以人口数量与非农产业构成为主要统计指标的城市建设，中国的城市化进程，目前仅停留在农村人口向城市集聚，并逐渐形成主要初级劳动力人口构成的庞大人口数量群，而其所从事行业还是基础服务业（餐饮、建筑、休闲、环境服务等）、手工制造业（如东莞成千上万中小制造企业等轻工业）以及重工业机械制造业等缺乏内核创新基础的产业。近年来，全球范围内发生的地震、火山、暴风等极端气象灾害，一次次敲响人们的警钟，过度开采资源，以破坏环境为代价谋求发展的后果是全人类都要承担的。尽管本次哥本哈根峰会上，各国政府最终未达成一致的节能减排意见，但日益恶化的地球环境状况，必将影响着各国经济增长的方式与方向。全球范围内的城市化发展正在改变工业化发展构成，转向发展低能耗、低污染、高附加值的非物质文化产业与现代服务业。

当今世界正在经历以技术变革为基础的信息时代，社会发展已经进入到以知识经济、版权经济、创意经济、服务经济为支撑发展业态，以文化生产力向生产关系和上层建筑领域的拓展为标志的新"信息社会"。信息社会的概念自 20 世

---

① 本章第四~七节有苗海洋的合作。苗海洋，北京邮电大学传播学专业 2010 级硕士研究生。

纪 60 年代被提出之后，经过一段较长时间的发展，现已被广为接受。信息社会最主要的特点在于以知识、信息、创意、理念等为主体的文化传播成为创新工具与生产工具。得益于互联网等新兴媒体传播技术的飞速发展，信息社会下的文化、经济、政治等已经开始实现全球化。文化一体化的全球传播引发了人们关于人文、宗教、科技、金融、信息的重新思考。而对于文化本身的认识也从"社会发展的结果"的被动认识转向"社会发展的过程"的主动探索中来。文化产业占各国 GDP 的比重得到前所未有的提高，尤其是发达国家，以文化为生产要素的第三产业更是超过了工业制造业的比重。

反观我国的文化产业发展，短短 10 年，经历了曲折的发展历程，从一开始的对文化产业的批判、对文化产业的肯定，到现在学术界和政府已经将"发展文化生产力，增强国家软实力"提升到了国家和平崛起的战略高度。在 2006 年 1 月召开的全国科学技术大会上，胡锦涛总书记向全国发出"坚持走中国自主创新道路，为建设创新型国家而努力奋斗"的号召，并明确提出："到 2020 年，使我国的自主创新能力显著增强，科技促进经济社会发展和保障国家安全的能力显著增强，基础科学和前沿技术研究综合实力显著增强，取得一批在世界具有重大影响的科学成果，进入创新性国家行列，为全面建设小康社会提供强有力的支撑。"①

随着知识经济、信息时代的发展，创意产业凭借其低能耗、低污染、高附加值等优势正在成为各国际化大都市新的增长极创新引擎。北京、上海、深圳等世界城市的建设也正在走出具有自主创新道路的发展模式。金融危机之后，各国经济都不同程度上下滑，但中国北京、上海、深圳三大城市不但未出现下滑趋势，反而保持增速持续增长，增长的原因代表了一种城市化的方向与基础，蕴含着一种新型的都市增长极创新引擎的发展趋向。对北京文化产业创新发展之核的探索与突破对中国都市再造具有重要意义。

北京作为我国的首都，早在 20 世纪 90 年代末期，城市的天空还长期处在阴霾弥漫之中，以首钢为代表的一大批重污染工业企业在完成了城市化建设的工业化基础之后，面临的环境、生态问题严重阻碍了北京建设"世界城市"的步伐。那时候的北京，一个月的天空没有几天是蓝色的，"伦敦的雾与北京的风"② 是两大城市完成现代化演进共同遇到的问题。然而，自从北京大力发展文化产业，以文化产业作为国家战略之后，一大批工业企业迁离中心区，取而代之的是一些文化产业园区的规划和建设，比如中关村信息产业园、798 艺术区、大兴传媒中

---

① 胡锦涛：《坚持走中国特色自主创新道路　为建设创新性国家而努力奋斗》，人民出版社 2006 年版。
② 皇甫晓涛：《伦敦的雾与北京的风》，《经济日报》2004 年 11 月 28 日。

心、奥运体育中心、丰台总部园、朝阳CBD商业中心、金融街金融中心、潘家园艺术品广场等。正是这些文化产业的发展,给北京的天空扫去灰尘,还原蓝色。

宏观上看,我国自党的十六大以来,就把发展文化产业提升到国家战略,各地方城市也纷纷响应这一号召,大力发展文化产业,积极完善文化产业基础设施,制定相关法规制度,鼓励发展文化企业。一些重工业城市经过了工业化向产业化转型后,开始迈向了创意化演进,各个城市开始建立自己的"城市名片"[①],通过发掘文化资源、文化人才,发展文化产业。一个城市的服务化、知识化、信息化以及创意化程度决定了城市发展的方向。我国的文化产业发展前景非常可观,许多城市将"花园城市"作为自己发展的宏伟目标,比如,大连"花园城市"、青岛"国际城市"、深圳"创意城市"、天津"世界城市"等。然而,从实际情况来看,我国大部分城市的服务化水平只有40%左右,知识化水平在15%左右,信息化和创意化水平也只有15%~20%,国外发达国家的这些数字远超于我国,甚至是我国的两倍。所以,对文化产业发展的理论探索、实践案例研究、发展对策研究变得尤为必要。借鉴走在全国前列北京的文化产业发展,研究北京文化产业创新引擎作用将对我国城市化演化与优化过程起到重要作用。

自从北京大力发展文化产业以来,已经建立了很多以信息、金融、服务、创意、版权技术等作为创新引擎的文化产业园区,如国家科技产业园、大学科技产业园等。

## 第五节 都市再造的智力经济创新

文化产业涉及的行业门类比较多,学术界对于文化产业的概念和内涵还没有达成统一认识。由于文化本身的主体性很强,与个人、民族、国家的发展背景以及语言、文字等传播载体的使用息息相关,所以文化产业的概念具有多重性。文化产业有时也被称作"文化工业"、"创意产业"、"媒体文化"、"内容产业"、"版权产业"、"智慧产业"等。

英国是优先发展创意产业的国家,是影响世界经济发展与文明进程的"两

---

① 2010年1月11日,在北京大学举办的"中国城市名片荣誉盛典",将城市名片作为代表国家文化软实力发展水平的象征,评出14个城市15张名片。

个故乡"。第一，英国是世界"工业革命之乡"，蒸汽时代逐渐取代人力劳动，使得大工业、大机械、大制造成为可能，并引发全球的经济工业变革。但工业化由于其本身的资源消耗、以污染为成本、低附加值的特点，使伦敦付出了"雾都"的代价。工业化主要给英国带来了两大城市化发展难题：强烈资源依赖必然导致环境恶化，污染加剧；工业制造生产力的快速提升导致市场产能过剩，形成庞大的商品堆积物，虽然英国是步入城市化最早的国家，但"英国病"随即产生。所谓"英国病"，是指工业化促进城市化过程中，人口自乡村向城市的过度汇集，产业污染对城市生态环境造成毁灭性的损害，城市犯罪的增加给社会带来种种负面影响，直至给"整个国民经济乃至国家"都带来深远影响。众所周知，英国是最早步入城市化的国家。早在18世纪工业革命后，英国的城市化进程加快，至20世纪30年代，城市人口占总人口的比例已达80%，50年代居住在10万人以上的城市人口比例为38.4%。50年后，超过90%的英国人生活在占国土面积10%的大城市中。现在的英国早已摆脱了"英国病"的困扰，创意经济的发展使得英国逐渐形成第二个故乡"创意产业之乡"。创意产业的发展关键在于政策，英国是最早由政府机构系统阐述创意产业（creative industries）理念并以此为理论基础进行文化产业发展战略规划的国家。从"国家文化艺术发展战略"到布莱尔"创意产业特别工作小组"（creative industry task force），一系列产业政策法规的制定与颁布都取得了显著的效果，成为其他各国学习的模板，可以说作为"创意产业之乡"的英国将要引发比工业革命更为强烈的全球城市化变革。英国的创意产业是指那些源自个人创意、技能和才干的活动，通过知识产权的生成与利用，这些活动有潜力创造财富和就业机会。

20世纪90年代，美国将文化产业定义为"可商品化的信息内容产业"，强调对于创意产品的版权开发、使用与维护，美国的文化产业就是"版权产业"（copyright economics），按照美国WIPO标准，分为核心版权产业（包括报纸、图书、期刊、摄影、录音、音乐出版、广播和电视播出、商用及娱乐软件等）、部分版权产业（纺织品、珠宝首饰、家具、玩具和游戏）、边缘版权产业（包括物流服务、咨询服务、电讯服务、批发和零售服务等）和交叉版权产业（包括那些生产、制造和销售其主要功能是为了促进有版权的作品的创作、生产、使用的设备产业，例如电视机、CD机、PC机等）。

在日本，文化产业被统称为娱乐观光业，日本已经成为仅次于美国的第二大文化产业大国。日本文化产业的行业分类主要包括：文化艺术业（含音乐及戏剧演出、电影制作及放映、美术展览等）、信息传播（含出版业、电视、网络）、体育健身、个人爱好与创作、娱乐、观光旅游。

韩国在1999年2月发布的《文化产业振兴基本法》，将文化产业界定为与文化商品的生产、流通、消费有关的产业。具体的行业种类有影视、广播、音像、游戏、动画、卡通形象、演出、文物、美术、广告、出版印刷、创意性设计、传统工艺品、传统服装、传统食品、多媒体影像软件、网络以及与其相关的产业。此外，还有根据国家总统令指定的相关产业。韩国统计厅的文化产业统计指标包括：出版印刷、音像、游戏、电影、广播、演出及其他文化产业（建筑、摄影、创意性设计、广告、新闻、图书馆、博物馆、工艺品及民族服装、艺术文化教育等）。

联合国教科文组织对于文化产业的定义为：按照工业标准，生产、再生产、储存以及分配文化产品和服务的一系列活动。2003年9月，文化部制定下发的《关于支持和促进文化产业发展的若干意见》将文化产业界定为："从事文化产品生产和提供文化服务的经营性行业。文化产业是与文化事业相对应的概念，两者都是社会主义文化建设的重要组成部分。文化产业是社会生产力发展的必然产物，是随着我国社会主义市场经济的逐步完善和现代生产方式的不断进步而发展起来的新兴产业。"中国国家统计局2004年发布的《文化及相关产业分类》和《文化及相关产业指标体系框架》两个文件，将文化产业定义为：为社会公众提供文化、娱乐产品和服务的活动，以及与这些活动有关联的活动的集合。根据这一概念，文化产业的范围包括：

1. 为社会公众提供的实物形态文化产品的娱乐产品的活动，如书籍、报纸的出版、制作、发行等。

2. 为社会公众提供可参与和选择的文化服务和娱乐服务，如广播电视服务、电影服务、文艺表演服务等。

3. 提供文化管理和研究等服务，如文物和文化遗产保护、图书馆服务、文化社会团体活动等。

4. 提供文化、娱乐产品所必须的设备、材料的生产和销售活动，如印刷设备、文具等生产经营活动。

5. 提供文化、娱乐服务所必需的设备、用品的生产和销售活动，如广播电视设备、电影设备等生产经营活动。

6. 与文化、娱乐相关的其他活动，如工艺美术、设计等活动。

文化及相关产业可组合为文化产业核心层（以传统意义的文化产业为主）、外围层（以改革开放以来发展起来的文化产业为主）和相关层（相关的文化服务）。其中核心层和外围层是文化产业的主体部分，相关层是文化产业的补充部分。文化及相关产业一共涉及9个行业大类、24个行业中类、80个行业小类。

我们将文化产业的行业界定为：文化艺术、新闻出版、广播影视、软件网络及计算机服务、广告会展、艺术品交易、设计服务、旅游休闲服务、其他辅助服务（文化用品、设备及相关文化产品的生产与销售以及文化商务服务）。

都市再造是一个城市化演化概念，学术界没有对此概念的具体界定。都市再造往往与产业重构一起构成城市化后建设的理论体系。金元浦与章仁彪分别对于都市再造的后经济文化特征做过论证研究。前者从"大竞争时代的城市形象"入手，阐述创意都市的原创力经济、网络都市的内容产业与信息经济、体验经济与后经济体系。后者主要揭示文化创意与精神文明、生态文明的后发优势与"软环境建设"内涵。

城市化大体有三种方式，第一种是集中式城市化，就是指农村人口不断向已有城市转移和非农经济向已有城市的扩展，使原本的城市人口不断庞大，产业种类和产业延伸链不断扩张。第二种是扩散式城市化，就是指原本城市发展日益庞大后，对土地生产资源、环境资源、原材料资源等的需求日益扩大，城市郊区及周围非城市区迅速发展以满足大型城市的需求，主要通过两种方式实现，一是连续延伸型发展，即城市向外延伸形成城市群或城市带，二是跳跃型发展，即通过在距离主城区较远的地方建设"卫星城"的发展来完成城市化升级进程。第三种是旧地城市化，即在原来的农村地域中，在并无外来城市的作用和影响下，由于某种资源的开发和利用以及对外交通地位的建立，或者由于生产结构的变化，使得原本农村生产力构成发生变化，农村人口转为城市人口，农民脱离农业产业转向非农产业，进而转为城市化的领域，完成城市化过程。这三种城市化发展方式并非独立的，我国大多数城市在城市化建设中是三种方式并行的。

目前，我国的城市化已经进入到了中期建设阶段，城市化完成不到40%，发达国家已到达80%，将近是我国的两倍，所以我国的城市化进程仍有很大的发展空间。但根据联合国公布的数据和我国国情现状看，我国的城市化是有"量"无"质"的，即许多城市的建设完成几乎都是千篇一律，首先重化物质经济、有形资源的开拓发展，通过占领资源和污染环境为代价发展城市建设，然后转向重化物质经济的非物质改造，发展第三产业和传统服务业，紧接着就遇到了城市化发展的瓶颈，即钢铁加水泥的城市缺乏城市特色、城市形象，没有文化内涵，无法继续吸引新的投资，谋求更高层次的转型和演化升级。这种模式的发展不能不说是沿袭西方发达国家的"城市病"而来的，由于我国处在社会主义建设的初级阶段，很多发展方式是在总结和学习中来的，所以很多问题的产生就是缺乏创新性学习的后果。胡锦涛主席强调的建设"创新型国家"，必须要以建设"创新型城市"为引擎。而"创新型城市"的建设即是"都市再造"的"演化优化"过程。

都市再造是指在完成城市化物质经济发展、物质资源配置优化发展之后，为了解决城市化进一步发展所遇到的"瓶颈"问题，而必须要经历的创新过程，是我国城市化中，还"质"于"量"，即建设知识城市、创意城市、文化城市、世界城市，进而实现建设创新型国家的宏伟目标的方向与道路。

都市再造的创新引擎是文化与文化产业，城市的知识化、网络化、虚拟化形成了人文多样化知识资本竞争力优势，城市在商业、教育、艺术、影视广播、网络、动漫即文化产业发展中的创新能力，鼓励企业在相互学习政策，掌握生产能量和合作创造的实践方式中，构筑"文化产业园区"、"高新区"等。这些园区既是一个地理区，也是产品、服务、文化、创意、信息、知识、金融等的切片和实践区，它会突破地理、城市和产业、文化的界限，将创新的实践活动连接在一起，让文化与知识从原始点自由流动，以满足产业发展的创新需求，并进而裂变成一种文化发展创新的机会。

对于城市发展来说，人文、文化是以人为本的城市本质与文化资本，人本主导资本、文化资本主导城市化。文化资本而不是金融资本主导的城市化，才是创意城市的人文家园与人类精神财富的价值核心。城市的本质是经济，经济的本质是金融，金融的本质是垄断，垄断的本质是创新，创新的本质是文化①。发展文化产业就是对城市本质的发掘与发展，文化产业化与文化金融化是城市化财富价值的两大核心。文化产业化是"4公斤生产力"（即精神生产力）在指导"70公斤生产力"（即物质生产力）的过程中，人的创意、思想、情感等文化属性深入其所从事的行业中，所生产的具有商品属性与生产、流通、交换与消费的各市场特征的文化产品。文化产业如同汽车中的电子技术，不但能够优化城市发展中的物质基础，即工业发展、物质资源流通等基座产业的发展，能够改善环境状况，发展生态经济，绿色经济，而且能够通过知识的流通与传播，服务的现代化升级，信息的"泛媒介化"变革，创意产品的开发与推广等改善城市形象，优化产业结构，发展文化产能。都市再造，给城市以崭新的发展定位与发展诉求。

电子技术对于汽车的贡献大小通过电子技术在汽车各项技术应用中所占的比例来衡量。文化产业对于城市化都市再造的创新引擎作用大小，也是通过文化产业在一个城市横向发展所有产业构成中所占比例，以及纵向发展同产业比例构成的变化来比较与评价。

---

① 皇甫晓涛：《文化资本论》，人民日报出版社2009年版，第134页。

## 第六节　北京世界创意城市建设的文化产业发展分析[①]

### 一、2006年、2007年、2008年北京的文化产业数据量表分析

北京作为全国首都和文化名城，在城市化过程中，是率先完成文化产业都市再造，并迈向"世界创意城市"建设的城市之一。北京的文化产业实力位居全国第一，主要有以下几点原因：（1）历史文化资源和创意人才资源丰厚，据北京政府网站"首都之窗"公布的数据显示，2007年初，北京共有77所高等院校，353所科研院所，科研人员高达30万人。（2）北京是国家文化机构集聚区，全国演艺界的一半，影视产品的一半，图书出版的一半，音像制品的1/3，期刊发行的1/4，报纸发行的1/5都集中在此。（3）政府相继、适时地推出扶持文化产业政策，《北京市文化创意产业投资指导目录》，《北京市在文化体制改革试点中支持文化产业发展的实施办法》，《北京市在文化体制改革试点中经营性文化事业单位转制为企业的实施办法》，《关于深化北京市文化体制改革的实施方案》等一系列相关法律法规的颁布和出台，对于文化产业"逆势上扬"的发展态势提供了良好的政策支持。

北京的文化产业发展呈现欣欣向荣的局面。具体来看，2006年，北京市实现生产总值7 720.3亿元，比2005年增加12%；第三产业增加值5 405.1亿元，占GDP的70.01%，比2005年增长11.9%；其中的文化创意产业实现增加值812.1亿元，占GDP的10.52%，同比增长15.9%。根据本书对于文化产业行业分类的界定，表21-1反映出了各细分行业的具体情况。

2007年，北京市GDP为9 006.2亿元，比2006年增加12.3%；第三产业增加值为6 425.6亿元，占GDP的71.35%，比2006年增加12.3%；其中文化创意产业实现增加值992.6亿元，占GDP的11.02%，同比增长22.2%。表21-2反映了本年度各细分文化产业的具体情况。

---

[①] 本节由课题组成员苗海洋与课题组主持人皇甫晓涛合作完成。

表21-1　文化创意产业活动单位基本情况（2006年）

| 项目 | 从业人员（万人） | | 资产总计（亿元） | | 增加值（亿元） | | 业务收入（亿元） | |
|---|---|---|---|---|---|---|---|---|
| | 2006年 | 2006年为2005年百分比 | 2006年 | 2006年为2005年百分比 | 2006年 | 2006年为2005年百分比 | 2006年 | 2006年为2005年百分比 |
| 合计 | 89.5 | 106.6 | 6 161.0 | 119.9 | 812.1 | 115.9 | 3 614.8 | 129.4 |
| 文化艺术 | 5.4 | 109.0 | 213.0 | 114.1 | 35.6 | 111.3 | 69.3 | 110.9 |
| 新闻出版 | 14.8 | 95.2 | 740.1 | 106.4 | 134.2 | 117.0 | 426.2 | 106.6 |
| 广播、电视、电影 | 3.6 | 103.0 | 679.4 | 115.3 | 73.2 | 94.0 | 243.4 | 105.6 |
| 软件、网络及计算机服务 | 28.3 | 125.1 | 2 084.2 | 128.6 | 333.0 | 125.7 | 1 183.4 | 149.7 |
| 广告会展 | 8.7 | 107.4 | 428.1 | 113.0 | 48.1 | 95.2 | 390.8 | 125.2 |
| 艺术品交易 | 1.0 | 84.1 | 130.1 | 143.9 | 8.4 | 97.7 | 59.4 | 126.4 |
| 设计服务 | 8.1 | 115.4 | 713.8 | 112.1 | 81.8 | 108.9 | 328.4 | 168.9 |
| 旅游、休闲娱乐 | 9.7 | 104.5 | 569.3 | 130.2 | 48.8 | 128.4 | 300.1 | 124.4 |
| 其他辅助服务 | 9.9 | 84.5 | 603.0 | 119.5 | 49.0 | 126.9 | 613.8 | 119.1 |

注：本书有关北京近3年来文化产业发展数据的来源主要是北京市统计局和北京市政府网站。

表21-2　文化创意产业活动单位基本情况（2007年）

| 项目 | 从业人员（万人） | | 资产总计（亿元） | | 增加值（亿元） | | 业务收入（亿元） | |
|---|---|---|---|---|---|---|---|---|
| | 2007年 | 2007年为2006年百分比 | 2007年 | 2007年为2006年百分比 | 2007年 | 2007年为2006年百分比 | 2007年 | 2007年为2006年百分比 |
| 合计 | 102.5 | 114.5 | 7 260.8 | 117.9 | 992.6 | 122.2 | 4 601.6 | 127.3 |
| 文化艺术 | 4.8 | 88.9 | 261.4 | 122.7 | 39.4 | 110.7 | 81.3 | 117.3 |
| 新闻出版 | 16.7 | 112.7 | 805.1 | 108.8 | 140.9 | 105.0 | 474.5 | 111.3 |
| 广播、电视、电影 | 4.6 | 128.7 | 792.2 | 116.6 | 102.1 | 139.5 | 295.1 | 121.3 |

续表

| 项目 | 从业人员（万人） | | 资产总计（亿元） | | 增加值（亿元） | | 业务收入（亿元） | |
| --- | --- | --- | --- | --- | --- | --- | --- | --- |
| | 2007年 | 2007年为2006年百分比 | 2007年 | 2007年为2006年百分比 | 2007年 | 2007年为2006年百分比 | 2007年 | 2007年为2006年百分比 |
| 软件、网络及计算机服务 | 34.8 | 123.2 | 2 517.2 | 120.8 | 429.9 | 129.1 | 1 620.7 | 137.0 |
| 广告会展 | 10.0 | 115.1 | 519.1 | 121.2 | 57.7 | 120.0 | 492.9 | 126.1 |
| 艺术品交易 | 1.4 | 130.7 | 141.6 | 108.8 | 10.4 | 123.8 | 102.5 | 172.9 |
| 设计服务 | 8.5 | 105.1 | 874.8 | 122.5 | 105.3 | 128.7 | 417.0 | 127.0 |
| 旅游、休闲娱乐 | 10.3 | 106.2 | 639.0 | 112.2 | 51.4 | 105.3 | 374.0 | 124.6 |
| 其他辅助服务 | 11.4 | 114.9 | 710.4 | 117.8 | 55.5 | 113.3 | 743.4 | 119.1 |

2008年，北京市 GDP 为 10 488 亿元，受全球金融危机影响，本年 GDP 只比 2007 年增加 9%；第三产业增加值 7 682 亿元，增长 11.7%，其中包括文化、体育和娱乐业等在内的文化创意产业增加值占 GDP 的 11.2% 左右，同比增加 27.06%。

综合来看，从纵向上说，如图 21-1 所示的 2006 年、2007 年及 2008 年的北京文化产业占各年 GDP 的比重及同比增幅，显然，文化产业在北京的经济构成中所占的比重日趋增加，虽然目前暂保持 11% 左右的比例，但文化产业的同比增幅持续稳定增加。

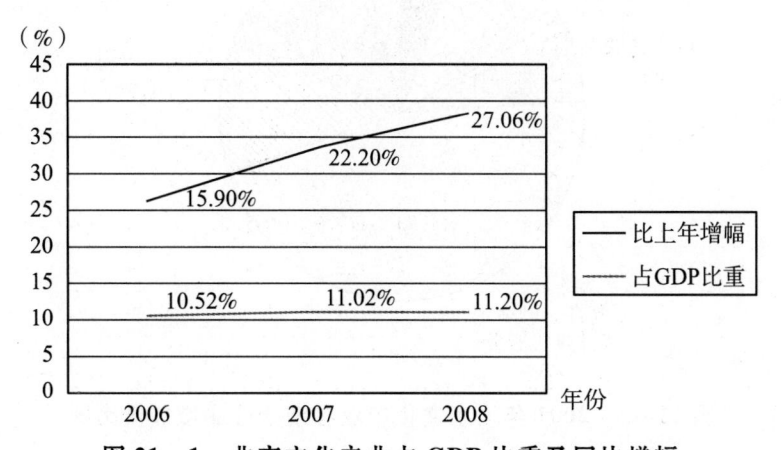

图 21-1 北京文化产业占 GDP 比重及同比增幅

从横向上说，从图21-2、图21-3中可以看出，北京的文化产业各细分行业产值构成比例变化不大，软件、网络及计算机服务等信息服务业占的比重最大，这为北京建设成为"世界信息中心"打下了良好的基础。

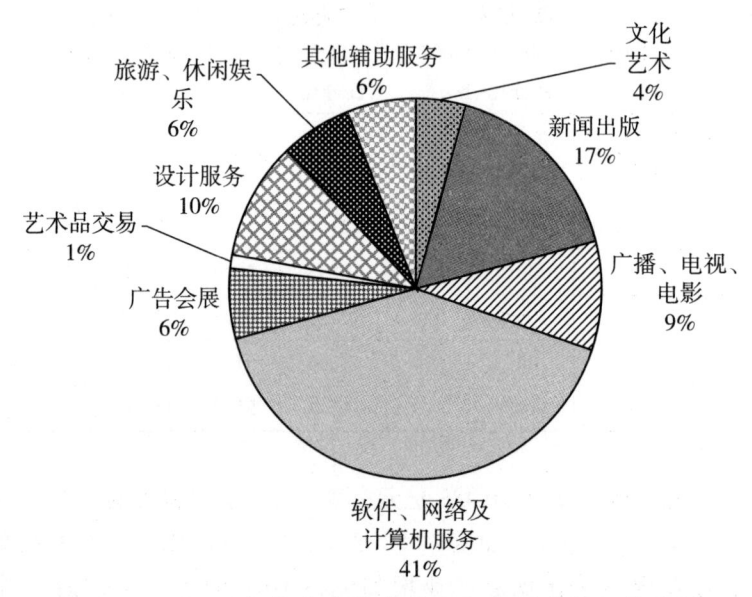

图21-2　2006年北京文化产业各细分行业增加值比例

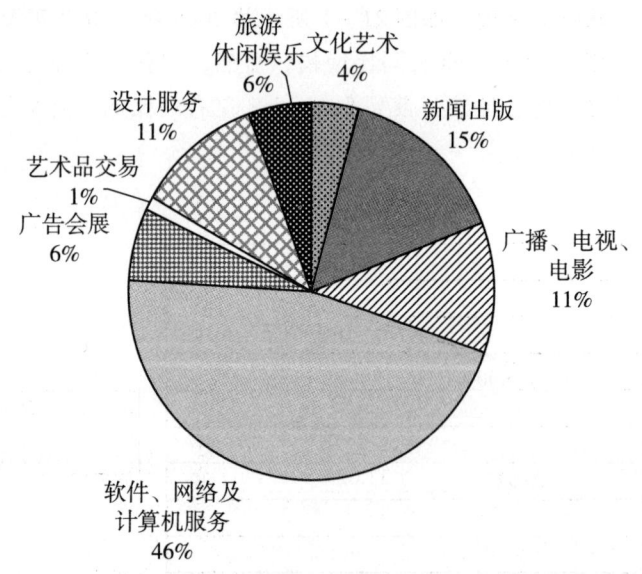

图21-3　2007年北京文化产业各细分行业增加值比例

北京的文化产业发展受政策影响比较大，自从北京把发展文化产业定为核心战略之后，政府出台了一系列扶持文化产业发展的政策。在第七届中国文化新年论坛中，学者们纷纷把2010年称为北京的"文化体制改革"之年，随着各出版社由事业单位向企业改制的开展，市场经济下的文化产业更加体现出朝阳产业的优势。2010年4月，《光明日报》组织的"文化产业体制改革座谈会"确立了金融扶持文化产业的战略地位，此后，北京市政府加大了对文化企业单位的投资力度，工商银行、建设银行、中国银行、北京银行等联手开放文化产业基金，这将大大地促进文化产业的发展。

## 二、北京文化产业发展的辐射版图

北京发展文化产业的方法是通过建立文化产业园区，每个园区发展自己核心的文化软技术实力，进而带动整个区域的经济发展。截至2008年底，北京共有文化创意产业园21家，2006年，中关村创意产业先导基地、北京市数字娱乐产业示范基地、中国（怀柔）影视基地、北京市798艺术区等首批10家市级文化创意产业集聚区正式挂牌，当年共实现收入490亿元，约占全市文化创意产业总收入的14%，集聚区新增企业近千家，一批具有带动作用的骨干、龙头企业相继落户。2008年，又有北京CBD国际传媒产业集聚区、顺义国展产业园、琉璃厂历史文化创意产业园区等11个文化创意产业集聚区获得认定。

基于"文化创意理念"的北京城市化建设，已经完成了都市再造的产业变革，文化产业的创新引擎作用也可通过这些文化创意产业园来体现。目前，这些园区根据各自软技术的不同以及所在地理位置的不同，形成了辐射全北京各区经济发展的规模。

如图21-4所示，中国"硅谷"中关村信息产业园，通过发展软件、计算机等信息产业，依靠海淀区高校的人才支撑，形成了辐射整个海淀区"以园带区"的经济发展局势；奥运会期间建设的鸟巢、水立方等奥运村体育中心，通过发展体育文化产业，依靠奥运会的国际性赛事的完成，形成了辐射昌平的体育发展形势；顺义国展产业园注重发展会展业，通过大型的国际会议、博览等现代服务行业的开展，辐射了顺义区的经济发展；位于国贸的CBD商圈，着重发展咨询、代理、金融等现代服务行业，辐射了北京通州的现代服务业发展；大兴国家新媒体产业基地以及北京数字娱乐产业示范区，着重发展新型媒体产业、数字产业，辐射了大兴、石景山的数字产业发展；丰台文化产业总部基地，通过发展总部经济①，辐射整个丰台的经济发展；怀柔影视基地，是目前国内最成功的电影拍摄基地之一，通过电影电视等节目的制作，辐射了怀柔区的经济发展；北京的金融街是金融中心，北京产权交易所等金融、版权、交易中心机构的设立辐射了西城、宣武区的经济发展；此外，北京首都机场可作为口岸经济基地，这是发展文化产业中现代物流业的基础。

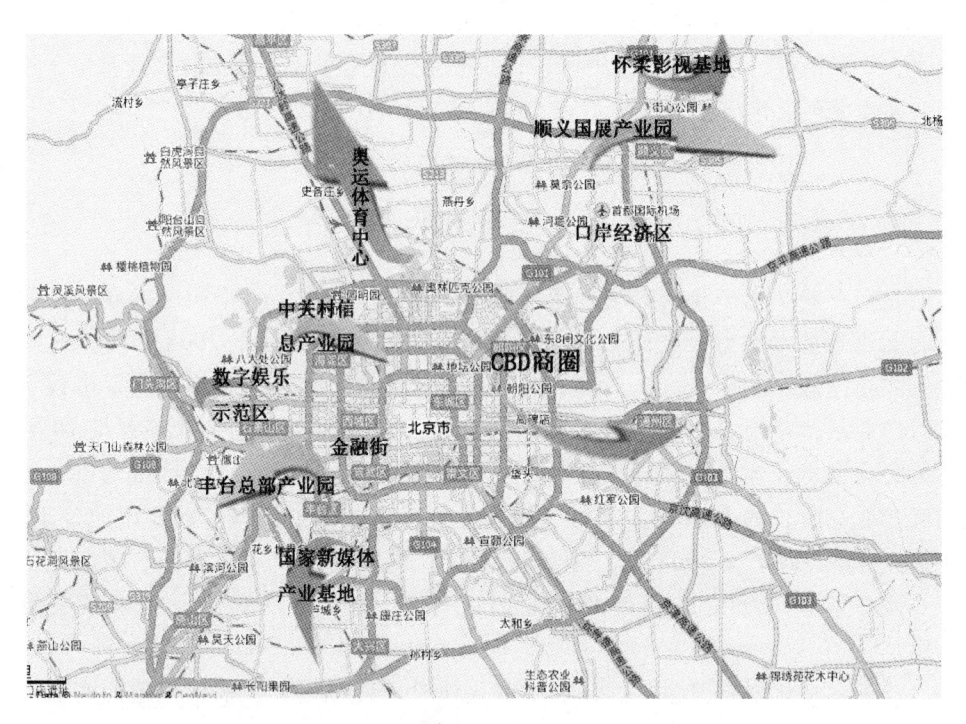

**图 21－4**

北京的文化创意产业园区建设也并不都是成功的，在实践发展的过程中，也有一些产业园的建设由于缺乏文化软技术的支撑，文化创新引擎未能发挥功效。例如，潘家园文化产业园就是一个例子。潘家园原本是一个古董、艺术品与工艺品地摊交易市场，发展为创意产业园后，仅仅将其进行传统改造，将地摊产品上架，一味地进行形象改造的外表工程，缺乏现代服务理念的核心支撑，造成潘家园假货泛滥，几乎没有对于版权、产权的保护措施，所以导致潘家园文化产业园的日益萎靡。此外，高碑店文化中心也是一个失败的例子。高碑店原先是古典家具的交易市场，建立产业园后，发展木器、瓷器、玉器等工艺品的生产加工、交

---

① 总部经济理论首先由北京市社会科学院总部经济研究中心主任赵弘提出，是指某区域由于特有的优势资源吸引企业总部集群布局，形成总部集聚效应，并通过"总部—制造基地"功能链条辐射带动生产制造基地所在区域发展，由此实现不同区域分工协作、资源优化配置的一种经济形态。

易产业，但由于未意识到发展文化产业的核心是在于知识服务业的人才，缺乏人才的培养、引用机制，所以导致很多非专业人才经营文化产业，造成高碑店自建园以来一直不温不火。其中，"天桥文化"的迁徙也是如此，园区化的形象包装后，反而失去了市场资源与环境。

北京已经完成了都市再造的过程，各经济数据与园区发展简况证实了文化产业的创新引擎作用。

## 第七节 都市再造的文化产业创新引擎

### 一、都市再造的演化变革

标志汽车的总部在巴黎，巴黎却以"时尚之都"闻名；本田汽车的总部在东京，东京却以"动漫之都"闻名；伦敦曾是工业之都，现在却以"创意之都"闻名；维也纳有多瑙河与森林的生态财富，却成功转化为"世界艺术之都"。世界发达国家的主要城市已经完成了再造转型，伦敦、巴黎、曼彻斯特、东京、悉尼、纽约等超大型城市逐渐成为世界的金融、文化中心，在全球化过程中发挥着国际"连接点"[①]的作用，成为了"世界城市"。它们的成功经验有着共同特点，即都市再造都是在一定物质资源开发与流通的基础上，通过文化产业、创意经济产业的拓展与延伸逐渐发展起来的。这些世界城市都市再造的成功转型告诉我们，都市再造不仅仅是"变"与"革"的物理变化问题，文化创意产业创新引擎作用下的都市再造已经转变为以生物学为基础的自组织演化优化过程。物理变化的结果是大兴土木，建设许多高楼大厦，结果只有建筑形象的堆砌，没有产业元素的组合，最后导致城市发展后劲不足和空心化。更有的城市将旅游产业基础的生态资源破坏殆尽，修马路、建广场，甚至把马路和广场修到森林公园和湖水堤岸上，砍掉森林，破坏河道，这些都只是没有优化升级基础，只是一味地物理改变的形象工程。而生物演化优化的结果是知识生态，具有文化生态的产业重构与经济创新，向生态经济、信息经济、会展经济、新型旅游经济、文化经济、

---

[①] 世界城市学家 Castells 指出，世界城市不是一个地点而是一个过程，一个把生产中心、消费中心、服务中心以及从这些中心的地方社会融入某个整体网络中的过程。参见 Castells [M]. The rise of network society, 1996.

知识经济、创意经济、总部经济转型，走出非物质经济都市再造之路。文化产业已经打破了传统产业间不可逾越的屏障，使得不同产业都可相互联系，通过信息、金融、知识、传播、创意等文化软技术的应用实践，它本身已经形成了自主自组织网络结构，构成了都市再造的非物质发展基础。都市再造的演化结果包括物质变化与非物质变化，即物理学物质结构变化与生物学组织优化，注重城市文化的发掘、城市形象的塑造与产业哲学的融合创新。

21世纪以来，大连和青岛的都市再造是很好的案例。大连本是一个工业城市，作为东北老工业基地重化工业的物质发展，随着城市化的不断发展，遇到了物质经济发展的"瓶颈"问题，必须向生态经济、信息经济、知识经济发展模式转型，大连的城市定位也开始走向服务经济的"北方香港"与环境经济的"花园城市"，但如何进行都市再造，物质基础浓厚的产业形态如何"变"与"革"成为困扰大连发展的主要难题。为此，大连发动了一场深刻的"城市革命"，用创意城市、创意产业建设的创新之路，解决从物质到非物质经济时代的难题。首先做出与国际接轨的非物质经济主题社区，如会展商务区、金石滩旅游休闲度假区、双D港数字生命科技园、亿达国家软件园。其次是10年迁出、改造1 000个国有企业工业项目，做出上千个旅游、文化、体育、教育、科技、会展、休闲重点工程项目，引进上万家高新技术区、新型工业、物流商务外资项目。都市再造的结果使得大连目前成为国内最大的软件外包生产基地，成为东北"硅谷"的信息、文化中心。提到青岛，我们会立刻想起海尔、海信、双星等著名品牌，现在的青岛经过了都市再造的创意经济发展与城市革命，通过知识化再造，服务化优化后，已经成为了国际知名的"品牌城市"。这是在向城市符号资本方面做出都市再造的创新与拓展，并在这一城市革命中形成创意经济链，由开放经济、外向经济转向创意经济、知识经济与全球经济之路。青岛的经验包括：先导区系的青岛保税区从对外加工的工贸经济向物流、会展、交易等文化"软技术"基础的产业模式转变；保税区政府制度管理借鉴了大企业管理经验思路，应用开放思维、产业思维、市场思维、文化思维与创意思维成功完成了都市再造的演化升级。目前，在中科院最新公布的中国城市竞争力排名上，大连、青岛与北京、上海、香港齐名，登上中国最具竞争力十大城市之列。

中国的城市化建设已经进入到了中期阶段，可称之为"后城市化"阶段。一直以来，我们强调城市建设的物质基础，开发城市现有物质资源，转变为可利用的资本形态，包括环境资源及其旅游生态产业、矿物质资源及其冶炼工业制造产业、劳动力资源及其加工装配产业等。但随着城市化水平的提高，城市发展方向在经历过重化物质经济发展之后，进入到了以发展文化产业为主要支撑产业的

"后城市化"时代。后城市化是指以文化产业为创新基础的现代服务业在都市再造中的创新体系、技术构成、新兴业态与非物质资本形态的资源配置、能量优化组合与文化、知识的融合，还有对其产业结构的调整与经济增长方式的持续影响以及产业的创新体系形成过程。后城市化的过程即是完成都市再造，建设"世界城市"的过程。

## 二、文化产业都市再造的"A"字模型

都市再造已经从物理变革转变为生物演化优化过程，其文化产业创新引擎作用已经形成了一系列的复杂性创新体系，构成了文化产业"逆势上扬"优势，由物质经济向非物质经济跨越发展的模型。

如图 21-5 所示：

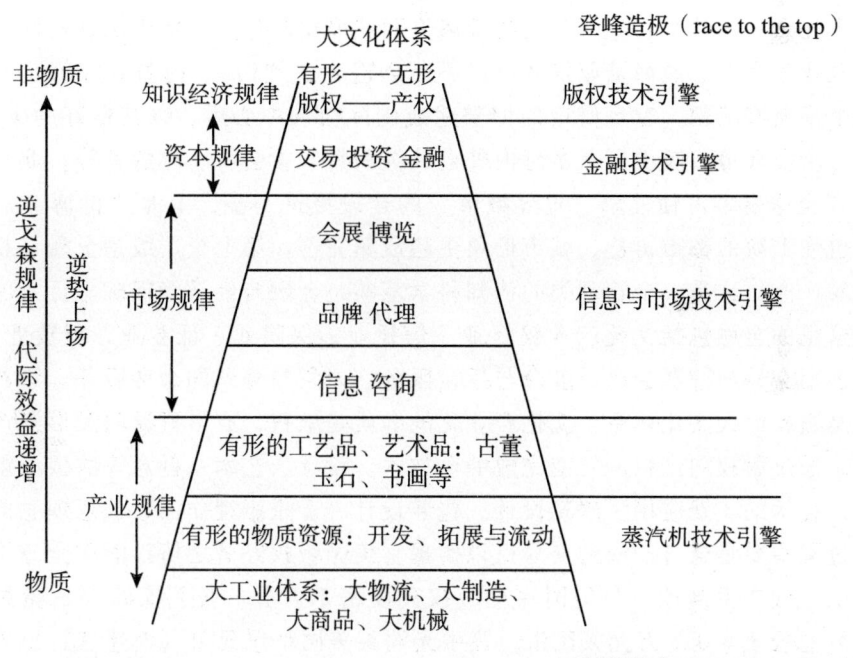

图 21-5　北京"都市再造"的文化重构模型

（1）文化生产力结构创新体系演化优化基本框架。都市再造是城市的物质经济发展达到了一定的阶段之后，进一步借助文化的组织力量完成优化过程的，所以文化产业都市再造模型的基础是建立在大工业体系之上。人们日常生活所使用的各种东西都要经过工业体系的运作生产得以形成，所以都市再造的一级

"底座"是大工业体系的完善。第二层级是有形的物质资源与大流通体系，城市建设所需要的物质能源通过三种方式供给，一是发掘城市本身的资源优势，自发生产，二是通过庞大的物流体系，将原材料运输到城市中进而完成生产，三是完全依赖物流，从外界供给。经济全球化使得能量资源在全球之间优化配置，使得城市的发展越来越多地依赖于物质资源的流通，所以物质流通构成了文化产业优化发展的第二层级基础。第三层级是工艺与艺术产业，这也是有形的物质资源开发与无形创意内容的融合，包括玉石、古董、书画、工艺品、纺织品等产业元素。第四层级是信息与咨询业，包括软件、数据库、卫星通信、移动电话和其他无线通信、出版业以及技术咨询、政策咨询、工程咨询、专业咨询等。第五层级是品牌与代理产业，包括品牌开发、包装、广告、企业文化建立以及商品、金融、管理代理等。第六层级是会展博览业。这是交叉性行业，能够充分融合商业购物、餐饮、住宿、娱乐、交通、通信、广告、旅游、印刷、房地产等相关产业的发展。会展博览汇聚巨大的信息流、技术流、商品流和人才流，意味着各行业在产品、技术、生产、营销等诸方面获取比较优势，优化配置资源，增强综合竞争力。会展博览业发展可以不断创造出"神话"，博鳌效应就是其中的一个最典型范例，穷乡僻壤的博鳌建成国际会议中心后，以其良好的生态、人文、治安环境，吸引了众多海内外会议组织者、参会者、旅游者等，北京奥运会"全球盛事"使北京"世界城市"的建设更进一步，上海"世博会"的开展也使上海的都市再造，城市形象更趋成熟完善。第七个层级是金融、投资与交易产业，这是一个管理类的认知科学范畴，金融与经济管理统筹行业的运营，这里的金融包括文化产业银行业、信托业、保险业、证券业、租赁业等，包括远期交易与即期交易、前台与后台服务、内贸与外贸的金融服务。第八个层级是版权的大文化体系。文化产业化的本质是版权，有形资源向无形资产的转变是通过版权向产权的转变完成的。技术、设计、艺术、创意等的核心就是版权，技术的实践应用、建筑设计、包装设计、音乐影视作品、创意理念的产业化过程主要是通过产权的交易得以实现。美国版权经济之所以能在全球文化倾销中占领霸主地位，与美国注重版权开发密不可分。张艺谋的《三枪拍案惊奇》总投资8 000万元人民币，其中光购买美国科恩兄弟《血迷宫》剧本就占去了3 000万元。

综上所述，文化产业创新引擎的八个层级构成了都市再造的产业组织形态，"A"字模型由工业系统的"底座"到版权的大文化体系"顶端"是由物质经济到非物质经济的过渡转型。这里，八个层级之间的关系并非层层递进的关系，而是处在不同能量级当中的产业业态构型，越往上的层级，其产业发展所蕴含的能力交换系统越复杂,越有着文化本身的融合性。英国人"race to the top①"的说法即我们的"登峰造极",就是文化远远超出文化艺术、文化科学、文化专业与行业、精神文明与意识形态、精神生产与文化活动、文化传播的范畴,文化商品与文化服务、文化娱乐与文化产业、文化休闲与文化资源、文化符号与文化媒体的市场载体、传播技术、信息结构、产业自组织系统已把文化的内涵、内容、容量扩展为全球化的生产力结构与国家核心竞争力的博弈力体系,所以发掘文化的版权价值,将文化版权化进而产权化,将是真正的"登峰造极"。越往下的层级,其能量交换系统越简单,但其基础作用是最不容忽视的,任何庞大文化体系、经济体系的建立都是以物质为基础的,英文中"race to the bottom②"即"寻底竞赛"的说法,工业与文化的结合不但没有使得经济体系崩溃,反而促进了经济的发展,形成了世界经济增长的新方向、新动力,引起财富中心的大转移。

(2) 资本理论的三级演变。在本模型中,资本始终以不同的形式暗含在各个层级的发展之中,文化产业化发展的资本理论大体经过三种演变。首先,位于"底座"的大工业体系是马克思"庞大的商品堆积物"的资本理念,认为资本形态存在于大工业体系中的商品制造、生产、交换与流通、消费。在《资本论》中,马克思从商品的二重性的分析入手,揭示了资本产生剩余价值的阶级剥削的秘密,第一次把资本放到产业流通领域与商品元素中,揭示了产业资本的生产过程与价值形态。这使马克思的资本价值论尽管是批判资本理论,但却比亚当·斯密的国富论以国家为经济单元对资本的分析更为接近其生产本质与商业本质,它使我们看到了与资本相关的一系列社会关系的秘密与生产关系的元素,对于产业资本的认识更加接近其社会本质与历史本质。但马克思的资本价值论与亚当·斯密的资本增长论同样是建立在对于物质资本的分析基础上的,是对商品拜物教的资本主义物质基础与财富观的批判与探索,科学技术与信息技术的条件还没有发展到对非物质经济及相关文化资本的理论把握。其次,在第四至七层级的产业业态发展中,资本以资源的动员与组织形式被发掘,资本形态即为林楠的"动员过第二次的资源"。他以资源的发现为核心,在资源动员的行动与规则中建立了他的社会资本理论体系。他认为资本就是追求经济行动中被投资和动员的资源,"因而,资本是经过两次处理的资源"。将资源动员能力提升到生产力发展的关键环节,强调了知识在生产与社会再生产中的关键与作用,并以之进入布迪厄的文化资本场域与符号功能的诠释,强调了社会资本对资源动员的积累与控制的双重作用。这对生态经济、知识经济、创意经济、体验经济、信息经济、文化经

---

① [美] 麦克尔·哈特等著:《控诉帝国——21世纪世界秩序中的全球化及其抵抗》,广西师大出版社2005年版。

② 威廉·K. 塔布:《当代世界资本主义体系面临四大危机》,《国外理论动态》,2009年第6期。

济、服务经济、非物质经济的资源配置、资源整合与发展优势分析得更为具体而又系统、透彻。如果说资源的第一次生产与行动，是商品价值的追逐，那么资源的第二次生产与行动，就是非物质财富的创造与都市再造的文化博弈[①]。林楠在人力资源、社会资源、知识资源、产业资源的资源动员行动体系与社会结构转型中，发展出对知识资本与社会资本的工具理性与知识话语，进一步揭示了资源动员的同构互动与异质互动的社会资本交易机制与创新模式，为我们对于文化创新与文化交易的研究提供了认识思路与理论依据。资本理论的最新演变观点是我们的"资源动员的自组织能量交换系统"，认为资本在大文化体系版权经济产权化自主自组织转化中完成。知识、信息、创意、体制、机制、金融等构成了这个组织系统的能量交换元素。我们认为，在世界财富中心转移中，非物质经济能量交换系统的研究，包括文化自主自组织能量交换系统，金融自主自组织能量交换系统，信息自主自组织能量交换系统，资本自主自组织能量交换系统，城市自主自组织能量交换系统，科技自主自组织能量交换系统，复杂性自主自组织能量交换系统，以在全球博弈的金融战争中形成国家创新体系的文化资本系统。

（3）文化产业都市再造的规律与软技术创新引擎。在由物质经济向非物质经济的演化变革过程中，经济增长规律发生了变化，从对以生产为主的边际效益递减的物质资本的增长模式转向以创新为主的"层际效益"递增的非物质资本增长模式。传统经济学生产理论以单个商品为研究对象，认为当资本的投入增加到一定程度时，再增加一单位的资本投入，其效益就会减少。杨继绳教授认为，即使在知识经济下，该定律依然正确。但是，"边际效益递减规律"在物质经济生产中是正确的，随着文化产业的发展，例如在本书所论述的都市再造"A"字模型中，随着信息、咨询、品牌代理、会展博览、金融投资、版权产权产业业态的发展，创意、知识、信息等文化要素的投入，受益会在层级间呈现递增发展。例如，美国目前每年技术创新中，有1/7的科技创新是与文化创新相关的综合创新与自主创新，但这1/7的综合创新与自主创新，却占了科技贡献率与知识财富贡献率及全部产值的6/7。许多"世界城市"的产业构成比重多向文化产业、创意产业倾斜，证明"层级效益"递增在后城市化建设中所发挥的重要作用，这对于反思经济学的研究至关重要。

在文化产业创新引擎产业业态层级发展中，不同的层级形成了不同的发展规律，并受其自身的文化软技术创新引擎所支配。从大工业体系的物质"底座"构建，到有形的物质资源与大流通体系，蒸汽机成为了其创新引擎。现代机械设

---

① 皇甫晓涛：《文化资本论》，人民日报出版社2009年版，第82页。

备、电子产品，智能系统等的应用，使大部分劳动力从最原始的工作中解放了出来，例如矿物质资源的开采，工程机械的生产与装备，原材料的远洋运输，庞大商品的流通等等，都是借助以蒸汽机为代表的引擎来驱动。宏观来看，全世界的经济发展中，以文化产业、创意经济、知识经济为创新基础的产业，包括第四、五、六、七、八层级的产业在全球的繁荣昌盛是近几十年的事情，更长时间内，世界的经济建设还是处在物质基础的积累。第二次工业革命完成后，大工业体系的物质生产和流通已经形成了一系列的产业规律，随着时间的发展，产业规律不断演进，大体经过四个阶段的发展：（1）亚当·斯密的"看不见的手"支配产业发展，以个人尊严和个人的自由为基本价值观，市场自由配置产业要素，调节"供给与需求"，其核心是私有化的自由经济制度。（2）凯恩斯的"有形之手"，政府应该在增加消费、引导投资、降低利率、充分就业中发挥作用。国家这只"有形之手"必须干预经济发展。（3）"华盛顿共识"，建立以市场经济为导向的世界经济新秩序。（4）"北京共识"，包括中国的改革和发展：文化引领、自主创新和兼容创新；以国家为经济单元进行全球博弈的文化主权、知识产权、国际法权跨资本主义经济创新体系；社会主义全球化的兼容并蓄，循序渐进，积聚能量与跨越发展。

从第四层级到第六层级，包括信息、代理、会展等新兴服务业，其发展规律为市场演化规律。在都市再造的非物质基础中，最重要的一点即是市场环境。这里，市场的演化原理不仅仅是"看不见得手"那个物理学杠杆原理，已经演化为以生物学为基础的自主自组织演化原理。创意、知识、信息的成本投入缺乏有效的评估机制，无法借鉴传统物质资源的货币评估体系来完成，必须寻求新的有效机制，市场演化规律的自主自组织原因即在于此。信息技术文化软技术是市场演化规律的创新引擎，流通的对象从有形的物质转向无形的信息，咨询业、代理业、会展业都是文化信息业的不同表现形式，所以信息技术的广泛应用，结合传播技术的发展构成了创新引擎体系。

第七层级是投资、金融与交易业态，随着世界各国对于经济现象、金融原理等研究的不断深入，影响此部分发展的动力逐渐成为金融软技术创新引擎，以及其本身所形成的资本规律。都市再造过程中的金融业发展是决定再造高度的关键。世界城市的评估标准中，专家所公认的最重要的一点就是城市中国际性金融机构、银行、总部等的个数。

对于第八层级版权大文化体系的认识，知识经济规律是该体系的重要发展规律，从文化的版权化开发到产权化输出，就是知识的经济形式表现。从有形的物质转化到无形的版权认证，到无形的产权开发，最后再到以有形的物质为载体的文化产业再现，版权技术的文化软技术体系构成了创新发展的引擎。

综上所述，文化产业都市再造的整体模型，各层级有着不同的在线、在地、在场、在版产业发展形态。对于文化产业都市再造的完成，要从资源链、产业链、资本链、信息链等自组织生物演化链条中总结规律，充分发挥信息、金融、版权等文化软技术创新引擎的作用。

# 第五编

基于"文化创意理念"的中国当代城市建设发展模式的社会学研究

# 第二十二章

# 新中国60年城市发展各历史阶段的文化模式分析

——基于"文化创意理念"的当代中国城市建设的历史文化研究

## 第一节 中国城市化与城市化文化建设理念的历史反思

中国20世纪30~40年代,曾发生"中国文化向何处去"的大讨论与论战,以梁漱溟先生为代表的新儒家东方文化派反对胡适等以西化派为代表的现代文化派,前接"五四"以来的东西文化、新旧文化、科玄文化之争,后接"以人民性为本位的"马克思主义、以东方文化为本位的新儒学派、以现代文化为本位的西化派现代三大思潮①,其核心问题是中国文化的载体与方向,是城市还是乡村,是本土性还是现代性,是中国的还是西化的。

梁漱溟先生力主以乡村建设为主,发展中国文化的本土脉络,其问题是尚未找到现代文化对传统文明重构的历史载体与文明摇篮;马克思主义学者"以人民为本位"的新文化观②及新中国"以工农联盟为基础的无产阶级政权",是以城乡二元体制来解决工农联盟的物质基础与现代化积累的经济基础的,因而建构了工业化主导现代化与城市化的现代文化体系,建构了工业主义的城市文化体

---

① 方克力:《现代新儒学研究的自我回省》,《新华文摘》,1993年第5期。
② 胡绳:《以人民为本位的新文化方向与途径》。

系，其问题是切断了城市文明与传统文化的渊源、根基与脉络。西化派的现代文化、自由主义文化思潮，则在中国尚未找到其历史土壤与文明摇篮的历史载体。

关于工业化、都市化与乡土性、乡村建设的"现代性"矛盾，催生了现代中国文艺复兴的原创文化体系与现代文明抉择。

"现代性"与现代中国文艺复兴最大的一个历史困惑与理论困惑就是关于工业化与乡土性、城市化与乡村建议、乡土中国与现代社会的矛盾及其现代性认知系统的构成。20 世纪 20 年代以来，中国现代乡土文学思潮一直以都市现代性视角批判乡村，以现代个性先驱反思乡村社会的群体结构，以现代理性的知识文化反思乡俗风习，以现代工业社会反思乡村农业社会。但到了 30 年代，情况比较复杂。费孝通的《乡土中国》以中性思维的现代审视为乡土中国在经济、文化、社会结构上把脉，在学术研究中有肯定也有反思，于是产生科学理性的乡土中国社会科学、现代经济学研究视角与体系。林语堂的《吾国吾民》更以本土研究的文化体论现代审视取代乡土反思，从传统文化的价值体系中寻找其"创造性的转换"与民族精神重构的生机。到现代新儒学派的代表性人物梁漱溟，更以反工业化、反都市化、反西化的乡村建设理论与实验，开辟中国人文现代性发展的新路向，成为现代三大思潮文明抉择的一集大成者。晏阳初又从平民教育入手，在河北定县进行乡村建设的文化实验，开启民智，辅助民生。他们试图用"伦理本位"，"职业分途"，"由农业引发工业"，建立现代社会，"探索出一条中国乡村社会的根本改造途径"。从美国归国的陶行知，也在南京郊区开办了乡村教育的现代社会建设实验，甚至连阎锡山在山西也办了现代乡村建设的经济、政治、文化、教育实验。其中以梁漱溟的理论最为全面，在山东牟平社会实践的影响也最大。他认为都市文明破坏了乡村，西方文化破坏了乡村，中国文化要学习西方文化，创造新文化，重建乡村文化为立国之本，"从旧文化里转变出一个新文化来"，① 因为"乡村就是我们中国文化有形的根"，② 乡村破坏就是中国文化的破坏，反之亦然。那么要复兴中国文化，就要重新建设乡村，"从创造新文化上来救活旧农村就叫'乡村建设'"。③ 乡村建设一靠农民自觉，二靠乡村组织。中国传统文化与乡村最缺的就是组织与自觉，也就是文化与集体，社会团体与社会教育。因此乡村建设要从乡村教育开始。因为只有组织是超宗法的，超血缘的，那么非血缘、宗法的群体，亦即集体就要有现代文化的理性自觉与组织功能。中国传统文化与乡村的两大欠缺一是团体组织，二是科学知识，理性的自觉与群体的组织就要靠科学文化与团体组织。

---

①②③ 梁漱溟：《乡村建设大意》，见《梁漱溟全集》（第一卷），第 612 页、615 页，山东人民出版社 1990 年版。

这里有新儒学派对传统文化的反思，对乡土中国的警醒，也有对其现代社会结构（集体）与现代文化要素（科学）的汲取。那么要解决问题，梁漱溟认为就是要搞乡村教育与乡村组织。在这里，梁漱溟已经把乡村建设与中国文化的复兴、民族复兴的大业及现代化发展道路、抉择联为一体，可以说是现代中国文艺复兴的重要一环。20世纪30年代的文学与人文社会科学，对工业化、都市化、市场化的现代性是持批判态度的，对其社会革命、文化变革却是持积极态度的。这一点就连以现代理性著称于世的社会剖析派茅盾的《农村三部曲》，对30年代农村破败的表现与对其"现代"殖民、市场、经济、资本主义掠夺的批判，是比京派小说与新儒学派哲学有过之而无不及的。梁漱溟与乡村建设派对历史与中国文化的总结是有道理或深刻的，对未来出路的解决却有形而上学的主观唯心主义之嫌。仅用文化、教育、社会自组织的软系统，没有科技、经济、城市化、工业化是解决不了乡土中国、乡村建设、中国文化立足于当世、跻身于世界强者之林而有自身出路的大问题的。

这里有两点值得注意，一是梁漱溟及现代新儒学派己从传统群体社会结构中走出来，经过现代社会团体、组织形式、个性自觉而寻找集体社会结构的发展目标；二是乡村建设派与梁漱溟的新儒学派向我们提供了"现代性"的另一社会发展衡量标准，即人文、文化与社会文明的先进性，而不只是工业化与城市化的现代化，或是他向我们提供了反工业化、反都市化、反现代化的"现代性"理论体系，东方式的中国现代性社会发展价值、文化体系。从这一点上来说，我们可以从更宏观、远大的社会发展、民族复兴、文明进步上来研究现代性的理念与理论、智力支撑体系与文明尺度，研究中国文学、中国文化现代性的发生与发展，变异与重构，创造与复兴，转型与重写。从这一角度来说，现代中国的文艺复兴与中国现代文化转型、变异的历史重构从魏晋玄学开始，中经宋明理学与明清朴学，到"五四"的新学与新世纪的科学演化是能够经得住跨文明整合与跨学科综合的历史推敲与学术检验的。比较文学的理论发展与丰富内涵既是这一跨文明整合与跨学科综合的历史成果，又是它的发展动力。从中我们不难看出，仅以工业化、城市化与现代化来衡量现代性与本土性文化整合的学术、理论观点是狭隘的，也是站不住脚的。那么从后现代、后工业文明生态化、郊区化与现代化的发展关系来看，东方的天人合一哲学，魏晋的返归自然玄学，宋明的心性义理理学与心学，明清的人文重构与文化还原朴学与实学，"五四"的人文主义新学，今日的科学、文化综合之道的知识构成，应该是从现代化到高级现代化的文明抉择。东方文化、中国诗学与文学、近代美学与哲学、现代科学与文化，更有其原创体系的文明动因与特点，也更有跨文化研究、跨学科综合的比较研究学术价值与理论内涵。

中国城市的文明基因或文明源地，却不是从乡土中国而来；一方面是半封建的中国宫廷皇室城堡的内陆城市文明起源，如北京、西安、南京、洛阳等，另一方面则是半殖民地的外来沿海商埠文化影响的殖民城市，如上海、香港、澳门、天津、青岛、大连等。城市的文明主体与传统，是农业制度文明的皇权权属文化领土，即宫廷王室城堡的皇权封建文化领土；新中国成立后变迁为市民社会的科学化、民主化、社会化过程的市民社会民权建构体系；改革开放后形成中产阶级的都市化产权构成体系；21世纪之后逐渐形成知识社会的版权经济体系。

梁漱溟等对城市工业文明、都市文明现代性的批判，缺乏一个未来发展的文化视角，这样站在乡土与本土文化立场的反思，势必回归到农业文明的视角来提出逆城市化的文化理论与思想，亦即儒家文化的现代化重构"逆城市化"或"反城市化"思想文化体系。

新儒学派反工业化、反都市化、反商业化的乡村建设现代发展之途，是由于儒家文化构成的中国人文、民族精神本身是非工业化、都市化、商业化的，对于这一社会经济体系的反弹也是必然的。然而其心灵生活、诗梦中国、田园环境、组织社会、科学理性、乡土文化的现代性抉择与历史思辨，文化复兴却因与后现代主义文化对工业化、城市化、商业化、科技化社会的解构及高级现代化生态化环境、人文化社会、系统化组织的文明形态相通而获得了永久的文化价值与文明活力，一直为新世纪的新理性与新人文及其比较文学体系的学术、文化建设所汲取。其实中国现代三大思潮，马克思主义与现代新儒家，提供给我们更多的是反工业化、反资本主义、反都市化、反商业化的现代思想与理论武器，如马克思在《1844年经济学、哲学手稿》中对手工业化及资本主义对人类的异化的论述，对于返归自然的历史唯物主义哲学与美学论述，都与现代新儒家有着惊人的相似之处，新中国成立后，中国共产党人对于计划经济的坚持，对此也是不无关系的，现在来看有其片面性。改革开放后，又向市场经济转型，用城市化推进现代化，是有着对与这一现代性理念正、反、合的辨证认识隐含其间的。更有意味的是，中国工业化的现代社会发展较早，新中国一建立便开始大工业体系的建设，但市场经济的现代性，因其与资本主义的直接联系而一直搁浅到新时期后，尤其是90年代后才发展起来，也是与这一对现代性认知的矛盾性有关的。其实共产党人是积极主张工业化的，甚至认为工业化就是现代化。新中国成立后，毛泽东主席站在天安门城楼上曾感慨地说，天安门广场周边烟囱林立之日，就是我们的现代化、现代化社会发展成功的时刻。这也是对现代化的误读与现代化的一大误区。为此，新中国成立后曾采取抑农重工政策，遭到新儒学派梁漱溟的批评，毛泽东主席为此很生气，在全国政协会上，将梁驱出会场，让其闭门思过。这场悲剧的深意，本质上在于新中国是走工业化的"现代性"之路还是乡村建设的

"现代性"之路两种文明抉择的冲突，直到今天我们才在现代性的文化读解中有所领悟。诚然，我们不应用工业化、城市化与市场化来衡量中国文学、中国文化的现代性发展问题与本土性的变异、复兴，但也不能仅用人文、文化及本土性的变异、复兴来支撑现代化发展体系，抉择未来文明的发展问题。二者均有其片面性，在现代中国的文艺复兴与民族复兴大计及未来文明抉择中，都应予以扬弃，并做好互补互动的"现代性"科学、文化建设。

今天，在城乡统筹与社会主义新农村的城市化、城镇化建设发展中，我们终于找到了从城乡二元体制的现代经济文化"二律悖反"的城乡"剪刀差"，到城乡二元互融互动的科学发展基础与科学发展之路，但我们却在城乡统筹与社会主义新农村的城镇化与城市化经济建设中，忽略了城乡统筹与社会主义新农村建设的中国文化之根、本土文化渊源、东方文化气派与现代文化建设问题。

中国当代文化不只是一个城市化与城市文化的建设问题，也是一个时代文化发展的大问题与中国崛起文化建设基础的大问题。因而今天在社会主义新农村建设中，有人又重提中国城市化发展的精神文明与道德文明、本土文明建设问题。

中国文化的复兴，不只是文本与经典的文化思潮复兴，也不只是学术与艺术的文化思潮复兴，还应该是东方人文主义的城市文化复兴，基于"文化创意理念"的中国文化复兴，并以之引导创新型城市的发展与中国新城新区建设的高潮，中国文化大国的崛起与创新型国家的建设，中国自主文明的发展与自主创新的国家创新体系建设。

## 第二节　中国60年城市发展的文化模式分析

### 一、1949～1978年：工业化主导的工业城市化约束发展阶段

1. 新中国初期的城市化，是计划经济与工业化主导的城市化，发展缓慢，新中国成立前，全国城市58个，新中国成立初期全国城市138个，城市化率为10.6%，到1978年，全国城市191个，城市化率为17.9%。

回顾这段时期中国城市为城乡二元体制的发展政策，以农村与农业经济为中国工业化、城市化原始积累的分母，因而城市化发展十分缓慢，城市文明水准低下。尤其是1961年之后的调整、充实、巩固、提高的工业方针与建设方针，城市生产缩减，人口规模缩减，城市一度从1960年的199个压缩到169个，城市

化率从 19.7% 减少到 16.%8，到 1978 年才缓慢恢复到 17.9% 的城市化率，城市恢复到 191 个。

2. 政策特点：牺牲农村发展城市，牺牲农业发展工业，严格的城乡二元化户籍管理制度，以农村与城市为供给与被供给关系完成工业现代化原始积累。

3. 城市文化模式：城市为现代化、工业化之母，但脱离了乡土中国的文化之根。以社会主义精神文明与物质文明、制度文明为建国大业计划经济的城市化文化模式，曾一度出现过许多社会主义劳模与英模人物的精神文明先进典型与先进文化代表人物、先进单位典型，如鞍钢与大庆，雷锋与王进喜等，也产生过许多优秀的文艺作品与社会主义精神文明的先进文化思潮，中国文学推陈出新、古今融一的代表作品与典型形象，如电影《创业》、《五朵金花》、《阿诗玛》、《龙须沟》、《茶馆》、《梁祝》、《十五贯》、《武训传》、《红楼梦》，小说《在桥梁的工地上》（杜鹏程著）等，诗歌《雷锋之歌》等。

4. 城市功能：福特式工业大生产机器与集聚地。工厂厂区集聚城市人口，"单位"式封闭社区结构，"单位"式厂区住宅与自然社区群落，城市千篇一律，缺乏个性与风格。福特式大工业的"钢铁"城市模式与结构，灰色水泥建筑群，缺乏绿色空间、生态环境、人文关怀与创意风格。

城市社区，失去了人文传承的宗祠、祠堂、祠院、院落与族群、群落的人文部落功能，失去了遥远村落的悠闲、宁静之日与邻里部落的亲和、祥和岁月，失去了文化记忆与邻里、族群的人文关爱，失去了故土、故乡的生态、人文家园。

5. 城市文明科学基础的核心技术：蒸汽机技术，比如北京以蒸汽机技术为核心的城市核心技术，产生了王府井火车站附近的物流商圈与物质 CBD 经济基础，是全国城市 GDP 的 10 倍。

6. 主导商业形态与城市集聚区：物流 CBD，比如全国各城市火车站附近的轨道交通 CBD 商圈与物流商贸圈，北京王府井 CBD 商圈与物流商贸圈。

7. 典型城市：沈阳工业城市群，沈抚鞍辽本工业城市群。这是比较典型的斩断传统的工业化主导的城市化布局，同时又是比较典型的计划经济与重化物质经济城市化发展聚落。当然与今天沈阳等城市的生态化、知识化、服务化重构又有所不同。

8. 典型城区：沈阳铁西区。

9. 典型经济：资源能耗型；资源枯竭型，如阜新、抚顺、大庆等工业城市。

新中国成立城市文化建设与城市化发展，有其社会主义精神文明与先进文化成功的一面与成功的经验，有其节能型环保成功的经验，有其工农联盟工业化主导城市化、现代化经济积累成功的经验；但也有其大跃进模式"粗陋的共产主义"城市化、工业化的棚户区遗留问题，有其工业化环境污染问题，有其基础设施与城市住房标准过低的"粗陋城市化"发展问题，有其缺乏规划与国际标准的科学发展基础问题；更有其文化建设不足、本土文化发掘不够、文化创新发展不够、文化产业发展不足、创意城市与创意经济发展不够的一系列问题。

总体上说是发展缓慢、基础不好，文化建设根基不足、方向不明。

尤其值得注意的是"文革"期间对于文物、文化遗址、文化记忆、城市建筑的文化历史风格的毁灭性破坏，"破四旧"的文化毁灭之举，对于城市文化的发展、城市文明的发展、城市文化的历史承传，是有着很大的破坏性作用的。

还有值得注意的问题是，在福特式大工业城市与计划经济单位式社区城市的建设发展中，是从传统乡土、本土群体自组织到集体组织构成的城市人文生态与社区组织单元。而在其后的知识化、创意化、生态化、服务化后物质经济发展阶段的后城市结构中，则是从群体、个体、集体到个体群的复杂性社群组织与产业组织的适调性发展的文化系统与自组织单元，突出的是个体群的主体关联性与主体创造性的城市价值观与人文价值观，即城市英雄主义与知识英雄主义的个体群自组织文化单元与人文价值观。比如一些新的城市贵族部落、总部经济文化圈、产业园区聚落的社区与园区自组织文化体系。

## 二、1979~1998年：市场主导商业化快速发展阶段

1. 城市化增长率。1979年城市化率为19.99%，城市数量216个，1998年城市化率为30.4%，城市数量668个，通过城市人口、城市建成区面积的增长数据，表明我国城市已进入快速发展阶段，城市增长了2倍，城市化率增长了10%左右，此段历史城市化的最大特点就是农村给城市提供源源不断的廉价劳动力，是为商业化的粗陋城市化发展阶段，替代了工业化主导的粗陋城市化发展阶段。

2. 城市化发展体系。这一阶段一是随着人民群众物质生活需求与经济增长的需求，增加了城市综合实力的物质基础与综合国力的国民经济指数；二是初具规模地建成了以城市为市场结构的经济体系；三是建成了以城市为消费体的服务体系；四是建成了以城市为人居功能的开放体系；五是建成了以城市为交通枢纽的物流体系；六是建成了以城市为文化娱乐中心的服务设施体系；七是建成了以城市为知识中心的科教文卫体系；八是建成了以城市为信息中心的数字网络体系；九是以城市为发展中心的产业组织体系与就业体系。

3. 城市化发展问题。但这一时期的城市化也留下大量的社会问题，比如农村劳动力的转移与农村社会结构的消解及乡土文化的解构与迁移，城市化的生态危机与交通拥挤，城市的治安问题与犯罪率的上升等一系列商业化城市病的

出现。

4. 城市发展的人口政策：由逐步放开到全部放开。中央提出了加速城市化和现代化的步伐，使得原来大量的迁徙人口变为迁移人口。现在定型为50%左右的城市人口，是迁徙人口变成的城市迁移人口，形成联合国重要的一项城市人口指标。

5. 城市化人文生态的发展误区。围绕商业CBD开发富豪区，形成以时尚地标为城市核心财富价值的人居社区与市场导向。

## 三、1999~2008年：创新发展阶段

1. 生态化与非物质化的城市革命与"都市再造"的人文家园重构。以大连、青岛等地的环境经济发起的城市革命为代表，形成了以生态化、郊区化为导向的城市环境革命，影响全国。城市环境、形象、符号的塑造成为"都市再造"的绿色革命新起点。广场、绿树、草坪成为城市革命的生态元素与系统，并以之为创新体系，影响全国。

在此基础上，形成了从重化物质经济的城市向会展、旅游、商贸、信息、金融产业转型的非物质化新城市文明体系建设主潮。

典型案例：青岛、大连、天津、烟台等沿海地区与城市

2. 国际城市与世界城市知识文明的起步。以北京奥运为新契机，开始人文城市、知识城市、生态城市国际化、全球化的城市化系统发展新里程，开始质量增长型的科学发展新里程，开始本土文化重构的文化复兴新里程，开始人文都市、绿色都市、科技都市再造的知识文明新里程。

## 四、2009~2020年：后物质化、后现代化、创意化新城新区发展结构与方向

1. 后物质化、后现代化中国城市新城新区建设的区域化与多样化发展新格局。

滨海新区的生态化、知识化、服务化、全球化新城新区建设。

浦东新区的国际化、金融化、服务化、贸易化新城新区建设。

西咸新区的生态化、创意化、服务化、知识化新城新区建设与发展。

中原郑汴洛新区的生态化、知识化、服务化新城新区建设与发展。

苏州的国际化开放与本土化重构新城新区建设，新加坡工业城与中国工艺文化城的开发建设与文化融合。

海西新区的生态化、知识化、服务化新城新区建设与发展。

北部湾新区的生态化、知识化、服务化、贸易化新城新区建设与发展。

自然、宗教与人文：拉萨的幸福城市与幸福文明建设。

沈阳新城新区的生态化、知识化、服务化、信息化、全球化建设与发展。

营口沿海产业基地与高新园区、鲅鱼圈五点一线沈阳经济区出海口的生态化、知识化、服务化、信息化、全球化建设与突破。

半岛蓝色经济区的生态化、知识化、服务化、贸易化新城新区建设与世界自由贸易区的建设与发展。

2. 中国城市的创意化与知识化崛起与新突破。

（1）深圳的设计之都与世界创意城市。

（2）北京的文化创意产业之都与世界创意城市建设。

（3）上海的世博会文化创意产业发展与世界创意城市建设。

（4）天津"文化制造"的世界创意城市建设。

3. 人文家园建设与人居文明的重构。

（1）成都田园城市建设。

（2）拉萨幸福城市建设。

（3）深圳岭南人文家园的重构。

（4）山西大院人居文明的重构。

（5）北京四合院人居文明的重构。

（6）沈阳浑河、蒲河生态聚落人居文明的重构。

（7）洛阳洛河、伊河生态聚落人居文明的重构。

（8）哈尔滨松江湿地生态聚落人居文明的重构。

生态、养老、旅游、文化新兴市场体系对人居文明发展的重构与都市再造的幸福文明重构。

4. 基于"文化创意理念"的城市建设。

（1）对城市文化创意品质与人文品质的追求。

（2）对传统与现代、中式与欧式文化的人居文明融合。

（3）对本土文化、宗族文化、庭院文化、园艺文化、人文与生态文化的融合。

（4）对田园诗学、生态诗学、城市诗学、人文诗学的融合与生活品质的追求。

（5）营口大艺谷、霸州版权经济园、沈阳文化金融街、新民非遗小镇、洛阳龙门非遗文化产业园的规划、建设与创新、发展。

5. 非遗文化的重构与非遗城市的创新发展。

（1）非遗工艺与苏州中国工艺文化城的建设。

（2）非遗习艺与天津滨海新区中国酒文化城的建设。

（3）非遗园艺与昆山中国设计文化产业园的建设。

（4）非遗书艺与营口大艺谷文化产业园的建设。

（5）非遗曲艺与沈阳新民非遗小镇的建设。

（6）非遗药艺与保定中医药科技文化城的建设、本溪药都的科技文化新区建设。

（7）非遗厨艺与中国非遗传人旅游文化街的建设。

## 第三节　中国城市化 30 年发展的经济学分析

1978~2009 年，30 年期间，我国建立了以城市为中心的市场经济体系与以城市化为中心的经济增长体系，城市与城市化、区域与区域化在创新与发展、改革与开放中引进资本，引进技术，促进、培育了城市化的国际分工发展与城市专业化、产业化的经济发展体系。从而促使城市与区域的产业结构与经济结构由以第一、二产业为主的传统农业、重化工业的物质经济，转向了知识经济、服务经济、信息经济、文化经济的第三产业与旅游、养生、生态、生命科技、养老、文化等新兴市场领域，城市成为新兴市场领域的综合经济体与促进新兴市场发展的创新引擎。

城市的产业结构变迁，促进了城市国际分工的发展格局，促进了城市的进出口发展与经济发展。

中国的城市化发展规模与产业结构的变迁，促进了中国 GDP 的持续增长，从 1978 年的 3 645.22 亿元（2 683 亿美元），发展到 2011 年的 47 万亿元（7.3 万亿美元），出口总额从 1978 年的 97.5 亿美元，发展到 2011 年的 36 421 亿美元（见表 22-1 和表 22-2）。

表 22-1　　　　　1978~2004 年中国进出口贸易总额统计

| 年份 | （亿美元） | | | |
|---|---|---|---|---|
| | 进出口总额 | 出口总额 | 进口总额 | 差额 |
| 1978 | 206.4 | 97.5 | 108.9 | -11.4 |
| 1979 | 293.3 | 136.6 | 156.7 | -20.1 |
| 1980 | 381.4 | 181.2 | 200.2 | -19 |
| 1981 | 440.3 | 220.1 | 220.2 | -0.1 |
| 1982 | 416.1 | 223.2 | 192.9 | 30.3 |
| 1983 | 436.2 | 222.3 | 213.9 | 8.4 |

续表

| 年份 | （亿美元） | | | |
|---|---|---|---|---|
| | 进出口总额 | 出口总额 | 进口总额 | 差额 |
| 1984 | 535.5 | 261.4 | 274.1 | -12.7 |
| 1985 | 696 | 273.5 | 422.5 | -149 |
| 1986 | 738.5 | 309.4 | 429.1 | -119.7 |
| 1987 | 826.5 | 394.4 | 432.1 | -37.7 |
| 1988 | 1 027.9 | 475.2 | 552.7 | -77.5 |
| 1989 | 1 116.8 | 525.4 | 591.4 | -66 |
| 1990 | 1 154.4 | 620.9 | 533.5 | 87.4 |
| 1991 | 1 357 | 718.4 | 637.9 | 80.5 |
| 1992 | 1 655.3 | 849.4 | 805.9 | 43.5 |
| 1993 | 1 957 | 917.4 | 1 039.6 | -122.2 |
| 1994 | 2 366.2 | 1 210.1 | 1 156.1 | 54 |
| 1995 | 2 808.6 | 1 487.8 | 1 320.8 | 167 |
| 1996 | 2 898.8 | 1 510.5 | 1 388.3 | 122.2 |
| 1997 | 3 251.6 | 1 827.9 | 1 423.7 | 404.2 |
| 1998 | 3 239.5 | 1 837.1 | 1 402.4 | 434.7 |
| 1999 | 3 606.3 | 1 949.3 | 1 657 | 292.3 |
| 2000 | 4 742.9 | 2 492 | 2 250.9 | 241.1 |
| 2001 | 5 096.5 | 2 661 | 2 435.5 | 225.5 |
| 2002 | 6 207.7 | 3 256 | 2 951.7 | 304.3 |
| 2003 | 8 509.9 | 4 382.3 | 4 127.6 | 254.7 |
| 2004 | 11 545.5 | 5 933.2 | 5 612.3 | 320.9 |

注：（1）本表1979年及以前为外贸业务统计数，1980年及以后为海关进出口统计数。
（2）进出口差额负数为入超。
资料来源：中国历年进出口贸易总额（1978～2004年），数据引自国家统计局。

表22-2　　　　　　　　1978～2010年中国GDP数据

| 年份 | GDP（亿美元） | 增长（%） | 人均GDP（亿美元） | 人均GDP增长（%） |
|---|---|---|---|---|
| 1978 | 364 522 | 11.7 | 381 | 10.2 |
| 1979 | 406 258 | 7.6 | 419 | 6.1 |
| 1980 | 454 562 | 7.8 | 463 | 6.5 |

续表

| 年份 | GDP（亿美元） | 增长（%） | 人均GDP（亿美元） | 人均GDP增长（%） |
| --- | --- | --- | --- | --- |
| 1981 | 489 156 | 5.2 | 492 | 3.9 |
| 1982 | 532 335 | 9.1 | 528 | 7.5 |
| 1983 | 596 265 | 10.9 | 583 | 9.3 |
| 1984 | 720 805 | 15.2 | 695 | 13.7 |
| 1985 | 901 604 | 13.5 | 858 | 11.9 |
| 1986 | 1 027 518 | 8.8 | 963 | 7.2 |
| 1987 | 1 205 862 | 11.6 | 1 112 | 9.8 |
| 1988 | 1 504 282 | 11.3 | 1 366 | 9.5 |
| 1989 | 1 699 232 | 4.1 | 1 519 | 2.5 |
| 1990 | 1 866 782 | 3.8 | 1 644 | 2.3 |
| 1991 | 2 178 150 | 9.2 | 1 893 | 7.7 |
| 1992 | 2 692 348 | 14.2 | 2 311 | 12.8 |
| 1993 | 3 533 392 | 14.0 | 2 998 | 12.7 |
| 1994 | 4 819 786 | 13.1 | 4 044 | 11.8 |
| 1995 | 6 079 373 | 10.9 | 5 046 | 9.7 |
| 1996 | 7 117 659 | 10.0 | 5 846 | 8.9 |
| 1997 | 7 897 304 | 9.3 | 6 420 | 8.2 |
| 1998 | 8 440 228 | 7.8 | 6 796 | 6.8 |
| 1999 | 8 967 705 | 7.6 | 7 159 | 6.7 |
| 2000 | 9 921 455 | 8.4 | 7 858 | 7.6 |
| 2001 | 10 965 517 | 8.3 | 8 622 | 7.5 |
| 2002 | 12 033 269 | 9.1 | 9 398 | 8.4 |
| 2003 | 13 582 276 | 10.0 | 10 542 | 9.3 |
| 2004 | 15 987 834 | 10.1 | 12 336 | 9.4 |
| 2005 | 18 493 737 | 11.3 | 14 185 | 10.7 |
| 2006 | 21 631 443 | 12.7 | 16 500 | 12.0 |
| 2007 | 26 581 031 | 14.2 | 20 169 | 13.6 |
| 2008 | 31 404 543 | 9.6 | 23 708 | 9.1 |
| 2009 | 34 090 281 | 9.2 | 25 605 | 8.6 |
| 2010 | 39 798 315 | 10.3 | 29 748 | — |

资料来源：中国历年GDP数据（1978~2010年），数据引自国家统计局。

GDP 从 1949 年的 179.56 亿美元到 1978 年的 2 683 亿美元，出口总额从 1949 年的 5.5 亿美元到 1978 年的 97.5 亿美元。

"城市人口比重在 10% 以下，属于城市化史前阶段；10%～20% 为城市化起步阶段；20%～50% 为城市化加速发展阶段；50%～60% 为城市化基本实现阶段；60%～80% 为城市高度发达阶段；80% 以上为城市化自我完善阶段和城乡完全一体化阶段。"① 中国 1949～1978 年基本属于城市化史前阶段，1978 年之后迅速跃过起步阶段，进入 50% 左右的加速发展阶段，至 21 世纪，已基本达到 60% 的基本实现阶段，而正在走向 80% 以上的自我完善阶段和城乡完全一体化阶段。

新中国前 30 年城市化非主流经济时代的 1970～1978 年，在世界经济发展上排 13～15 位，2011 年城市化主流经济时代上升为世界第二大经济体，中国在世界经济地位上发生了巨大的变化，同时中国已从计划经济体完成了向市场经济体的转制，完成了从工业经济、商业经济的重化物质经济，到生态经济、环境经济、旅游经济的后物质经济，再到创意经济、知识经济、文化经济、服务经济、信息经济的后物质结构的城市化与非物质经济的知识文明转型。

基于"文化创意理念"的中国当代城市建设，与中国 30 年城市化经济发展密切相关，现需要对其文化资源要素的发展与文化产业发展关系做一初步的拟测，同时也对城市发展的全要素指数做一初步的拟测，见表 22-3 和表 22-4。

**表 22-3** 　　基于"文化创意理念"的中国当代城市建设
资源要素的文化测绘

| 序号 | 指标体系 | | 典型与案例 | |
|---|---|---|---|---|
| | 指标大类 | 细化指标 | 文化占 GDP 比例（%） | 城市 |
| 1 | 城市文化资源存量 | 先赋历史文化资源存量，60% 以上为文化资源型城市 | 5.68 | 西安 |
| | | 后赋知识文化资源存量，60% 以上为文化创意型城市 | 6.7 | 深圳 |
| | | 先后赋文化资源兼容型，各 50% | 12.1 | 北京 |

---

① 王春光、孙晖：《中国城市化之路》，云南人民出版社 1997 年版，第 44～45 页。

续表

| 序号 | 指标体系 | | 典型与案例 | |
| --- | --- | --- | --- | --- |
| | 指标大类 | 细化指标 | 文化占GDP比例（%） | 城市 |
| 2 | 文化资源优化配置率 | 30%起步阶段 | 4.8 | 洛阳 |
| | | 50%成功阶段 | 5.68 | 西安 |
| | | 60%优化阶段 | 6.7 | 深圳 |
| | | 80%理想阶段 | 12.1 | 北京 |

表22-4　　基于"文化创意理念"的中国当代城市建设资源全要素的文化测绘

| 序号 | 指标大类 | 细化指标 | 拟测效能（%） |
| --- | --- | --- | --- |
| 1 | 城市规划的科学文化水准指数 | 历史长时段指数、发展设计目标指数、功能结构规划水准、设施功能完善水准、城市空间布局的科学水准 | 10 |
| 2 | 城市建筑风格与符号体系指数 | 单体建筑风格与符号指数、社区建筑风格与符号指数、街区建筑风格与符号指数、小品、雕塑及其他建筑风格与符号指数 | 10 |
| 3 | 城市创意经济指数 | 创意人才指数、创意产业项目指数、创意资本密集度指数、创意服务配套指数、创意科技水准指数、创意管理指数、创意效益指数、创意竞争力指数 | 10 |
| 4 | 城市文化产业指数 | 文化经济指数、文化竞争力指数、领军文化企业数量指数、文化金融效益指数、文化产业政策效益指数 | 10 |
| 5 | 城市文化创新指数 | 文化资本密集度指数、文化科技效益指数、文化服务效益指数、文化全要素生产率效益指数、文化生产力效益指数 | 10 |
| 6 | 城市幸福文明指数 | 养生与健康幸福指数、和谐与发展幸福指数、生态与环境幸福指数、物质与精神幸福指数、公正与制度幸福指数、智慧与艺术幸福指数、教育与医疗幸福保障指数、活力与效能幸福指数 | 10 |

续表

| 序号 | 指标大类 | 细化指标 | 拟测效能（%） |
|---|---|---|---|
| 7 | 城市知识文明指数 | 信息与管理服务指数、科技与教育发展指数、设施与功能完善指数、创新与发展效能指数 | 10 |
| 8 | 城市人居文明指数 | 人居环境优化指数、人居生态优化指数、人居科学发展指数、人居环保科技指数、人居人文发展指数 | 10 |
| 9 | 城市安全文明指数 | 生态安全文明指数、食品安全文明指数、信息安全文明指数、文化安全文明指数、科技安全文明指数、基因安全文明指数、能源安全文明指数、粮食安全文明指数、交通安全文明指数、法制安全文明指数 | 10 |
| 10 | 城市自主文明指数 | 自主创新文明指数、国际分工比较优势指数、可持续发展科学指数 | 10 |

城市自主创新与城市化经济学分析的研究，使我们发现不仅城市空间结构的布局与城市国际分工的功能转换是密切关联的，而且现代经济学的"三大定律"（资源比较优势的国际分工定律、重化物质经济不可逾越论的霍夫曼定律、边际效益递减的戈森规律）都带有浓重的后殖民经济理论色彩。我们从反思经济学的角度，发现现代经济学"三大定律"后殖民经济理论对于发展中国家城市化主导、支配的现代化发展误区，从而提出综合创新比较优势定律、重化物质经济的非物质经济跨越与后物质经济结构定律、逆戈森规律的非物质经济文化创新定律三大非物质经济与后物质经济结构定律，形成基于"文化创意理念"的非物质经济与后物质结构的城市化国际分工自主创新理论体系。并据此第一个在全国打破西方现代经济学后殖民经济理论三大定律的现代化发展误区，提出科学发展的自主创新、跨越发展的非物质经济创新、和谐发展的后物质结构体系创新的后经济时代城市后物质结构创新体系，第一次把文化产业作为支柱产业规划到深圳20年产业规划总报告中，并进入国家发改委修编规划项目的国家创新体系中。

在工业物质经济主导的城市化发展中，城市的核心竞争力，是其物质条件的土地生产力、劳动力生产力与货币生产力；在非物质经济或知识化主导的城市化发展中，土地的非物质化演化为环境生产力城市化创新体系，劳动力的非物质化演化为智力生产力城市化创新体系，货币生产力的非物质化演化为金融生产力城市化创新体系；除此之外，单一的科技生产力的非物质化演化为知识生产力城市化创新体系，同时又增加了信息生产力、服务生产力、制度生产力的城市化非物质经济创新体系，形成其后物质结构的空间布局与后经济时代的创新结构。还有大工业的群体、集体在此演化为个体群的知识经济创造主体与文化创新体系，形成组织生产力的非物质化城市化创新体系。

## 第四节 中国城市化30年文化变迁的社会学分析

"20世纪是一个发生巨大变化的时代，最大的变化是全球大量的人口出生和这些人口的居住状况。1950年以来，全球人口高速增长，从25亿增加到60亿，60%的增长人口都来到了城市地区，特别是发展中国家的城市地区。50年中城市人口的增长超过了6倍。"[1] "世界正处于高速的'最大城市化'中，欧洲和北美、南美洲已经基本完成城市化。因此今后大部分人口增长都将被发展中国家的城市吸收，到2030年新增人口将增加一倍。"[2]

1978~2009年，30年期间，中国完成了从计划经济向市场经济的转型，中国城市经济结构发生了巨大变化。由原来计划经济时代80%以上的国企体制，转向了80%以上的市场经济体制，加上外资企业逐渐增多，占有相当的比例。国有企业、民营企业与外资企业的比例发生了重大变化，人脱离了原来的户籍制度和单位制度，人的自由度增加，文化迁徙的创意空间增长，知识文明程度增强，导致城市社会形态、居住模式、居住面积发生变化，中国城市发生了巨大的社会变迁与文化变迁。总体来说，从固定模式发展为流动模式，从内源模式发展为开放模式，从单一模式发展为多元模式，从本土模式发展为融合模式，从限制模式发展为自由模式，从客体模式发展为主体模式，从资源模式发展为创意模式。这导致了中国城市巨大的文化变迁与社会变迁、知识变迁与人文变迁。

在此，依据城市化发展各方面的正负关系与危机关系概况，我们建立中国城市化，与各方面发展要素关系的拟测指数，中国经济增长，与城市化高速发展有着60%的正关系（土地财政与房地产的综合拉动力），但也有40%的危机关系（金融危机、土地能耗、钢材等各项高碳能耗）；同时中国人居环境的完善，也是与城市化高速发展密切相关的，有70%的正关系（人居环境的提升与改善），但也有30%负关系的一面（粗陋住房市场供给的负面效应与受市场经济支配的

---

[1] 联合国人居署编著，于静等译，《贫民窟的挑战——全球人类住区报告2003》，中国建筑工业出版社2006年版，第5页。

[2] 联合国人居署编著，于静等译，《贫民窟的挑战——全球人类住区报告2003》，中国建筑工业出版社2006年版，第3页。

千城一面的负面效应）；人民群众的幸福指数，与城市化高速发展有60%正关系的一面（设施服务功能的完善），也有40%负关系的一面（城市综合征的心理压力与亚健康的危机、环境污染的影响）；科技、教育、医疗文明水准的提升，是与城市化高速发展有80%的正相关（科教与医疗中心的社会保障与知识文明的发展），但也有10%的负关系影响（行业职业道德的滑落与体制改革的误区），同时负关系承载10%的危机关系（反社会、反文化的职业异化与医疗、教育安全问题的出现）；生态环境的建设与环保事业的发展，与城市化高速发展有60%正关系的一面（生态环境的建设与环保节能的发展、低碳文明的进步），也有20%负关系的一面（生态环境的污染与能耗负重的超标），同时负关系承载20%的危机关系（生态安全事件与生态危机的出现）；资源配置的优化与能耗的使用耗散，与城市化高速发展有60%正关系的一面（集约化的资源配置优化与能耗效用的提升），也有20%负关系的一面（高碳经济与高能耗发展的城市化综合效益），同时负关系承载20%的危机可能（能源危机与生态环境的危机）；社会事业的进步与道德文明的发展，与城市化高速发展有60%正关系的一面（公共事业的发展与道德文明的提升），也有20%负关系的一面（道德精神的缺失与传统道德文化的遗失），同时负关系承载20%危机的可能性（道德文明的颠覆与危机）；信息文明的发展，与城市化高速发展有80%正关系的一面（信息设施与网络技术、服务的发展），10%负关系的一面（网络综合征的出现与信息安全问题的出现、信息管理难题的出现），也有10%危机关系的一面（信息危机、信息安全、舆情安全、舆情危机）；意识形态的发展，与城市化高速发展有60%正关系的一面（主流文化的建设与国家意识形态的发展），也有20%负关系的一面（多元文化的出现与意识形态的解构），负关系承载20%的危机可能（意识形态危机、精神文明危机）；安全文明的发展，与城市化高速发展有60%正关系的一面（互为支撑的社会安全体系与保障体系建设），也有20%负关系的一面（生态安全、交通安全、食品安全等一系列安全问题的出现），负关系承载的负重更大一些，危机也更多一些，占20%左右（安全文明的解构与颠覆、危机与问题）；文化创意等知识文明的发展，与城市化高速发展有80%正关系的一面（文化创意的资源优化与产业发展、知识服务与设施完善），10%负关系的一面（文化经济的膨胀与文化产业园区的泛滥、文化地产的发展问题），同时也有10%的危机关系（文化产业虚实的能耗问题、信用问题、意识形态问题、文化安全问题、文化主权问题）；金融资本与金融技术的发展，与城市化高速发展有60%正关系的一面（金融资本的发展与资本市场的完善、经济增长的综合动力建设），10%负关系的一面（通货膨胀问题、金融信用问题、金融安全问题），负关系承载的负重更大一些，危机关系比重更大，占30%左右（金融危机与金融安全）；农业、农村与粮食、食品生产的发展,与城市化高速发展有60%正关系的一面(农业市场的培育、农业物流的发展、农业仓储的保障、农业科技的创新、基因工程的发展),20%负关系的一面(耕地与土地的流失与流转、农业劳动力的转移、农村生产生活基地的解构),负关系承载20%的危机可能性(农民工问题的出现、粮食安全问题的出现、农业安全问题的出现、基因安全问题的出现);能源的发展与能源贸易,与城市化高速发展有60%正关系的一面(能源的开发利用与集约化发展使用、能源市场的发展与物流贸易的发展),10%负关系的一面(高能耗的过度开采使用与高碳经济综合征的出现),负关系承载的负重更大一些,危机也更多一些,占30%左右(能源危机的出现与高碳温室效应问题的出现);国防安全与国防战略的发展,与城市化高速发展有60%正关系的一面(国防装备物质经济实力的发展与科技的进步),10%负关系的一面(财富价值的积累与财富危机的问题),负关系承载的危机可能性比较大,大约占30%(财富安全问题与国防建设发展的矛盾,财富与国防失衡的国防安全与危机问题),见表22-5。

表22-5 城市化高速发展阶段各内容要素指标与城市化正、负(危机)关系的内容分析

| 序号 | 指标 | 正关系 | 关系比例(%) | 负关系 | 关系比例(%) | 危机关系 | 关系比例(%) |
|---|---|---|---|---|---|---|---|
| 1 | 物质文明与经济增长率 | √ | 60 | √ | — | √ | 40 |
| 2 | 人居环境与人居文明 | √ | 70 | √ | 30 | √ | — |
| 3 | 幸福指数与幸福文明 | √ | 60 | √ | 40 | √ | — |
| 4 | 科、教、卫文明水准 | √ | 80 | √ | 10 | √ | 10 |
| 5 | 生态环境、生态文明与环保、低碳文明 | √ | 60 | √ | 20 | √ | 20 |
| 6 | 资源配置与能耗 | √ | 60 | √ | 20 | √ | 20 |
| 7 | 社会事业与道德文明 | √ | 60 | √ | 20 | √ | 20 |
| 8 | 信息文明 | √ | 80 | √ | 10 | √ | 10 |
| 9 | 意识形态与精神文明 | √ | 60 | √ | 20 | √ | 20 |
| 10 | 安全文明 | √ | 60 | √ | 20 | √ | 20 |
| 11 | 文化创意知识文明 | √ | 80 | √ | 10 | √ | 10 |
| 12 | 金融文明与金融资本 | √ | 60 | √ | 10 | √ | 30 |
| 13 | 农村、农业、粮食与农业文明 | √ | 60 | √ | 20 | √ | 20 |
| 14 | 能源发展与贸易 | √ | 60 | √ | 10 | √ | 30 |
| 15 | 国防安全与国防战略 | √ | 60 | √ | 10 | √ | 30 |

"城市化是一个复杂的社会、经济、文化乃至政治等全面的、综合的变迁过程,自然引起包括人口学、经济学、社会学、人类学、政治学、生态学、地理学和历史学等多种学科的关注和研究,由此也出现了对城市化的不同理解和界定,乃至迄今为止还没有达成普遍的共识,没有获得最大多数人认可的界定。"①

30年城市化的社会变迁与城市的文化变迁,使中国社会从封闭结构演化为开放结构的社会形态。中国城市也从简单的群体、集体的客体自组织形态演化为个体、个体群的主体自组织形态。中国的社区也从计划经济的单位制工业社区,转向了市场经济开放式的物业社区,居住环境也从生老病死的单位式自循环服务系统,转向了养生、养老与生态休闲开放式的服务保障系统。城市的社会组织与组织主体、文化网络与网络系统也发生了巨大的变化与社会变迁。城市的人居环境、人居面积、人居空间也从以工业生产为中心的自组织系统转向了以人本、人文价值为中心的跨行业、跨领域开放系统与融合系统。

此间经历了中国城市的住房市场化体制改革、粮食体制改革、医保体制改革、社保体制改革、金融体制改革、企业体制改革与产业政策变革、科技体制改革、文化体制改革、教育体制改革、环保体制改革、户籍体制改革等一系列的城市配套改革,形成了从计划经济到市场经济开放式、市场型的一系列重大社会变迁与文化变迁。带来了人员的流动,生存的挑战与压力,发展的空间与机遇,文化性格的变化与适应,资源配置的变革与优化,供求关系的变化与发展。

诚如中国社会科学院社会学研究所社会学学者王春光所言,"与其他学科相比,社会学更偏重于从社会结构、生活方式和行为方式等角度去看待城市化过程,认为在城市化过程中随着人口从乡村向城市转移,不只是一种人口空间布局的变化,更是一种社会关系、阶层结构、组织方式、行为方式、生活方式和价值观念的变化。社会学之所以重视城市化的研究,是因为一个社会通过城市化发展,就会改变原来的社会结构形态,实现了从农业社会、乡村社会、传统社会向工业社会、城市社会和现代社会的转型。在社会学看来,城市化代表了人类社会的社会结构形态的实质性变化,因此具有非常重要的研究价值。"②

中国30年的社会变迁与文化变迁,对于城市创意活动与创意空间的提升,对于城市文化活动与文化空间的提升,对于城市创意经济与文化经济的发展,都带来了客观的条件与主体发展的环境、市场与资源;对于基于"文化创意理念"的当代中国城市建设的发展,带来了更多的创意经济条件与文化创新环境。

城市化的社会变迁,同时也带来了社会发展的问题,比如经济适用房对于城

---

①② 王春光:《改革开放三十年来中国城市化与社会结构变迁》,中国社会科学网,2009年12月29日。

市人群阶层的区划,对其后的教育、医疗、科技、消费、社会心态等方面的影响,20 年之后是否又会形成新的城市贫民区?城市化、郊区化的社会变迁,使大量城郊的乡下人四向流动,同时又在郊区的家乡建了大量的"城中村",密集而又拥挤不堪,是否将成为新的城市垃圾呢?城市化所先受益的是郊区化中的农民与村镇,这是否也会形成城市化的社会公正问题呢?这些都是城市化的社会学问题,与基于"文化创意理念"的城市建设又密切相关。

在从工业主导的城市化、现代化向信息主导的城市化、现代化转型中,形成了从工业文明到信息文明的社会变迁与文化变迁。21 世纪以来,人类发生最大的两个核心事件,就是美国的信息化、知识化与中国的城市化、区域化。城市信息文明与知识文明的形成,知识化、信息化主导的城市化,使二者融合为一,对社会结构的物质文明与精神文明都发生了结构性的变化。知识文明的城市化社会融合,第一阶段是科技与信息的创新引擎与技术文明,第二阶段是知识经济与产业文明,第三阶段是知识社会与制度文明,第四个阶段是知识文明的上层建筑体系与版权经济的法规政策完善;并以此促进了城市与城市化、区域与城市文化的社会变迁与文化变迁。对此,熊澄宇教授在《信息社会 4.0》中,对于信息文明从信息技术、信息经济到信息社会、信息体制也曾做过较为全面的阐述。[①]

## 第五节 中国城市化 30 年空间结构的规划科学分析

1949~1978 年,北京、上海、天津、广州、西安、哈尔滨、大连、长春、青岛等大中型城市,由于历史文化的积淀或外来文化的影响,城市结构的规划与基本空间布局是科学有序与功能基本完善的。但改革开放 30 年的发展,又难以适应迅速增长的经济容量与迅速膨胀的人口压力。

1978 年改革开放以来,中国从宏观外部城市结构体系的建构来说,先是从新中国成立以来的沿海城市建设体系发展经济体系,形成从珠三角、长三角到环渤海的国家与区域的城市空间结构布局创新体系。并由此延伸到西部与中部城市群的经济崛起与文化重构,东北老工业基地城市群的产业重构与都市再造。

同时在郊区化、生态化发展的以人居环境建设为核心的"大盘时代"城市内容结构布局中,又产生了"环境革命"的生态型城市空间结构,如大连的"国家环境金奖"环境经济建设与"联合国人居奖"的人居环境建设,成都"田

---

① 熊澄宇:《信息社会 4.0》,湖南人民出版社 2003 年版。

园城市"的郊区化、生态化重构与"联合国人居奖"的人居环境建设。大连、重庆、北京、上海、广州陆续产生了"大盘时代"住宅产业领军企业的生态型人居环境空间结构典范之作，如大连的万达、重庆的龙湖、深圳的万科、上海的绿地、北京的SOHO中国、广州的碧桂园等，都在生态型的人居环境建设中形成了城市新的空间结构布局与功能。

1978~2011年，改革开放30多年来，中国城市已由工业化主导的城市化，转向知识化主导的城市化；由重化物质经济的城市功能布局与国际分工组合，转向非物质经济的城市功能布局与国际分工组合。其中，文化创意产业与文化创意经济、文化创意城市的发展成为知识化主导城市化的核心内容与轴心体系。至2010年，中国已将文化产业作为国民经济增长的支柱产业与新兴市场领域的主导产业，这对中国后物质结构城市化的发展与后物质经济城市化的发展将产生直接和深远的影响。

中国城市的转型与产业的转型，都是从重化物质经济资源型到非物质经济创新型城市的转型，从而形成后物质结构的城市化空间布局与结构，形成知识型、生态型、服务型、节约型、创新型的后物质结构与空间形态，形成从工业中心城市、商业中心城市到文化中心城市的转型。

物质工业主导的城市化与现代化，是以市场经济意识形态与现代经济学国际分工理论为依据的，因而是以物质资源的比较优势、重化物质经济的工业布局、工业边缘国的边际效益分工体系来建构城市空间结构的社会功能与经济功能的。而文化资本的综合创新定律、非物质经济的"逆戈森规律"代际效益递增文化创新定律、超越重化物质经济不可逾越论的"霍夫曼定律"的产业创新定律，就形成了自主创新的后物质城市空间结构规划体系与建设体系。正是基于此，我们在"深圳2020全球生产方式演进的产业规划"中，打破西方后殖民经济三大定律，第一次把文化产业作为支柱产业规划到城市空间结构的经济发展布局中。

1978~2011年，中国城市在从以工业为中心的物质经济空间布局，转向以生态、信息、文化、科教、服务为中心的非物质经济空间布局结构的规划建设中，无论从建筑学的、规划学的视角，还是通过建成区、道路、商业设施等空间结构要素来分析，中国城市建设的空间结构都发生了革命性的变化。比如，以大工业体系、工业社区、工业单元为核心城区功能城市空间结构的"腾笼换鸟"，不仅是东北重化工业基地老工业区的都市再造与商贸服务体系重构，而且在深圳、珠海等年轻城市的非物质化建设与重构中，也对其改革开放初期的工业厂房区改造为文化创意园区与街区，这还包括北京、广州的老城市旧工业区的"腾笼换鸟"与改造升级。基本上是基于"文化创意理念"的创新基础与城市生态环境重构的建设基础，是知识化、生态化、创意化的都市再造与产业重构形成的新城市空间结构体系与功能结构体系。由此，城市的知识文明与生态文明得以更新与彰显，生态环境发生了巨大的变化，知识文明的构型也渗透到城市空间结构的布局中，使之产生了科学发展与可持续发展的创新突破与历史巨变。还包括各方面建筑物的形态也发生了根本的变化，从以工厂车间、厂房为主的建筑形态与群落，变为以工作室为主的建筑形态与群落，生态型、知识型、艺术型的社区、建筑群、产业园错综有秩地进入到城市功能创新的空间结构与布局中来，如798艺术区、"大艺谷"艺术区、华侨城创意区、中关村创业区等。

以工业物质经济为主的城市空间结构，主要包括火车站的物流商贸圈，工厂车间与厂房的生产生活区，学校、医院、电信、影剧院、公园、文化馆、图书馆等的公共服务区，比较简单。而以非物质经济为主的城市空间结构，则着重发展了文化中心、生态中心、信息中心、服务中心、娱乐中心等非物质经济的复杂性空间结构，比如工作室园区，专业会展展区，文化娱乐区，文化旅游区，文化金融区，网络服务区等。我们发现在后物质结构的空间布局中，人们的生活方式、生活形态与生产方式、生产形态都发生了巨大的变化。

非物质经济的知识化、生态化、创意化城市后物质空间结构的规划建设与发展，不仅有新城新区建设的空间结构与布局，还包括对于古典城市、名胜旅游景观城市的修旧与文化重构。具体几个方面的城市空间结构典型问题与城市文化空间结构建设典型如下。

1. 新城新区的行政、地理、人文、产业空间结构，一般建有行政中心街区，生态环境配套的山水诗意城市生态、绿地、森林、田园、景观中心街区，文化公共设施、娱乐设施、馆藏设施、教育设施、医疗设施的人文聚落大盘与新区，产业园区的空间结构与布局，广场、商贸、服务商业中心与信息中心街区，高速公路、轨道交通及其他交通网络的内外交通体系，创意人才与知识人才的工作室街区与园区；形成新城新区万生共息的生机与无限发展的潜力。如芒福德所言，"化力为行，化权能为文化，化朽物为活灵灵的艺术形象，化生物繁衍为社会创新。"形成"人类之爱"的社会器官与"陶冶人"、"关怀人"、"最优化"的人文家园。①

2. 仿古城区与建筑的文化重构。比较早的仿古城区，有天津的食品街与文化街等。进入21世纪，开始了本土文化重构的仿古修旧城市化运动，包括腾冲和顺古镇的修旧，苏州与南京古典街区的仿古与修旧，天津梁启超等近代文化遗址的修旧，广州、珠海、中山等地近代文化遗址的修旧，西安大唐文化街区的仿

---

① ［美］刘易斯·芒福德：《城市发展史——起源、演变和前景》(The City in History)，中国建筑工业出版社2005年版，第9页。

古与修旧，洛阳汉唐文化遗址的仿古与修旧，大同北魏古城的修旧，大运河的仿古与修旧。

对于非物质文化遗产的保护与开发，已做出中国十大名街的重构与相关演艺文化项目的开发。同时做出"中华五千"的非遗精品连锁店与电子商务平台。同时规划建设非遗艺术学院与非遗科技学院，全面开发非物质文化遗产的智力资本与传承技艺，其中包括对于中华"七艺"的全面开发与建设，包括工艺文化的旅游文化产业开发（陶艺、铜艺、漆艺、玉艺、木艺、俑艺、杂艺），习艺文化的旅游文化产业开发（厨艺、药艺、酒艺），园艺文化的旅游文化产业开发（建筑、园艺、生态），丝艺文化的旅游文化产业开发（纺织、丝绸、纤维、服饰），曲艺文化的旅游文化产业开发（戏曲、相声、小品、演艺），书艺文化的旅游文化产业开发（书法、字画）。同时做出"非遗小镇"的文化产业园区开发。

3. 北京环形结构的空间布局与方圆本土文化观念的构筑。

北京承传了中国方圆构筑的中国文化观念，从单座四合院、组合四合院、皇家园林四合院（故宫）到东西南北、天方地圆的环形结构空间布局。其中有东方大一统的"普天之下，莫非王土，率土之滨，莫非王臣"的王者轴心思想体系，有中轴正体的皇家轴心与辐射万邦的中正思想体系，有圆和四方与万方之本的天人之合思想体系，有层级递进、秩序井然的东方天伦纲常思想体系，有仰环天宇、俯纳九州的皇家气派、首位国都思想体系。

人文北京、绿色北京、科技北京三位一体的天圆地方，也有这一人文生态的重构与思想结构。而"包容、厚德、爱国、创新"的北京精神，更有这一方圆本土文化观念的深厚之感与圆合之体。

4. 大连广场文化的章鱼结构与万达广场的城市化转型、辐射。大连广场文化的章鱼结构缔造了城市的环境经济结构，旅游、会展、商贸无一不与广场文化的都市构造相关。万达正是借助这一城市符号的物化辐射空间与结构，将其万达广场几乎带到全国的每一个城市，形成其集旅游、会展、购物、餐饮、影视、娱乐于一体的文化 CBD 的城市新型构造。

5. 沈阳都市再造的核心重构与区域布局。在重化物质经济的工业化引导的城市化转向知识化、生态化引导的城市化的创新发展中，沈阳是较为典型的空间结构突破与创新、重构的案例。

中国老工业基地最密集的在东北，东北在沈阳，沈阳在铁西。铁西区的改造，在空间结构的布局上，即是迁出老工业体系到张士开发区，将铁西区改造升级为商贸旅游文化区。

沈阳在地理价值的发掘上，治理了浑河与蒲河，并做出浑南与浑河两岸的都市再造与商贸旅游文化街区的开发与建设，做出蒲河沿线的郊区化、生态化拓展与人居环境的规划建设，包括新民温泉城的旅游文化开发建设与非遗小镇的旅游文化开发建设、田园城市的旅游文化开发建设、荷塘水系的湖光水色旅游文化开发建设、"三农"博览园的旅游文化开发建设。

在文化旅游产业的发展上，沈阳开发建设了棋盘山世博园、棋盘山生态智慧城的旅游文化产业、棋盘山薰衣草庄园的田园旅游文化产业。

沈阳在城市空间结构布局的拓展上，开发建设了沈北新区的新兴市场体系产业园区群落，开发建设了辽中保税港区的物流贸易产业群落。

在城市外部空间结构布局的拓展上，沈阳与友邻城市共谋发展沈阳经济区，规划建设了沈抚新区、沈本新区。在地球上我们可以看到的最密集的城市群，就是沈阳城市群。沈阳经济区纳入国家发展战略的新城新区建设轨道与国家创新体系的布局，对于沈阳空间结构的拓展与创新发展的突围，都有着重要的改写中国与东北全球博弈格局的战略作用。

6. 深圳特区的 30 年城关结构与"特中特"的 30 年开放格局。在内地、深圳和香港、澳门的特区发展之后，中国又在改革开放战略布局的城市空间结构拓展上，规划建设了"特中特"的三特，即深圳前海、珠海横琴和广州南沙。

深圳改革开放 30 年的城关结构，在新的世界创意城市发展的空间结构布局上，已难以适应深圳城市空间结构体系的发展，因而又取消了城关的关口，在"特中特"的发展及其与珠三角"三特"的内外城市空间结构拓展布局中，打开了开放发展的新格局。

7. 香港七九文化区的文化特区与都市娱乐轴心布局。香港有着百年高度城市化与全域城市化的发展历史，在此基础上，为适应非物质经济的后城市结构空间布局的拓展，香港政府又规划建设了七九文化特区，成为香港都市娱乐轴心的布局与文化产业体系的空间布局。

8. 营口滨海城区高新技术到文化产业转型的空间重构。营口外部城市空间布局的拓展较有意味，是辽河入海口的河海交汇地，又是辽宁"五点一线"沿海经济新区的沿海与内陆交接地，还是沈阳经济区的唯一出海口。

营口布局了高新园区的渤海科技城、"大艺谷"文化产业园、沿海产业基地、鲅鱼圈开发区四位一体的城市空间结构拓展体系，将在沈大之间崛起一个新的世界新型城市。

## 第六节　中国城市化 30 年的环境生态学描述

城市的空间模式有，同心圆、带状、组团型等，形成城市的空间结构与生态肌理。任何一个城市，都有其地理、自然与绿化的生态学建设基础，也都有其城市的自然生态和社会生态，如水、空气、资源、土地等方面的生态系统与环境资源系统。

## 一、北京同心圆的多生态中心重构与沟峪经济郊区化、生态化、创意化、服务化的旅游环境大格局

北京的同心圆布局与城市空间结构，规划建设了多生态中心，包括绿地、公园、水系、沟峪、田园等生态旅游体系，甚至是古城的修旧与交通体系的闹市间，也都做了立体绿化的生态旅游体系。这是大生态与大文化的结构性空间组合。

北京的郊区化、生态化正在向创意化、服务化、知识化的多中心复合体系发展，包括沟峪经济田园、旅游、养生文化产业的发展，包括丰台总部基地园区的发展，包括怀柔影视基地园区的发展，包括石景山动漫产业的发展。

北京内层构筑了金融化、知识化的创新引擎与空间结构体系，包括金融街、中关村的内环空间结构的金融化、知识化核心内容布局。

北京奥运、亚运城区空间结构与布局，已形成国际化世界城市的生态建设体系与文体设施体系，形成国际社区的文体中心与旅游中心。

## 二、张家界自然生态的旅游文化城与肇庆鼎湖山的生态环境指数建设

张家界依据自然生态的森林资源，已形成旅游文化名城，关键在于其真山真水的真精神、真生态。肇庆鼎湖山与七星岩类似。但肇庆鼎湖山的规划获联合国生态文明奖，主要是其发现了与环境污染相对立的生境指数，并以之为科学精神与文化精神、生态精神，对鼎湖山进行了自然生态"天人之合"的生态还原与环境重构。

## 三、西域36国的水资源问题与生态文明毁灭

丝绸之路的楼兰古国等西域36国，曾是繁华的商贸与边贸城镇，现已成为大漠，主要问题就是水资源的枯竭与沙漠化的生态文明毁灭。对此，我们曾走遍西域36国的丝绸之路与新疆各旅游要塞，发现了这一生态文明与历史文明关联的重要问题。直至今天，新疆旅游的发展与城市化的发展，生态文明的重构都是

重大的现代化、城市化、区域化、生态化、知识化发展课题。

## 四、"伦敦的雾"的生态事件与生态文明重构

工业革命之乡的伦敦，曾发生重大的"雾尘"生态灾难事件，一个早上突如其来的滚滚尘雾，曾杀死很多牲畜，也给城市和人的健康带来了灾难性的影响。在1873年、1880年、1891年的三次"烟雾事件"中先后造成1 063人死亡。继之1952年的伦敦烟雾事件，持续4天之久，使4 000人丧生，连牛都有当即丧生的。这次烟雾事件后两个月，陆续又有8 000人死亡。由此形成人们对于文艺复兴以来"擅理性、役自然"人本主义、人文主义的理论反思，开始反思生态学、反思文化学、反思人类学、反思经济学的生态文明全面理论思考，形成生态政治学、生态经济学、生态伦理学、生态科学、生态诗学、生态教育学、生态美学、生态哲学、生态法学的跨学科理论体系与学科体系，完成了生态文明的重构与知识文明的重构。

## 五、"寂静的春天"与城市生态诗学的发展

《寂静的春天》为美国科普作家蕾切尔·卡逊（Rachel Carson）1962年所做的第一部环保科普作品，被人称为生态诗学与生态哲学的奠基作。文艺复兴与工业革命以来，人类征服自然的里程也产生了重大的历史过失，亦即破坏生态的历史罪过。从《寂静的春天》的生态诗学开始，媒介与科学出现了"环境保护"的逻辑语汇，并于其后的20世纪70年代初，联合国发表了《人类环境宣言》；开始形成生态文明的意识形态与知识文明的生态意识。从此形成了环保科技、环保经济、环保组织与制度的环保社会、环保意识形态的上层建筑构筑。

但人们只注重了环境污染的负面指数，忽略了生态建设的生境指数，以及与此相关的中国天人关系的"五行"生态建构体系，对此，我们建构了生态正指数关系的理论体系与技术指标体系，并将其运用到鼎湖山的规划与管理体系中，获取了巨大的成功，获得了联合国生态文明与技术进步奖。

## 六、本溪水洞的文化旅游生态学重构

本溪是一个重化工业城市，在重化物质经济的非物质化转型中，规划建设了药都新区的生态、养生科技文化创新体系与知识文明引导的城市化新城新区建设

体系，同时对温泉、水洞展开了旅游、休闲、养生、文化的新兴市场体系的生态型开发与建设，并对枫叶之都的自然生态也展开了森林资源与森林生态旅游文化的规划建设，形成以水洞为主的生态学旅游文化创新体系。

## 七、霸州温泉的花园的生态旅游文化重构

霸州原为工业重镇，在非物质化的城市化知识文明、生态文明重构中，展开了"中国温泉之乡"、"辞赋之乡"、"曲艺之乡"的生态性与生态诗学的乡土文化建设与本土文化重构，成为全国公共文化服务平台建设的先进县区与全国县级公共文化服务平台建设现场会召开的先进典型。

# 第二十三章

# 中国当代城市发展的社会学研究

## 第一节 中国当代城市病的社会学分析

中国当代高速城市化的结果，不只是带来城市空间结构的规模性扩张，更重要的是带来了城市社会结构的变迁与社会问题的出现。中国当代城市与乡村斩断了传统文化的伦理、道德、归宿、精神、人文、情感的联系，一方面又未能及时培养出城市社会的文化系统。这一巨大的文化空白，为商品大潮所淹没，产生了一系列的中国城市十大城市病的综合征。

### 一、贫困与贫富差距的拉大

中国城市由于国企转制等迅速出现的贫困阶层，比长时期积弱成贫的农村贫困阶层危机还要重。因为农村的贫困阶层还有土地与耕田等农业生产资料赖以生存，而城市的贫困阶层不仅没有其他生产资料赖以生存，而且连住房、医疗、教育等基本的社会保障都尚未健全。

城市的两极分化，迅速被城市化的开发商分为城市化的开发主体暴利阶层与被城市化的贫困阶层，中间夹有市民社会的公务员主体，高薪与工薪阶层的教师、医生、设计师、工程师、高管等中产阶级主体阶层。

据统计，目前中国80%以上的财富，在20%人的手中。一个城市，如果只有物质财富的创造者，精神财富的创造者实现不了自身的价值，那么这个城市很快会被历史沦为一个贫困的城市。希拉里最近说，中国人在未来20年将沦为全世界最贫困的民族，因为中国人没有信仰，有些危言耸听，但也值得我们对于财富与贫困、贫富差距的问题反思。

## 二、失业与失业率问题

由于城市化的房地产拉动能源、钢铁、林业、装修业、建材业等十几个行业，房地产一旦受挫，城市化停滞一时，就会带来很多就业问题；但如果房地产一路凯歌高奏，又会带来房价的过高与比失业还可怕的市民人居问题。

中国城市的住房体制改革、医疗体制改革、社保体制改革等一系列配套改革尚未成功或到位，如果大面积的失业或失业率大面积增长，将会带来城市严重的社会危机或动荡。

中国是新兴市场体系的国家，应将新兴市场体系的开发与国家创新体系的发展相融合，将创新型城市建设与创新型国家建设相融合，加强非物质经济文化、旅游、咨询、会展、金融、信息、服务、养生、养老等新兴市场领域的产业发展与就业途径建设，大力发展文化创意产业等新兴业态，减少失业率，增加就业结构，重组就业格局。

## 三、离异与家庭的弱化

2010年，中国几个大城市的离婚率基本在30%以上，北京接近40%，上海38%，深圳36%，广州35%，厦门34.9%，台北34.8%，香港33.8%，大连31%，杭州29%，哈尔滨28%。离婚率如此之高的城市生活，家庭关系趋于弱化与解构之中，社会结构缺乏和谐、安宁而趋于动荡与紊乱。这就是高速城市化的又一大城市病之一。

离婚率高也与城市的高房价、高房资产闲置率相关，婚姻家庭财富权属关系也是解构婚姻关系本身的一大潜在因素。

离异与家庭的弱化势必影响幸福文明与幸福城市的建设、幸福指数的发展。同时也影响城市知识文明的发展与精神文明的建设，影响城市的文化建设与发展。

虽然出台了《婚姻法二》与《婚姻法三》的婚姻财产约定法则等稳定婚姻的条款与法则，但对离婚率的上升与家庭结构的弱化没有产生明显的影响。城市尤其是大都市的人群非常浮躁、躁动与不安，这也影响着社会结构的稳定与人们的健康水准。

## 四、犯罪与犯罪率问题

城市的诸种社会问题，资源分配的失衡与社会公正失衡等，失业、贫困与家庭结构的弱化等，导致了犯罪与犯罪率的上升。

2010年中国城市犯罪率较高的前30位排行榜为：1. 广州；2. 深圳；3. 重庆；4. 武汉；5. 南京；6. ；西安；7. 天津；8. 吉林；9. 沈阳；10. 成都；11. 郑州；12. 杭州；13. 厦门；14. 济南；15. 海口；16. 青岛；17. 宁波；18. 福州；19. 长春；20. 温州；21. 东莞；22. 长沙；23. 昆明；24. 太原；25. 哈尔滨；26. 大连；27. 兰州；28. 珠海；29. 佛山；30. 洛阳。

可见，犯罪率较高的城市从发达地区到欠发达地区都有，东部、西部、东北、中部也都有，是一个普遍的城市病问题。犯罪率的上升，尤其青少年犯罪与犯罪率的上升，是与人情淡漠，离婚率高，家庭趋势弱化的中国当代人际关系特点密切相关。

从组织行为学来看，城市社区与市民的自组织结构是一个横向联结的无主体弱化组织结构，切断了与传统乡村血缘、宗亲、邻里、乡里组合的自组织结构体系，这也是导致犯罪率较高的一个主要原因。

## 五、交通与交通肇事犯罪问题

由于城市空间结构密集等大城市病的普遍问题，交通拥堵成为城市较大的社会问题。北京采取了限号、摇号等措施，但收效甚微，反而成为一些不法分子与腐败分子权力寻租的一个黑市暗箱，一个车牌竟能炒作到10万元左右，对城市管理与社会公正的危害较大。

交通拥堵的另一个问题就是产生了较大的社会结构性的压力，不仅影响上班族的工作，影响城市市民间的人际交往与交往形式、交往结构，更影响人的幸福指数，影响人的交往成本，而且也影响人居环境与质量，成为城市尤其是较大城市比较大的社会问题。

## 六、亚健康心理病的问题

城市居民由于交通拥堵，交往成本高，时间成本高，节奏快，住房成本高，工作压力大等一系列的问题，有较多的群体存在着亚健康的心理病，包括相当高端的知识人群与高管人群以及企业经营管理人群、公务员人群直至领导干部等特殊人群。各高校每年也有许多跳楼自杀的亚健康心理疾病患者。

亚健康心理病群体不仅影响着个人的健康与幸福指数，影响着工作效率，而且也影响着社会的稳定与和谐，成为一大城市病灶与顽症。

## 七、户籍与城市身份正义的制度问题

新中国成立之初，为完成现代化的工业积累与原始积累，国家采取了"剪刀差"的城乡二元体制，采取了以农村为分母补给、供给城市的政策，这就是沿袭至今的户籍制度，它在一定历史时期内保护了工业的现代化原始积累，起到了一定的积极发展作用。但沿袭至今，也产生了很多城市身份正义的制度问题与体制问题。在城市质量型发展尤其以文化创意为基础的创新发展中，在全域城市化的发展中，应予以取缔、变更或完善。

## 八、资源分配问题

在高速、高度城市化的发展中，资源尤其是土地资源分配不公，是一大体制与制度问题。有城市化开发主体的受益者，有被城市化高房价的高成本付出者，土地资源的分配应建立公正的社会制度与体制，而不应仅以人居处所在地而论之。

另外，户籍与身份所带来的资源分配问题也较多，其中最敏感的是教育与基础教育，还有高考、就业、医疗、住房、社会保障等一系列的资源分配不公问题，公共文化资源、公共服务资源分配不公问题，还有知识资源、信息资源、艺术资源、媒介资源的分配不公问题。

一个城市的社会结构，应该建立基本公正的资源分配体系，基本公平的社会关系结构，基本正义的财富与资产分配体制与管理体制，才会有利于城市化的健康与可持续发展，有利于建立城市的公共信用体制与体系，有利于建立城市文化精神。

## 九、房价与空房率

城市化与城市发展另一个最大的问题或病症就是房价与市民收入的严重脱节，空房率的过高或"鬼城"的出现。一方面，一大批底层的人群没有房住；

另一方面又有大批的楼房作为资产安全的等价物、金融产品的交换物、金融资产的保险箱闲置无人居住；这是较为严重的社会问题与经济问题。

房价的过高也使城市的居民浮躁一时，难于安心于自身的职业与工作，自古安居方能乐业，如果大批的人群在城市中失乐园或身份迷失、家园遗失，就很难会有安居乐业的稳定职业阶层与具有高尚情怀的市民社会。

导致楼房房价高居不下的，一是土地成本过高；二是房产交易税的税收成本过高；三是通货膨胀的前提下，金融资产的财务成本过高。仅用限价、限购是解决不了的。

一个根本的问题就是，城市到底是人文家园，还是金融产品？到底是金融资本主导的城市化，还是文化主导资本、文化资本主导城市化？

基于"文化创意理念"的中国当代城市建设研究，还有一个根本的问题，就是要解决文化主导资本、文化资本主导城市化的发展体制、土地体制、金融体制、市场体制、资源配置体制、税收政策体制，才能够解决城市"文化创意理念"的自主创新与创新基础问题。

## 十、污染与环境问题

工业污染、噪声污染、商业污染、空气污染、光污染、水污染、核污染等一系列环境污染问题，一直是城市与城市化发展的大问题。

城市化试图以郊区化、生态化来解决这一人文家园建设问题，但也不是根本出路所在，因为郊区化后的后城市化空间结构发展到一定规模程度，仍然遇到同样的环境污染问题。

人居环境从人文家园的研究到人居环境科学体系的研究，可以看出人类试图在以知识文明的方式解决这一问题，但也收效甚微。因为人居环境的科学研究不是一个孤立的人居环境本身的问题，而是涉及城市化发展的复杂性环境科学问题。

生态文明与环保科学、环保政策的发展，在一定程度上能够解决城市环境污染与建设问题，但目前尚未找到根本的方法来解决这一策略问题。何况还有城市化的诸多趋利效益问题，遮蔽了环保的科学取向。

建立生态正指数、生境指数的科学指标，并采取相应的科学举措进入城市的规划体系与创意空间，能够在一定程度上解决这一问题，但很多复杂性的体制、制度与管理、技术问题，还有待更为深入系统的研究。

有时环境与资源、生态又是密切相关的，这些都是城市化发展的根本问题，基于"文化创意理念"的中国当代城市建设研究，一定要把这一科学基础问题解决好。

在国际社会上，一个不大的国家不丹，提出了幸福文明与幸福指数问题，使之成为人们向往的理想国，不丹即使到美国留学的学生，95%以上也都回到自己的祖国。不丹的领导者提出的幸福指数，成为人们关注的取代发展与增长指数的一个核心价值观。不丹把"国民幸福"作为新的发展目标，来取代单一的经济增长指数，并提出"国民幸福指数"的人文效益、生态效益、社会效益高于经济效益的幸福价值观，从社会学分析来看，确实是科学而又具有文化水准与含量的。

幸福指数应该成为城市文化的社会学评价指标，不丹国家的幸福文明指数，应该成为我们进入城市化文化规划与社会学规划的创新体系与理论依据。

我们进入拉萨、腾冲等地的边远城市与城镇，确实具有人文和谐、生态和谐、社会和谐的幸福文明环境与基础。

对此，我们曾对腾冲在乡土文化与本土人文中科学地解决了群体与个性、自然与人文、生态与经济、本土与他者四大世界文明难题，给予深入的调研、研究与高度的幸福文明的评价。

对于拉萨的幸福文明建设，我们也做出过深入的调研与交流，在对一个案例做出更为深入的观察、调研与系统研究。

对于幸福文明，我们在国内外案例研究、比较研究基础上，提出了其知识要素与创新要素的指标体系与创新体系，具体的社会学分析与评价体系如表23-1所示。

**表23-1　基于"文化创意理念"的城市幸福文明建设的社会学分析与评价体系**

| 序号 | 要素与内容 | 元素与系统 | 指数（%） |
| --- | --- | --- | --- |
| 1 | 知识经济与知识文明 | 科技、信息、管理 | 5 |
| 2 | 环境经济与生态文明 | 生态、环境、环保 | 5 |
| 3 | 健康社会与安全文明 | 健康、信用、安全 | 5 |
| 4 | 民主社会与法制文明 | 民主、自由、法制 | 5 |
| 5 | 和谐社会与政治文明 | 和谐、正义、公正 | 5 |
| 6 | 文化地球与信息文明 | 智慧、系统、数字 | 5 |
| 7 | 诚信社会与精神文明 | 诚信、创造、道德 | 5 |
| 8 | 市场经济与物质文明 | 财富、价值、物质 | 5 |
| 9 | 全球经济与世界文明 | 开放、多元、和合 | 5 |
| 10 | 文化经济与自主文明 | 自主、创新、文化 | 5 |
| 11 | 畅通城市与交通文明 | 畅通、宽容、礼让 | 5 |

续表

| 序号 | 要素与内容 | 元素与系统 | 指数（%） |
|---|---|---|---|
| 12 | 人文社会与宗教文明 | 信仰、人文、理解 | 5 |
| 13 | 理想社会与现代文明 | 理想、个性、尊严 | 5 |
| 14 | 资源经济与低碳文明 | 能源、资源、低碳 | 5 |
| 15 | 传统文化与家庭文明 | 爱心、幸福、忠孝 | 5 |
| 16 | 企业文化与企业文明 | 效益、责任、团结 | 5 |
| 17 | 旅游文化与旅游文明 | 交流、体验、创意 | 5 |
| 18 | 都市文化与商业文明 | 品质、服务、人本 | 5 |
| 19 | 产业经济与产业文明 | 优化、博弈、民生 | 5 |
| 20 | 养生经济与健康文明 | 安康、长寿、养生 | 5 |

## 第二节 中国当代城市病的生态学分析

由于交通居住，城市设计理念造成的交通拥挤、水资源缺乏等，统统称为城市病，用城市病这个概念来分析城市问题。

### 一、城市文化的生态学分析

城市文化，有客观的设施、景观、建筑风格、符号载体，有历史遗留的遗迹，有生态环境的特征与肌理，有地理、地缘特征，有衣食住行的风俗与制度。但也有人的主体构成与社会组织特征形成的文化生态或说是人文生态。比如腾冲在民国时即有1/3的人耕田，1/3的人经商，1/3的人为官与求学，官、民、商、学人文生态平衡，文化生态和谐，一派牧歌景象。

北京的城市文化生态，在新中国成立前是皇宫贵戚的遗老遗少多，故有遛鸟、品茶、玩古玩字画之习，形成京城遗老阔少特定的文化生态与文化品格，形成京派文化的持重、从容、纵深、悠闲、淳厚之风。

上海的十里洋场又有所不同，有现代绅士、洋买办、职场众生、市民社会，因而在文化生态上也是商埠之风重，时尚之习浓，中外融合之态多。

深圳的文化生态，则是移民社会、知识社会、金融职场、艺术青年的融合，开放、融合、互助、共进，自己的事情自己做，义工组织活跃，创新、宽容、爱心、向上，形成其富于创意与合作的文化生态。深圳十大理念即可见出其文化性格的勤勉与豁达、宽容与和合。

一座城市，如果只有财富，没有人文与文化，是很可怕的，如人们所言鄂尔多斯之"鬼城"。如果只有官员和商人，没有知识与文化，没有人才与专家、艺术家，也是很可怕的空心社会。

## 二、城市健康的生态学分析

工业社会与城市生活的环境污染，交通拥挤，住房简陋，工作压力，职场竞争，治安混乱等等，都会影响人们的健康水准或打破人们的健康生态平衡。

在郊区化、生态化的发展中，人们开始注意到培育、建设、预留城市的"肺"，注意城市的健康、长寿、幸福指数与养生、养老、休闲、娱乐生活。

养生、养老事业、产业的发展，为城市健康生态做出了新兴市场的新的发展空间。

绿化、森林、花园、养生、养老文化，生态、环境、环保，医疗、卫生、科技，都为城市的健康生态建设做出新的拓展。

## 三、城市环境的生态学分析

城市环境包括水、空气、自然、地理与生态、绿化，这些都会形成城市环境的生态要素与系统。城市环境的良好生态，是城市可持续发展的科学基础，也是人居环境的客观基础。

## 四、城市资源的生态学分析

城市资源不仅是城市的命脉与财富，也是城市发展、竞争的比较优势。

水资源是城市的命脉与生态资源，矿产资源是城市经济发展的财富禀赋，能源资源是城市的血液。除此之外，还有城市的非物质资源，如文化遗产、文化资源、知识资源、人力资源、智力资源等。

不仅物质与非物质资源要有生态的平衡，而且先赋资源与后赋资源也要有资源生态的平衡。

## 第三节　中国当代城市病的心理学分析

### 一、城市创意的心理学分析

由于交通、居处的拥挤，现实困境的压力，精神生活的匮乏，使一大批青年人痴心于设计、网游、娱乐、广告的创意，从而形成"创意过剩"的精神现象。

还有一些青年，已不屑于20世纪80年代的愤青与牛仔、嬉皮士、摇滚，而是徒手虚空地过上了"宅人"的游戏创意生涯。实质上也是住房压力、就业压力、工作压力、交通压力、家庭生活压力的折射。

维也纳城市的垃圾焚烧厂与烟筒等，则是用后现代主义在建筑上的涂鸦，折射出这个美丽城市的病态幻想与城市生活精神颓废一面的呻吟。

还有些超大城市，在建筑上采用了人的性生活与性器官的抽象主义表现形式，典型地体现了城市创意的心理病态与扭曲，艺术创作审美心理的病态与异化。

还有就是一些地方官的妄自尊大，以旅游的形式建天安门等国家符号建筑形态，既浪费又犯忌，也是一种城市创意中官场职业病态的心理折射。

还有就是一些地方盲目所建的中国文化园等妄自尊大、滥用符号的病态创意，也曲折地折射出城市创意上的文化异化与厚古薄今的对于传统文化的盲从心理。

还有就是在旅游创意的开发上，一些地方竟病态地争抢潘金莲故居、西门庆故居、孙悟空故居等子虚乌有的文化遗址，也是鲁迅所谓中国"十景病"的城市创意心理病态所致。

还有就是一些地方滥用祭典的文化仪式，不着边际地纪念几千年之前的人的诞辰日作为旅游时尚的噱头，也是城市创意的心理病态的折射。

还有韩国人注册"七夕节"、"寒食节"、"春节"等中国文化习俗的符号，这不仅是创意的心理病态，而且也是疯狂的文化扩张。

一切创意、城市创意的文化创造与创新、文化承传与发展，要有历史依据、科学依据、文化依据，要符合艺术创作的规律，审美创造的规律；否则就会容易步入病态心理的异化误区。

### 二、城市文化的心理学分析

每一座城市都有其文化性格与文化基因，每一种文化性格既有其群体性格的文化习俗，又有其个体创造的文化基因；都有其文化创造与发展的优势，又都有其文化生长、文化发展的局限与障碍。

大城市如北京、上海自有其群体与受众的文化性格，有其文明基因的传播源，比如北京的雍容、大度、深厚、宽和，上海的明敏、精致、时尚、信用。大城市自有其大城市的大舞台与大生机、大机遇、大幸福，但也有其大的生存压力与挑战、大的跨越与艰巨。而小城市自有其小城市的悠闲、舒适、幸福，但也有其小城市的狭隘、土气与局限。

北京的人文基础与文化性格，适合做总部经济的文化生长与集纳万方的大幸福创造源地，但又同时生存成本过高、发展压力过大。会使长时期的压抑难于释放，于是会有心理抑郁症的高危人群，同时又因为大格局的大空间、大生存的大挑战，又会有坑蒙拐骗混的浮躁违规犯罪。

但北京与上海毕竟是主流文化与时尚文化集结地，也是本土文化与时代文化的集结地，大的核心事件都发生在这样的大都会，于是就会有风雅颂的雍容大度与趋炎附势的哗众取宠。

然而在汶川地震与青海玉树泥石流事件中、在奥运与世博会的国际事件中，我们又都从北京、上海的主流文化与时代文化中看出了中华文化的坚强、坚韧与宽容、和合，并由此产生时代心理的文化精神与国民意识形态的精神凝聚力。

然而同时我们也看到，在面对日本海啸的海盐危机中，中国国民的信用危机与生存危机感所产生的心理危机。

这还包括中国的三聚氰胺毒奶事件与苏丹红、地沟油等食品事件，一方面看出生产者的违规犯罪与拜金注意心理病态；一方面看出官方管理者的麻木浮躁、玩忽职守心理病态；一方面看出百姓如惊弓之鸟怀疑一切的心理病态。于是就会有外国奶制品的涨价与短缺。

央视大火则从另一侧面透视出北京主流知识群体对于职守、治安、安全在特权膨胀中的麻木与疏忽、傲慢，在知识特权与媒介新贵自我膨胀中的心理变态与疯狂。

而苏州作为一个世界著名的文化古都，居然产生了"秋裤"这样恶搞的病态文化性格扭曲异化之作，与北京的"大裤衩"之类都是"裤裆文化"的心理变态异化之作。从弗洛伊德的"集体无意识"心理分析来看，或许是过于压抑的都市精神与诸多无以实现的心理欲望的变态释放。

另一种文化性格的异化与变态，则是主导城市化的官场政绩压力的变态释放，同样是城市文化的心理病态表现。

一个是争做"第一"、"最大"的"一景病"与"大景病"，比如内蒙古呼市某年欲建"西北第一楼"，竟然让一个农民木匠王细牛先后骗取8亿元，并且炸了公安局的大楼。

  一个是跟风造绿,青岛市某年为了做出绿化的业绩,竟然一下斥资40亿元毁掉绿化草坪种树,在海边十几里路沿线每隔1~2米就种一棵大树,因海边风大,大树密度大,难于抗风,刮倒死掉很多,引起市民与媒介的质疑和舆论。这也是从政作秀、不实事求是的病态心理所致,产生了泡沫文化的许多膨胀业绩。

  一个是滥用管理职权,随意自设法规,滥收滥查,扰民毁生,逼民弃业,也是一种职能部门的自我膨胀病态心理所导致的"越权综合征"。比如沈阳公安等数部门联合,随意设置扰民毁生的"打假"重罚行动规则,"地毯式"普查小商小铺,动辄罚款数万、十几万以至几十万元,并抓人追款,吓得百姓弃掉百业,望风而逃。以至于百业凋零,政府不得不重发文告,并以网络媒体与民众沟通,召回店主们。

  再就是人们所熟知的"城管",也经常越权欺凌百姓,破坏民生,成为城市的一大执法违规的综合征,政府的一大文化心理病症。

  最后是普遍存在的中国政府"5+2"、"黑+白"的"勤劳而不富有"的徒劳心理综合征,一方面为招商加班加点;另一方面又增加潜规则的沟通效率,于是便越加班越无效率,有些甚至出去率团招商作秀,假签滥签投资协议,满足虚荣业绩成就的膨胀心理,形成浮躁的从政理念与病态的执政文化。

  还有就是城市在投资目的地的管理中,急功近利的心理与缺乏诚信守信的文化制度与体制,换一届领导换一个说法和做法,不守合同与信用,也是浮躁心理的短期行为,结果毁了一个城市与政府的信用与品牌,形成法制文化建设的一大病灶与顽症。

  再就是乱收费的顽症与急功近利的心理形成的病态管理文化,比如高速公路的乱收费,公共资源的乱收费,停车场地的乱收费。如北京的奥林匹克公园不能收费,就变着法在公园便民服务的基础设施上乱收费,如停车等。比如北京圆明园的爱国主义基地不应收费,但也收游园费。比如广州的白云山公园,本是环绕主城区的一大后花园,结果刻薄到后半夜到天亮所有通向城区的关口都一直设卡收费;还有些大学校园设法收各种名目的停车费。这些都是行政管理职能部门的社会心态、文化心理有障碍,把公共资源当作自我牟利的机器所导致的变态文化,极易引起市民社会的公愤,破坏一个城市的形象与品牌,造成城市公共信念、公共文化精神的破坏与信用的危机、文化的危机。

## 三、城市交通的心理学分析

  城市交通尤其大城市交通,也是城市管理者与市民社会的一个窗口,极易造成公共秩序的破坏、公共精神的破坏、公共信用的破坏。交通拥堵本是一个城市很被动的负面效应问题，然而许多政府职能部门却从中牟利，严重破坏了官民关系、警民关系与官方的声誉、社会的信用、城市的公共信念与信心。

比如职能部门的乱收费、设暗哨乱罚款，甚至有意把交通时速的限速压得很低，只要你一行车，稍不留神就会违规罚款。再如车牌的摇号限购，黑市上就出现大批的"潜规则"车牌市场等。

交通的拥堵，已形成城市高度绷紧的神经，各种矛盾一触即发，极易造成各方面的暴力冲突，比如酒醉抗法、暴力袭警等，如果执法一方再有腐败问题的潜规则等，将会给社会带来致命的"癌症"，使城市的公共信仰和精神荡然无存，也会使城市文化与习俗畸形发展，带来各种成长与发展上的顽症。

另外，交通事故总量与交通事故死亡率一直是困扰我国交通安全的一大问题，"我国高速公路单位里程事故率和亿车公里死亡率趋于下降，但交通事故总量仍在高位徘徊，且高速公路交通事故的严重程度呈逐年上升之势"。我国已成为全世界交通事故死亡率最高的国家。交通引发的间接社会问题、社会矛盾、社会心理危机不容忽视，交通管理问题引发的社会心理危机、城市文化问题更不容忽视。

这一切都是社会的负面问题，都是交通心理综合征，不仅是硬件上的基础设施的投入，更重要的还有软环境建设的反腐败与反渎职，还有健康社会心理的建设，健康社会心态的培育与疏导，健康心理文化的建设与城市文化精神的建设。

## 四、城市犯罪的心理学分析

城市犯罪的结构性问题，一是贪污腐败的高端人群、特殊人群资源管理与权力支配的制度性职务犯罪，主要是一种潜文化的社会心态与潜规则的社会心理形成了主导性的游戏规则所致。在这一高端人群中，他们多半手握资源支配的要职或要权，他们越是有权力，越是要获得更大的权力，越是要投入更大的灰色资本，越是要得到更大的潜规则回报；越是有更多的潜规则回报，就越是要寻找更大的安全资本；越是安排更大的安全资本，就越是要投入更大的灰色资本；最后就会在用钱寻找最安全轨道的路上出现最不安全的颠覆性事件，从而导致精神的崩溃与渎职、犯罪。

二是职场、企业经理人、投资人、高管、各领域专家、各方面专业技术人才的都市主流人群，由于生存、婚恋、创业、家庭、工作、生活各方面问题的高压、压力与挑战而产生的社会矛盾、精神危机与心理问题导致的犯罪。

三是外来务工人员、民工远离家乡与亲人，所产生的各方面社会矛盾、生存压力、婚恋家庭问题、生产生活问题、创业谋生问题以及越轨行为所导致的犯罪。

四是经济投融资、金融、合资合作违法违规等方面为牟取暴利的违规与犯罪，企业经营与税收等方面的犯罪。

五是青年婚恋与家庭、情感与资产关系处理失衡、心态失衡的违规违法犯罪问题。

如上为城市发展社会心态与心理危机所导致的结构性犯罪问题，也有规律可循。应加强和谐社会与健康社会的建设，提倡理解与关爱的城市文化精神、宽容与和合的城市文化精神、互助互爱的城市文化精神、人类之爱的城市文化精神，丰富市民社会的文化生活与精神生活，建立健全心理咨询机构与主流人群、特殊人群的心理咨询服务体系，建设好城市文化精神和人文家园的社会生活环境与文化生态系统。

## 五、城市网络的心理学分析

城市信息基础设施与信息化服务体系，是城市文化的中枢神经系统，从数字地球的互联网信息自组织系统的城市网络体系，到智慧地球的物联网信息自组织的城市网络体系，再到文化地球的云联网信息自组织的城市网络体系，城市已进入云计算的云城市网络自组织体系发展阶段。这为创意城市的发展与城市文化创意活动的展开、文化产业的发展，奠定了科学技术与科技工程的基础及相关基础设施的条件与环境。

城市自媒体、新媒体、微博、微信、公益微博等新媒体的网络系统迅速发展起来，形成大众传播的主流媒介，这就需要有更好的健康心理与主流文化意识形态的引导，尤其是在公关危机管理中，更需要对大众传播的国民意识形态，做出更好的城市文化适调与调整对策及相关城市文化意识形态的建设。

20世纪80年代在改革开放的中期，还有"五讲四美三热爱"等健康文化意识形态的主流文化传播，到90年代中后期和21世纪之后，在全球化多元文化的互融与网络文化的大众传播潮流中，城市与城市化迅速发展，但文化与主流文化的建设却相对趋于薄弱，从而导致了大量的社会心态与社会心理问题、心理危机与网络犯罪问题。

与新媒体和城市网络体系发展相关的，就是随之而来的网络诈骗、金融犯罪、黑客攻击、网游成瘾等社会问题及所引起的其他犯罪问题。

人们本来利用网络做社交沟通与交际平台以及相关的自我传播媒介，同时也有网络文学与相关文化创意活动的展开；但网络同时是一把"双刃剑"，醉心于网游与网上生活、网上阅读、网上创意活动的人，又容易忽略家庭生活与健康，忽略或扭曲健康的婚恋生活与人际关系，同时也会影响到正常的工作与事业，严重的还会导致一系列相关的犯罪心理与被网络生活异化的社会心态，从而导致一些相关的犯罪问题。

因而我们在校园生活中曾在课上要求学生每个人都做出对于网络生活反思的总结，利用好网络创新工具的同时，不至于堕落为网虫或产生其他的网络异化心态、犯罪问题。但市民社会网络生活的管理，就远不会如此简单，因而也要大量地开辟网络上的健康公益网站与相关心理咨询网页及线上活动，来疏导相关的社会心理问题与相关心理危机的犯罪问题。

云计算与云城市、云联网在给人们带来充分的信息基础设施与网络科技条件的同时，也带来一系列的网络牟利者的犯罪问题，并在信息技术条件发达的同时，也会滋生网络犯罪的一些经济契机与社会心态。这也需要在社会心理上多做健康的疏导，同时也要做出相应的预防犯罪与安全保障的科技创新及相关法制建设。

# 第二十四章

# 中国城市发展的国际比较

## 第一节 西方发达国家的城市化道路：经验及教训

中国城市化要走出自己的后发优势自主创新之路，就要总结西方发达国家城市化的经验教训。城市与城市化的研究，也要以史为鉴，在史学研究基础上，研究其各方面的文化问题。

"现代意义上的城市，兴起于英国的工业革命。在工业化时代，市场的力量比以往任何时期都变得更加神奇，城市规模魔术般地由小变大，城市经济出现了空前繁荣，然而'城市病'也开始肆意滋生。在西方国家中，英国首先尝到了大工业无比威力的甜头，但也是第一个吞下了相伴而生的苦果。"①

### 一、西方工业化环境污染的城市化经验与教训

工业与工业革命成为城市化发展的创新引擎，此前城市化是非主流经济的文化、政治集结，是农业文明的政治文化中心。"历史上的城市，最早出现于公元前3 500年左右。但是在几千年的漫长岁月中，城市发展一直十分缓慢，缺乏发

---

① 余钟夫等：《西方城市先发展后治理的经验与启示》，《城市开发》，2001年第6期。

展的动力。直到公元 1640 年英国工业革命爆发，工业文明带来了一场'城市革命'，英国开始由农业——乡村社会向工业——城市社会转变。19 世纪中叶，英国的城市人口第一次超过了农村人口，达到总人口的 50%，实现了初步的城市化。到 1900 年，其城市人口比重提高到 75%，率先实现了高度城市化。美国、德国等发达的西方国家，其城市化程度也达到了极高的水平。从这种意义上看，工业革命是极为成功的，其城市化也是卓有成效的。"①

我们前面讲到英国欧洲文艺复兴以后的工业革命，以工业化的创新工具主导了城市化的综合发展，但也同时带来了工业污染等一系列城市综合症。"工业化、城市化是一把'双刃剑'。它在给英国等西方国家带来繁荣和强盛的同时，也造成物质环境的急剧恶化，导致所谓的'城市病'，如环境污染、交通拥挤、住宅紧张、失业贫困及各种犯罪等问题，特别是环境污染问题尤为严重。当时伦敦就成了浓烟笼罩的'雾都'，而这种现象还不仅是伦敦这样的大都市所独有的，其他中小城市也同样存在。"②

这就出现了环保与治理问题，产生了具有全球共识的生态文明与环保意识形态，环境保护与发展的科学文化意识形态。

"然而在那个时代，环境污染的危害还没有被公众所普遍认识，政府也长期持视而不见的态度。直到 19 世纪后期，英国才先后颁布了一系列有关的立法，如食品饮料标准、环境卫生、健康和居住条件等法令；1909 年又颁布了《住房与城市规划法》等。从这以后，城市病才逐渐得到治理。而德国的环境意识和环保觉悟在大力发展核能工业的 20 世纪 70 年代才得到提升，1974 年 7 月联邦德国成立了联邦环保局。"③

在此基础上，产生了具有世界共识的可持续发展理论，产生了相关的理论思想与组织。"可持续发展是城市发展的总趋势。1987 年，联合国环境与发展委员会在《我们共同的未来》一书中，正式提出了可持续发展（sustainable development）概念，这就是'既满足当代人的需要，又不对后代人满足其自身需求的能力构成危害的发展。'应当说，这也是对城市发展历史的一种反思。"④

至此，西方发达国家工业化引导的城市化，开始全面的反思与解构，也开始走上了"先污染，后治理"的可持续发展之路。我们认为，中国作为发展中国家，继西方高度城市化之后迅速出现的高速城市化，应避免西方"先污染，后治理"的发展误区，发挥自身的后发优势，走出跨越发展、科学发展与和谐发展的自主创新之路，并在郊区化、生态化、知识化、信息化、服务化的综合发展中，做好田园城市、创意城市、花园城市、知识城市、生态城市、世界城市的综

---

①②③④　余钟夫等：《西方城市先发展后治理的经验与启示》，《城市开发》，2001 年第 6 期。

合创新与生态建构。

## 二、西方大城市文化空心化的经验与教训

在工业化引导的城市化的经济增长与以物质财富价值为轴心的空间结构的规模布局中,人们忽略了城市的文化精神价值与生态环境价值的人文家园建设内容,在工业与商业大潮的喧嚣中,出现了城市文化空心化的发展问题。

另外,在工业化引导的城市化、现代化遭到环境污染与生态文明危机之后,人们开始移居城郊新的生态环境相对好的地方,并不断在郊区开发建设新的城市化大盘,富人、权贵阶层的特殊人群与主流群体的知识阶层、中产阶级、市民社会随之不断地迁到郊区生态好的人居环境中,与之配套的文化设施、商业设施、服务设施也发生了文化变迁与城市迁移。中心城区便出现了文化空心化与城市空心化的一系列问题,老城区要再度沦为打工族、工薪阶层与贫民阶层租住的破落社区或都市废墟。

发展中国家的城市化改造,也同样存在着这样的问题,先是郊区大盘的开发,富商与特殊人群从老城区的工业中心、商业中心中迁出到新的大盘花园都市中来,老城区的商业中心与工业中心随之衰落,基础设施也陈旧不堪,空间拥挤,交通堵塞。新的商业中心与文化中心生机盎然,俱乐部与会所及相关文化设施、商业设施、旅游设施云集,交通体系发达而空间结构疏阔。旧城区开始空心化,最可怕的是其文化的空心化,商业阶层与创意阶层、IT精英、新兴业态、各路精英人才也随之离开旧的中心城区,来到郊区生态谷中集结。

美国这一文化迁移过程,就是20世纪30~70年代后的人口与就业郊区化的过程。其中一个重要的技术条件就是城市基础设施的发达,交通条件的完善与家庭汽车的普遍使用。

"郊区化是一种城市空间结构的转变,是城市社会的人口重心、经济活动和政治影响力由中心城向城市外围地区的转移。美国近代郊区化早在19世纪30年代就已开始,而现代郊区化则始于20世纪20年代。如果说蒸汽机的广泛应用使城市化成为可能,那么汽车的应用和普及则为郊区化的蔓延创造了条件。其他因素如经济结构的变化和政府政策的倾向等都对郊区化有一定影响,但这些因素的影响都必须以交通工具的革新为前提。"[①] 1970~1975年美国郊区占大都市区就业的百分比,见表24-1。

---

[①] 孙群郎、王旭、黄柯可主编:《美国现代城市郊区化及其社会影响》,《城市社会的变迁》,中国社会科学出版社1998年版。

表 24-1　　　　1970~1975 年美国郊区占大都市区就业的百分比

| 年份 | 巴尔的摩 | 丹佛 | 费城 | 圣路易斯 | 新奥尔良 | 纽约 | 旧金山 | 华盛顿特区 |
|---|---|---|---|---|---|---|---|---|
| 1970 | 39.3 | 33.3 | 48.8 | 51.6 | 27.0 | 45.1 | 58.9 | 54.1 |
| 1975 | 49.6 | 45.3 | 56.7 | 61.5 | 38.6 | 50.3 | 59.0 | 63.2 |

不仅旧城区在发展中出现了空心化，而且往往新建成的郊区化、生态化大盘城区，也出现了文化的空心化。出了大面积的绿化、森林、花园，华贵的商业设施，五星级服务的家园，但都填补不了人文、文化的结构性空心化，替代不了城市的人文、文化价值基础。这就出现了基于"文化创意理念"的城市改造提升使命，一个是旧城区的改造，一个是新城区的提升。

中国在后工业化的知识化引导的城市化发展中，采取了结构性的"腾笼换鸟"的城市革命。比如北京 798 与国棉二厂，原来都是老城区的工业遗址，还有广州的印染厂等，后来都在"腾笼换鸟"的城市革命中，改造升级为各种类型的文化创意城区与文化产业园区，甚至成为热线的文化旅游区。

这不仅需要政府的创新预见与产业预见，要有科学的规划与调整，同时还要有政策的倾斜与文化的自觉。比如深圳在这方面就做得比较好，华侨城一些老工业遗产的衰落与迁出、停滞与重构，新兴业态与各种新的文化创意、文化旅游园区的迁入，都是在政府的科学规划与政策调整范围内的改造升级与"都市再造"。

而在产业革命与"都市再造"的结构性拓展与城市化发展的区域性文化变迁上，美国从西部工业城市移向西南部新兴城市的"都市再造"与文化创新，以及在这一结构性文化变迁后面对于西部老工业城市再度复兴、崛起的都市创新，代表了西方发达国家在填补城市空心化结构性空白与再造城市文化轴心结构性体系的动作与水准。

在这场城市革命中，重要的不仅是都市的迁移与城市化的大盘新兴城区建设，而是新兴业态的发展与城市创业大军的文化迁徙。美国的阳光带崛起，有国防科研的制造业基础，有产业结构调整的新兴市场与高新技术活力，比如医药、计算机设备、通信设备、电子元件、宇航制造业等；除此之外，还有产业与大公司创新引擎的以大学为单位的研究中心的形成，比如由北卡罗来纳大学、南卡罗来纳大学、杜克大学构成的"三角研究中心"，还有战后大批白人中产阶级的迁入，以及政治上共和党人的群体中心迁移，形成了经济重心的持续西移，包括西海岸城市、菲尼克斯沙漠中的绿洲城市等。具体数据如下：

1. 人口：自"二战"以来，美国人口大量由东北部和中西部向西部和南部迁移，20 世纪 60~70 年代，达到高峰。1980 年，西部和南部人口超过东北部和中西部,这是一个历史性的转折。到 2000 年前,两个地区占全国总人口的比重更达到 58.1%,其中西部为 22.5%,南部为 35.6%。

2. 服务业:在这一后工业化社会的支柱产业中,西部和南部也是发展较快,并已拥有明显的优势。从 1946~1982 年,东北部和中西部在全国服务业中所占比重由 60% 下降到 51%;而西部和南部由 40% 上升到 49%。到 1990 年,西部和南部已达 53% 以上。①

3. 人均收入:相应地,人均收入也在增长。从 1946 年到 1985 年,东北部和中西部在全国所占比重由 61% 下降到 46%;而西部和南部从 39% 上升到 54%。② 人均收入包括几乎所有来源的收入,如制造业、服务业、政府部门等,在这种意义上,人均收入是很有说服力的经济指标。

4. 批发和零售业:商品批发业涉及商品的成批集散活动,是区域经济涨落的重要指标;零售业则是居民购买力的集中反映。这两方面,尤其是零售业,西部和南部都远远超过东北部、中西部。

5. 外贸业:1980 年,美国跨太平洋贸易额首次超过跨大西洋贸易额后,1995 年,美国与亚洲国家的贸易总额已达 4 000 多亿美元,约占美国全球贸易总额的 40%,这不仅大大超过了美国与欧洲的贸易总额,而且也超过了美国与加拿大、墨西哥等北美地区的贸易总额。③

6. 城市:根据 2000 年人口规模重新划定的全国十大城市为:纽约、洛杉矶、芝加哥、休斯敦、费城、菲尼克斯、圣迭戈、达拉斯、圣安东尼奥、底特律,其中有 6 个位于西部和南部,而且名次不断前移。

7. 制造业:在所有重要的经济指标中,唯有制造业在东北部和中西部尚存"优势"。但所占比重已远不如昔。从 1946~1982 年,东北部和中西部在全国制造业中所占的比重由 77% 下降到 57%;而同期西部和南部由 23% 上升到 43%。④ 时至今日,历史上以制造业布局心脏地带著称的东北部和中西部在全国制造业增值中所占比重合计为 50.5%,⑤ 仅为微弱优势。而且这一优势因后工业化社会的宠儿——服务业的蓬勃兴起而受到挑战。1980 年,全国服务业的就业人数已是制造业及其他生产部门的两倍,到 1990 年,其就业人数超过 7 500 万人,占全国劳动力的 70%。很明显,其他方面优势都已转向西部和南部,东北部和中西

---

① Richard M. Bernard, *Snowbelt Cities: Metropolitan Politics in the Northeast and Midwest since World II* (University of Indiana Press, 1990), Table 1.3.

② Richard M. Bernard, Ibid, Table 1.2.

③ 郑伟民主编:《衰落还是复兴:全球经济中的美国》,社会科学文献出版社 1998 年版,第 258 页。

④ Richard M. Bernard, Ibid, Table 1.3.

⑤ U.S. Bureau of the Census, *The Statistical Abstract of the United States*, 1994 (Washington, D.C., 1995), Table 1234.

部仅有的制造业优势这一砝码的分量便打了折扣。

　　此外，在建筑、交通与公用设施、农林渔、金融、保险及不动产方面，西部和南部也已居优势，结果，1990年，西部和南部地区生产总值合计达29 870亿美元，而东北部和中西部该指标合计仅为25 110亿美元。可以说，无论采用哪一个中心的概念，都不能否定经济重心西移的现实。

　　中国在城市化发展中，改革开放的30年，中国商业阶层和知识阶层最初寻找的"乐土"，即是沿海开放城市与特区城市，基本与美国"阳光带"城市群的崛起与白领阶层的南迁相似。这造成了珠三角的崛起与长三角崛起的两个增长极与发展极。

　　20世纪后，在"孔雀东南飞"30年后，又增设了"特中特"的三特"阳光带"区域发展之核，一是深圳前海的金融中心，二是珠海横琴的文化中心，三是广州南沙的科技中心。

　　与此同时，在从西向东梯度增长的区域化扩展、融合中，东南"阳光带"又重构、带动了中部的崛起、西部的开发、东北老工业基地的振兴，形成中国多极化发展的新格局与万千气象的无限生机。这又如美国"阳光带"崛起中，对于西北部老工业城市和区域的带动和复兴。"进入20世纪90年代以后，中西部和东北部出现了明显的复苏迹象。中西部和东北部的复苏乃至重振雄风和西部及南部的崛起并进入增长期，很可能是同步进行。"①

　　工业化带动了城市化的主导经济与文化，去工业化的产业升级与郊区化的城市化生态变革，使老工业城市的旧城区出现衰落与空心化，尤其是文化的空心化；知识化与知识文明的发展，填补了新老城区文化空心化的知识内容，填补了新城新区发展的知识文明的主体内涵；生态化、知识化引导的城市化、区域化发展走向成熟时，又反过来反哺、促进、再造了老工业城市与旧城区的新经济文化内涵，促成了老工业城市与旧城区的再度崛起与文化复兴。西方发达国家走过的这一城市空心化、城市文化空心化的盛衰交替之路、新旧互补之道，为我们提供了知识文明背景下的城市文化创新与老工业城市复兴的充分历史经验，基本上是一个正反合的辩证过程。

　　我国从珠三角、长三角的沿海开放城市与特区城市"阳光带"到中部崛起、东北振兴、西部开发的知识化、生态化知识文明重构，与环渤海经济区、中部经济区、东北老工业重振经济区多个增长极的崛起，在发展格局与创新突破上，也可看出这一"阳光带"沿海开放漂移与内核崛起重构的文化变迁历程。

　　然而更为复杂的文化问题是，"在有些城市中，不仅中心城市出现空心化，

---

① 王旭：《美国城市发展模式——从城市化到大都市区化》，清华大学出版社2006年版，第283页。

其周围区域随之衰落,而且城市原有的高度认同意识已消退到令人难以辨别的地步。① 小说家乔纳森·弗莱泽写到他的家乡时问道:是什么让城市中活着的人记不起逝者的年龄,并对他的去世没有遗憾?答案只有圣路易斯知晓。②

如果一个城市失去了文化记忆,也就失去了文明的记录。城市的开发与城市化的发展,不仅要注意保护城市的文化记忆与文明记录,更要注意培育城市的原创精神与"原有的高度认同意识"。例如,深圳创业历程中的"十大理念",北京的"包容"、"厚德"文化理念与文化精神等;比如北京的王府井商业文化圈、潘家园艺术品市场、琉璃厂艺术品市场等地的旅游文化记忆与旅游文化认同感。

"美国其他强大的世界级制造业中心——纽瓦克、克利夫兰、圣路易和底特律——的个性,如果不是被来自纽约的城市形象与理念超过,就是被洛杉矶或硅谷这样的城市新贵所超越。虽然这些城市的郊区相对健康发展,但它们不能构成主要的城市中心。历史学家乔恩·蒂福德指出,中西部城市已被转变为一个'文化的殖民地……如同不受人注意的衣衫褴褛的妇人,炫耀着她昨日拥有过的文化时装'。这些昔日引以为荣的、独树一帜的城市灯塔,随着斗转星移,'受到了来自卫星城的大都市发出的强有力的挑战'。"③

旧城区之所以不能成为新城区的殖民地,就像古文明的摇篮不能成为新城市的殖民地一样。上海脚下的苏杭古都,重庆脚下的成都古都,郑州毗邻的洛阳古都,都要在自己的经济文化生态重构中,不仅发展成为新的经济中枢与轴心区,而且也要在对本土与传统文化的承传中,发展出自身城市的高度认同感与价值观、文化生态与历史生机。这一点,洛阳古都的重构与新区的发展相融合,杭州的古都重构与文化创意产业发展的创意城市建设相融合,成都的古都重构与文化休闲产业等新兴业态相融合,都在文化记忆的重构中激发了文化产业的新活力,形成自己的文化认同与文化理念,而不是依附于新的大都市区,而成为其"殖民地"徒为其役。她们一定要将最古典的与最时尚的活力融为一体,焕发出其历史的青春与文明的光辉。

"工业城市走向没落反映了一个世界范围的普遍现象。在日本,大阪、名古屋和其他以制造业为主的城市流失了最有天分的都市居民,丧失了许多有别于东

---

① 凯特·斯托尔(Kate Stohr):《收缩中的城市综合症》(Shrinking Cities Syndrome),摘自《纽约时报》(The New York Times),2004年2月5日;《伦敦恢复生机》(London Comes Back to Life),选自《经济学家》(The Economics),1996年版。

② 埃里克·桑德维斯(Eric Sandweiss):《介绍》(Introduction),选自提姆·福克斯(Tim Fox)主编:《我们住在哪里:圣路易斯社区指南》(Where We Live: A Guide to St. Louis Communities),密苏里历史协会出版社1995年版,第2页。

③ 蒂福德:《心脏地带的城市》,第244、255页。

京的城市特征。"① 无论是工业城市，还是古典城市，"最有天份的都市居民"的流失，都是其文化变迁中的文明活力的遗失与人文基础的解构。一切城市建筑、设施、职场，都是为了人类的生存与发展、幸福与共识而建设的乐土，都具有其本土文化的文明要素、文化活力与历史记忆，都应在文化重构中纳入其文化复兴的规划体系与文化崛起的建设方针中来。

### 三、西方同质化的城市化经验与教训

在西方福特式大工业集群发展的城市化过程中，尤其是日韩工业化艰巨创业的城市化发展构造，出现了千城一面的机械面孔与城市同质化发展的模块化系统。

工厂、车间、板楼、交通体系，城市千篇一律，甚至大学城与校园文化都是千篇一律。中国在改革开放初期的八九十年代也是如此，形成粗陋的城市化、现代化初期阶段的主流与高潮。

中国作为发展中国家的城市化、现代化后发源地，应充分借鉴西方发达国家城市同质化的经验与教训，走出自己科学发展、跨越发展、和谐发展的道路与模式。

这就要求我们不仅在城市的空间结构规划系统要走出西方的同质化模式，充分动员与利用好城市、区域的地理资源价值系统；而且还要在新兴市场国家的新兴业态产业结构、经济结构改造升级与优化转型上，走出自己的创新模式与创新型城市建设的文化体系；其三就是在建筑形态与格局上，要走出知识文明知识化、生态化、服务化的创新格局、形态与体系；最后就是要在创意城市的发展与创意经济的发展上走出不同的文化模式与文化产业的创新发展之路。

尤其是中国的新城新区建设，更要依据不同区域资源、经济结构、产业布局、创意基础、生态资源、人文基础，规划建设出更有创意空间与个性的城市与区域发展载体。还有少数民族的民族地区、边远地区，更要利用自己的生态资源、民族文化风情的人文资源、经济结构特色、产业结构与新兴市场体系特色，做出具有后发优势的跨越发展、科学发展、和谐发展城市文化与城市化创新体系。

目前，北京、上海、深圳等大都市与中国轴心城市，也都在世界城市共同创新要素的基础上，依据自身的本土文化资源、人才人文资源、知识文化资源、经济结构特色、产业布局与新兴市场体系特色，在结构、功能、形态、个性上做出自己的创造与格局、重构与突破。

---

① 乔尔·科特金，《全球城市史》，社会科学文献出版社2005年版，第200页。

## 四、西方城市现代化的交通拥堵经验与教训

西方城市由于工业化的起源与引导,只是大规模的厂房与物流的互动交通体系建设基础,因而与工业污染一样,也是先拥堵后治理。中国八九十年代改革开放初期与 21 世纪之后的城市化也是这样一个循环往复的拥堵治理过程,拆迁成本很大。比如广州世纪初的"五年一大变,三年一小变"的交通治理与基础设施建设,大连世纪初的城市提速与城市革命。

交通拥堵已经成为中国这样发展中国家各大城市的一个顽症与人生成本、时间成本、工作成本、人居成本、交通成本、能源成本、污染成本的一个最大的问题,也是诱发各种社会矛盾的一个触点。

然而交通拥堵的治理,不仅有城市初创时期的规划格局与空间问题,也不仅是工业化的轿车时代的普遍问题,而且也有城市的管理与法规政策及对策问题。我们且看其他几个国际大城市交通拥堵的治理方案与方法:[1]

伦敦

"在伦敦,无论坐地铁、挤公交,还是骑车、步行,都只是一种交通方式,开车并不意味着方便,更不意味着你更富有。"拥有两辆 MG 却总爱骑车出行的伦敦市民巴瑞如是说。伦敦市中心的道路多是几百年不变的老街巷,弯曲狭窄。目前大伦敦人口 770 多万,一半以上的人有车。拥堵原本也是伦敦交通的顽疾。

但从 2003 年起,伦敦开始征收拥堵费,从最开始的每天 5 镑逐年增长,今年已经涨到 10 镑(约合人民币 106 元),逃费的罚款 60~180 镑不等。不过,每天 18:00 后到次日 7:00 前,以及周末和节假日,都不收费。这项制度有效缓解了伦敦市中心的交通压力,所得收益也全部用于改善公共交通。

此外,从 2000 年起,伦敦市内所有的公司和免费停车场一律改为收费。目前,在伦敦市中心,停车费达 8 镑/小时甚至更多。路边停车位甚至精确到按每 10 分钟收费,违停的罚款高达 80~120 镑。

不过,堵能"治"的前提,是伦敦有着强大的公共交通系统。有 140 多年历史的地铁是大多伦敦人出行首选。11 条线路,全城 270 多个站点,每天 300 万人次搭乘地铁出行。市中心的地铁站之间都步行可达,密如蛛网的线路覆盖整个伦敦。除了地下铁,还有城市火车、港区轻轨和几百条公交线路分流路面人群。

此外,从去年 7 月起,伦敦市中心设置了 300 多个自行车租赁站,鼓励人们骑车出行。前半小时不收费,1 小时收费 1 镑。

---

[1] http://www.chinavalue.net/General/Article/2009-2-17/159721.html.

东京

东京有人口1 300万，而车辆的拥有量却有523万辆，几乎两个人1辆车。到目前为止，东京都内的主要地铁和轻轨线路总长320多公里，有13条地铁路线，共设车站285个。交通部门曾做过统计，超过85%以上的东京市民乘轨道交通出行。

为缓解交通压力，东京多管齐下。市区路边白框内的停车1个小时300日元（约24元人民币），只限停1小时，逾时将得到1张1.5万日元（约合1 200元人民币）的罚单。此外，东京对"违停"采取违章1次罚款1.5万日元的方式，取得了很好的效果。

新加坡

新加坡地少人多，人口密度与香港不相上下，其交通能井然有序，除了出行者自觉遵守规则外，另一方面政府在交通管理上也制定了很多法律和办法。

新加坡有一种ERP（electric road pricing）电子道路收费系统。ERP系统简单地说是城市"拥堵费"的一种收取形式。由于ERP系统的存在，新加坡城市中心金融区的交通疏导得到了保障。

新加坡的公共交通工具，主要以地铁和巴士为主。当地现有4条地铁线路，基本贯通新加坡东西南北，加上极其发达的250条巴士线路、近3 000辆巴士、超过3 500个站点，构成便利的出行网络。在新加坡出行，巴士→地铁→巴士的模式再正常不过，如几个有名的旅游点：新加坡动物园、飞禽公园、圣淘沙，都没有地铁直达，但地铁站出来转乘接驳巴士很方便就能到达。乘坐巴士是按距离收费的，乘客上车下车各打一次卡，因此就不存在坐一两个站就要给全程车价的情况，鼓励了更多人坐车。另外，老人在周一至周五早上9点前乘坐巴士不享有优惠。

首尔

韩国的轨道交通非常发达，这是韩国政府缓解堵车问题的重大措施。在首尔，地铁多达十多条，甚至还有直达仁川机场的地铁。乘地铁几乎可以到达市内任何地点，而且地铁站点间的密度非常高。同时地铁与公交车，以及郊区的电气列车站结合得很好。

首尔很多大型的路段都设有大型停车场，但这些停车场离商业区、写字楼都比较远。不过，为了方便市民，在首尔的很多商业街区附近有很多小型立体停车场，这些立体停车场占用面积很小，却能停二三十辆车，由于布点多，对于开车来逛街的人来说，非常方便。

为反思交通拥堵的问题，有学者专门研究写作了《轿车批判》，一个核心的问题是，在中国这样的发展中国家的泱泱大国，人们还是把轿车以及轿车的级别当做一种身份的识别与社交的符号,具有着潜规则与制度性的等级价值观在里面,这就更会增加轿车的保有量与流量,似乎人们驾车出行或用私家车出行,不是为了交通,而是为了身份。

客观上人们在商务谈判与社交中,也经常是以此来"以车取人"的。这就需要对城市交通文明,不仅要有低碳的科学文化共识,而且还要有简易与简朴的人文共识,而且形成一个城市的高度认同与普遍的市民意识形态与交通价值观。

除此之外,还有轻轨等公共交通设施的发达、交通网络体系的完善,还要有信息网络的发达与简易沟通的共识。有人曾研究伦敦、纽约等世界大城市的轿车保有量都比北京并不少,但是轿车的出行量没有北京多,就是说他们相互间的沟通成本低些,办一件事情不用多次出行,只需客观上网络传讯即可。相对来说,北京的人文环境更为复杂,沟通效率更低,出行次数更多。原因也是中国的人文环境上,信用薄弱,信任与诚信缺失,权力膨胀,还有其他的一些体制与政策上的原因,礼仪与文化上的原因,才导致如此的繁礼多仪,人文负重成本过高。

## 五、医疗卫生的配套建设问题

在城市化高潮的新城新区建设中,尤其是中国这样的发展中国家,忽略了医疗卫生的配套建设问题。我们见到许多北京的文艺明星等,搬到郊区的别墅去住,但由于医疗配套的缺失,猝死于家中未及时抢救。其他地方的一些富翁也发生过类似的悲剧。

中国正在进行城市的医疗体制改革与医疗服务的改善,并建立相应的医疗保障体系。但中国目前最大的问题是医疗的行业之风不正,几乎颠覆了医疗行业的职业道德,形成了眼中的医疗安全问题与腐败问题(见表24-2)。

表24-2　　　世界人均医疗支出最高国家 TOP10 及中国
人均医疗费用数据对比

| 序号 | 国家 | 人均医疗总开支(美元/元) | 医疗开支占 GDP 比重(%) |
| --- | --- | --- | --- |
| 1 | 美国 | 7 960 | 17.4 |
| 2 | 挪威 | 5 352 | 9.6 |
| 3 | 瑞士 | 5 344 | 11.6 |
| 4 | 荷兰 | 4 914 | 12 |
| 5 | 卢森堡 | 4 808 | 7.8 |
| 6 | 加拿大 | 4 478 | 11.3 |

续表

| 序号 | 国家 | 人均医疗总开支（美元/元） | 医疗开支占 GDP 比重（%） |
|---|---|---|---|
| 7 | 丹麦 | 4 348 | 11.5 |
| 8 | 奥地利 | 4 298 | 11 |
| 9 | 德国 | 4 218 | 11.6 |
| 10 | 法国 | 3 978 | 11.8 |
| 11 | 中国 | 1 400 元（RMB） | 5.2 |

由表 24-2 可见中国医疗支出之低，而其城市化发展又是如此之快，距知识城市、幸福城市、创意城市最主要的一个差距，就是医疗支出之低、水平之低、服务之差、行业之风之差、医疗保障之差、体制制度与相关法规制度之乱。

中国农村的城镇化与乡镇的医疗保障体系建设，也是一个非常严重的落后问题。

## 六、人力资源的发展问题

人力资源是衡量一个城市结构优化特征与城市化程度的一个重要指标，我国一般是按城市非农业人口规模分为特大城市（100 万人以上）、大城市（50 万~100 万人）、中等城市（20 万~50 万人）、小城市（20 万人以下）四个等级。按 1887 年国际统计学会提出的标准，2 万人以上即可为城市居民，不足 2 万人为乡村。城市人力资源特征。从人口学角度来看，有人口组织地域类型，即各种人口现象按地域划分的类型。如按人口居住的社会生活特点，可划分为城市社区的类型、农村社区的类型；按人口经济活动现象和特点，有以工业为主的类型区、农业为主的类型区、外资外贸为主的特殊类型区等；按民族构成的不同，又可分为民族类型区和多民族类型区；按人口再生产类型，可分为"高出生、高死亡、低增长"、"高出生、低死亡、高增长"和"低出生、低死亡、低增长"三种不同类型；按经济发展水平划分，又分为发达国家地区类型、中等发展程度国家地区类型、经济不发达国家地区等不同类型；按文化知识、资源、人才密集度，又可划分为创意城市、知识城市；按生态、环境、资源特征，可划分为生态城市、资源型城市、环境友好型城市。

城市人力资源，又有城市人口数量、城市人口质量、城市人口构成（包括城市人口的自然构成与社会构成、地域构成与年龄构成、性别构成与职业构成、教育构成等特征与指标体系。同时人口密度，包括城市区域人口分布、城市人口分布规律、人口再生产规律与生产力水准、城市人口再生产率、人口政策等。还有城市人口的社会变动，包括人口迁移、人口自然变动、人口迁移变动、人口机械变动、人口迁移率、人口增长率。

城市人力资源的发展，随着城市化与经济水准的发展，也遭遇了人口爆炸的人口膨胀问题。

城市人力资源与人口学研究的问题，还包括城市人口流动、城市流动人口、城市流动的过剩人口（失业）、城市人口的老龄化、城市被抚养人口、城市劳动年龄人口、城市人口规划与管理、城市人口地图与常住人口问题。

一个普遍的规律是，西方发达国家城市人口随着发展水准的提升，不断地在升高，因而城市人口也成为衡量城市化的一个重要指数。

"'逆城市化'或'反城市化'是近年来我国学者在讨论城市化道路或发展规律时经常提及的。其具体表述大同小异，绝大多数都认为，这是20世纪70年代以来，西方发达国家，尤其是美国城市发展中的新现象，即由于交通拥挤、犯罪增长、污染严重等城市问题的压力日渐增大，城市人口开始向郊区乃至农村流动，市区出现'空心化'，以人口集中为主要特征的城市化由此发生逆转。"[①]

80年代中后期，我国社会学家费孝通教授也曾提出卫星城、田园城市、小城市的"逆城市化"概念，认为城市人口与规模不宜超大，否则负重过大，会产生一系列的城市综合征，从而提出"逆城市化"的城市化发展预测、结构与规划发展问题。但经对美国大都市区域化发展规律的研究，表明"逆城市化论"有待推敲。[②]

美国中心城市和郊区的发展失衡，曾导致人口与就业分布的失衡，产业结构失衡，社会财富分配结构失衡，影响到经济、政治、社会、文化各方面的发展水准。因而有人提出"逆城市化"发展问题，"后来城市发展的事实也证明，'逆城市化'论的提法确实有些操之过急。进入20世纪80年代后，由于城市建设的发展、公共交通的改善、环境治理水平的提高、服务业整体条件的改善、汽车燃油成本的上升等，使得从郊区化返回城市成为新潮流，城市开始进入恢复期。如在美国纽约市，市内交通已很畅达，社会治安也明显好转，市中心区重现繁荣局面。"[③]

这是一个都市再造的文化创新过程，也是一个正反合的历史辩证发展过程，如果我们只知其一，不知其二，只知逆城市化与反城市化，不知再城市化与城市

---

① 也有的认为除了人口向郊区转移、市中心区吸引力下降外，还表现为"中心城市开始分解，小城市成为城市化的主力军……担当起继续城市化的重任。"详见谢文蕙、邓卫：《城市经济学》，清华大学出版社1996年版。

② 王旭：《美国城市发展模式——从城市化到大都市区化》，清华大学出版社2006年版，第319~324页。

③ 王旭：《美国城市发展模式——从城市化到大都市区化》，清华大学出版社2006年版，第324页。

化的创新重构,只知中心城区的空心化与城市化的郊区化,不知"阳光带"的文化迁徙后面还有中心城区与老工业区都市再造的文化变迁,就会失去城市化、知识化发展的文化水准与文明水准,失去城市文化再造的创造生机与历史机遇。

"那些拥有多样化的经济结构和多种服务功能的大都市区在日益全球化的经济竞争中具有相对优势,经过调整之后重振雄风。"①

"在这 10 年中,大都市区人口增长速度为 11.6%,而非大都市区回落为 3.9%,根据 1990 年人口统计结果,美国最大的 50 个中心城市中的 32 个在 20 世纪 80 年代保持人口增长,百万以上人口的中心城市增加了 29 个。彻底扭转了大都市区在 20 世纪 70 年代的颓势。这就强有力地说明,20 世纪 70 年代只是一个过渡性阶段而已。在对 20 世纪 80 年代大都市区发展情况进行一番重新审视之后,已有相当多的美国学者修正了'逆城市化'的提法。"②

工业化与去工业化的城市化,中心城区空心化与城市化的郊区化,阳光带的文化迁徙与城市化发展;在这后面又出现了知识化的都市再造与文化创新,不仅重构了中心城区与老工业之都,而且在否定之否定的辩证发展中,又肯定了工业文明、都市文明的物质基础与发展基础,并据此又重振老工业之都的雄风与郊区化、生态化新城新区发展的文化雄风。这就是都市复兴与文化复兴的耦合,其中人力资源的基本构成与发展特征,人力资本的创新基础与创新方向,成为知识文明与知识城市发展、知识化与城市化发展的核心问题或创新之核;正是人力资源的文化变迁与文明再造,形成创意产业、创意经济、创意城市发展的创新基础与智力生产力发展的核心竞争力,支配着世界财富中心的转移与城市化发展的方向。

这就是我们在比较了中国与西方、发展中国家与发达国家、城市化与拟城市化及再城市化的辩证发展历程之后,得出的基于"文化创意理念"的中国当代城市建设应予借鉴的规律与创新发展的方向。

## 七、老龄化的社会发展问题

2002 年马德里老龄问题国际行动计划提出,在 20 世纪里,人口寿命发生了巨大变化,平均预期寿命比 1950 年延长了 20 年,达到 66 岁,预计到 2050 年将再延长 10 年;人口结构方面的这一长足进展以及 21 世纪上半叶人口的迅速增长意味着 60 岁以上的人口从 2000 年的大约 6 亿增加到 2050 年的将近 20 亿。2005

---

① Richard L. Forstall and James D. Fitzsimmons, *Metropolitan Growth and Expansion in the 1980s*, U. S. Bureau of the Census, Population Division Working Paper no, 6.
② 王旭:《美国城市发展模式——从城市化到大都市区化》,清华大学出版社 2006 年版,第 324 页。

年联合国发布的预测显示,世界 60 岁以上老年人口比例将由 2000 年的 10.0%,上升到 2025 年的 15.1%,2050 年的 21.7%;65 岁以上老年人口比例相应由 6.9% 上升到 10.5%。①

城市人口老龄化,是指城市老年人比重日益上升的现象。人口老化的直接原因是:(1)生育率下降,每年出生婴儿数量所占比重下降,随着时间推移,少年儿童人口比重下降。(2)死亡率下降,随着时间推移,老年人寿命延长,老年人口比重逐渐上升。(3)中年人、老年人平均年龄不断提高,这部分人口比重逐渐上升。当人口年龄中位数超过 30 岁并呈上升趋势,整个人口便日趋老化。②

随着城市化的发展,各种服务设施的完善与生活水准的提高,生态环境的建设与人居环境的改善,医疗水准的提高与生命科学的发展,养生、养老与长寿科技文化的提高,人类文化艺术交流的增加与精神文明的提升、精神生活的丰富,多元文化的发展与生长空间的拓展,人类寿命不断提升,但与之相反的是随着生活水平的提升与寿命的提升,人类生育繁殖能力却在不断下降,相关生育文化观念也不断地淡化,导致整个生育率下降。这样就造成了老龄化的社会与城市人口的老龄化。

城市人口老龄化,将导致城市生机的衰退,城市劳动年龄人口与人口生产力的下降,城市人力资源的衰退与城市文化创意活力的衰退。

人口老龄化是世界发展的大趋势,各国无论是政府还是学术界都非常重视,从 20 世纪的七八十年代开始,有关人口老龄化的论文及观点层出不穷,为了应对越来越严重的人口老龄化形势,各国所采取的措施也日益丰富,为了进一步对人口老龄化的观点有一个明确的认识,以利于更好地应对城市人口老龄化的各种问题,我们应对老龄化做出相应的对策与政策调整。人口老龄化政策关键要适合本国的实际情况,才能起到好的效果。③

我国一方面要搞好计划生育,控制人口,合理配置城市化的人口增长资源;另一方面,又要借鉴发达国家防止人口老龄化的治理对策与相关政策。这是一个矛盾的问题,但必须早抓、抓好,才能做出适合本国实际情况的城市人口老龄化管理对策与政策。

中国城市化的人口来源,主要是乡村迁入人口,其次才是新出生人口。根据麦肯锡报告,中国到 2030 年,将有 10 亿人口住进城市,城市化达到 80% 以上。

---

① 何靖楠等:《国内外人口老龄化现状及我国面临的挑战》,《中华临床医师杂志》(电子版),2011 年第 12 期。
② 刘国光主编:《中外城市知识辞典》,中国城市出版社 1991 年版。
③ 王仲:《国外关于应对人口老龄化的观点及措施简介》,《西北人口》,2007 年第 5 期。

但这主要是依靠乡村人口的城市化转移与人力资源的变迁格局。

老龄化将给城市化带来结构性的问题，比如被抚养结构的增加，劳动年龄人口的下降，人口生产力与人力资源竞争力的下降等；养老成本、医疗保障成本、社会保障成本与人口成本的提升等。建议借鉴发达国家经验，适当放松城市人口政策，对于家庭抚育婴儿的抚育费、教育费给予适当的政府补贴，以避免城市人口老龄化的各种社会问题。

## 八、社会道德的发展问题

随着城市化的高速发展，不仅带来了各种社会心态异化的犯罪问题与犯罪率提高的问题，而且也会带来各种社会道德的发展问题。比如网络恶搞的网络道德、盗版的版权道德与知识文明道德问题、青少年痴迷网游的德育问题、生态与食品安全的道德问题、各种服务行业的职业道德问题、医疗与教育特殊服务行业的职业道德问题、人际交往与邻里关系的道德问题、家庭婚姻关系的道德问题、社会公德问题、生态文明的道德问题、交通文明的道德问题、公务员的行政职业道德问题；凡此种种，与城市化及城市文化建设都密切相关。

在从小康社会到安康社会的建设中，健康城市与道德文明确实很重要。我国城市化一个重要的核心目标，就是城市竞争力的发展与经济指标的增长，但却忽略了精神文明与道德文明的建设。亚当·斯密的"斯密难题"，就是资本主义文明经济与道德二律背反的内在矛盾。

中国是一个伦理文明建设较早的文明古国，但中国的伦理文明是建立在血缘、宗亲、地缘与王权的乡土、本土文化基础上的，又被城市化的现代化断离了乡土、本土文化之根。因而城市化的道德文明建设，既要重构中国乡土文化、本土文化之脉，又要借鉴西方发达国家法制文明、知识文明、精神文明的经验。

新加坡、首尔、东京等亚洲核心城市，都是以"儒家文化＋资本主义"的模式建构道德与法的上层建筑体系的，最近，又不断有人重提亚洲文化、亚洲理念的东方复兴问题。

欧美纽约、维也纳等大都市，则是强调城市共识的文化理念与文化精神，比如纽约的超前意识与职业道德精神，从如下两个城市建筑的小典故中可见一斑：①

荷兰隧道。这是连通曼哈顿岛和新泽西的隧道，建于1929年。所谓"荷兰隧道"，并不是因为它是荷兰人建的，而是它的设计师恰好叫"荷兰"（中文翻

---

① http://blog.sina.com.cn/s/blog_52f2b36701009row.html.

译刚好和"荷兰"国名同音)。这个设计师首创了厢式隧道建设法:不是在海底挖隧道(那样据说成本很高、难度很大),而是先把隧道一节一节做好成厢体,然后在海底打桩做地基,再把事先做好的厢体放到地基上一节一节在海底接起来。当然,这也对工程质量有严格的要求。为此,设计师经常潜水检查工程质量,为此得了潜水病而去世。后人为了纪念他,把这个隧道命名为"荷兰隧道"。由这个历史故事,可以看到城市建设者对职业、事业的专注精神。而那却是很多年前的事。现在的人但凡有一点这样的职业精神,也就不会有那些"豆腐渣"工程了。还有很重要的一个启示是,那个隧道在当时就建成双向4车道,这样,虽然今天交通很繁忙,倒也还"够"用。在那个汽车并不很多、纽约也并不像今天如此繁华的时代,能有这样的远见,其超前意识令人佩服。

同样令人感动的故事是威廉斯堡大桥的建设。这是一座连接曼哈顿岛和布鲁克林区的吊桥,据说在旧金山金门大桥没有建成之前,这是世界上单孔跨度最长的吊桥。为了建设这个吊桥,工程师被钢索打死了。而后他的妻子和儿子继续建这个桥,儿子又被钢索打残。虽然这反映出当时施工安全的问题,但给我更强烈的联想是"愚公移山"的故事:建设者的执著向这个城市精神注入了重要的元素。关于这个桥,还有一个极其发人深省的特征:它是双向8车道(单向4车道),而且中间还走火车。要知道,那是在140年前建造的大桥,当时汽车还没有发明,所以留这么宽的路在当时不过是为行人和马车而已。这正是工业文明想象力的极好例证:对未来具有穿透力的预见、跨越性的超前意识——这是现代城市建设规划的重要品质。相对而言,北京的环路、西直门立交桥、公主坟环岛的建设演变,令人难堪。那是应了我经常在课程里提到的"传统农业文明性格或习性":保守,知足常乐,小富即安,随遇而安,朝不虑夕……缺乏对未来城市发展的洞察力。要建立现代组织、发展现代城市,必须克服狭隘思维和刻板认知的习惯,这是现代工业文明的要求。

而维也纳,我们更可见出其城市精神的道德文明渊源。欧洲文艺复兴之后,维也纳是远远落后于巴黎等文艺复兴中心城市的。那时维也纳的市民甚至怀疑维也纳的空气、水、石头都会影响进步。奥地利玛利亚王室,采用了欧洲现代知识分子惹尔尼克等的"重商主义九项原则",维也纳才迅速崛起,赶上和超过了欧洲的其他国家与城市。这里一是可以看出城市自主领航者的文明水准与开放的襟怀,二是可以看出"他山之石,可以攻玉"的知识文明力量。二者所形成的城市精神与城市文明共识,具有巨大的道德感召力与文化凝聚力,使维也纳这座美丽的城市迅速由弱变强。

道德文明与城市精神一个重要的方面,就是精神凝聚力、城市凝聚力、城市共识所形成的核心竞争力与文化软实力,这需要决策思维的水准与知识文明的融入以及文化软实力的融合与创新。

维也纳的另一个感人道德故事，就是"二战"后奥地利作为战败国，已无力抚养与养育其孩童，他们不得不将大批儿童挂上牌子送往异国他乡去养育成人。然而即便如此，穷困至此，维也纳人也没有一个去破坏维也纳森林，这也是生态道德与生态文明的力量、城市共识与城市文化精神的力量。

纽约精神在世界著名大城市中具有独树一帜的文化意识形态系统，纽约的城市精神被概括为"纽约精神"（NewYork spirit）。具体包括如下几点：高度的融合力；卓越的创造力；强大的竞争力；非凡的应变力。这已超出了一般的道德精神，具有强大的知识文明的创造力与文化科学的创新精神。

伦敦精神被概括为历史与现实的和谐统一；重视传统，继承传统，注意保持历史与现实和谐统一；人和自然的和谐统一；永不屈服的坚强精神。伦敦精神深厚、坚强、自然、和谐，同样具有较强的历史精神、科学精神、文化精神与强大的伦敦共识的道德感召力。

巴黎精神渗透、融合到时尚之都、浪漫之都、文化之都、服饰之都的"文化创意理念"与体系之中，既有美育、德育之风，又有道德文明之习。

东京精神则是干练，优雅，合作，它特别具有发扬博爱的都市合作精神，强调把东京建成能为世界做出突出贡献的新型城市。

可见城市精神与城市核心竞争力、城市文化软实力、城市道德凝聚力建设密切相关，也与城市"文化创意理念"的建设及城市共识的知识文明建设密切相关。城市文化精神的文化共识，也可使人们超越城市化发展中出现的各种道德危机，建立基本的城市道德文明的公共秩序。

## 第二节　发展中国家的城市化道路

发展中国家的城市化，容易走急功近利与粗陋化的低水准道路，而且许多发展中国家城市化道路本身也是后殖民经济的扩展。

"1960~2000年，世界上发展中国家占世界的人口的比重从20%增长到40%。随着欧洲和美国城市人口的缓慢增长，世界上城市人口的多数和超过90%的新城市居民居住在拉美、亚洲和非洲的城市里。"[①]

---

① 《1996年世界各国人口状况》（The State of the World's Population, 1996），联合国人口基金会（United Nations Population Fund）。

"到2007年,这些地方人口的增长将首次决定城市人口占世界总人口的绝大多数。"① 人口的增长,城市规模的扩张,"农村城市化"的粗陋与发展问题随之增多,使世界城市化的结构与规模发生了根本的变化,也将严重地影响到都市文明与现代文明的发展方向与水准。

"这些巨大发展将明显地改变世界最大的超大型城市的花名册。1950年,世界上只有伦敦和纽约两座城市的人口超过1 000万人,半个世纪后,人口超过1 000万人的城市有19个,只有3个在发展中国家。根据联合国的统计,到2015年,将有23个这样的城市庞然大物,其中19个在发展中国家。同年,发展中国家的城市居民和发达国家的城市居民之比将达到3∶1。"② 发展中国家如何用好后发优势,走出跨越发展、科学发展的自主创新道路,无论是对其自身的现代化发展,还是对人类文明的发展,都是不可逆的重要的一环。

"这一进程反映了一个更广泛、更长远的历史趋势,卡尔·马克思将其称为'农村的城市化'。在他所处的时代,马克思指出,欧洲的资本主义发展产生的'社会革命',摧毁了亚洲、南美和非洲古老的、以农村为主体的社会。目前,发展中国家的超大型城市的发展代表了这次革命的最终结果。"③ 就发展中国家与发达国家国际关系的殖民经济起源来说,马克思的批判是深刻的。就全球化的城市化发展来说,究竟是资本、尤其是金融资本主导的城市化,还是文化主导的资本、文化资本主导的城市化与现代化,不仅将决定基于"文化创意理念"的城市建设的创新方向与本质,而且也将深远地影响到人类的城市化前途与命运。从这一点来说,马克思对于"农村城市化"的预言与批判是不为过的。同时这也正是发展中国家城市化,包括中国城市化应该反思与避免的问题。

"大批相对较新的城市——雅加达、新加坡、孟买、加尔各答、上海、中国香港、开普敦、约翰内斯堡和拉格斯——如同'欧洲的缩影',在亚洲和非洲崛起。这些城市与一个半世纪以前的特里尔、安条克、亚历山大里亚和马赛等城市在罗马帝国遍布的城市网络中所扮演的次要角色非常相似。这些殖民中心城市从欧洲各国首都都得到物资和指令。散居在外的各地商人,不管是阿拉伯人、黎巴嫩人、中国人还是印度人,都能够分享这些城市发展带来的好处,但并未达到那些与大都市核心区有密切联系者所享有的程度。"④ 作为现代化的全球博弈与全球化的现代里程,发展中国家的城市化绝对要避免成为他者的缩影或版本,避免

---

① 乔尔·科特金:《全球城市史》,社会科学文献出版社2005年版,第215页。
② 小理查德·海(Richard Hay Jr.):《城市化的模式和社会经济发展》,选自《第三世界城市化》,第71页;《2001年世界各国人口状况》,联合国人口基金会。
③ 艾伦·吉尔伯特、约瑟夫·古格勒:《城市、贫困与发展:第三世界的城市化》,牛津大学出版社1991年版,第13页。
④ 同①,第217页。

成为他者的后殖民经济领土与殖民经济的蔓延。改革开放，可以借鉴他者的先进技术，引进他者的人才与资本，但在文化影响力与文化模式上，一定要有本土的自主创新。

中国的城市化，已开始注意到这一问题，田园城市、生态城市的建设不仅注意到了区域地理资源价值与生态价值的挖掘，也开始注意到历史人文价值的挖掘与非物质文化遗产旅游价值的挖掘，注意到社区、城区的文化环境与人为生态建设，建筑符号的挖掘与城市风格体系的建设。

"发展中国家的许多城市，都经历过同样的分裂：成为一个西化的现代大都市和更加贫困与传统的都市的复合体。在这里，难以言表的贫困、肮脏和疾病与巨大的财富和特权共生……他们继承下来的是一个受欧洲影响的'城市缩影'，既有现代化的城市基础设施又有难以改变的严重的社会不平等。"① 如果仅只是巨大的财富和特权的共生，一定要伴着更加贫困的城市化罪恶与负重，我们宁可不要这样的财富与特权。一方面我们要借鉴、引进西方的城市化经验与技术、资本；另一方面又要规避其殖民化倾向的问题。改革开放30年，中国城市化迅猛发展的同时，基本成功地规避了这些殖民化的问题。城市应使人的生存与发展更文明、更公正、更健康、更科学，而又更富有人文活力、人本价值与文化创意的自主性及文化自觉的民族复兴活力。它是开放的，又是自主的，它是历史的，又是创新的，它是世界的，又是本土的，它是自我的，又是兼容的。

但有时，被动的殖民化或被城市化，也会带来一些外力促进的发展与成长。一个最有意味的现象是，"1900年，上海人口只有3.7万人，而北京的居民人数超过100万人。到了1937年，上海居民数超过350万人，是首都人口的2倍。"② 现在，北京也在自觉地建设世界城市，它的国际影响已远超出发展中国家城市化的规模和质量，其中文化自觉与"文化创意理念"的城市化发展已形成具有国际影响力的"北京共识"③。这可以看做发展中国家摆脱殖民化的粗陋城市化阶段，文化自觉与文化复兴的文化崛起与文化创新。而上海的知识化、全球化发展的世界城市与知识文明，也同样重构了其自主文明的创新基础，超越了发展中国家殖民化的城市化发展误区。

中国与其他发展中国家城市化不同的是，始终注重了以人为本的人文价值观。"很多情况下，城市的巨大扩展并没有促成财富和权利的相应增加。城市的如此发展代表着城市历史悲剧性的致命断层。"国际上这种发展中国家粗暴的市

---

① 乔尔·科特金：《全球城市史》，社会科学文献出版社2005年版，第219~220页。
② 艾尔弗雷德·克罗夫茨、帕西·布坎南：《远东历史》，朗文格林出版公司1958年版，第142~152页。
③ 黄平、崔之元主编：《中国与全球化：华盛顿共识还是北京共识》，社会科学文献出版社2005年版。

场化历程,既导致了城市与文化的断层,城市文化与文化传统的断层,又导致了城市财富与文化的断层,财富与人文的断层,城市发展与财富增长的断层。

"21世纪早期,在发展中国家至少有6亿城市居民挣扎在擅自占用的居住区(对其称呼名目不同,如城市平民区、简陋棚户区、贫民窟、贫民区、棚户区等)。联合国的一项研究显示,这些贫民居住区占发展中国家城市新增面积的一半以上。这些居民将微薄收入的3/4用于购买食物,许多贫民窟居民生活在主流经济的边缘。"① 发展中国家的城市化,一方面受殖民化"它者缩影"被城市化、被国际化的影响,另一方面又受到城际周边乡村变迁中"农村城市化"的粗陋化影响,同时又有殖民工业或老工业社区、遗址衰落的贫困化影响,三者夹击,极易形成贫民窟窝棚社区的"擅自占居者"城区。中国在改革开放前后,也曾形成过这样老工业基地的棚户区,比如在辽宁,在世纪之交的城市改造中,政府先后给予了彻底的治理,如大连、沈阳、抚顺等,中国城市化要在科学发展中走出自主、自强、自觉的文化崛起之路。

"在整个发展中国家,与之类似甚至更差的情况仍在继续。一直是世界上城市化程度最低的地区之一的非洲,从1960~1980年,城市人口增加2倍以上,其比重达到40%。由于农产品出口日益萎缩,又缺乏大规模的工业,再加上传染病的肆虐和持续不断的政治动乱,非洲城市根本没有能力容纳城市人口的大量增长。"②

"在许多非洲城市,富有阶层逃离城市的拥挤,跑到郊区更加舒适的家里。大规模开发的西式风格的郊区正在南非开普敦、德班和约翰内斯堡等城市以外的乡村地区发展,它们正在吸引着白人和向社会阶梯上层攀爬的黑人。如同早期北美城市所发生的一样,人口迁往郊区之后,随之而来的是企业向郊区的迁移。"③

国际上发展中国家城市化的一些问题与经验教训,值得我们借鉴与汲取、反思与规避,其中一个核心的问题就是,如何坚持发展中国家高速城市化中的人本原则、文化原则、公正原则、自主原则、发展原则。

值得关注与借鉴的,是印度的城市化、知识化、全球化、现代化发展路径与问题。

"20世纪的最后十几年,印度重新成为全球都市生活的主要中心。与圣雄甘地倡导的以乡村为中心的国家理念相反,印度的经济体系从以农村和农业为主转

---

① 贾尼斯·E. 伯尔曼:《边缘神话:里约热内卢的城市贫困和政治》,加利福尼亚大学出版社1976年版,第12页。

② 《2001年世界各国人口状况》,2001年。

③ 艾伦·马宾:《都市化进程中南部城市中的郊区与种族隔离:21世纪前期大都市政府面临的挑战》;林肯土地政策学会:《黑色的航程》(Black Flight),摘自《经济学家》(The Economist),1996年2月24日。

变为以工业化（甚至是后工业化）和城市化为主。受国家带头投资制造业和现代基础设施的刺激，1950~1995年，印度城市在国民生产总值的份额翻了两翻还要多。"①

同时体制的创新与改革开放的发展，也为印度的城市化注入了更多的活力与后劲。"印度改革了过去一直抑制企业投资的准社会主义体制，从而进一步促进了城市的发展。"②

"新的城市发展多数并没有集中在老殖民中心加尔各答，而是发生在首都新德里和另一个帝国主义的主要殖民据点孟买（1995年孟买由英国习惯拼写 Bombay 改为规范罗马拼写 Mumbai）。与许多发展中国家的城市发展相比，孟买的城市发展前景可谓差强人意。在整个工业体系中，孟买的金融服务、制造业和娱乐业已经居主导地位。孟买计划到2015年成为仅次于东京的世界第二大城市。20世纪90年代末，孟买努力建设诸如'新城市'之类的新的发展极点，有助于吸引日益扩大的中产阶级。"③

印度在发展工业体系的同时，也发展了金融服务业、娱乐业、IT业，从而成为工业化与知识化并举的新兴市场大国的新增长极与新兴知识城市。

"更重要的是，大量接受过教育、技术熟练的工人构成印度大都市区发展至关重要的优势。到2000年，印度软件工程师约占全世界总数的30%。在像加罗尔这样规模较小的印度城市，这种优势尤为明显。"④

知识人才群的成长，与科技职业大军的形成，使印度的城市化带有更多知识文明的比较优势，同时软件外包与科技贸易的国际分工，又使印度的城市化带有更多的国际城市、世界城市特色。

"到了80年代，班加罗尔成为印度发展最快的城市。1960年，其人口还不足100万人，到20世纪末猛增到450万人。该城市拥有900多家软件公司，被普遍视为印度的'硅谷'。它的发展大体上是其美国原型的翻版——这里城市蔓延扩散，汽车成为生活的中心，拥有大量的自主发展的、以研发为主的工业园区。"⑤

韩国作为发展中国家的城市化，受日本的影响更多些，战后筚路蓝缕的成长

---

① 尼格尔·哈里斯：《城市、阶级与贸易：第三世界社会与经济的变革》，I. B. Tauris 出版公司1991年版，第30页。
② 乔尔·科特金：《全球城市史》，社会科学文献出版社2005年版，第234页。
③ 《丰富的空间，更少的占有者》，摘自《商务干线》，1999年5月24日。
④ 沙马：《管理我们的城市》；艾瑟·贾奇·阿鲁瓦里亚：《印度的工业化发展：60年代中期后的停滞》，牛津大学出版社1985年版，第161~187页。
⑤ 阿里·萨拉夫、莱斯利·格林：《加尔各答》，选自威廉·A. 罗宾森与 D. E. 里根编：《世界上伟大的城市：他们的政府，政治与规划》，塞奇出版社1972年版，第299页。

历程也更艰巨些。

"韩国的首都从战中的创伤——47%的建筑被摧毁——和极度贫困中东山再起。同发展中国家的许多城市一样,来自农村的移民的涌入使汉城人口迅速膨胀;20 世纪 60～70 年代,每年大约有超过 30 万人迁移到这座大部分依然是废墟的首都城市。"①

这也包括韩国农业文明的转型、产业结构的调整与农村城市化的发展。"随着农村人口大量涌入城市,汉城的人口增长毫不逊色于开罗、圣保罗、孟买和其他一大批发展中国家的城市。1960 年,这座城市的人口为 300 万人,到 2000 年,城市人口超过 1 100 万人,这还不包括居住在大都市区周围的 900 多万人口。"②

韩国"农村城市化"的历史起点并不高,但韩国人的顽强拼搏与全球博弈活力,改观了发展中国家城市化的被动格局。"最初汉城也同样反映了城市发展所带来的并不陌生的负面影响——摇摇欲坠的非法占有者居住区、永远超负荷的交通、不合格的卫生和健康设施。"③

在这样一个城市化的现实基础上,韩国人同样创造了亚洲的经济奇迹,儒家文化+资本主义的创新模式与东方文明复兴,给韩国粗陋的城市化带来了可持续发展的活力与国际核心竞争力。"最大的不同是,汉城的经济发展比世界上任何其他城市都要快。"④

我们认为,汉城崛起的人文自主与文化自觉起到了文化创新的实质性作用,尽管汉城也仍然存在着发展中国家城市化的一些普遍的问题。但汉城文化崛起与国家崛起的融合力量不容忽视,东方文化复兴与都市复兴的融合创新力量也不容忽视。

"此时,韩国首都与拥挤、交通不畅、物价昂贵的东京和现代西方城市更为相似,与中东和非洲贫困的城市中心差别较大。"⑤ 这是发展中国家城市化中亚洲与非洲的区别,尽管也有不可避免的各种高速城市化出现的问题,但其物质文明与城市化的水准已接近世界水平。

汉城与北京相类似的,是儒学与资本兼容的文化自组织体系的辐射,总部经济的都市人文与企业文化的融合创新,形成了东方大都市的产业自组织创新体系。"汉城对韩国经济的影响胜过东京对日本的影响;汉城是全国 50 家最大企

---

① 乔尔·科特金:《全球城市史》,社会科学文献出版社 2005 年版,第 238 页。
② 金竹春、崔相哲:《汉城:大都市的形成》,约翰威利出版社 1997 年版,第 3、8～11 页。
③ A. S. 欧伯罗伊:《第三世界百万人口城市人口增长、就业与贫困的分析与政策问题》,圣马丁出版社 1993 年版,第 11 页。
④⑤ 乔尔·科特金:《全球城市史》,社会科学文献出版社 2005 年版,第 239 页。

业当中 48 家的公司总部、主要政府机构和许多外国公司总部所在地。"①

"同法兰克福和大阪等传统商业中心一样,汉城也成为许多大型公司的大本营。"②

"鉴于汉城对经济有如此强大的辐射作用,因此,有人建议到 21 世纪初将韩国首都迁移到南部的农村地区。"③

发展中国家的城市化,综合的负面效应已出现的各种问题,我们也应在比较研究中,给予自我的问题以更多的反思与批判。比如,从南到北,从东到西,千篇一律的板楼之都,都是反文化的城市化,同时又产生了许多都市垃圾。

比较纠结的一个文化情节是,中国人的恋土、恋乡的乡村文化情结,许多人到城里打工、居住、创业成功或到海外拓展、就业、谋生,但又都要回到其家乡城镇横七竖八而又毫无规划的建了大量密集的"返乡楼",成为城市化与郊区化的都市垃圾。这既是一个发展中国家的城市化发展的文化问题,又是一个相关的农转城的土地资源政策法规的管理问题。

在城市商业化的扩展中,比较粗糙与喧闹的是大市场的建设,由于缺乏规范的管理,成了"庞大的商品堆积物"④;而另一面又是从田园到市场,物流成本并不高,但场租的综合管理成本却过高,甚至造成田园出菜成本过低,菜农在地里自毁产品,而市场的价格又没有丝毫的松动这样的奇特现象,实为城市综合管理的问题。

在发展中国家的城市化发展中,还有一大问题就是由于城市与住房成了金融产品,产生了大批的"鬼城",城市成了"裸房"之都。另外,又有大批的人无房住,或者出现"蜗居"、"胶囊公寓"的城市病态现象。"首先,地球从来就不是资本积累可以在其中纵横驰骋的一个水平运动场,它曾经并且还将继续是一个高度多样化的表面,包含着生态、政治、社会及文化的千差万别。在不同的发展阶段上,资本流找到一些比其他地方更容易占据的地域。"⑤ 资本主导的城市化,尤其金融资本主导的城市化,带着原始积累的问题,形成了粗暴的发展形态与增长问题,对此,仅有限购、限价的地产政策是不够的,还应有更为科学的可持续的文化资本支配城市化转型的方法论与体制创新、机制创新对策、策略。

由文化主导的资本、文化资本主导的城市化,其发展目标就是人文家园的建设。发展中国家的城市化,都存在一个人文家园的转型问题,文化转型的都市再

---

① 理查德·蔡尔德·希尔、金俊宇:《全球性城市与发展状况:纽约、东京与汉城》,《城市研究》,2000 年第 12 期,第 37 页。
② 约翰·瑞尼·肖特、金永勋:《全球化与城市》,朗文出版社 1999 年版,第 26、27 页。
③ 巴巴拉·黛米克:《韩国计划迁都》,《洛杉矶时报》,2004 年 7 月 9 日。
④ 马克思:《资本论》(第 1 卷),人民出版社 2004 年版,第 1 页。
⑤ 薛毅主编:《西方都市文化研究读本》(第 3 卷),广西师范大学出版社 2008 年版,第 16 页。

造问题。唯其如此，才能回归到幸福文明，回归到自然家园，回归到生态家园，回归到心灵家园，使城市真正成为幸福文明的起源。自有其"繁华落尽见真淳"的简朴、易行与自然、和谐。

中国城市化发展所面临的问题与困境，主要就是一线城市的难以为继，包括土地资源、生态资源等，还有大都会交通拥堵的综合社会问题，同质化发展的结构性问题，金融工具的"被城市化"问题，只有这些问题得到真正的解决，基于"文化创意理念"的科学发展与可持续发展、跨越发展，才会有一个真正的起源和开始。当然，解决问题与创新转型，也应该是互融互动、交互作用，而不能只做徒然的等待。

# 第二十五章

# 中国城市发展难题的文化之解

——基于"文化创意理念"的当代中国城市建设的人类学研究

## 第一节 城市文化的理念

文化是人的思考、行为方式总和,也是人类的思维方式与智慧形式总和,文化性格与文明基因的总和,生活方式与生产方式的总和,具体包括环境、器物、制度、技术、意识、习俗、时尚诸多层面与系统。城市文化,是区域文化的集结,历史文化的集结,时代文化的集结,世界文化的集结,具体又包括地理生态文化系统,人文历史文化系统,建筑技术功能与符号系统,商业旅游服务系统,艺术景观审美系统,文化创意精神系统,习俗时尚生活系统,政策法规制度系统等。

在城市文化的发展系统中,一是城市文化的精神品质,它包括城市的文化共识与城市群体的人文素质,包括一整套的精神品质、文化信仰与时尚追求等。

二是城市文化的社会结构,即城市群体结构的文化构成,比如福特式大工业的工业群体文化构成,微软式知识业的个体群版权经济文化构成,腾冲和顺古镇田园城镇与文官制度、边贸经济相融合的牧歌式的群体和合文化构成,城市文化的社会结构决定城市文化的价值取向与风习时尚、精神风貌、文化性格。

三是城市文化的本土根源,也即城市与区域的历史文化传统与人文根基,比如岭南文化的祠堂、宗祠与聚落,北京四合院文化的圆合、府阔与秩序等。

四是城市文化的建筑符号与建筑体系,比如客家聚落的土围建筑,北京长城的宏伟与壮观,故宫的庄重、森严与宏丽、华美,江南苏州园林的灵秀、秀美与曲径通幽,等等。

五是城市文化的时尚风格,比如上海的时尚与俏丽,香港的开放与奢侈,哈尔滨的洋气与热烈,杭州的自然与休闲,成都的悠闲与安逸。

六是城市文化的民族风情,如蒙古长调的苍劲、辽阔与悠然,云南服饰文化的艳丽与多彩,新疆的自然与奔放,等等。

七是城市文化的风习制度,如北京的多礼繁仪与博大深阔,上海的细腻精雅与严守规则,东北的粗犷、豪纵与不求究竟,等等。

八是城市文化的管理形态,如北京限行、限购的制度严明,上海的物有所值与公开竞价,拉萨的自然自如与鲜有计较,香港的自由灵活与法制严明,深圳的公共生活与私密空间,广州的人文厚重与秩序井然,等等。

九是城市文化的生态环境,如草原生态的豪纵之都,田园生态的牧歌之城,海洋生态的休闲之都,高原生态的辽阔之城,冻土林生态之都的热烈豪放,热带雨林生态之都的神秘浪漫,等等。

十是城市文化的伦理道德,如深圳的义工之都,北京的包容厚德,西安的古朴厚重,等等。

## 第二节  城市创意的文化理念与创意城市的创新理念

城市创意的文化理念与创意城市的创新理念,比如北京的世界城市创新理念、科技理念、生态理念、人文理念的创新体系与知识文明系统,深圳的设计之都、义工制度、创意之都、金融之都、世界之都、会展之都的文化理念与创新理念,上海世界城市建设的国际跨文化发展理念、世界金融中心城市理念、知识文明城市理念、时尚之都创意理念,杭州的休闲之都创意理念,成都的幸福城市与田园城市创意理念,拉萨的幸福文明与幸福城市创意理念,哈尔滨的冰城夏都创意理念,西安的国际文化城市创意理念与创新体系,天津的"文化智造"创意理念与创新系统,霸州的温泉之乡、辞赋之乡、戏曲之乡创意理念与创新系统,本溪的枫叶之都、温泉之都、山水之都、辽砚之都创意理念与创新系统,大连的中国浪漫制度创意理念与创新系统,等等。

城市的创新系统是与其创新理念密切相关的,创意理念是人文基础与文化性格、文明基因,创新系统是其知识化、生态化、信息化、服务化的都市再造城市化创新体系。

文化是城市发展的归属，城市是文化的发展载体。城市文化是城市发展的灵魂，在都市再造与产业重构的基于"文化创意理念"的新城新区建设中，通过城市文化建设与非物质经济的发展，使城市走出大工业时代的物质经济困境。

一是人文家园建设与城市文化的人文回归，二是生态家园与城市文化的自然回归，三是精神家园与城市文化的艺术回归，四是本土家园与城市文化的历史回归。

## 第三节 中国城市文化的创新模式与文化模式分析

基于"文化创意理念"的城市建设，将形成丰富多姿的城市文化模式，了解这一文化模式，对于文化自觉与基于"文化创意理念"的城市规划建设，会有很多创新发展的实际的帮助与知识文化的启迪。

### 一、城市的传统性、本土性、历史性、多样性

以传统文化为主的模式与以本土性为根的历史文化名城，较典型的有西安、洛阳、北京、大同等，传统文化在此类城市所占的分量重，呈现出独特的文化特性与典型的中华文化本性，也体现出城市文化的多样性与丰富性，体现出城市历史文化的创意理念与文化历史的全部丰富性与创造性。

当代城市化发展的同质化、空心化，曾一度淹没历史文化的传统性、本土性、历史性与多样性。21世纪以来，在文化复兴与城市复兴的历史融合中，开始了古都再造的文化创意活动与创新系统的建设。

更深层面的问题是，对于传统与本土文化的重构与复兴，不是植入式的改造或简单的建筑学意义上的修旧或都市再造，不仅有历时性的系统再现或城市文化层的挖掘，而且是文化生态式的活体肌理融入与渗透、重构，是共时性的系统复兴与共生。

在改革开放最前沿的深圳，我们考察、调研一个族群、宗亲邻里部落的重构个案与相关家园建设的人文部落。一是邱氏宗亲族谱修谱的文化重构，其成果已为国家图书馆典藏；二是邱氏故里中原客家人炎黄、黄帝始祖所在地邱氏祠堂公祠的修建；三是作为活态的生态性人文重构，深圳一邱氏寻到其故里，并在那里重建了宗祠与宗亲的邻里院落的人文部落（深圳郊区大鹏新区），我们认为它代表

了中国未来城市化人文家园建设很重要的一个方向与本土文化重构的重要内容。

东莞的粤晖园,也做出了岭南牌坊文化建筑群落的重构,并与岭南山水人文相辉映,做出了城市生态人文的仿古建筑群落园区,但未能做出生态性的遗址修旧恢复与重构,而是开发性的旅游建设与人文重构。

比较好的案例,还有云南腾冲和顺镇的修旧旅游开发建设,是一种生态性的融入与重构,云南柏联集团本是茶马旅游文化和普洱茶的开发贸易集团,后向旅游文化产业延伸,将和顺镇原居民做出生态性融入开发的旅游园区建设,成为中国十大古镇建设之一的成功案例。

但对于大规模古城修旧的旅游文化产业开发,又不能够同论而语,而应依据具体情况做出具体的研究。

深圳大鹏邱氏宗祠人文部落的重构与腾冲和顺古镇文化重构的生态性建设与生态性融入,都既是由乡村本土性文化到城市现代性建设文化历史承传的一个成功案例,同时又是本土化与生态化、城市化文化发展方向的一个成功案例。而不是工业化、现代化主导的工业城市那种斩断传统的现代化建设或商业化、市场化的城市化开发。

有关文化名城历史文明重构的文化资源发掘与文化创意发展的案例研究,还有课题组专题的苏州文化重构的古都重构与文化创意产业发展的创新发展研究报告附于后面,在此略去不附。

## 二、城市的功能性、资源性、开放性与世界性建设

中国当代城市化以现代性为主的创新模式与文化模式,有深圳、大庆、上海等,这种城市的创意文化与文化建设,最大的特点是吸引外来文化的速度和强度。

深圳世界创意城市、世界设计之都、会展之都、金融之都的发展,已有全球生产方式演进下的深圳2020产业规划总报告,作为课题组专题案例研究附于后,此不赘述。

还有大连中国浪漫之都的城市革命与环境经济研究,大连环境经济投入产出比为1∶6,会展经济政府财政拉动力为1∶50,迁出上千个国有企业,引进上万个外资企业,完成了从重化物质经济到非物质经济的都市再造与文化转型。有关案例研究报告,详见《城市革命:环境经济新战略》、《城市革命:都市产业新浪潮》等系列研究报告。①

---

① 皇甫晓涛:《城市革命:环境经济新战略》、《城市革命:都市产业新浪潮》,中国物资出版社2005年版。

更有意味的是哈尔滨百年品牌企业马迭尔集团对于城市冰雪生态资源的功能性开发建设，亦即冰雪大世界的资源发掘与文化产业创新发展突破，并将冰雪动漫节的内容生产融入其旅游文化产业的创新发展中，促成了哈尔滨冰雪旅游文化产业与马迭尔集团百年品牌的城市化、知识化、全球化、生态化发展的"九个走去"与"十个现代化"。有课题组专题案例研究报告附于后，兹不赘述。

最有现代意味的是青岛保税港区对其环渤海区位优势与东北亚国际区位优势自由贸易资源挖掘的"文化立区"、"制度文明"创新发展突破的城市化、区域化、全球化典型案例，有课题组专题案例研究报告附于后，兹不赘述。

还有就是在海西新区的发展中，将县域田园城市、生态城市、温泉城市、养生城市、旅游城市的郊区化、生态化、知识化发展与港口经济、口岸经济、贸易经济的全球化、服务化、信息化发展融为一体，形成福州海西新区郊区化、全球化、生态化发展的科学基础与创新基础，就是福州连江海西新区规划建设的案例与突破。详见后附课题组连江海西新区创新与发展规划研究报告的案例分析，兹不赘述。

城市的功能性建设，亦即城市的生态环境建设与产业功能发展，基础设施建设与文化设施发展，城市空间结构规划与产业经济结构的规划建设；城市的资源动员与资源发掘，也就是城市生态地理价值先赋资源禀赋、城市人文文化价值先赋资源禀赋的系统发掘，还包括城市区位优势的区域经济价值先赋与后赋资源的发掘与开发；这与城市的建设与开放，与城市开放性的发展及世界性建设都是密切相关的；而这一切，都是基于"文化创意理念"的城市建设与发展、创新与突破的创新基础。

## 三、城市的地域性、生态性、田园性及典型性建设

中国城市化发展中地域性文化为主的创新模式与文化模式，形成了其以地域性文化为特点的创意城市与创新体系，桂林、昆明、腾冲、成都、霸州、新民、本溪等，都呈现出地域性文化的系统特征。

其中较为典型的，是张家界的山水生态旅游建设，桂林的山水生态旅游建设，昆明的自然生态旅游文化建设，腾冲的田园城市建设，成都的田园版权经济城市建设，新民的田园生态城市建设，本溪的山水生态旅游建设。

最有典型性的，是成都的田园城市与版权立市的耕读文明重构，后附课题组专题案例研究报告。

### 四、城市的科技创新结构、功能与形态

城市的创新发展,基于"文化创意理念"的当代中国城市建设的科学技术创新体系,包括联合国认知科学计划组的认知科学创新体系,联合国超级计算机计划组的信息科学创新体系,联合国纳米科学计划组的新材料科学创新体系,联合国DNA生命科学计划组的生命科学创新体系,四大科学的融会创新与科技创新、文化创新。

未来城市的建筑形态与建造工程,是可以用信息技术与纳米新材料技术的融合,"打印"出各种造型、创意与建筑,城市与空间,符号与风格,内容与体系的。这对城市新材料革命与信息科学的变革,是一个巨大的创意科技系统与知识创新体系。

## 第四节 外来文化对中国城市文化的影响

在发展中国家高速城市化发展中,世界殖民经济的影响及其他方面的负面影响,前面已经阐述;现就外来文化对于基于"文化创意理念"的当代中国城市建设的正关系影响,作一简要的归结与概括。

### 一、包容与开放:外来文化对北京世界城市建设文化建设的影响

北京由于千年古都的历史文明已经形成,加之世界城市建设的文化自觉与自主创新,对外来文化已有健康肌体的接收机制,形成其包容与开放的世界文明精神与中国文化博大、深厚的融合、和合特色。其实北京自近古以来历经辽、金、元、清的文化融合,形成了中华性的系统融合力与文化包容特色,已有足够的开放、融合历史文明经验与博大深厚的襟怀。

因而北京有以印刷术为创新引擎的故宫—紫禁城古都文化圈,有以蒸汽机为创新引擎的王府井—国贸的近现代CBD商圈,有以信息技术为创新引擎的中关村—上地的知识经济圈,有以会展技术为创新引擎的奥运—亚运当代国际体育文化创意经济圈;最古老的与最现代的,最东方的与最西化的,最本土的与最开放的,就这样融为一体,包容、开放、融合、创新。

## 二、融合与时尚：外来文化对上海世界城市建设时尚经济文化的影响

近现代直至当代更有融合力的城市是上海，上海由18世纪初的一个小商埠城，中经近代的十里洋场殖民地大都会，发展为今天最具世界性与国际影响力的世界城市，也是最具融合力与时尚感的世界城市。

上海的金融创新引擎已成为世界的东方金融中心，上海会展、旅游、物流、咨询、信息、代理等现代服务业的发展已有世界城市的规模。

但上海并不只是喧嚣一时的十里洋场，还有复旦大学、上海交通大学、同济大学、华东师范大学、上海大学、上海财经大学的知识文明创新引擎，人才云集，生活时尚，也是最具知识文明创新基础与时尚活力的世界城市。

商埠文化、外来文化、国际文化的全球化影响，已融入上海的时尚生活、时尚文化与时尚经济中。

上海与外来文化的关系，更有趣的是它不受哪一种文化的它者侵略或支配，而是为我所用，多元互融，已有中华气派与中国文化精神血脉渗入其中，形成基于"文化创意理念"的自主创新基础。

## 三、创意与创新：外来文化对深圳世界创意城市建设的影响

从设计、创意的世界之都走向金融、科技、信息、服务知识文明的创新体系，深圳的世界创意城市建设，都更具发展的活力与创新的特征。尤其在特区发展30年之后，又设立了前海的"特中特"，足见深圳的创新与发展的格局之大。

深圳对于香港带来的欧风美雨，采取了"拿来主义"的从容姿态，已形成其创意与创新的自主创新基础，融多元外来文化为一体，融入自己的世界创意城市建设大局与发展大局。

## 四、时尚与开放：外来时尚文化对大连国际城市文化建设的影响

由东北亚的国际影响而走向开放的大连，将外来文化作为时尚元素融入自身的开发建设中，形成中国浪漫之都的开放活力之都与旅游活力之都、会展活力之都。大连的"洋气"明净而又自信，简洁而又浪漫，时尚而又向上，已形成基

于"文化创意理念"的由重化物质经济转向非物质经济的文化转型与经济转型的知识文明构型。

## 五、品牌与创新：外来工业文化对青岛国际城市文化建设的影响

由德国殖民工业留下的殖民工业遗产，在青岛的工业体系发展中，最具典型。然而青岛没有停留在发展中国家城市化的殖民经济阴影中徘徊不前，而是超越其上，在全国最早提出世界自由贸易区的理论构想与创新探索，以最开放的襟怀，做最自主的事业。

从文化层的发展来说，外来文化丛与工业文化层，必然要走向商贸文化层的世界文化丛，这是文化规律，也是历史规律，青岛在大工业品牌的开放发展之后，又做出了大商贸文化的制度文明创新体系。可见，其跨越发展的魄力与科学发展的扎实功底。详见后附课题组青岛保税港区制度文明创新的专题案例研究。

## 六、自由与时尚：外来贸易文化对香港世界城市文化发展的影响

从发展中国家城市化的典型殖民地国际大都市，到短暂的十几年特区发展的世界城市建设，中国香港的法制文明已融入英属殖民地之上的中国自主创新的自主文明创新体系。并同时带动了珠三角的腾飞，融入中国的开放襟怀与发展格局，在重组世界的同时重构自我。

中国香港是最自由的，也是最时尚的，其中外来贸易的全球化融入已开始了殖民经济之后的崭新一页，基于"文化创意理念"的知识文明发展也更是独树一帜的，潜力无限。

## 七、接受与突破：外来工业文化对苏州模式重构的现代化影响

在苏州这样一个最古典与最本土的历史文明悠久的城市，又植入了新加坡国际工业城的外来工业文化创新体系，它已不再是殖民经济的翻版，也不是东印度公司的文化侵略；而是苏州文化自觉中的创新勇气与开放胸怀，是对国际新工业体系与管理文明体系的自觉借鉴与接受，并在接受中再次突破苏南模式的小家碧

玉与小生产格局，融入兼容开放的知识文明创新体系，在重组世界城市中重组自我，自重组自我中打开支配世界财富中心转移的新格局，详见后附课题组关于苏州文化创新的专题案例研究报告。

## 八、港区与新区：外来商贸文化对天津世界城市建设的影响

天津近代以来就是一个有着租界的殖民地城市，中国改革开放格局在由南向北推进的进程中，滨海新区已成为中国继珠三角、长三角之后的又一增长极。仅滨海新区发展的实绩，已将要赶超深圳。

天津已摆脱发展中国家城市化的殖民经济影响，在"文化智造"的文化自觉与文化创新中，自觉引进新加坡生态城等国际城市化创新体系与管理体系，形成其基于"文化创意理念"的创新基础。

## 九、时尚与浪漫：外来时尚文化对哈尔滨国际城市建设的影响

在中国近现代的外来文化影响中，南有上海的十里洋场，北有哈尔滨的东方小巴黎。哈尔滨的外来文化主要体现在其中心城区的中央大街，几乎就是欧式的万国建筑博物馆。

不仅如此，具有百年品牌的马迭尔集团，本身就是犹太人创办的商业旅游集团与具有旅游文化品牌的宾馆；在其后的创新发展中，马迭尔集团又引进了其他国家的婚庆婚礼"幸福梦工场"，发展了欧洲的西餐冷饮音乐旅游文化产业系列，融合创办了众多国家酒水旅游业与国际品牌的国际啤酒节；从被国际化到自觉融合国家化，形成了基于"文化创意理念"的都市旅游文化产业发展的自主创新基础，形成了马迭尔知识文明与管理文明的创新基础。详见后附课题组所做马迭尔旅游文化产业发展规划研究报告，兹不赘述。

# 第二十六章

# 中国城市文化的理想范式与拟量指标体系研究

中国城市文化的理想范式,应该是基于"文化创意理念"的知识文明城市,亦即生态化、知识化、服务化、信息化、非物质化、创意化发展的典型城市。

## 第一节 都市极的创新结构与城市文明的核心技术体系研究

近百年来,人类文明与城市文明经历了从工业化、物质化工业文明物质经济体系向知识化、信息化、非物质化知识文明版权经济体系的转型;千年以来,中国文明经历了从王化、教化、汉化的印刷文明文官制度政教体系向工业化、物质化工业文明物质经济的转型(见表26-1)。

表26-1 城市化的创新引擎与城市文明、知识功能、制度体制的转型

| 文明转型 | 技术转型 | 文化转型 | 城市转型 | 知识转型 | 制度转型 | 体制转型 |
| --- | --- | --- | --- | --- | --- | --- |
| 千年印刷文明 | 印刷技术 | 王化、教化、汉化 | 宫廷与帝都轴心化 | 玄学人文科学修辞工具 | 皇室文官制度的支配权 | 天人合一与圣者为王的人文法则 |
| 百年工业文明 | 蒸汽机技术 | 工业化、物质化 | 区域城市化 | 自然科学与社会科学生产工具 | 工业物质财富的所有权 | 物竞天择与适者生存的森林法则 |

续表

| 文明转型 | 技术转型 | 文化转型 | 城市转型 | 知识转型 | 制度转型 | 体制转型 |
|---|---|---|---|---|---|---|
| 50年知识文明 | 信息技术 | 知识化、信息化、非物质化 | 大都市区域化 | 认知科学与鉴识科学创新工具 | 内容为王的版权经济 | 信息对称与内容为王的创新法则 |

在这里，应该注意的是，第一次工业化、物质化转型，当中国摒弃与颠覆千年文明的新文化发生时，西方正在遭遇物质文明、工业文明第一次转型前的精神困境与环境难题；于是有杜亚泉、梁漱溟等东方文化派与新儒学的重构，有亚洲儒家文化+资本主义的文化复兴与经济崛起，较为复杂与典型的就是胡适作为"五四"时期的西化派，二三十年代的国学派，演化为三四十年代的东方文化派，实质上许多"五四"时期的激进派成熟后都成为东方文化派，这就是三四十年代的京派、海派之争，与许多"五四"时期的思想叛逆作家最终又成为京派作家的东方文化派与新儒学文化思潮的始作俑者。

与之相似的是，中国新时期改革开放伊始，追逐的是国际化、西化、工业化、物质化、商品化的经济文化大潮，而恰值此时，西方开始信息化、知识化的第二次文明转型，中国一方面要引进西方的技术、设备、资本、经验，一方面又要避免西方工业化、物质化第一次转型遭遇的困境与文明难题、发展难题，规避由此带来的国际分工边缘化、殖民化的世界工业迁徙中的被动格局与发展误区。

因此，我们提出知识化、信息化、服务化、生态化、非物质化跨越发展、科学发展、和谐发展、自主发展的城市化、区域化发展模式与自主模式、创新模式与文化模式，就是基于"文化创意理念"的中国当代城市建设比较研究与全球语境的创新基础与科学基础。

更为复杂的是，在去工业化与逆城市化的非物质化、生态化城市化发展中，美国等发达国家已完成一个工业化引导的城市化、去工业化的逆城市化、知识化引导的大都市区化的正、反、合城市化创新过程。

与此同时，中国也完成了城市化、城镇化与卫星城市化、新城新区建设的大都市区化（大盘时代）正反合的城市化创新过程，形成了基于"文化创意理念"的全球文化博弈、经济博弈大格局，形成了从珠三角、长三角、环渤海到西部大开发、东北老工业基地振兴、中部经济区崛起的全域城市化多增长极互动的创新大格局。

## 第二节 "文化创意理念"的经济文化原理、理论体系与城市化建设发展模型

基于"文化创意理念"的城市化建设与发展,一是要有知识化的智力生产力创新基础,二是要有生态化的环境生产力创新基础,三是要有都市大区化的区域生产力规模与布局,四是要有信息化的科技基础与环境,五是要有本土文化的创意基础与自主创新体系,六是要有服务业配套发展的综合创新基础,七是要有区域化与城市化自组织的自主创新基础,八是要有全球化的资源配置与博弈空间,九是要有跨学科、跨领域的领军企业与人才、团队与组织、组织结构与创新结构,十是要有文化权力、制度保障的政策法规(见表26-2~表26-7)。

表26-2　　　　　　　　　经济学原理的知识转型

| 经济学类型 | 意识形态的知识构成 | 理论来源与思想来源 | 基本原理与逻辑语汇 | 哲学基础 |
| --- | --- | --- | --- | --- |
| 西方现代经济学 | 市场经济意识形态 | 近代物理学 | 增长原理、杠杆原理、均衡原理、竞争原理、发展原理、物质原理 | 轴心与边缘的空间哲学、发展与发达的线性哲学 |
| 自主文化经济学(后物质经济学、非物质经济学) | 知识经济意识形态(文化经济意识形态、创意经济意识形态) | 生物学与生命科学、信息科学、认知科学、文化科学(包括文化学、人类学、媒介学) | 组织原理、自组织原理、自主原理、对称原理、博弈原理、信息原理、非物质原理、竞合原理、优化原理、演化原理、极化原理、创意原理、创新原理 | 非线性的系统哲学、非对抗的文化哲学、复杂性的管理哲学 |

表 26-3　　　　西方现代经济学三大定律反思的三大文化资本定理

| 理论来源 | 定律概念 | 定律原理 | 基础理论 | 理论宗旨 | 理论性质 |
| --- | --- | --- | --- | --- | --- |
| 1. 霍夫曼物质经济论 | 霍夫曼定律 | 重化物质经济不可逾越论 | 发达国家与发展中国家国际分工的基础理论 | 城市化、物质化发展的基础理论 | 后殖民经济理论 |
| 2. 庞巴维克资本实证论 | "戈森规律"的物质资本定律 | 物质经济边际效益递减 | 发达国家与发展中国家国际分工的基础理论 | 城市化、物质化发展的基础理论 | 后殖民经济理论 |
| 3. 亚当·斯密市场杠杆理论 | 资源比较优势定律 | 比较优势贸易结构 | 发达国家与发展中国家国际分工的基础理论 | 城市化、物质化发展的基础理论 | 后殖民经济理论 |

表 26-4　　　　文化创新与自主创新的三大文化资本定理

| 理论来源 | 定律概念 | 定律原理 | 基础理论 | 理论宗旨 | 理论性质 |
| --- | --- | --- | --- | --- | --- |
| 1. 跨越发展论 | 非物质经济的文化资本定律 | 非物质经济跨越发展与文化支柱产业规划的自主创新 | 发展中国家后发优势的国际分工基础理论 | 非物质化、城市化发展的基础理论 | 文化经济自主创新理论 |
| 2. 非物质经济论 | 逆"戈森规律"的文化资本定律 | 非物质经济代际效益递增 | 发展中国家文化创新的国际分工基础理论 | 非物质化、城市化发展的基础理论 | 非物质经济自主创新理论 |
| 3. 文化综合创新理论 | 综合创新比较优势定律 | 创新发展优势贸易结构 | 发展中国家综合创新的国际分工基础理论 | 非物质化、城市化发展的基础理论 | 后物质经济综合创新理论 |

表 26-5　　　　后殖民文化三大定理

| 理论来源 | 定律概念 | 定律原理 | 基础理论 | 理论宗旨 | 理论性质 |
| --- | --- | --- | --- | --- | --- |
| 1. 欧洲文化渊源论 | 文化渊源论 | 文艺复兴的现代文明传播源 | 文化渊源轴心论的传播学基础理论 | 世界化、区域化、城市化的后殖民文化传播体系 | 后殖民文化理论 |

续表

| 理论来源 | 定律概念 | 定律原理 | 基础理论 | 理论宗旨 | 理论性质 |
|---|---|---|---|---|---|
| 2. 亨廷顿文化战争理论 | 文明冲突论 | 文化意识形态与文化领土冲突定理 | 全球化的"适者生存"文化霸权理论 | 全球化、区域化、城市化的文化领土扩张 | 后殖民文化理论 |
| 3. 美国全球化文化理论 | 文化单极论 | 文化一元论 | "普世价值"的文化霸权理论 | 全球化、区域化、城市化的文化领土扩张 | 后殖民文化理论 |

表 26-6　　　　文化自主创新三大定理

| 理论来源 | 定律概念 | 定律原理 | 基础理论 | 理论宗旨 | 理论性质 |
|---|---|---|---|---|---|
| 1. 自主发展的中国比较文学理论的话语重构 | 文化发展论 | 文化创新发展定理 | 文化平行传播的传播学原理 | 全球化、区域化、城市化的文化交流与互动、创新与发展 | 文化人类学的理论还原 |
| 2. 天人合一的中国文化和谐生态观 | 文化和谐论 | 文化和谐意识形态原理 | 天人合一的文化生态理论 | 全球化、区域化、城市化的文化交流与和谐、和平与发展 | 和谐理论的文化社会学阐发 |
| 3. 多元互动的本土文化重构 | 文化多元论 | 文化多元生态原理 | 多元文化的互动共生理论 | 全球化、区域化、城市化的文化重构与复兴 | 文化复兴的文化生态学理论 |

表 26-7　　基于"文化创意理念"的中国当代城市建设案例研究数据库

| 案例 | 文明类型 | 创意知识化率 | 文化资源动员率 | 资源优化配置率 | 创新效益率 |
|---|---|---|---|---|---|
| 成都 | 幸福文明 | 50%以上 | 50%以上 | 50%以上 | 50%以上 |
| 苏州 | 历史文明 | 50%以上 | 50%以上 | 50%以上 | 50%以上 |
| 连江 | 生态文明 | 50%以上 | 50%以上 | 50%以上 | 50%以上 |
| 深圳 | 知识文明 | 50%以上 | 50%以上 | 50%以上 | 50%以上 |
| 马迭尔 | 管理文明 | 50%以上 | 50%以上 | 50%以上 | 50%以上 |
| 青岛保税港区 | 制度文明 | 50%以上 | 50%以上 | 50%以上 | 50%以上 |
| 霸州 | 自主文明 | 50%以上 | 50%以上 | 50%以上 | 50%以上 |
| 新民 | 幸福文明 | 50%以上 | 50%以上 | 50%以上 | 50%以上 |
| 本溪 | 生态文明 | 50%以上 | 50%以上 | 50%以上 | 50%以上 |

## 第三节 "基于文化创意理念"的中国城市文化治理体系与评估系统的指标模型研究

对于中国城市文化的理想范式,我们试图建立其量化指标体系的评估系统与测绘系统,自主模式的评估系统与测绘系统,创新模式的评估系统与测绘系统,技术模式的评估系统与测绘系统,文化模式的评估系统与测绘系统,科学模式的评估系统与创新系统,创意模式的评估系统与测绘系统,生态模式的评估系统与测绘系统,资源模式的评估系统与测绘系统,管理模式的评估系统与测绘系统。具体见表26-8。

表26-8　中国城市文化的理想范式全要素与主导因子评估测绘指数

| 知识模型的评估测绘系统 | 全要素系数（%） | 主导因子系数（%） | 评估测绘指数 | | | |
|---|---|---|---|---|---|---|
| 自主模式 | 自主系数 15% | 50%以上 | 50分以下失败 | 50~60分 基本合格 | 60~80分 基本成功 | 80分以上 优异 |
| 创新模式 | 创新系数 15% | 50%以上 | 40分以下失败 | 40~50分 基本合格 | 50~60分 基本成功 | 60分以上 优异 |
| 技术模式 | 技术系数 5% | 20%以上 | 60分以下失败 | 60~70分 基本合格 | 70~80分 基本成功 | 80分以上 优异 |
| 文化模式 | 文化系数 15% | 40%以上 | 60分以下失败 | 60~70分 基本合格 | 70~80分 基本成功 | 80分以上 优异 |
| 科学模式 | 科学系数 5% | 30%以上 | 50分以下失败 | 50~60分 基本合格 | 60~80分 基本成功 | 80分以上 优异 |
| 创意模式 | 创意系数 10% | 30%以上 | 50分以下失败 | 50~60分 基本合格 | 60~80分 基本成功 | 80分以上 优异 |
| 生态模式 | 生态系数 15% | 40%以上 | 60分以下失败 | 60~70分 基本合格 | 70~80分 基本成功 | 80分以上 优异 |
| 资源模式 | 资源系数 5% | 10%以上 | 60分以下失败 | 60~70分 基本合格 | 70~80分 基本成功 | 80分以上 优异 |

续表

| 知识模型的评估测绘系统 | 全要素系数（%） | 主导因子系数（%） | 评估测绘指数 | | | |
|---|---|---|---|---|---|---|
| 管理模式 | 管理系数 5% | 30%以上 | 60分以下失败 | 60~70分基本合格 | 70~80分基本成功 | 80分以上优异 |
| 经济模式 | 经济系数 10% | 40%以上 | 60分以下失败 | 60~70分基本合格 | 70~80分基本成功 | 80分以上优异 |

城市文化的理想范式，本为定性研究的科学文化阐发体系与案例研究的实证分析，但我们力争对此做出拟量模型的定量研究探索与技术模型测绘。

对于难于做定量研究的城市文化理想范式与基于"文化创意理念"的城市建设模型，我们试图以信息典型化的方式做出复杂性拟量模型的定量研究探索。

拟量模型的定量研究与技术模型，一方面要有鉴识科学的基础，如在工程测绘、技术测绘中，曾有人发明了信息典型化的测绘理论与技术，并在这一"测不准原理"的典型化数据分析中综合运用定性研究与定量研究的方法，从工程测绘到科学测绘、技术测绘，形成信息典型化鉴识科学测绘理论与方法。后来我们将其用于产业规划与文化测绘，用于云南符号的文化产业测绘，形成云南符号的信息典型化文化产业测绘报告。另一方面，拟量模型的鉴识科学的定量研究，在与人文、社会科学及认知科学定性、定向研究的组合融会中，也要有鉴识科学的技术模型与分析框架，如区域科学、区域理论、区域规划的鉴识科学研究，就要有自然地理系统、生态环境系统、经济系统、社会系统、文化系统的区域系统模型与分析框架，有对区域自组织功能开放系统综合性、层次性、非线性、动态性、不确定性的框架分析与信息典型化处理数据模型，有对作用于区域开放系统的全球化结构演替组合功能的拟量模型分析对策。① 如扩展与重构的简化结构，实证与范畴的汇集数据，假设与定量的模拟系统，预测与评估的逻辑阐发，发现与再发现的验证假设与理论，创新与规划的优化结构与设计方案等，都是区域模型的鉴识科学测绘与定量研究模式。

信息典型化的文化测绘法拟量模型，在科学建构的技术基础与理论来源上，是依据碳14史学测定法的化石地学材料媒介方法论，依据恒星内部结构与演化研究中银星说的开放复杂巨系天文学核心媒介方法论，依据遗传定律研究中孟德尔与典型试验材料（豌豆）的生物学信息媒介方法论，依据基因理论研究中摩尔根与典型试验材料果蝇的生物信息媒介拟测法，依据2002年诺贝尔获得者布

---

① 秦耀辰：《区域系统模型原理与应用》，科学出版社2004年版，第1~10页。

雷内用线虫做典型试验材料获取的典型信息集成论，做出信息典型化的认知科学理论与相关科学测绘监测及控制系统，它是对系统环境复杂、关键信息匮乏，不能有效应用还原论方法的某些复杂系统，为了对其特定时刻的行为进行预测和控制，将人文、社会科学中的典型方法，与自然科学中的信息科学方法有机结合的一种文化测绘方法。①

非物质不是无物质，由于物质资本与非物质资本的增长方式发生了根本变化，应用信息典型化的文化测绘原理，做出城市文化理想范式与相关文化产业非物质经济的评估指数与产业要素分解模型。基于"文化创意理念"的中国当代城市建设研究，应在全球轴心经济互动中抓住文化产业跨领域资源配置的产业辐射性、代际资本递增的新增长方式、超级营利结构的社会再生产模式、全要素生产率的知识财富主权、文化领土与商业领土双向扩张的社会自组织创新系统、非物质经济与非稀缺经济的低能耗成长的创新特征，来制定非物质经济产业标准与城市文化理想范式与发展标准的文化测绘体系，做出信息典型化的城市文化理想范式发展指数与相关文化产业测绘标准，做出文化运营的城市规划与产业规划体系的文化测绘标准，制定绿色 GDP 与文化 GDP 的城市文化理想范式标准体系与政府过程的投入产出率及财政拉动力的文化经济指标体系，启动相关政策助推城市文化理想范式的建设与文化经济的运营。

除此之外，还应用系统法、综合平衡法、投入产出法、比较论证法、数学模拟法、SWOT 分析法（strength、weakness、opportunity、threat），对城市文化的理想范式，做出科学分析的文化测绘与相关指标体系的结构模型。②

对于城市文化理想范式评价指标体系的建构，同时还要依据"主观评价指标"的层次分析法、模糊综合评价分析法等作出城市文化理想范式"主观评价指标"的指标体系；依据"客观评价指标"的主成分分析法、因子分析法、熵值法等，作出城市文化理想范式"客观评价指标"的指标体系。建构城市文化理想范式的数量指标与质量指标，实物指标与价值指标，单项指标、结构指标和综合指标，描述指标、评价指标和预警指标。并通过指标体系所提供的基本数据资料，加深对城市文化理想范式经济和社会各个不同部分之间关系的认识，为制定基于"文化创意理念"的城市建设与发展的政策和规划服务。③

城市文化理想范式评价体系与指标体系的建立，确实是一个复杂性的技术问题，需要做出谨慎的探索。

城市文化理想范式，也不同于其创新模式，模式可以继承，范式是对未来的

---

① 皇甫晓涛：《符号经济与数字文化的国家创新体系》，《江西社会科学》，2005 年第 11 期。
②③ 刘秉镰、韩晶等：《区域经济与社会发展规划的理论与方法研究》，经济科学出版社 2007 年版。

描述，在范式里，对最典型、最理想的城市，进行理想化的描述，它的空间结构、人口规模、人际关系、幸福感指数等进行一系列指标性的描述，这一描述应该具有定性研究与定量研究相融合的科学技术，同时也应具有内容分析与指标体系相融合的信息典型化测绘价值。如上，我们对其进行了初步的探索或总结，更为系统的工作还有待于更深入与艰巨的探索。在这里所建立的初步的拟量模型，我们想对基于"文化创意理念"的中国当代城市规划建设与新城新区发展的创新预见、产业预见会有一点创新工具与测绘工具、评估工具的帮助，使之更具有科学发展的创新基础，也就完成了我们初步的学术工作与理论探讨。

# 第六编

# 中国城市区域文化渊源与文化类型研究

——基于"文化创意理念"的当代中国城市建设区域科学研究

# 第二十七章

# "自然"的社会模型与文化类型的区域科学阐发

——城市区域文化的地理渊源研究

  区域文化是民族文化的空间分布，即由地理基础构成的自然规定中的独特文化形态。其中器物流程、社会流程及意识流程最终都与地理因素的自然流程有着这样那样的内在联系。可以说，在区域文化的动态结构和网络系统中，地理因素是最稳定同时也是最基本的文化流程。无论是人的心理素质，还是政治、经济的空间分布，或生产活动、生活方式以至于民俗形成的历史差异，或是方言的分布、建筑的特点、文学艺术的审美特性，都或多或少地受区域文化地理因素的规定和影响，或直接成为它的物质媒介，自然、社会、历史的表象是它的符号系统。以往的各文化学派对此均有所涉猎，只是由于特定的社会历史环境，没能更为深入地总结出其文化学的丰富内涵。

  恩格斯曾深刻地指出："人本身是自然界的产物，是在一定的自然环境中并且和这个环境一起发展起来的。"[①] 在"人化的自然"这一社会历史行程中，地理并非一个静止的被动因素，而是通过介入生产活动能动地参与社会文化的历史建构，成为一个与社会发展互为作用的历史范畴。"人类创造历史的活动是在一定的空间内进行的。从这个意义上说，地理环境似乎就是人类活动的背景，起着类似舞台、布景乃至道具的作用。"[②]

---

[①] 《马克思恩格斯选集》（第1卷），人民出版社1972年版，第6页。
[②] 宁可：《地理环境在社会发展中的作用》，《历史研究》，1986年第6期。

## 第一节　地理环境与区域文化的人文地理模型研究

地理环境，并非只是自然形成的地表形态和能源，而是"自然规律和社会规律同作用的复杂综合体"①，因为"地球表面已经不存在有完全未受人为影响的自然环境，也没有绝对的不受自然影响的人文环境的存在"。② 它包括自然地理、经济地理、政治地理、人文地理以至于地理的"文化景观"，作为"在一定地点上出现与视野中的地表空间的一部分"和"具有一定特征的一片区域"，③已成为一个地理学的社会文化系统。而现代文化学者也愈来愈注重文化的地理基础及其区域特征，以及地理的文化内涵和社会结构。文化地理学派的"文化圈"即是指文化空间地理上的分布，它所注重的就是自然流程、器物流程的社会文化的区域特征，而"文化景观"则是文化地理学派对"附加在自然景观上的人类活动形态"，文化特征的描述，"它是地球表面文化现象的复合体，反映了某个地区的地理特征"，是"文化景观形态学"的基本概念，也为从特定区域把握文化诸方面因素的一门研究人类文化空间组合的人文地理学科的一个理论范畴。他们认为"文化为环境的认为部门"，在"地表盛行一定文化特征的地区"，"拥有各种各样的行为系统，如居住形式，语言、经济体系，社会组织及宗教信仰和仪式等。"④"文化丛"是与"文化圈"、"文化景观"人文地理因素密切相关的时空系统中某一特定的文化物质媒介或联结体，是"人类在一定的生态环境中进行有特质的文化创造，各种文化特质相互联结在一起，构成一个特定环境的文化丛体。"⑤ "文化丛是在一定时间、空间产生和发展起来的一组功能上相互整合的文化特质丛体，它也是研究文化特质的一个单位"。⑥ 它更侧重与研究构成某种文化的物质要素及其时空系统，以至于由经济地理因素构成的文化物质媒介。如农业文化丛、畜牧文化丛、竹文化丛、马文化丛等，也表示人类依据一定自然环境的一种创造能力及其历史状况。与"区域文化"区域形态结构概念较为贴近的是"文化区"，它比较确切地揭示了区域文化的地理因素及其结构层次。文化特质的区域分类，是"人类依据不同的生态环境所创造的文化特质"，它"是在一定地理环境中形成的"，"具有稳定的特征的""一个历史概念"⑦ 因而"区域文化"的概念从特定区域地理与文化的社会复合体这个意义上来说，它又与西

---

①②③ 刘盛佳：《地名学的学科性质》，《地名丛刊》，1987 年第 1 期。
④ 金哲、姚永抗、陈燮君主编：《世界新学科总览》，重庆出版社 1986 年版，第 817～819 页。
⑤⑥⑦ 司马云杰：《文化社会学》，山东人民出版社 1987 年版，第 242、250～251 页。

方当代文化人类学、文化社会学及应用人类学文化整合、社会类型研究中"社区"的概念有些类似，不过是比它更为注重"区域"概念的社会结构与文化系统，因而也比它的内涵更深广些，所概括的社会文化实体也更为宽广、阔大。它更为注重文化地理因素的"整体性与独特性、区域关系与网络结构、内部特征与社会变迁"这一"网络概念"①。即从文化学的角度研究从地理环境、自然生态到"政治网络"、"经济网络"、"亲族网络"、"社交网络"②等社会历史形态的空间分布及其与人的心理实现区域差异的内在联系。

  英文文化 Culture 即是与地理因素密切相关的一个词，它本有耕耘、饲养、种植、栽培（cultivatng；the rearing of bees，silkwoms）等含义，并由这些与地理因素相关的生产活动形成的特定社会类型，引申为某社会、种族等特有的文艺、信仰、风俗等（all the arts, social, institutons, etc characteristic of community）最后发展为某一特定形式的文化（particular form of intellectual）。③ 由此不难看出，文化作为某一特定的社会实体及其观念体系的"生命类形态"，其内涵本身就是有自然规定中特定区域的社会"网络"体系所负载的。Culture 一词源于拉丁文 cultura，其词意可上溯至古希腊时代。古希腊人用 tropose 方式，及特定地区的思想、文学状况和方式、ethos（道德、精神状况）、nomos（社会条件多样性）、paideia（成人智力、知识的培养和发展）来表达他们的文化观念，已有在特定区域、环境中的文化系统结构——"类"形态的思想萌端。古罗马时代产生了文化观念的直接语言形式 Cultura，这一名词本源于一个表示土地开垦和耕耘的拉丁词 celere，从而很形象地表示出古希腊语言中 trops 的文化地理内涵。④ 后来又有许多西方学者沿着这条线索深入思考下去，以至于产生"地理环境决定论"及文化地理学派，专门研究特定区域自然环境及习俗信仰、生活方式对历史、文化的影响。直至产生现代文化人类学、文化社会学及功能主义、结构主义、象征互动论等诸多现代文化研究流派、体系和方法。

## 第二节 地理环境的自然模型与文化类型研究

  "历史之父"希罗多德曾有"温和的土地产生温和的人物"的名言，他是从文化的自然流程——地理环境探讨人与自然的关系及其历史作用的。法国著名的

---

  ①② 胡韦：《法国社区分析的发展》，《中山大学学报》，1987年第2期。
  ③ 《牛津现代高级英汉双解词典》，第29页。
  ④ 姚蒙：《文化、文化研究与历史学》，《史学理论》，1987年第3期。

政治理论家和历史学家波丹（1520~1596）就曾对地理环境与人类社会的关系问题及其引起的文化现象做了许多论述。他认为，人由于所居住的自然环境不同，性格和气质也有很大的差异，住在山上的城市居民更容易发生革命和暴乱。他甚至把古瑞典国家的三个不同政治派别与他的三个不同的地理区域相联系，认为这些区域的地理条件的不同，使它的居民形成不同的性格。他把赤道和北极之间的土地划分为三个区域，认为北方的居民精力充沛，体魄强健；南方的居民虽体力不佳，但机智精明。而居住在南北区域之间的民族既有北方的体魄，又具有南方民族的才智。继波丹之后的孟德斯鸠（1689~1755），是探讨特定地理环境与社会文化诸种现象内在联系的又一学者，在《论法的精神》一书中，他集中阐述了这方面的观点。首先，他认为世界各地气候不同，造成了各民族心理状态和性格、气质的不同，而人的素质的不同又影响到不同的社会生活、政治法律制度。土地肥沃使人养成一种依赖性，贪生怕死，易于屈服于强者而不那么渴望自由，因而产生了专制制度（这与我国以中原沃野为自然条件形成的宗法专制下小农经济封建帝国的长期延续及屡遭异族蹂躏的文化历史现象不是有着惊人的相似吗？）土地的磅礴则使人勤勉持重、坚忍耐劳、勇敢善战（这与我西部黄土文化及秦地历史、风俗的自然规定又有些近似）。此外，人们所居住之地的位置与其性格、体制等社会、文化现象也有联系。居住在山区的人要求民主的统治；平原的人要求豪门的统治；而近海的人则拥护二者的混合统治；居住海岛上的民族比大陆上的民族更珍重自由。而"气候的影响为一切影响中最强有力的影响"，甚至有人的道德高下，犯罪与否，也完全被气候条件所左右。① 希罗、波丹、孟德斯鸠等人关于地理环境对人类社会生活、文化现象及历史发展影响的学说固然有其片面甚而唯心的一面，但它毕竟注意到地理基础上独特区域的文化、历史的"类形态"，为我们从神学的天国中解放出来，从自然规定的具体现实出发考察人类活动及其文化现象提供了思想契机和有关资料，以至于影响到沉湎于"理念"哲学模式的德国古典哲学大师黑格尔，他对孟德斯鸠的地理环境学说颇为赏识，并深受其影响，在他的《哲学史演讲录》中称赞孟德斯鸠的《论法的精神》是"一部美妙的著作"。他认为特定区域自然环境是"历史的地理基础"，② 对于社会历史发展及文化的形成有着特别重要的意义。他把整个世界的地理环境划分为三种类型：

（1）干燥的高地同广阔的草原和平原。

（2）平原流域——是巨川、大江所流过的地方。

---

① 黑格尔著，贺麟、王太庆译：《哲学史演讲录》（第4卷），商务印书馆1978年版，第231页。
② 黑格尔：《历史哲学》，三联书店1956年版，第123、132页。

(3) 河海相连的海岸区域。①

他认为,由于地理环境不同,居住在这三种地区的民族的社会经济生活、政治生活和民族性格等文化形态迥然不同。生活在第一种区域的人过着游牧生活,其政治生活的特色是家长制,在这些人中间,"没有法律关系的存在,因此,在他们当中就显示出了好客和劫掠的两个极端……他们时常集合的大群人马,在任何一种冲动之下,便激发为对外的活动",如洪水泛滥一般,造成一场结果为遍地瓦砾和满目疮痍的大乱。这有些类似于我国宋金、元明之际的蒙古族的文化心态和历史现象,生活在第二种区域的民族,由于土地肥沃,又有四季时序之助,其生活所依靠的是农业,于是"土地所有权和各种法的关系便跟着发生了"。② "平凡的土地、平凡的平原流域把人类束缚在土地上,把他们卷入无穷的依赖性里面。"③ 这有类似于我国黄河流域中原地带的文化形态。生活在第三种地区的民族,追求利润,从事商业,这样区域的人智勇兼备,既有权谋又具机警。这又类似于我国东南海区域社会经济状况及文化形态。可贵的是黑格尔将生产方式文化心理结构自然地联结起来,作了较为确切的阐述。他还特别注意到气候、河川江海即山脉对人类文化形态的影响,提出"河川江海不能算做隔离的因素,而应该看做是结合的因素……只有山脉才是分离的。"④ 这和我国以大陆山地为主形成的封闭性文化的"隔离机制"与西欧以海岸、岛屿为自然背景形成的开放文化体系的反差也有相通之处。中国西部与东南沿海的文化历史反差也是如此。在其后的文化地理因素中,黑格尔认为"在极热带和极寒带上,人类不能够做自由的运动……人类时刻被迫着当心自然,当心炎热和冰雪。历史的真正舞台之所以便是温带,当然是北温带,因为地球在那里形成了一个大陆,正如希腊人所说,有着广阔的胸膛……北温带有许多动物和植物都具有共同的属性"。⑤ 这又如我国中原地带的文化机制和历史状况。黑格尔的论断是符合人类文化史所展现的自然关系的,与马克思在《资本论》中提出的关于多样的地理环境有利于人类社会发展观点⑥,不无相似之处,只有个别地方又失之偏颇。但黑格尔毕竟属于唯心主义的哲学体系,所以他最后只能又把世界的本源、历史发展的动因及文化的奥秘皆归于抽象的"绝对精神",从而将地理环境也纳入"精神所从表演的场地"。

马克思在《关于费尔巴哈的提纲》中曾说:"从前的一切唯物主义——包括费尔巴哈的唯物主义——的主要缺点是:对事物、现实、感性,只是从客体的或者直观的形式去理解,而不是把它们当做人的感性活动,当做时间去理解,不是

---

①②③ 黑格尔:《历史哲学》,三联书店1956年版,第133、134~135页。
④⑤ 黑格尔:《历史哲学》,第124、134页。
⑥ 《马克思恩格斯全集》(23卷),第561页。

从主观方面去理解。所以,结果竟是这样:和唯物主义相反,能动的方面却被唯心主义发展了,但只是抽象的发展了,因为唯心主义当然不知道真正现实的、感性的活动。"① 对于特定区域文化历史"类"形态的地理因素的探讨也是这样,孟德鸠斯等人虽有唯物主义观点,但只是静止、直观地去把握地理环境对于社会历史的作用,而客观唯心主义的黑格尔,却在特定区域的自然规定中较为详尽地阐述了地理环境与人的素质的关系,并进而探讨其对于特定文化形态、社会模式以及经济关系、生产活动的影响。马克思则更明确地把人、人的生产活动及其能动作用放到特定历史范畴中去考察,深刻揭示其与特定地理环境及其所形成的文化形态的内在联系。所谓"任何历史记载都应当从这些自然基础以及他们在历史进程中由于人们的活动而发生的变更出发"②便是这一唯物史观的理论前提。马克思主义经典作家是把地理环境作为生产活动的"自然基础",亦即生产对象、劳动工具的物质媒介纳入"经济关系"之中,进而考察其对特定区域人类社会历史及文化风貌的规定、影响作用的。"正是在改造对象世界中,人才真正地证明自己是类的存在物。这种生产是人的能动的类生活。通过这种生产,自然界才能表现为他的作品和他的现实。因此,劳动的对象是人的类生活的对象化:人不仅像在意识中那样理智地复现自己,而且能动地、现实地复现自己,从而在他所创造的世界中直观自身",③"在改造对象世界"的"能动的类生活"的生产过程中,一方面,特定的自然基础以劳动对象、工具及其物质媒介的形式参与其中,最后凝结为表现他的作品和特定的文化物质形态,由"自然流程"发展为"器物流程"与"社会流程"及"意识流程"的文化有机体;另一方面,作为"人的类生活对象化"的自然规定,地理因素为人"能动地、现实地复现自己"这一"人化自然"的行程提供了文化创造的历史舞台,最后又在这一创造过程中与人的发展互为因果,规定、影响着特定的社会心理和人的素质,从而能够使人"在他所创造的世界中直观自身"。亦即人在"作用于他身外的自然并改造自然时,就同时改变他自身的自然"。④"炼出新的品质……造成新的力量和新的概念,造成新的交往方式,新的需要和新的语言"。⑤ 马克思在强调文化、历史的自然规定的地理因素时,不是简单地将其作为某方面的社会动因而描绘为一种"线型"的因果关系,而是在诸多繁复交织的社会历史范畴中,以人的生产实践活动为中介环节,从而避免了机械唯物论与客观唯心主义在这方面所表现出

---

① 《马克思恩格斯全集》(第3卷),第3页。
② 马克思恩格斯:《德意志意识形态》。
③ 马克思:《1844年经济学哲学手稿》,《马克思恩格斯全集》(第42卷),第96页。
④ 马克思:《资本论》,见《马克思恩格斯全集》(第23卷),第202页。
⑤ 马克思:《经济学手稿》,见《马克思恩格斯全集》(上)(46卷),第494页。

的简单化的历史倾向，成为我们区域文化研究中探讨地理因素的科学依据。但地理因素在文化发展中并非完全是被动或次要的，有时它可能会以主导的历史形式规定着文化风貌。恩格斯就曾认为，在野蛮时代的低级阶段，东大陆与西大陆在可供人类利用的动植物及其他地理因素上存在着很大的差异，"由于自然条件的这种差异，两个半球上的居民从此以后便各自循着自己独特的道路发展，而表示各个阶段的界标在两个半球也就各不相同了。"① 马克思在分析了古代不同地区居民实行的不同土地所有制形式时也曾说过："不管怎样，公社或部落成员对部落土地（即对于部落所定居的土地）的关系的这种种不同的形式，部分地取决于部落的天然性质，部分地取决于部落在怎样的经济条件下实际上以所有者的资格对待土地，也就是说，用劳动来获取土地果实；而这一点本身又取决于气候、土壤开发方式，同敌对部落的关系以及引起迁移、引起历史事件等等的变动。"② 恩格斯甚至认定"东方各民族为什么没有达到土地私有制，甚至没有达到封建的土地所有制呢？我认为这主要是由于气候和土壤的性质。"③ 马克思、恩格斯的论述为我们更为深入细致地认识区域文化的地理因素，为其自然规定的空间分部提供了丰富的思想方法。

美国社会学家戴维·波普诺在他的《社会学》一书中曾说："每种文化都适应于特定的自然和社会条件。文化生态学家们已使我们了解了文化形成的自然条件，包括气候、地理、人口和植物、动物生存的生理学条件。生活在南海的人群就不会去捕捉海豹和北极熊作为食物。自然环境要求他们食用当地生长的野果和学会在咸水湖或公海中捕鱼。这类环境包括有固定住所的定居社会。为保证渔民安全的巫术和宗教仪式也就产生了。而且生活在一个气候温暖、土地肥沃的环境中就意味着不必花费较多的时间去满足生存的基本需求——食物和住处——从而有更多的时间去发展艺术和仪式典礼。"④ 戴维·波普诺在这里也是将规定文化差异的地理因素同人类生产活动相联结，继而又与宗教、民俗、艺术等其他文化因素联系起来考察的。的确，居住在不同地区的人类，为适应其自然环境，在长期的生产实践活动中便形成了其独特的生活方式，包括民俗、宗教、艺术活动等，并在此基础上形成其独特的政治形势和历史特征。而一些国家民族的政治文化中心，确实也多在气候条件等地理因素较好的地方。这是因为这些地方的自然因素更利于人们除生产活动外的各种文化活动的发展。我国各民族及各地不同的风俗习惯、宗教、艺术活动（如戏曲、文学、音乐舞蹈及其他曲艺等）及科技、

---

① 《家庭、私有制和国家的起源》，《马克思恩格斯选集》（第4卷），第19~20页。
② 《经济学手稿》，《马克思恩格斯全集》，第46卷（上），第484页。
③ 《致马克思》（1853年），《马克思恩格斯全集》（第28卷），第260页。
④ ［美］戴维·波普诺著，刘云德、王戈译，《社会学》（上），辽宁人民出版社1987年版。

建筑特点，即是适应各地不同的自然环境而形成的区域文化因素，以至于影响到各地的方言分布、伦理观念及社会管理方式和教育特点等，同时也历史地形成各地不同的人的文化心理特质。

## 第三节 中国区域文化的文化类型与表现形态研究

中国是个幅员辽阔、呈现出千姿百态自然差异的大国，对于其政治、经济发展的不平衡规律，毛泽东同志早有论述。并在不同的地理环境形成的独特生产方式基础上，形成了以中原农业为主的汉族，以草原游牧生产类型为主的蒙古族、以沙漠园艺植物经济为主的新疆维吾尔族等不同文化形态语言、建筑、文学艺术、宗教礼仪、种族关系、伦理观念、科技、教育特点等社会风情和历史形式。如同是汉民族的农业经济，由于东、西、南、北的自然差异，也形成了各具风貌的文化历史形态。如我国西北黄土文化与中原古典文化，其建筑、方言、文学艺术及宗教礼仪均有所不同，构成独特的区域文化。

马克思曾说神话是人类童年时期征服自然的幻想形式，以及人类面对不同的自然因素所产生的独特宗教意识，包括民间传说和一部分民间风俗，都与此不无关联。不同民族、地区的神话"必然打上其活动地区的自然环境的烙印。在明媚温暖物产丰富的爱琴海底区域的山林、小溪、草地、小岛上形成的希腊诸神，性格乐观、开朗、活泼、轻快，他们的世界虽然也有代表邪恶的巨人、怪物，但是他们是斗争胜利者，他们扮演着戏剧的角色。而在严寒、霜雪、冰山、风暴、雾海、极光的严酷自然环境下形成的北欧诸神，性格则是严肃、粗犷、阴沉，他们是冰雪风涛化身的巨人、海蛇、恶狼，他们在斗争中常常失败，最后不免与这些邪恶力量同归于尽，他们扮演着悲剧的角色。"[①] 中国是封闭型大陆地理环境，故而很少有海神或有关传说，而与征服自然的生产活动密切相关的，则是农神、山神和水神（即河神），还有不同的战神和爱神等。与地理环境直接相关的，最多的神话传说即中部和西北的河神，黄河沿岸各地形成的大禹治水的神话，都和当地与生产活动相联系的自然背景有关，神农炎帝的传说更不必说。更有趣的是，同为水神，北方坚毅的大禹、南国多情的湘灵，不仅性别不同，呈现出不同的地理因素，而且也凝结着人在长期生产实践活动中积淀而成的心理素质。北方黄河沿岸险峻的自然风光和开发较早的农业区域，产生了大禹治水这样具

---

① 宁可：《地理环境在社会发展中的作用》，《历史研究》，1986年第6期。

有历史信念，体现为"民族脊梁"的神话形象，表现了艰苦耐劳、勇于征服自然的民族精神。而南国水乡温润温和而又明媚的自然环境，山、水相映，物产丰富，人们面对自然，怡性悦神，不必产生过度紧张的情绪或过重忧虑，于是在它的神话传说中最早出现了超现实功利的浪漫情调，湘灵、山鬼即是，屈原可以说是南国楚文化的代表人物。我们完全可以设想，如果统一中国"九州十神"的是楚，而不是秦，那么中国文化、政治、经济、宗教以至于文学艺术会朝完全不同的另一方向发展，也未可知。诚如任继愈先生在他主编的《中国哲学发展史》中所说："原始的巫教是一种自发产生的自然崇拜的宗教。由于氏族组织的狭窄和交往的阻隔，各个氏族的崇拜对象不仅因地而异，甚至和其他氏族创造神相互敌对。"① 区域文化宗教特征的地理因素在这方面表现得颇为明显。

方言的分布也是这样，"语言的分界线，常常沿着大自然的障碍，如高山、沙漠、森林、沼泽和大河的延伸"。② 中国最大的两个方言区，北方方言与吴方言，即是大致以长江为界来划分的。加之其他"自然障碍"形成的文化差异和民俗、历史诸方面因素，又分为若干小方言区。恩格斯说过："要从经济上说明那种把苏台德山脉至陶努斯山脉所形成的地理划分扩大成为贯穿全德意志的真正裂痕的高地德意志语的音变的起源，那么，要不闹笑话，是很不容易的。"③ 可见马克思主义经典作家对地理因素形成的诸方面文化差异的足够重视和细致把握。

建筑特点更为明显，西北黄土文化与窑洞建筑，江浙吴文化与滨水阁楼型建筑，内蒙古游牧文化对其帐篷式的蒙古包建筑等，都映衬出地理因素对文化差异的规定、影响作用。而近年来兴起的西部文学、京派作家等，又在文学艺术上表现出各地不同自然背景下的文化心态，其区域文化的地理因素尤为明显。

## 第四节　中国区域文化类型的历史模型研究

太史公司马氏常欲"究天人之际，通古今之变"④ 成一家之言，《史记》、《汉书》及我国许多重要典籍对区域文化的地理因素均有所涉猎，可以说方志

---

① 任继愈：《中国哲学发展史》，人民出版社1983年版，第85页。
② 宁可：《地理环境在社会发展中的作用》，《历史研究》，1986年第6期。
③ 《致约·布洛赫》（1890年1月21～22日），《马克思恩格斯选集》（第4卷），第478页。
④ 《汉书》（卷六十二），《司马迁传》。

的兴起于此亦不无关联。《汉书·地理志》较为详尽地描述了各地自然山水的地理风貌，及其风土人情、典章制度的内在联系，以至于生产活动、建筑、文学、工艺等无所不涉。所谓"凡民函五常之性，而其刚柔缓急，音声不同，系水土之风气，故谓之风"。① 说的就是地理因素对各地风土人情等文化特征的规定影响作用。如对秦、赵等地的描述：

> 秦地于禹贡时跨雍、梁二州，诗风兼秦、豳两国。昔后稷封斄，公刘处豳，大王迁岐，文王作酆，武王治镐，其民有先王遗风，好稼穑，务本业，故豳诗言农桑衣食之本甚备。有鄠、杜竹林，南山檀柘，号称陆海，为九州膏腴。始皇之初，郑国穿渠，引泾水灌田，沃野千里，民以富饶。汉兴，立都长安。徙齐诸田，楚昭屈景，及诸功臣家于长陵，后世徙吏二千石，高訾富人及豪杰并兼之家于诸陵。盖亦以强干弱枝，非独为奉山园也，是故五方杂厝，风俗不纯。其世家，则好礼文，富人则商贾为利，豪杰则游侠通奸。濒南山，近夏阳，多阻险轻薄，易为盗贼，常为天下剧。又郡国辐辏，浮食者多，民去本就末，列侯贵人车服僭上，众庶放效，羞不相及，嫁娶尤崇侈靡，送死过度。

> 天水、陇西，山多林木，民以板为室屋。及安定、北地、上郡、西河，皆迫近戎狄，修习战备，高上气力，以射猎为先。故秦诗曰"在其板屋"；又曰"王于兴师，修我甲兵，与子偕行"。及车辚、四载、小戎之篇，皆言车马田狩之事。汉兴，六郡良家子选给羽林、期门，以材力为官，名将多出焉。孔子曰："君子有勇而亡谊则为乱，小人有勇而亡谊则为盗。"故此数郡，民俗质木，不耻寇盗。

由"山多林木"，而"民以板为室屋"。可见，其自然资源的地理因素对其建筑特点的影响，而"迫近戎狄"，又"修习战备，高尚气力，以射猎为先。"又可见其西北边塞文化中人的心理素质和自然秉性。对此，"秦诗"均有所反映。如上，从政治、经济、民俗、历史到文学艺术等诸方面的文化因素，均以地理环境为自然背景，极为简洁地描述了秦地的各个文化特征。我们再看其对赵、蜀等地各个文化地理因素的描述：

> 赵地，昂、毕之分野。赵分晋、得赵国……赵、中山地薄人众，犹有沙丘纣淫乱余民。丈夫相聚游戏，悲歌忼慨，起则椎剽掘冢，作奸巧，多弄物，为倡优。女子弹弦跕躧，游媚富贵，备诸侯之后宫。

> 巴、蜀、广汉本南夷，秦并以为郡，土地肥美，有江水沃野，山林竹木疏食果实之饶。南贾滇、僰僮，西近邛、莋马旄牛。民食稻鱼，亡凶年忧，俗不愁

---

① 《汉书》（卷二十八），《地理志》。

苦，而轻易淫泆，柔弱褊厄。景、武间，文翁为蜀守，教民读书法令，未能笃信道德，反以好文刺讥，贵慕权势。及司马相如游宦京师诸侯，以文辞显于世。乡党慕循其迹。后有王褒、严遵、扬雄之徒，文章冠天下。繇文翁倡其教，相如为之师，故孔子曰："有教亡类。"

又《隋书·卷二十九·地理中》及《隋书·卷三十·地理上》对赵、蜀两地区域文化地理因素的描述：

冀州於古，尧之都也……人性多敦厚，务在农桑，好尚儒学，而伤于迟重。前代称冀、幽之士钝如椎，盖取此焉。俗重气侠，好结朋党，其相赴死生，亦出于仁义。故《班志》述其土风，悲歌慷慨，椎剽掘冢，亦自古之所患焉。前谚云"仕官不偶遇冀部"，实弊此也。

蜀郡、临邛、眉山……得蜀之旧域。其地四塞，山川重阻，水陆所凑，货殖所萃，盖一都之会也……其风俗大抵与汉中不别。其人敏慧轻急，貌多蕞陋，颇慕文学，时有斐然，多溺于逸乐，少从宦之士，或至耆年白首，不离乡邑。人多工巧，绫锦雕镂之妙，殆侔于上国。贫家不务储蓄，富室专于趋利。其处家室，则女勤作业，而士多自闲，聚会宴饮，尤足意钱之戏。小人薄于情礼，父子率多异居。其边野富人，多规固山泽，以财物雄役夷、獠，故轻为奸藏，权倾州县。此亦其旧俗乎？又有獽狿蛮賨，其居处风俗，衣服饮食，颇同于獠，而亦与蜀人相类。

宁可在《地理环境在社会发展中的作用》一文中曾说："不能只从自然物质及其运动规律来看待地理环境，还应当从人与自然的交互作用来看待。这样，地理环境不仅和各个地区、各个国家的人类活动构成了一个复杂的大系统，而且在今天，整个人类社会的整个地球已经形成了一个十分复杂的更大系统。"① 《汉书·地理志》就已经注意到了地理环境与诸方面文化、社会因素的联系，《隋书·地理志》更对区域文化民俗形式中人的因素进行了多方面的挖掘。但由于认识方法及诸方面历史因素的局限，使其没能更为科学地把握地理环境与社会文化、民俗风情及人的素质的内在联系，亦即没能解释在社会历史环节中人与自然关系这一文化机制的奥秘致使其对区域文化的探讨流于外在形态的一般描述。但它毕竟在这里注意到了人的主体作用和潜文化因素。

---

① 宁可：《地理环境在社会发展中的作用》，《历史研究》，1986年第6期。

## 第五节　区域文化模型的综合人文类型研究

"人类是自然界长期发展的产物，人类社会即存在于现实的自然环境之中，自然环境是人类赖以生存的物质基础。"① 作为自然环境主要形式的地理因素，必然要规定、影响着人类的历史活动、社会形态和文化风貌。但它不是以静止的形式自发地去干扰人类社会，而是在人类发挥主观能动性以作用于周围的自然界的历史运动和生产实践中构成人类社会发展的经常和必要的条件之一。人类要生产出自己生活所需的物质资料，就必须由自然界提供材料。社会生产力包括人的要素和物质的要素，人的要素是劳动者，物的要素是生产资料，即以生产工具为主的劳动资料和劳动对象。自然界就为社会生产力的发展提供了用于改造劳动资料的材料和用于工具加工的劳动对象。并在生产活动中介入历史范畴，与人的发展互为因果，最后凝结为特定的文化形态，潜伏在它最底层的自然流程中。通过生产资料与工具的物质媒介规定、影响着科技活动、建筑形式、民俗事项以及艺术特点等诸方面的文化因素。即如我国西北黄土文化，由于此地开发建造，但历代京都及皇家宫苑在此大兴土木，"嫁娶送死奢靡"，加之战乱频繁，"车马田狩之事"尤多，终于造成自然资源匮乏，致使黄河泛滥成灾，土壤亦渐趋贫瘠。千百年来，人类在与自然搏斗的长期生产实践和生存、发展中形成了艰苦耐劳的优良品质，但同时也在其相对恶劣的自然环境中形成了大一统的经济形式和生产方式，形成了愚昧、保守、顺从天命，苟安隐忍而又怯弱封闭的文化心态，上古时期"高上气力"的豪侠之气及"修我甲兵"的好斗之风几于荡然无存。这从近年来的西部文学集电影艺术中有较为明显的反映，如《黄土地》、《老井》、《野山》等对西北黄土文化心态的历史描绘。伊东忠太在他的《中国建筑史》一书中曾说："中国各地原亦有共通一贯之性质，但详细之点，则各地大有不同。一因土地之状况，一因住民之气质异也。"其实，二者是相互作用，联结于生产实践活动的。就建筑方面来说，随着自然资源的消耗，西北因黄土高原大部分地区地理气候条件的变化、限制，而又多以窑洞穴居为主。这种沉闷、厚重而又封闭的阴暗居室，必然也规定、影响着人们的文化心态。居住在这些地区的人多勤苦耐劳、憨厚朴实；而同时又保守内向，喜欢安居乐业而不喜迁徙流动，可见地理因素变化对其文化形态诸方面的影响，直到现在西北黄土高原商品经济也不及

---

① 《社会学概论》，天津人民出版社1984年版，第35页。

后发展起来的江南水乡及东南沿海发达、活跃,这从电影《野山》、《老井》、《人生》等可以明显地看出端倪。他们一方面因陋就简,以黄土高原的特定气候、土质建筑自己的居室,在艰苦的自然环境中勤苦劳作,终于生存、发展下来;另一方面,恶劣的自然环境、单一的经济形式及封闭式的建筑特点又使其求稳求安,苟且怯懦地依靠自然、顺从天命地延续了几千年。在生产活动中他们借助了自然条件,同时以此形成的生活方式及其建筑特点又反过来限制了他们的创造性才能,增长了依赖性。这种带着原始穴居痕迹的居住方式,在某种程度上也影响着他们的思考、行为方式及其智能因素。"人类的居住形式是人类物质文化的反映",同时也规定着其精神形态。正是对自然的恐惧和怯弱才使他们因地制宜、依据地理环境的变化筑成地下室般封闭、严实的窑洞建筑以求安稳妥贴;而这种封闭、幽暗的居住条件又在长期的生活中限制了他们的视野,助长了其依赖自然的归宿感,同时也阻扼了他们征服自然的信心和创造性想象活动,形成其愚昧保守,固守田园的封闭文化心态。当然这些都是在其单一的经济形式及生产方式中历史地形成的。但地理环境毕竟给人类文化创造提供了物质材料,它同时又"是人类活动的背景,起着类似舞台、布景及至道具的作用"。① 我们不能只从自然物质及其运动规律来看待地理环境,还应当从人与自然的交互作用来看待。如西北黄土文化地理因素的变化对整个社会风情及人的文化心态的影响。一方面,人的行动改变了自然形态,(这当然有积极、消极两方面),在自然环境中留下了其历史的踪迹,表现为特定文化自然流程的基本风貌;另一方面,自然形态的改变又规定、影响着文化特质及人的基本素质,在交互作用中形成自然、器物、社会、意识几大流程的文化形态。因而地理因素"首先是人和自然之间的过程,是人以自身的活动来引起调整和控制自然之间的物质变换过程。"在这一"物质变换过程"中,地理环境的自然分布经过社会历史的中介环节规定、影响着各地文化的差异,从而在一个民族内形成了各具形态的文化风貌。而"人对地理环境的依赖从直接的变成间接的了,地理环境经过社会环境影响于人"。② 因为"人是从周围的环境中取得材料,来制造用来与自然斗争的人工器官,周围自然环境的性质,决定着人的生产活动、生产资料的性质,生产资料则决定着人们在生产过程中的相互联系。"③ 从而形成特定的文化形态和社会心理。

任何文化形态都是由处于特定时空结构中的人类生活样式历史地形成的,区域文化作为对文化空间分布及其区域差异的研究,一般说来,其最初的思考基点就是构成这样差异的地理因素,亦即特定的自然生态环境。小而言之,一个民族

---

① 宁可:《地理环境在社会发展中的作用》,《历史研究》,1986 年第 6 期。
② 《普列汉诺夫哲学著作选集》(第 1 卷),第 766 页。
③ 普列汉诺夫:《唯物主义史论丛》,《普列汉诺夫哲学著作选集》(第 1 卷),第 168 页。

的各区域文化特质是受各地自然生态环境自然规定的,那么大而言之,各民族国家以至世界东、西方文化也是受其地理因素的影响历史地形成的。这是文化形态现实基点的自然规定,同时其本身就是构成文化的自然流程,而对器物、社会、意识几大文化流程在始终的状态下都有着不同程度的影响。"人类历史和文化的发展是以自然为基础的",对于民族整体文化的形式也是这样,"地理环境是一个民族的文化形成某种类型的前提性因素"。它"给人类文化创造提供了物质材料,它在一定程度上影响着人类文化创造的发展趋向"。① 英文国家、民族 nation 一词就是"历史上形成的有共同的地域、语言、经济生活和特殊文化的稳定的人们的共同体"和"统一在 state, country 下单区域内的人民",而 state "在一定疆域的土地内,政治上组织为政府的团体所代表的权力和权威",而"country 指 state 和 nation 的存在地域和全部领土。因此,它主要是一个地域概念"。② 如中国文化,就是在"东濒茫茫沧海,西北横亘漫漫戈壁,西南耸立着世界上最险峻的青藏高原",这样在一面临海(须知,这是古人难以横渡的太平洋),其他三面陆路交通极不便利,而内部回旋余地又相当开阔的环境中,形成其"半封闭的大陆带环境"、"特别完备的'隔绝机制'正是一个古文化系统得以延续的先决条件。"相反,西方起源于古希腊的文化,则是在多伴濒海底"海洋民族"、国家中逐渐发展起来的。古希腊本身就是一个三面环海的地区。而"海洋民族比较外向,文化系统也处于一种比较动态和开放的状态"。③ 故而其贸易发达,商品经济发展较快,终于形成一个与东方内陆诸民族不同的文化体系,其影响遍及欧美。区域文化地理因素对其诸方面文化因素的影响也是如此。

作为文化"自然规定"的地理因素不仅是"人类社会发展的经济和必要的条件之一","是人类汲取基本生命物质的场所"和"向人类提供生产原料的基地",同时"人类在社会的生产生活中,还要受到自然环境的天然交通条件的影响"。④ 诚如列宁所说"一般地说,用人类劳动代替自然力量之不可能,正如不能用普特(重量单位)代替阿尔兴(长度单位)一样。在工业和农业中,人只能使用自然界各种力量的作用(如果他认识它们的作用的话),并且借助于机器和工具等来使自己更方便。"⑤ 地理因素对文化形态的规定和影响也是这样,所谓"人定胜天"不过是一种主观臆想,在某种意义上也如想要拔着自己的头发离开地面的人一样的不可想象。因为它已在长期的生产实践中凝结为人的心理素质,

---

① ③ 冯天瑜:《中国古代文化的类型》,《中国文化与中国哲学》,东方出版社 1985 年版,第 16~17 页。

② 孔德元:《关于"国家"一词》,《理论信息报》,1987 年 7 月 6 日。

④ 《社会学概论》,天津人民出版社 1984 年版,35 页。

⑤ 《列宁全集》(俄文版),第四卷第 182 页。

并经过文化的器物、社会流程最后升成为特定的意识形态，"人"如何"定能胜天"呢？当然，随着人类社会的发展，科技的进步，"人和自然的关系逐步进入更宽、更深和更高的层次"、"地理环境的范围、深度、对人类社会的影响"① 将不断拓宽加深和增强，使人类呈现出更为复杂的文化结构。区域文化地理因素的探讨正是依据这样的一种科学信念，在千姿百态的自然中将无处不留下人的文化历史踪迹，而人的"生命类形态"也将渗入"更宽、更深和更高层次"的地理因素构成的自然系统中，与社会、文化互为作用，最终连为一体。对此，我们将在"区域文化历史因素"及其"潜文化艺术"以至"民俗因素"中更为详尽地阐述之，并在另文所著《发展地理学》中更为深入地探讨这一人与自然关系的21世纪文化、哲学的中心议题。

---

① 宁可：《地理环境在社会发展中的作用》，《历史研究》，1986年第6期。

# 第二十八章

# "自然"的历史文明模型与文化类型的区域科学阐发

## ——城市区域文化的历史渊源研究

文化是一个特定时空结构中的超稳定系统,所谓"冰冻三尺,非一日之寒",一种文化形态,是在自然规定由几大流程相互作用的既成因果形式,它要经过一个漫长的历史过程,以至某些地理因素也摆脱了纯自然形态,纳入这一缓慢的历史行程中,才最后凝结为具有文化意义的环境基质。现代地理观念告诉我们,地理是自然渗入社会的一个复杂系统,有自然地理、经济地理、商业地理、政治地理,还有民俗地理和人文地理;而文化也不只是由经济因素决定的单一物质或精神形态,而是以自然规定为基础,在几大流程中相互作用的一个社会系统。亦即地理已不是一个纯自然因素的静态客体,而是无处不渗入人的活动踪迹的处于动态过程中的一个重要文化因素。这一切是以历史的形式相联结的。所以马克思说:"历史是人的真正自然史。"① "我们仅仅知道唯一的一门科学,即历史科学。历史科学可以从两个方面来考察,可以把它划分为自然史和人类史。但这两个方面是密切相联的;只要有人存在,自然史和人类史就彼此相互制约。"② 其他方面的文化因素也是如此,一个地方的政治、经济、民俗、科技、教育、方言、文学艺术以及人的心理素质形成的独特文化形态,都是经过一个漫长的历史进程凝结而成,而又相互联结的。区域文化的历史因素,亦即对各区域诸方面文化因素、形成过程及其内在动因的考察。我们只有从历史的观点,研究文化在一

---

① 马克思:《1844年经济学哲学手稿》。
② 马克思、恩格斯:《德意志意识形态》。

定时间、空间的嗣续,才能看出文化的各种层面的形态及其结构、特征,看出文化由简到繁,由不稳定到稳定的积累、聚集以至发展为不同文化类型、文化模式的自然史般的历史进程。因为"任何文化的产生、发展、演化都离不开一定的时间、空间。文化在一定时间、空间里产生、积累、发展、传播、扩散,有些保留下来,有些慢慢消失;同时在交互作用中又获得再生。"① 西方"文化层"即是关于特定文化形态的一个历史概念。德国考古学家施莱曼对荷马史诗所谱写的伊洛特城的考察、寻找,即是对"文化层"历史内涵的最好诠释。他依据荷马史诗《伊里亚特》中提供的有关背景的资料,不断地测量、考察,收集证据,于 1873 年终于寻找到一座埋藏在地下的古代繁荣城市。然而有趣的是,施莱曼沿着这个城市像剥葱头一样一层一层地挖下去的时候,发现每一层都有一个历史时期的居民。一代一代的人在这里生活、居住,死去了,一座一座的城市在这里兴起,又毁灭了。"文化在这里经历了沧桑!一次又一次活人在死人的废墟上建立新的城市。"② 施莱曼这样一层一层地挖掘出九个城市,而伊洛特城是最底下的一层,它形象、生动地说明了"文化在历史的发展上是存在着不同层次的每一个层次都反映着不同时期由各种文化元素所联结起来的平面分布特征。"③ 而文化区、区域文化即是这样一个"具有历史的概念"内涵的时空结构。

## 第一节 中国区域文化的地理、历史模型研究

"文化的内容,本来由人类过去的遗业所构成,所谓遗业者,在性质上是累积的,而累积是一种客观的、历史的现象。"④ 我国山东儒文化、两湖楚文化、巴蜀文化及云贵多民族文化和中原古典文化所受历史影响更深些,它们在文化的诸种层面上"累积"的东西也就更多。我国古典中原文化即是在黄河中下游利于农业耕作的平原灌溉区域逐渐发展起来的。这一地区"黄土淤泥,土质肥沃,结构疏松,很容易开垦。在这个区域内,除黄河水系外,北面有海河水系,南面有部分淮河水系,并有不少沼泽、湖泊和沮洳积水之地"。⑤ 它在太行山与泰山

---

①② 司马云杰:《文化社会学》,山东人民出版社 1987 年版,第 235 页。
③ 司马云杰:《文化社会学》,山东人民出版社 1987 年版,第 238 页。
④ 黄文山:《文化学的方法》,庄锡昌、顾晓鸣、顾云深编:《多维视野中的文化理论》,浙江人民出版社 1987 年版,第 11 页。
⑤ 付筑夫:《中国封建社会经济史》(第 1 卷),人民出版社 1981 年版,第 90~91 页。

之间，形成一个半封闭的中原地带，为农业的开发提供了社会分工的自然基础，同时也"从半封闭的大陆性地理环境中获得了特别完备的'隔绝机制'，而'隔绝机制'，正是一个独立的古文化系统得以延续的先决条件。"① 这儿曾是中华民族的发祥地，夏、商两朝"以农立国"的地方，亦即传统的小农经济及其生产方式形成的历史发源所在。"中国先民的主体早在大约六千年前，就逐渐超越狩猎和采集经济阶段，进入以种植经济为基本方式的农业社会。"② "禹、稷躬稼而有天下。"③ 因而中原古典文化是以小农经济为主要形式的较为典型的封闭、保守的文化形态，至今其传统重负都比其他区域更浓重些，商品经济亦不十分发达。而其厚人伦、重教化、尊卑有序的正统观念较其他区域亦更重些。这里本是经营农业较好的平原地带，中华民族的发祥地，同时也是农业开发较早的地方，但现在其农业经济及其整个经济活动相对于开发较晚的江南区域及东南沿海相比亦显得迟滞，落后，以致尾大不掉。因其封闭、保守的古典文化形态已影响到社会心理及人的素质，进而束缚了生产力的发展——因为"人"在生产力中占有极其重要的地位。科技的发展也不及长江以南及东南沿海区域，反而成为现代开放系统的落后地区。历史因素对于人类文化形态、社会发展的影响作用由此可见一斑。因为各地自然环境对于人类生活方式及其文化形态的影响往往不是直接的，而是经过漫长的生产实践活动过程与社会历史的发展，才在诸多的社会历史环节中表现出来，文化积淀到人的身上也是要经过一定过程的，中原古典文化从一个方面为我们提供了一个较好的例证，方言、建筑、民俗、宗教等文化流程的空间分布也是在自然规定的基础上经过长期发展历史地形成的。

即如地理因素，也不是千古不变的。中国西部秦地关中平原开发较早，继之是西北黄土高原延及中原地带，而后是对江南"蛮夷之邦"的农业开发。这是由于渭中平原、黄土高原及中原一带土质疏松，原为木犁，易于耕作，又在黄河沿岸，有水源为之灌溉。到了汉代，其土地资源已消耗许多，而铁器的发展，应用到农业，则为开发江南沃野丛林创造了良好条件。于是农业、经济、政治、科技、文化于汉唐时逐渐南移，到宋元时期，江南农业、商业及文化、交通等已颇为繁盛发达，在此基础上于明清之际，产生了大量的手工业作坊，出现了资本主义萌芽，而成为中国先进生产力的代表。可见地理因素的文化、社会作用也是相对于一定生产力而言的。没有铁器用于耕作，江南沃野丛林只能是"蛮夷之邦"

---

① 冯天瑜：《中国古代文化的类型》，深圳大学国学所主编：《中国文化与中国哲学》，东方出版社，第16页。
② 冯天瑜：《中国古代文化的类型》，深圳大学国学所主编：《中国文化与中国哲学》，东方出版社，第18页。
③ 《论语·宪问》。

的荒僻野地，没有近代手工业技术，江南水乡的农业经济也不会发展为蕴育着资本主义萌芽的商品经济因素。而随着近代航海业的发展，濒临东南沿海的"天然长城"反成为开放门户的先决条件，世界殖民经济和随之而来的外来文化首先在这里登岸。中国社会经济及政治文化可以说大致上是由西北向东南逐渐蔓延、发展的。规定文化形貌的地理因素作为生产资料的社会功能在这一漫长的历史过程中也是由东南向西北递减，在这里即可看出地理因素的优劣变化对社会发展、文化特质的影响，又可看出不同生产力状况下地理因素的不同社会功用及对整个社会发展的影响和区域文化形成的历史作用。以致现在东南沿海和西北内陆在社会政治、经济及文化风貌上形成巨大的历史反差，开发较早的地域反在几大文化流程指向上比后起步的区域落后许多，由西北向东南形成第一、第二、第三世界间般的巨大历史落差，社会生产力及经济文化功能也随之递减。当然这里也有历史悠久区域在观点上传统重负的影响更深些的其他历史因素，在此就不一一而论了。英国人类学家马林诺夫斯基在谈及人类文化功能的历史因素时曾说过："工具和合作行动的发展，使人类对其原先不适应的自然环境具备控制力和迁移手段"①，我国由西、北向东南开发形成的区域文化历史因素正是如此。

## 第二节　中国区域文化的建筑模型与人文类型研究

建筑方面的文化特征也是这样，内蒙古游牧文化具有民族特色的蒙古包，西北黄土文化的窑洞建筑，江南水乡的滨水阁楼式建筑，新疆沙漠绿洲上小葡萄园式的园艺建筑，以及东北深山完全由草、木、土筑成的笨拙而又厚实的村社建筑，还有闽南客家族山林中城堡式的环形封闭阁楼建筑，都是各地人们在与自然搏斗的长期生产实践中历史地形成的。它们一方面取材于各地自然资源、适应各地的气候条件，另一方面也是人们在长期生产实践中摸索出来的居住形式，凝结着人们的文化心态而成为区域文化的空间表象，是一种既成的历史结果。"文化从它一开始就存在于人类懂得利用环境提供的机会上所进行的有组织的开发之中，存在于对集体完成的活动有助于干劲、技能及精神反应的训练中。最早的人类群体及形成群体的个人，依靠使用工具、遵循认识的原则，忠于一种始于有目的、成于协同一致的活动的规律，从而获得远为全面的迁移自由和适应环境自

---

①　[英]马林诺夫斯基：《在文化诞生和成长中的自由》，庄锡昌、顾晓鸿、顾云深等编：《多维视野中的文化理论》，浙江人民出版社1987年版，第108页。

由、安全自由和成功自由。"① 在这一"协同一致的活动的规律"的历史形式中，各地科技、经济连同建筑等文化流程都形成自己的区域特征，如内蒙古游牧经济、新疆园艺经济、江南水乡农业经济、沿海渔业经济都有自己特定的科技内容、建筑形式及各不相同的民俗风情形成的诸方面文化历史差异，构成区域文化的区域特征。"从最抽象的定义出发，文化应是人类实践的方式和产物之总称"②。正是在"人类实践方式"的历史活动中，"人类就是从这样一个不尽如人意的处境开始，通过其文化的发展，现在已横行于地球，征服了各种环境和栖息地。他可以适应北极的风土，也能适应热带的丛林。他居住于山坡，也栖息在汪洋大海环绕的小岛。他发展了沙漠灌溉，也在辽阔的原野中找到自己的生计。由于把自由视为适应可能性的范围，我们看到他已将人类的控制力扩及地球表面所允许到达的任何地方，并渗入到人类当初所不能渗入的各种环境之中。"③ 而在这一以可能性为其自身适应范围的不断从必然王国到自由王国的历史活动中，"人类就这样建立起一个新的自造环境，反过来他又让自己的机体再适应于这一环境。这一新的人工环境，遵循着自己的定数，其中存在着文化进程、文化结构以及一致行动之效率的法则。从此，文化不可避免地成了一个强加于人的新强制因素的根源。"④ 文化的正、负作用正是在人类以生产实践为主要形式的历史发展中逐渐形成、凝结为潜在社会因素隐身于自然、器物、社会、意识几大流程及其相互关系之中的。

## 第三节　中国区域文化的民俗模型与人文类型研究

民俗的历史因素也是如此，"我们没能找到任何依据可以证明当代的一些原始习俗就是人类行为的最初表现形式。"⑤ 它是人类社会发展的"文化进程"中形成的"新的自造环境"的一部分，同样"不可避免地成了一个强加于人的新的强制因素的根源"。一种风俗，就是一种社会方式，一个文化进程。所谓"风

---

　　① ［英］马林诺夫斯基：《在文化诞生和成长中的自由》，庄锡昌、顾晓鸣、顾云深等编：《多维视野中的文化理论》，浙江人民出版社1987年版，第106页。
　　② 姚蒙：《文化、文化研究与历史学》，《史学理论》，1987年第3期。
　　③ ［英］马林诺夫斯基：《在文化诞生和成长中的自由》，庄锡昌、顾晓鸣、顾云深等编：《多维视野中的文化理论》，浙江人民出版社1987年版，第108页。
　　④ ［英］马林诺夫斯基：《在文化诞生和成长中的自由》，庄锡昌、顾晓鸣、顾云深等编：《多维视野中的文化理论》，浙江人民出版社1987年版，第109～110页。
　　⑤ ［美］鲁思·本尼迪克特著，张燕、付铿译译：《文化模式》，浙江人民出版社1987年版，第17页。

定俗成，万世之奠基"，① 概此之谓也。社会风俗是人们在长期生活中积累和培养起来的，是不同区域人们共同生活的一种行为、思想模式。故而风俗作为一种社会现象，呈现出几大文化流程的历史风貌，它是历代相沿而成的社会风尚和生活习惯。"所有各式各样的行为，诸如谋生、择偶、战争和神祇崇拜，都依据文化内部发展起来的无意识选择规范而被融汇到了统一模式之中。"② 在这一文化历史行程中，规定习俗的并不是"人类行为的最初表现形式"，这样用原始观念、信仰的神话形式来诠释文化的民俗因素，是不符合社会发展的实际情况和有违历史科学的。在人类社会发展中，人与自然的搏斗形成了其对特定环境的适应性，并在此基础上形成其独特的文化历史形态，诸如民俗、科技、教育、宗教、艺术形式等。"人类失去了大自然的庇荫，而以更大的可塑性的长处得到了补偿。人这种动物并不像熊那样为了适应北极的寒冷气候，过了许多代以后，使自己长了一身皮毛，人却学会自己缝制外套，造起了防雪御寒的屋子。从我们关于前人类和人类社会的智力发展的知识来看，人的这种可塑性是人类得以发端和维持的土壤。"③ 正是在"可塑性"的历史发展中，各地人在"缝制外套，造起了防雪御寒的屋子"这样的劳动生活中，形成了其建筑、服饰、饮食、宗教等民俗习惯和文化形式。如《汉书·地理志》所载我国西北边塞游牧文化习俗：

> 定襄、云中、五原，本戎狄地，颇有赵、齐、卫、楚之徒。其民鄙朴，少礼文，好射猎。雁门亦同俗，于天文别属燕。

正是在游牧生活的"可塑性"历史发展中，形成了该地"民鄙朴，少礼文，好射猎"的文化习俗。《汉书·地理志》对秦地民俗历史因素的描绘也是这样（其实这是与地理因素连为一体、无以分辨的），昔秦"有鄠、杜竹林，南山檀柘，号称陆海，为九州膏腴。始皇之初，郑国穿渠，引泾水溉田，沃野千里，民以富饶。"由是"其民有先王遗风，好稼穑，务本业"，以至影响到文学艺术，"故豳诗言农桑衣食之本甚备。"而"天水、陇西，山多林木，民以板为室屋……故秦诗曰'在其板屋'。由自然环境、建筑特点而至文学艺术，"人类就这样建立一个新的自造环境"，从而也历史地形成其"得以发端和维持的土壤"。还有巴蜀"土地肥美，有江水沃野，山林竹木疏食果实之饶"而成为其地"俗不愁苦，而轻易淫泆，柔弱褊陀"的历史因素。又如前所述，《隋书·地理志》对河北赵地民俗历史因素的描述："冀州於古，尧之都也……人性多敦厚，务在

---

① 《汉书贾山传》。
② ［英］马林诺夫斯基：《在文化诞生和成长中的自由》，庄锡昌、顾晓鸿、顾云深等编：《多维视野中的文化理论》，浙江人民出版社1987年版，第47页。
③ ［美］鲁思·本尼迪克特著，张燕、付铿译译，《文化模式》，浙江人民出版社1987年版，第13页。

农桑，好尚儒学，而伤于迟重。前代称冀、幽之士钝如锥，盖取此焉。"凡此种种，对区域文化历史因素均有所涉猎，并揭示其与民俗、地理、文学艺术及人的心理素质等多方面的内在联系。黄土文化的历史因素也是这样，无论其建筑、宗教、文学艺术特点，还是生产方式及人的心理素质，都是在其独特自然背景下的社会实践活动中历史地形成的，还有中原古典文化、江渐吴文化，不一而足。中原沃野土质疏松，利于灌溉的农业生产条件，在长期的历史发展中形成了独特的农业文化特质，古朴厚重对其民俗以及礼仪谦让、尊卑有序的宗法伦理观念也有直接影响。恰如美国文化人类学家沃列·勒·杜克（Viollet Le Duc）所说："一花一鸟，一草一木，它们都有自己的风格和存在方式；因为它们都在生长，在发展，在按基本的逻辑规律维持自己的存在。我们无法从一朵花中减去什么，因为其中的每一部分都代表着一个功能。"① 民俗事象文化功能形成的历史因素亦如斯，它在"生长"与"发展"的"基本的逻辑规律"中最终使一切都凝结为特定的功能形态，告诉人们一种文化的奥秘。"要指出哪一件活动不是文化的产物是很困难的。"② 一方面，"文化取决于人类生存的活动方式……是生产活动和社会生活所形成的"，"是受历史制约的社会现象"；另一方面，它又"反映着人类生存、认识和活动的方式"，"植根于人们同自然积极地相互作用的过程中，"③ 作为"人类社会活动的方式"，"表现着人类所达到的历史水平。"④ 而有人说文化"类型性模式"也不是一个固定、静止的抽象物，而是"一条路数，沿着它在人类事物的几种可能性过程中，选择出或引导出来并紧紧扣住它不放，从而使这种事务得以确定和表现。"⑤ 这一"路数"和"过程"一经"得以确定和实现"，反过来就会形成一个新的环境基质参预历史活动，规定、影响着它的发展方向和基本性质。如我国西北黄土文化、中原古典文化、江渐吴文化及至东南沿海文化所形成的由西北向东南呈几何阶梯般递减的历史重负，即可看出这一点来。因为"风俗——一种依传统力量而使社区分子遵守的标准化的行为方式，是能起作用的或能发生功能的"，⑥ 它的"功能"就在于使文化"不可避免地成了强加于人的新的强制因素的根源"而产生历史的负作用。对此，近代启蒙主

---

① 转引自［美］克莱德·克鲁克洪等著，高佳、何红、何维凌译：《文化与个人》，浙江人民出版社 1986 年版，第 29 页。
② 转引自［美］克莱德·克鲁克洪等著，高佳、何红、何维凌译：《文化与个人》，浙江人民出版社 1986 年版，第 8 页。
③ ［罗］亚·泰纳：《文化与宗教》，中国社会科学出版社 1984 年版，第 3 页。
④ 刘仲亨：《社会科学与当代社会》，辽宁人民出版社 1986 年版，第 13 页。
⑤ 转引自［美］克莱德·克鲁克洪等著，高佳、何红、何维凌译：《文化与个人》，浙江人民出版社 1986 年版，第 17 页。
⑥ ［英］马林诺夫斯基：《文化论》，中国民间文学出版社 1987 年版，第 30 页。

义诗人黄遵宪曾论述道:"风俗之端,始于至微,搏之无物,察之无形,听之而无声;然一二人倡之,千百人和之,人与人相接,人与人相续,又踵而行之,及其既成,虽其极鄙甚弊者,举国之人,习以为常,上智所不能察,大力所不能挽,严刑峻法所不能变。夫事有是、有非、有美、有恶;旁观者,或一览而知之。而彼国称之为礼,沿之为俗,乃举同之人,辗转沈锢于其中,而莫能少越,则习之囿人之大矣。"① 我国是一个多民族而又区域辽阔的大国,各民族、区域的人在长期的历史活动中形成了不同的风尚习俗,其中良莠相杂,精华与糟粕并存,值此改革、开放,走向现代化的历史进程中,我们应当认真研究、鉴别区域文化历史因素中的正、负作用,立足现实,改革陋习,做出积极的文化心理准备。诚如马克思所说:"人们自己创造自己的历史,但是他们并不是随心所欲地创造",② 恩格斯在《致符·博尔吉乌斯》的信中也同样指出:"人们自己创造着自己的历史,但他们是在制约着他们的一定环境中,是在既有的现实关系的基础上进行创造的。"③ 各区域人们在长期的社会发展历史实践中形成其独特的"既有的现实关系"决定了它们的历史道路不会完全一致。区域文化的研究,也正是为各地寻找出不同历史底蕴的文化形态所作的理论尝试,美国社会学家戴维波普诺曾说:"文化为人类提供了适应各种自然环境变化的能力。但是,文化本身也就成为人类环境中的一种力量,这种文化环境无论从范围上和影响力量上都变得和自然环境一样重要,而且发展出它自己的动态进化过程。"④ 对此,我们应有一个科学的态度,以对覆盖在"自然环境"之上的"文化环境"的"影响力量"有一确切的把握,并在"它自己的动态进化进程"中把握二者的内在机制和多方面的普遍联系。

## 第四节 中国区域文化的宗教模型与人文类型研究

"历史从哪里开始,思想进程也应当从哪里开始。"⑤ 宗教方面的文化因素也是如此,各地人们依据不同的自然背景,在与自然搏斗的长期生产实践中,形成了其不同形式的宗教观念和神话特质。"文化与宗教,这是受历史制约的社会现

---

① 转引自姚伟均:《中国社会风俗史研究中的几个问题》,《社会科学家》,1987年第2期。
② 《马克思恩格斯选集》(第1卷),人民出版社1972年版,第603页。
③ 《马克思恩格斯选集》(第4卷),人民出版社1972年版,第509页。
④ 《马克思恩格斯选集》(第2卷),人民出版社1972年版,第122页。
⑤ [罗]亚·泰纳谢:《文化与宗教》,中国社会科学出版社1984年版,第3页。

象，反映着人类生存、认识和活动的方式。它们根植于人们同自然积极地相互作用的过程中。"① 如前所述，我国西北及中原地带大禹治水的神话传说和对龙的图腾崇拜，即是该地人们在与黄河水系自然灾害长期斗争的生产实践中发展而来。"宗教是一种社会意识形态和文化现象。作为文化现象的宗教，其产生是历史的必然……在与自然界不断相互作用的进程中以及与其他人的交往中，人逐渐获得了自我意识。文化的发展，是人对其在适应外部世界的过程中，在按共利益、目的、计划改造外部世界的过程中所产生的问题的回答。宗教，这是文化发展的必然阶段。由此才开始自我意识，虚妄地认识自己、自己的力量，填补着自己的软弱和自己的历史局限性。"同为水神，北方坚毅的大禹和南国多情的湘灵迥然不同的性格、气质，凝结着不同区域文化的历史特点。这在前面"地理因素"一章中已经谈过，兹不赘述。各地所崇奉的山、水、土等不同的神灵，都是与其长期的生产实践活动或其他历史因素密切相关的。在东北的深山中，人们十分尊崇生长多年的大树，有的地方将它当作庙中的佛像一样供奉着，甚而上山采伐时也先跪在将要砍下的大树下默默地烧香祷告……这是东北移民在开劈荒野丛林的长期生产实践中形成的宗教观念，那像山一样威严的神秘树木曾在人劳作的时候造成许多事故，久而久之，在人们尚未完全控制这一生产规律时，便对生产对象愈来愈畏惧，神话般的传说也越来越多，以至于其神秘色彩更为浓重了。江浙一带的"江水祠"所供奉的神灵亦如斯，它是江淮一带人们长期生产实践中与自然搏斗的历史缩影。诚如亚·泰纳谢所说："文化取决于人类生存的活动方式。人同时属于自然和文化：他是自然的人，是生物长期演变的结果；他也是文化的人，是生产活动和社会生活所形成的。"② 正是各地人们不同的"演变"过程和"生产活动和社会生活所形成的"不同"活动方式"，使各地宗教文化特质中蕴含着不同的历史内容，这是不足为奇的。故而英国文化人类学者马林诺夫斯基所说："神话不是过去时代的死物，不只是流传下来的不相干的故事；乃是活的力量，随时产生新现象随时供给巫术新证据的活的力量。巫术运行在过去传统的光荣里面，但也随时自创新出于硎的神话围氛……巫术是沟通荒古艺术的黄金时代与现今流行的奇行异能两者之间的桥梁……神话不是因为哲学的趣意而产生的蛮野对于事物起源的冥想。它乃是一劳永逸地证明了某种巫术的真理的几种事件之一所得到的历史陈述。"③ 由这一"历史陈述"所蕴含的"活的力量"，我们可以推断描述神话所关涉的时代社会风貌，也可看出其科学意识的历史端倪，并据以预测区域文化科技因素的发展趋势，这一神话、宗教、巫术历史功能

---

① ［英］马林诺夫斯基：《文化论》，中国民间文学出版社1987年版，第30页。
② ［英］马林诺夫斯基：《巫术科学宗教与神话》，中国民间文学出版社1986年版，第71页。
③ ［罗］亚·泰纳谢：《文化与宗教》，中国社会科学出版社1984年版，第3页。

所负载的文化信息，该不会完全是出自我们的臆想假说吧？如我国黄河沿岸，其水的自然谜底既是该地上古神话所关注的中心，也是该地现代工农业科技所关注的课题，这不能说是一种历史的巧合，而是"荒古艺术的黄金时代与现今流行的奇行异能两者之间的桥梁"所沟通的一个文化历史渠道。通过这条渠道，我们看到神话与科学以不同的形式反映了一个特定区域文化意识的历史内涵。知道了这一点，也就不难理解为什么古时人们曾将宗教、神话、巫术奉为至尊，却将科学说成"巫术"，直至今天，一些新的科学假说不同样被视为科学家梦呓般的魔语么？我们是该检索一下区域文化历史内涵的科学意识了。

## 第五节　中国区域文化的方言模型与人文类型研究

方言的形成也是这样，"语言是文化的产生和发展的关键，文化的发展也促使语言更加丰富和细密。"① "语言也不脱离文化而存在，就是说不脱离社会流传下来，决定我们生活面貌的风俗和信仰总体。"② 我国历史地形成的几大方言区，基本上可以划为不同的文化区，体现为不同民族、区域人的心理素质等特点，也是较为明显的。方言在区域文化中的历史因素，大致可以从如下几个方面来认识。

首先，方言分布是从以自然背景为基础的不同区域社会、民俗的发展历史地形成的，如前所述，我国最大的两个方言区，北方方言与吴方言，即是大致以长江为界，经过长期历史发展，在不同民俗、社会的历史发展中形成其刚柔缓急各不相同的方言特征，而在这一历史发展中，只有"当河流和政区的界线重合的时候河流对方言的分区才会起决定性的作用。"③

其次，我们也可将历史行政地理作为某些地区方言分区的基础，这是由方言地理内涵的社会历史因素所决定的。因为"方言是历史的产物，历史上的行政地理对方言区的形成有着十分重要的作用。"④ 如北方方言中的北京话、天津话，吴方言中的上海话，这三个地方，都是历史沿革中该区政治、经济、文化、时尚的中心，是当地最大的城市，在此基础上由于"一般人的语言心理是尽量靠拢这个中心。在这一点上语言心理和时尚心理是一致的，都是倾慕中心城市的。"⑤ "一般来说，方言在地理上分布的特点是：从一个中心地点向周围地区离散：同

---

①② 　周振鹤、游汝杰著：《方言与中国文化》，上海人民出版社1986年版，第3页。
③ 　周振鹤、游汝杰著：《方言与中国文化》，上海人民出版社1986年版，第73页。
④ 　周振鹤、游汝杰著：《方言与中国文化》，上海人民出版社1986年版，第60页。
⑤ 　周振鹤、游汝杰：《方言与中国文化》，上海人民出版社1986年版，第67页。

时周围地区的方言又向中心地点靠拢。离散和向心的交互作用造成了方言区。"①而这一"交互作用"又是随着当地政区沿革变化而历史地发展着的,从中可见区域文化语言因素的历史作用。

"在研究文化史的时候,人们往往只是讨论文化本身的发展,而忽略了创造文化的人,人的迁徙及其与文化发展的关系。不同类型的文化从相互隔离到进入渗透和交融状态,其最主要的原因之一就是人口的迁徙,亦即移民。移民一方面造成文化传播,另一方面又使不同地区的文化发生交流,产生新的文化,推动文化向前发展。所以移民史在文化史上应占重要地位。"②斯为其三。如北方方言,其大面积一致性的重要原因就是由于战乱、天灾或垦荒的需要大量的移民所致。汉代以来,北方汉语的主要地盘只限于长城以南和长江以北,六朝之后北方汉语才随着南下移民大规模越过长江。长城以北和西南地区,则一直到明清时代,随着大规模移民又占据了东北和云贵的大片土地,席卷大半个中国。即如东北移民文化区,在这方面也颇为典型。"闯关东的山东人主要来自旧青州府、登州府和莱州府。他们到达新地后往往是先立一窝棚,窝棚的集台则以同族同姓为基础,宗族制度也就从山东输入东北。因为他们是族居的,又是大批地占据大片土地,所以旧地的方言也容易保存下来。"③"从山东的登、莱、青三府来的移民是以辽东半岛为基地的,所以今胶东话和辽南话相近……在本世纪的前50年,山东人和河北人占据了全部东北区,所以今天的东北方言和华北方言在大面积的地域上有着一致性。"④不独如此,东北民俗、伦理关系等在许多方面与中原古典文化及山东儒文化都有其一致之处,传统重负亦很深,与这一文化历史渊源不无联系。而在同一方言中不同的语言成分亦可显示出不同的历史层次,这也主要是出于移入该方言区的移民有先后,先来的移民带来的成分较为古老,所以方言便成为区域文化历史因素的"活化石"可以看出移民的历史层次的成分。如南方方言中吴语、湘语与粤语、闽语、客赣语的几大历史层次即大致如斯。

最后,语言不仅反映了区域文化的历史特征,而且也反映了某些民族文化特性的历史层次。如我国景颇语中有关"砍"。这个动作的词特别丰富,它反映了景颇族在新中国成立前不久仍然过着刀耕火种的生活。一种文化形态,由宗族发展形成的也好,由特定区域自然规定的社会层面积淀而成也好,其历史特征尽管是无形地潜伏于地理、建筑、宗教、民俗、文学艺术及语言之中,在现实中仍有其自身多方面的功能作用,对此我们应予以足够的注意。顾晓鸣先生在《多维视野中的"文化"概念》一文中曾说:"文化,不管如何的恢宏,或者如何的具

---

① 周振鹤、游汝杰:《方言与中国文化》,上海人民出版社1986年版,第75页。
② 周振鹤、游汝杰:《方言与中国文化》,上海人民出版社1986年版,第15页。
③④ 周振鹤、游汝杰:《方言与中国文化》,上海人民出版社1986年版,第29页。

体,它只是自然无限发展过程中的一个创造,是自然创造的人类之有意识、有心智、有目的实践过程的体现——表现为人的存在和活动形式,表现为人的存在和活动的一切物质具象,表现为人存在和活动的成果和遗迹。"此论是有道理的,能够帮助我们较为全面地认识自然规定中区域文化的历史因素。

"作为人类实践产物和方式的文化,是在一个历时性过程中展开其全部内容的,人类实践活动的历史性决定了人类文化的历史性。"而"历史,概念所指的是人类存在和人类活动的延续,广义而言也是自然界在时间中的延续,文化是历史的内容和序列之一。正是在历史的过程中,文化概念与传统概念相连。"① 区域文化也是在长期的历史发展中形成其独特"活动方式、观念及信息传播媒介(如语言等)"的"传统"因素的。如前所述,由于中国是一个有着五千年历史的封建大国,长期以来的诸侯割据,闭关自守,历史地形成了各地不同的文化形态。而各地的自然生态差异,影响到种族发展、民俗的不同以至整个生活方式,生产方式及价值观念的特殊结构模式,也历史地形成了一个多民族文化形态的国家。春秋时期的诸侯割据,战国时代的七雄纷争,且各有自己的史官修志,政治、经济以至文化、民俗诸方面都形成一定的差异。至今西部秦风、中原郑地、南国楚乡以至两广百越、江浙吴地和北方燕赵都留下很深的文化历史痕迹,更不用说新疆边塞、青藏高原。内蒙古草原及云贵区域以至东北移民区的多民族文化形态了。春秋诸侯、战国七雄,汉有西汉、东汉,晋有西晋、东晋,更有南朝、北朝、宋齐、梁、陈,唐有五代十国,宋有北宋、南宋……直至近代各地军阀势力的形成、帝国主义各国对中国地域的瓜分,无不影响着各地政治、经济、民俗、文化至社会心理的发展,从而在历史发展中自然形成了各地文化形态的封闭性。因而可以说我国古代就是一个比较史学、比较文化思想最丰富的国家,也是最早注意到"网络"系统观念潜科学因素的。著名历史文献学家张舜徽先生说:"在中国封建社会,一般记事的史书,大部分是以时代为中心,依着时代先后来叙述事实;或者通贯古今,或者专详一代,都是围绕着为统治者的政权服务的。这是历史事件的'纵的叙述方式'。还有一种'横的叙述方式'。便是以地区为中心,专详于某一地区的风俗、民情等,这便是地方志……它很普通地保存了不少社会的真实史料。"② 其实不独方志,许多其他文学、历史典籍中亦尔,有颇为丰富的区域文化史料,描绘了它的历史因素,并有着这方面的潜科学功能意识。从第一本典籍《尚书》到第一本诗集《诗经》都是各地政治、经济、民俗,文化等人类社会生活样式不同角度的历史写照。《左传·国语》、《战国策》;

---

① 眺蒙:《文化、文化研究与历史学》,《历史学理论》,1987 年第 5 期。
② 张舜徽:《中国古代史籍举要》。

直到"究天人之际，通古今之变"①的《史记》、《汉书》，尤其《史记》的"书"八篇和《汉书》的《地理志》，对各地风俗民情、经济状况以及郡国政区、历史沿革、山川、户口、文化、制度等均有所描述，使人叹为观止。魏晋及两汉乐府也在不同时代反映出各地人的精神风貌、风俗民情和生活特征。以至"方志"成为我国史学一个特殊的领域和研究系统。自《尚书·禹员》、《山海经》到《汉书·地理志》，三国时吴人的《类地志》、晋人挚虞的《畿服经》百七十卷、常璩的《华阳国志》十二卷，南齐陆澄紧的《地理书》、隋的《诸郡物产土俗记》记百三十一卷、《区宇图志》百二十九卷、《诸州图经集》百卷、《隋书·地理志》三卷，直至唐李吉甫的《元和郡县志》、宋乐史的《太平寰宇记》、王存的《元丰九域志》及欧阳忞《舆地广记》，南宋又有王象之《舆缝纪胜》及祝穆《方舆胜览》等。后元、明、清又分别有《大元大一统志》、《大明大一统志》及《大清大一统志》；除《汉书》、《隋书》外，《晋书》亦有《地理志》，《宋书》、《南齐书》有《州郡志》，《魏书》有《地形志》，《旧唐书》、《新唐书》、《宋史》、《辽史》、《金史》、《元史》、《明史》及清史均有《地理志》。诚如我国清代学者章学诚所说："有天下之史，有一国之史，有一家之史，有一人之史。传状志述，一人之史也；家乘谱牒，一家之史也；部府县志，一国之史也；综纪一朝，天下之史也。"② 可见我国史书是形成一个体系较为完备的系统的，它从一个侧面反映出封建社会分封制的社会历史状况及等级森严的典章制度和文化历史观念，同时也可看出中国文化历史结构的不同层次。它们从各个侧面记载、描述各地风物人情、自然山水、地理风貌以至典章制度、政治沿革及经济活动等诸方面的文化历史特征，对于各区域人的"存在和活动形式"及其"具象"的物质媒介与"成果和遗迹"等文化的"内容和序列"均有所涉猎，但由于出于"方志"的史家之手，往往只是被动的记录，"即以地区为中心，专门记载某个地区的风俗、民情、物产、疆域、人口、古迹、方言等"。③ 不能对各地文化历史进行更为深入的系统的理论探讨。

马克思在《资本论》第1卷中曾提出这样一个著名论断："对人类生活形式的思索，从而对它的科学分析，总是采取同实际发展相反的道路。这种思索是从事后开始的，也就是说，是从发展过程完成的结果开始的。"④ 分析区域文化的历史因素，我们首先接触的是经过长期发展积淀而成的各种社会事象、民俗事象和文化事象，但这并无碍于我们透过这些纷繁地覆盖在特定环境基质上的物化媒

---

① 《汉书》（卷六），《司马迁传》。
② 章学诚：《州县请立志科议》。
③ 凌云：《读史入门》，北京出版社1984年版，第94页。
④ 《马克思恩格斯全集》（第23卷），第91页。

介和固定模式去探索它的历史渊源和文化过程。诚如马克思所说："所谓的历史发展总是建立在这样的基础上的：最后的形式总是把过去的形式看成是向着自己发展的各个阶段……"① 正是在这种逆向的历史考察中，我们才能找到潜伏于社会表象及文化事象后面的传统因素，并在科学的分析中摒弃那些深隐在现实底部的文化障碍作用，同时也为各地经济开发、文化发展的现代化进程找到其历史基点和科学的现实依据。对于区域文化历史底蕴的探究，对于传统"方志"史学的文化社会学研究和科学、系统的整理，已是"开放、搞活"改革时代刻不容缓的历史课题了。法国人类学家列维·斯特劳斯在《结构人类学》一书的序言中曾说："人类学和历史学将再度合作，共同研究当代各种社会；很明显，这两门学科谁也缺不了谁的帮助。"② 这是因为人类学和历史学的研究对象共存于一个特定时空结构的文化环境中，而将几大文化流程诸多因素联结起来的区域文化"区域"概念，和它所蕴含的文化历史序列，即是现代人类学、历史学、文化学、社会学、民俗学以及地理学所关注的核心范畴。

---

① 《马克思恩格斯选集》（第2卷），第109页。
② 庄锡昌、顾晓鸣等编：《多维视野中的文化理论》，浙江人民出版社1987年版，第238页。

# 第二十九章

# 中国区域文化的知识文明模型与文化类型研究
——城市文化与知识文明模型的区域科学阐发

## 第一节 区域与城市文化的潜文化模型研究

所谓潜文化层次,就是活文化,即人们的心理文化结构和行为方式。"它在整个文化结构中起着相当关键的作用。一般来说,观念性文化属于'有知识阶层的文化,而潜文化则遍及全社会的各个阶层,以及社会生活各个角落,以固定化的风俗、习惯和生活方式存在着"。① 区域文化作为几大文化流程交织点上的时空结构,与超稳定系统的观念层次正统文化相对而言,也是潜文化的历史升成。即各地人依据不同的自然环境、民俗习惯长期发展积淀而成,而又仍往延续的特定心理文化结构和行为方式,它通过文化社会流程、器物流程与意识流程展现着自己的独特形态,"遍及全社会的各个阶层,以及社会生活各个角落,以固定化的风俗、习惯和生活方式存在着"是与时代生活密切相关的"活文化"在区域文化诸多因素中起着极其重要的作用。诚如美国人类学家克莱德·克鲁克洪先生所说:"要指出哪一件活动不是文化的产物是很困难的。"② 而在诸多文化因

---

① 任平:《当代中国文化学研究方法探讨》,《苏州大学学报》,1986年第3期。
② [美]克莱德·克鲁克洪著,高佳、何红、何维凌译:《文化与个人》,浙江人民出版社,第8页。

素活动过程中，人的行为、心理、情感、气质以及思维方式、习惯可以说是构成各地潜文化形态的主要内容，正是个人的思想、感情或行为作为构成文化的"蓝图"，映现在各地特定时空结构的历史屏幕上，成为我们考察区域文化的现实依据。所谓"一种文化"，就生命类形态的时空结构来说它指的就是某个人类群体独特的生活方式，亦即他们整套的生存样式。

城市区域文化，作为特定区域某个人类群体独特的生活方式，在人与自然相互作用的历史过程和生产实践中，形成了自己独特的民俗、政治、经济、宗教、建筑、科技、教育、伦理、语言、文学等几大文化流程的"生存样式"，其中无处不渗透、交织着人的行为、心理、情感、气质以及思维方式、习惯的潜文化因素。活动在人们的社会生活过程中，而与时代紧密相连。文化是由构成人类存在的生物学成分、环境科学成分、心理学成分以及历史学成分衍生而来的，它是个人适应其整个环境的工具，是表达其创造性的手段，而在这一对具体环境适应的历史创造中，"人的机体为着生存必须在最低限度上随着自然环境而作出一定的调节。人类生态和自然环境为文化的形成提供物质基础，文化正是这一过程的历史凝聚。"① 如我国东北人的粗犷、豪爽，江浙人的聪敏、俊秀，西北内陆人的古拙、厚重，东南沿海人的机巧、豁达，北京人的大度、矜持，山东人的耿直、重礼仪……无不与其"生态和自然环境为文化的形成"所提供的物质基础"这一过程的历史凝聚"相关。东北是移民文化，"闯关东"的山东、河北等地的人，"他们到达新地后往往是先立一窝棚，窝棚的集合则以同族同姓为基础，宗族制度也就从山东输入东北。"② 而且往往是以一家族为中心，在荒山野林中逐渐将同宗亲族搬来居住，最后几乎十里八街、相邻甚远的很大一个区域内人们间都有着这样那样的亲属关系。在这样的情境下人们几乎就生活在亲族网络之中，是以族体与荒野的自然发生关系的。所以东北移民区的居民一方面保守、持重，留有山东儒文化及中原古典文化的历史痕迹；一方面豪爽、粗犷而又厚重，因其寒冷的气候条件、荒野丛林的恶劣自然环境，人们是亟需相互帮助、协作来共同与自然搏斗的，这就使其亲族网络更加密切，宗法观念也随之泛化，渗透到社会生活各个领域之中。故十里八街，皆沾亲带故，不同族姓的人，亦因移居来时间的迟早，而严格地排辈分，以至尊卑有序，影响到政治伦理因素，上、下级亦以"叔"、"兄"相称。见到陌生人，亦习惯于以叔伯兄弟婶姨姐妹相称。在这里，自然与社会交相作用，特定地理条件与历史因素融为一体：于是其心理素质、行为习惯中豪爽与持重兼具，厚重与保守并存。政治、经济发展的文化特点也是

---

① ［美］克莱德·克鲁克洪著，高佳、何红、何维凌译：《文化与个人》，浙江人民出版社，第6页。
② 周振鹤、游汝杰著：《方言与中国文化》，上海人民出版社1986年版，第29页。

"天高皇帝远"，开发时大有美国移民文化之风气，无所不用其极，保守时又似闭关锁国，独处一隅而固守传统。其村落建筑也是散居于山洼之中，户与户相距又甚远，宗亲网络之中亦有隔离、保守的文化心态。由于移民多聚于山区，其所雇奉的山神也如东北雪原中的山林一样，威严、冷峻而又厚重，也可以说是其豪爽、粗犷而又厚重的人格力量的神化，在这里潜文化形态已与宗教因素连为一体。在反映东北生活的。林海雪原及《呼兰河砖》等文学著作中，亦可看出其潜文化形态人的因素的历史端倪。"文化如果得到正确的描述，人们就会认识到存在一种具有特殊性质的生活方式，认识这些性质之间的相互关系。"① 如前所示。希罗多德、波丹、孟德斯鸠、黑格尔等西方历史学家、哲学家曾对此有过较为精辟的描述。希罗多德的"温和的土地产生温和的人物"② 的观点，是从气候条件对人的心理素质影响的历史描述，波丹则把赤道和北极之间的土地划分为三个区域，认为北方的居民精力充沛，体魄强健，南方的居民虽体力不佳，但机智精明，而居住在南北区域之间的居民则既有北方居民的体魄，又具有南方居民的才智③……这与我国江南、中原及东北人的文化心态差异颇有类似之处。继波丹之后，孟德斯鸠认为世界各地的不同气候，造成了各民族心理状态和性格、气质的不同，而人的这些不同特质的潜文化形态又规定、影响着其政治、法律制度。他认为寒冷的气候使人坦率诚恳，精力充沛，勇敢而有信心，人的这样的心理气质造成了自由的政体，而生活在炎热气候中的人则颓唐懒惰，胆怯无力……④这与我国南、北方某些潜文化因素的差异亦有相通之处。而黑格尔对于高地、草原、平原流域及沿海区域人的文化心态的自然差异及其对政治、经济、伦理及诸多文化因素的影响的历史描述，简直可以说就是对我国由西北内陆到东南沿海潜文化形态差异对政治、经济、伦理诸多文化因素影响的一个历史预言。诚如克莱德·克鲁克洪先生听说："从理解和预言的角度来看，文化的各部分相互之间的关系模式不可能毫无差别……如同其他事物一样，每一种文化都是关系的复合体，都是既有序且相关的部分的多重体。"⑤ 我国东北移民文化心态与其民俗伦理、宗教、建筑、文学以及政治、经济、历史、地理多方面的内在联系，作为潜文化形态"既有序且相关的部分的多重体"，也历史地规定着其文化社会的现实发展。而有着"预言"般的参照作用。江浙水乡文化心态与其诸多文化因素构成的"关系的复合体"亦如斯，温和湿润的气候，水陆交织的自然网络，滨水

---

① ［美］克莱德·克鲁克洪著，高佳、何红、何维凌译：《文化与个人》，浙江人民出版社，第7页。
② 王嘉付译：《历史》，商务印书馆1959年版，第844页。
③ 波丹：《论共和图》，转引自［英］亚·沃尔夫《十六、十七世纪科学、技术和哲学史》，商务印书馆1985年版，第652~654页。
④ ［法］孟德斯鸠著，张雁深译：《论法的精神》，商务印书馆1961年版，第227~282页。
⑤ ［法］孟德斯鸠著，张雁深译：《论法的精神》，商务印书馆1961年版，第11页。

筑成的阁楼，还有水上的种种传说，神话和祠庙，多情的气质、甜润的方言，都透出一种钟秀聪慧的潜文化心态，似有一股水乡灵气弥漫于周际……东南沿海与西北黄土高原等地区域文化的潜文化因素亦如斯，不一而足。有人说过："科学是通过某种气质而见到的自然，个性是既为文化所窥视又为文化所屏蔽的气质。由于传统的作用，也由于人类关系的复杂性。即使是一些简单的零物，哪怕如同动物之所需者，也都得裹上一层文化模式的外衣……"① 打喷嚏乍看像是纯生物学的现象，但其中却发展一些小小的习俗，诸如说一句"对不起"或"多多保重"，不同文化的人们，或者同一社会不同阶层的人们，都不会以严格相同的方式打喷嚏。"打喷嚏是在某种文化网络里结成的生物行为。"② 这论是有道理的，人的行为方式、思维习惯及个性气质，是在日常卑琐的生活方式中映现在文化屏幕上的潜文化复合体，离开了现实，现实中人的活动，潜文化内容也就失去了它的生命活力和客观依据。

## 第二节　潜文化的风俗制度与思维方式类型研究

没有人会用不受任何影响的眼光看待这个世界，人们总是借助于一套确定的风俗习惯、各种制度和思维方式来观察这个世界。诚如美国社会预测学家约翰·奈斯比特（john Naisbitt）在他的《大趋势》一书中所说："你住在什么地方，你就变成什么地方的人"，③ 他接着谈道，居住在同一地区的居民具有相同的价值和态度，这是一种地理区域上的心理状态。在新英格兰人中，虽然一本正经的波士顿人比较墨守成规，他们仍是全国思想最自由的一个群体，太平洋沿岸的居民仅次于他们——这是在各地区进行了八年民意测验的社会学家们得出的结论。40%的新英格兰人愿意容忍同性恋和婚外性关系；60%的人觉得堕胎是妇女的权利。南部人则正如所预料的那样，保守得多。在东南部，80%以上的人认为婚外性关系永远是错误的，只有1/3的人赞成堕胎。各民族的潜文化差异也是如此。据有关史料所载，第二次世界大战中，德国人侵欧洲，孤岛英国成为反法西斯战争的基地。1941年，美国宣布参战，其大批官兵首先在英国集结。然而，却发生了一件意想不到的事情，即英国人与美国人之间发生了一些摩擦。美国人总觉

---

①② ［美］克莱德·克鲁克洪著，高佳、何红、何维凌译：《文化与个人》，浙江人民出版社，第7～8页。

③ ［美］约翰·奈斯比特著，梅艳译：《大趋势：改变我们生活的十个新方向》，中国社会科学出版社1984年版，第124页。

得英国人自高自大,有话不直接说,总是用居高临下的保护人的口气说话,英国人又觉得美国人太爱表现自己,什么话都要先说出来,夸夸其谈,自我吹嘘。更有趣的是,美国官兵同英国女郎一接触,双方都指责对方"不道德"。这便是温尔典雅的英国"绅士"文化风尚同美国移民开放文化的自然接触在潜文化层面引起的文化冲突,就像我国各地不同文化心态的人相处而往往引起的摩擦一样,南方人说北方人粗鲁、太直露而又执拗,北方人说南方人太细致、小气而又斤斤计较。尤其东北人与江浙人的区域文化反差,更为明显、突出。江浙人看东北人使用很大的碗、盘吃饭,做菜一做就是一锅,且多有火鱼大肉粉丝之类,觉得很不习惯,说他们太粗俗、笨拙。而东北人看到南方人家中做客,看到偌小的碗、盘又十分拘谨,抱怨他们太小气,不实惠。南方人看东北人上街买鱼、肉之类一下就买许多而惊讶,东北人见南方人井井有条,无不精打细算,上街只买几角、几分钱的零食而感到他们太卑琐、小气。其实这和东北气候严寒,冬季较长,需多贮菜和多食肉蛋之类以御寒冷;南方夏季较长,四季常有果蔬鱼肉之类,无须贮菜,天气太热,也不能过量食肉等不同气候等自然条件形成的潜文化差异密切相关,只要科学地认识到这一点,相互了解了各自不同的文化背景,在文化接触时便不会再产生什么摩擦。且取长补短,就能养成更为科学的生活习俗,这就是潜文化因素的自控、适调与整合、传播的合理发展,须以潜文化信息形式与各自子系统相互沟通,就能形成一种更高层次的新的质级的文化功能形态。在第二次世界大战英美双方的文化冲突中,一位女文化人类学家玛格丽特·米德,就曾到处演讲,在报纸上发表文章,在广播中发表谈话,细致入微地向英国人讲解美国人,让英国人了解美国文化;又向美国人介绍英国人,使其了解英国文化,为增进英国人与美国人之间的相互了解付出了自己的辛勤劳动,从而使英、美之间形成一种新型社会关系和文化网络,正是在这一英、美孤军关系后面的文化功能结构中,增强了理解与团结的盟军形成一种新的精神力量,终于征服了法西斯的挑战。各国文化潜文化因素的科学分析也是如此,它在各地文化接触的现代化过程中,力图使人们在政治、经济诸方面"横向联系"的文化、社会网络中相互理解,以利于文化传播的适调发展,重新组合民族文化,减轻它的负作用,使其成为适应现代化社会过程的新的功能载体而加强全民族各地人民的团结、合作。

潜文化虽有一定的历史内涵,然而与正统文化是有区别的。正统文化的政治、伦理网络较强,自觉地对社会整体起着组合的控制作用,也可以说是一种精神的统治。然而潜文化却是在各种社会生活习俗中历史地形成的,虽与正统文化有一定联系,却基本上是一个无意识的文化结构。它活在每个人的身上,无意识地规范、制约着人们的思考、行为,仿佛一张看不见的辫网,联结在每个人的神经、血脉之中。一般来说，正统文化是各地潜文化的历史生成，但一经板滞、固定，便脱离了潜文化的生命机体，成为一个历史躯壳，且有自己的理论纲领，如中国封建正统文化的三纲五常等，而潜文化则是多元复合体的功能模式。当然，正统文化只有浸入潜文化的机体，才会有它的社会效应。对于改革非经济因素的障碍，一般也多来自潜文化层次，亦即无意间支配、规范着人们思想、行为的某些功能模式。所以鲁迅先生说："倘不深入民众的大层中，于他们的风俗习惯，加以研究、解剖，分别好坏，立存废的标准，而于存于废，都慎选施行的方法，则无论怎样的改革，都将为习惯的岩石所压碎，或者只在表面上浮游些时。"①这并不是喊几句"打倒孔家店"所能解决的问题。当然，区域文化潜文化因素也有其积极功用，与传统文化相对立的一面，这是我们立足现实的文化基础，一个时代的文化只有自觉到把握潜文化层次历史功用的时候，才会有足够的自信面对世界，进入一个更为文明的历史阶段。正如克莱德·克鲁克洪先生所指出的那样，描述他省的内容应当包括"讲出什么人，在什么时候以及在什么环境下做了些什么，说了些什么以及造成了些什么"。②

## 第三节　法国年鉴学派对潜文化"长时段"文化类型的历史发掘与理论发现

在这方面，产生于20世纪初的法国年鉴学派对于历史深层结构中人的无意识领域与其生存环境关系的揭示，对我们认识区域文化的潜文化因素是颇有启发的。他们以为，从广义来说，一切关于人类在世界上出现以来所做的、或所想的事业与痕迹，都包括在历史范围之内。大到可以描写各民族的兴亡，小到描写一个最平凡的人物的习惯与感情。他们不满于"一方面是一小撮古董鉴赏家，他们只醉心于找寻死魂灵；另一方面，是那些社会学家、经济学家和法学家，他们只关心现实生活"③的社会科学历史现状，强烈呼吁对历史深层结构的潜文化形态进行研究：

历史不应再是一片沉睡的墓地，只有阴谋诡计在那里出没无常，历史学家们充满战斗渴望，他们身上披着硝烟，染着妖魔鬼怪的血迹，必须冲进公主长眠的

---

① 鲁迅：《二心集·习惯与改革》。
② ［美］克莱德·克鲁克洪著，高佳、何红、何维凌译：《文化与个人》，浙江人民出版社，第8页。
③ 转引自刘昶著：《人心中的历史》，四川人民出版社1987年版，第247页。

古老沉寂的宫殿,打开窗户,点亮烛台,让这世界恢复声息,然后以他们自己的沸腾充沛的生命力,去唤醒在沉睡的公主身上已中止的生命。①

他们号召历史学者应"全身心地投入生活中去,沉浸在生活之中,沐浴在生活之中,把自己和人类生存打成一片,这样在研究和重建过去时他就能获得十倍的力量,而这过去……又将反过来使他懂得人类命运的神秘意义"。② 他们反对传统史学以事件为中心来阐述历史,认为这种历史将人变成了单向度的政治人,而"最大多数的人在这种历史中是不存在的,他们被轻易地抹掉了,至少也只是历史画面中模糊晦暗的底色。"③ 故而他们反复强调、大声疾呼历史是一门关于人的学问。不是个别的英雄人物,也不是人的某些突出方面,而是完整的、被人们所忽略了的处于特定环境中的人,人的日常全部生活所显示出的潜文化形态,即人的活动过程和活动着的人所固有的历史图式构成的生命类形态的深层结构。其代表人物费弗尔就曾说过:"人不能分割为一个个片断,他是一个整体,历史也绝不能分割为这儿一堆事件,那儿一堆事件。"④ 历史研究的"不是个别的人,重复一遍,绝不是个别的人,而是人类社会,是组织起来的人类群体。"⑤ 所谓"组织起来的人类群体"即处于特定社会环境中的俗众及其共有的社会文化习俗,而不是轰动一时的英雄帝王将相等"个别的人"。法国年鉴学派另一代表人物布洛赫则更为明确地进一步指出:

确实,很久之前,我们伟大的先辈,例如米细勒和古朗治就教导我们要认清历史的对象天生就是人(man),不过让我们说是复数的人(men)。因为绝不是单数的人或抽象的人,只有复数的人(men),才是一门变化的科学的恰当对象。在地形景观的种种特征背后,在工具和机器的背后,在最正式的书写文件背后,以及在看来几乎完全同它的创制者分离的制度的背后,都站着人,历史所力图把握的正是这人。(研究历史)若在这方面失败了,那么充其量也不过是炫耀博学。一个优秀的历史学家就像神话中的巨人,他知道无论何处只要他嗅到了从人类血肉之躯发出的气息,他就知道了自己的目标。⑥

他们不再囿于政治事件、个别人物的理论框架,而是莅临到一个有着成千上万普通人和各种各样自然的、地理的、技术的、经济的、社会的、心理的、民俗的、宗教的诸多文化流程的更为宽广领域,追踪在日常生活和变化中,普通人的

---

① 刘昶:《人心中的历史》,四川人民出版社1987年版,第247页。
② 刘昶:《人心中的历史》,四川人民出版社1987年版,第28页。
③ 刘昶:《人心中的历史》,四川人民出版社1987年版,第253页。
④⑤ 刘昶:《人心中的历史》,四川人民出版社1987年版,第254页。
⑥ 刘昶:《人心中的历史》,四川人民出版社1987年版,第255页。

心理、情感、信仰、思想观念和价值标准的潜文化形态。为此，布洛赫曾声称他们就是要坚决地脱出历史事件、纯政治因素和历史人物的框框，以便更好地抓住真实历史的动力，即成千上万的基层人物和成千上万的优秀人物。这两个"成千上万"把那些在时代广告橱窗中充当摆设的人像（如扣人心弦的贝雅尔和威名赫赫的路易十四……）抛在一边，自己创造着真实的历史。"①

不仅如此，法国年鉴历史学派还注意到人的潜文化因素—社会心态与特定自然规定中多层次历史环境的内在联系。所谓"在地形景观的种种特征背后"站着的人，亦即区域文化潜文化因素的历史探究。费弗尔的《地理历史学导论》即是探讨自然地理因素对人类心态影响和诸多文化历史纽带这一动态过程和活动系统的。而布洛赫的《法国农村的历史特性》则从自然规定由地理基础构成的诸多层次历史背景上法国分为两基本区域。即使用轮犁实行三年轮作制的北部平原和没用手抉犁实行两年轮作制的南部地中海地区（这种分区甚至与国家疆界无关，两个区域都延伸到法国国界以外）。布洛赫着重分析了受这种分区影响的家庭结构、庄园性质及其变化，从经济社会心态史的内在联系上涉猎到其具体文化因素的历史层面。"经济社会史从人们具体的经济活动和日常生活出发来揭示社会的结构及其发展变化；社会心态史则通过对社会心理、民俗民风、宗教信仰、流行观念等的研究来展示过去时代的精神生活"②，二者从不同的文化流程涉及各自文化的潜文化因素，其特定环境的区域网络特性亦较强。因而，布洛赫主要运用了比较和综合两种方法，他运用了地理学、工艺学、经济学、社会学、政治学、心理学、语言学的知识、理论和方法来综合分析特定区域的经济社会现象和潜文化形态。他说："从技术上说，我在历史比较中所研究的全部对象都是从一个相同的社会的各部挑选出来的，这个社会从总体上构成一个大的单位。通常，历史比较几乎是指比较发生在不同国家或民族疆界内的现象。确实，在一切社会对比中，政治的和民族的对比是最强烈也最明显的。但是……这种比较方法的狭隘观点太简单化了。因此，我们在这儿使用环境的不同这一说法，这是一个更可行也更确切的说法。"③ 在这里，所谓"相同的社会"即指"发生在不同国家或民族疆界内的""政治的和民族的"共同体，如中国封建社会与欧美封建社会等，这是一般层次的文化历史比较。而这里所强调的"从一个社会的各部挑选出来的""环境的不同"，不仅仅是指国家和民族的差别，甚至主要不是指这种差别，而主要是指由自然地理环境及具体生产技术的差别所造成的生存环境不

---

① 转引自刘昶著：《人心中的历史》，四川人民出版社1987年版，第260页。
② 转引自刘昶著：《人心中的历史》，四川人民出版社1987年版，第268页。
③ 布洛赫《Toward a Comparative History of European SocietieS》，转引自刘昶：《人心中的历史》，四川人民出版社1987年版，第272页。

同,以及由此形成的特定区域社会心态与社会结构等潜文化因素。"人类中所有的人,不是都承受如此强烈的种种影响的吗?有一些影响来自各个时代的实在,另一些影响则以最直接的方式由当前的社会环境显现出来,而首先不是由语言和全套工具来传递的吗?……一言以蔽之,可以说,个体只可能存在于它的时代,存在于它的社会环境里。"① 它摒弃了传统史学中对富于戏剧性的重大社会事件的追踪或对帝王将相及其相关人物等个别英雄人物,或是某种伦理观念的大量描述、评价、而代之以面对处于特定时空环境中活生生的人类群体,还有连他们自身也已忽略了的规定其历史选择的无意识社会心理结构,或曰"心灵的图像"。法国年鉴学派的当代代表人物布罗代尔就曾将历史分为三层结构来描写地中海这样一个特定的区域,第一层结构是人与其环境关系的历史,这种历史的流逝几乎无法被察觉,在这种历史中,一切变化都十分缓慢,这是一种由不断重演、反复再现的周期构成的历史。在这一"人与无生命的世界交往的历史"② 中,人类虽以一种固定的潜在模式联结着他所处的特定自然、社会环境,但仍是处于一个缓慢的活动过程之中,而不是一成不变的。由此,第二层结构我们即可看到另一种历史,这种历史的时间虽然缓慢却能感觉到它的节奏,即人类群体的或集体的历史。这部分研究的是人与人之间经济的、政治的、文化的诸种社会纽结,而试图揭示所有这些深深扎根的力量是如何作用于错综复杂的现实的。最后的表层结构才是"传统的历史","即事件的历史",这种历史虽充满表面的喧嚣,却不过是由历史潜流规定了其基本流向的"短暂、迅速、不安而又极敏感的波动","它的吸引力和魔力是我们要通过确定其潜流来加以驱除的,这种潜流常常是沉默的,它的方向只有通过长时期的观察才能把握,喧嚣的事件往往只是瞬时的扰动,是这些更大的运动的表征,只有依据这些运动,事件才是可以理解的。"③ 他把这一历史表征下所蕴含的"长时期"缓慢过程中形成的结构功能叫做"长时段历史"。他说:"这样做的最终效果是把历史分为不同的层次,或者换一角度说,是将历史时间分为地理时间、社会时间和个体时间,或者再换一个说法,是将人分成多元的自我。"④ 在"多元的自我"的潜文化活动过程中,"长时段"构成了历史的深层结构,或者说,结构本身就是一种长时段的历史现象。它以被人们所忽略了的多姿多态的纷繁生活现象和其固有的生机呈现在我们面前,潜移默化地塑造着每个特定环境中人的历史特性,它包括一个时代人们衣食住行的各个方面细节,涵盖着尚未被人们的文化触角触动过的一个巨大而又庞杂的意识结

---

① [法] 费弗尔:《历史与心理学——一个总的看法》,田汝康、金霞远选编,《当代西方史学流派文选》,上海人民出版社1982年版,第49~84页。
② 布罗代尔:《地中海》(英译本),第20页。
③④ 布罗代尔:《地中海》(英译本),第21页。

构。日常生活就是由那些人们在历史时空中几乎不加注意的小事构成的。这些每日发生的事情是不断重复的，它们越是不断重复就越成为一种普遍规则，或者毋宁说是结构。它渗透了社会的各个层次，并规定了社会存在和社会行为的各种方式。所谓"长时段"历史现象，即布洛赫所关注的社会结构和费弗尔所倾心的社会心态史。它包括两个方面，一方面是地理环境与人类相互交往过程对历史所造成的强烈而持久的影响，以及在这种影响下所形成的人们的日常生活方式；另一方面是受前者影响又反过来影响前者的人们的精神状态、心理结构、思维习惯等。这一切都发生在自然规定背景下特定区域诸多关系动态过程的网络结构之中，因而，"……在这里，地理不再是它本身一种目的，而是达到目的的一种手段，它帮助我们重新发现缓慢生成的结构性实在，并从长时段观点来看待事物。地理，和历史一样，是能回答许多问题的。"① 区域文化的潜文化因素，即是一个这样"缓慢生成的结构性实在"以人为主体的社会活动过程。"只有面对这几乎静止的地心深处，历史时间的所有地层，成千上万的层次，成千上万的片断才构成可以理解的形式……"② 它在繁复的现实表象后潜动着其文化、历史的结构功能，向我们提示着"任何时代，包括我们自己所处的时代都会有这样的边界条件，它规定了什么是可能的，什么是不可能的，什么是通过些许努力就能做到的，什么是无论如何都做不到的。"③ 与之相比，一般的历史事件只是昙花一现的现象，它们像萤火虫一样逝去，几乎没有闪光就回到了黑暗之中，常常进不了人们的视野。然而，相对于历史深层结构的潜文化因素，每一件事，无论多么简单，都确有其意义，它照亮了某些黑暗的角落，甚至某些历史的背景，不仅仅是政治史，历史的所有方面：政治的、经济的、社会的甚至地理的都被这种间接爆发的事件的光焰所照亮。布罗代尔在他的《地中海》一书第二版的前言中，对此曾深刻地总结道：

这是所有的历史研究全都会碰到的问题，就是有无可能以某种方式同时显示引人注目的历史和另一种深藏的、沉默的并且常常是隐秘的历史？前者以它频繁的、戏剧性的变化抓住我们的注意力，而后者实际上无论是它的观察者还是它的参与者都没有察觉到它的历史，它很少为时间的持久侵蚀所触动。这一基本矛盾应始终成为我们思考的中心……它同人类生活的所有领域相关，根据比较对照的要求它可以表现为各种各样的形式。④

---

① 布罗代尔：《地中海》（英译本），第23页。
② Fernand Brandel：《History and the Social Sciences: The Lony Term》，转引自刘昶著：《人心中的历史》，四川人民出版社1987年版，第306页。
③ 布罗代尔：《十五至十八世纪的物质文明与资本主义》（第1卷）（英译本），第27页。
④ 布罗代尔：《十五至十八世纪的物质文明与资本主义》（第1卷）（英译本），第16页。

可见长时段历史现象所涉猎的"各种各样的形式"中"同人类生活的所有领域相关"的潜文化因素，也同样具有基于特定环境基质的区域文化特征。它并非以正统文化的价值体系或既定形式的"书面史料"为其研究对象，而是以时代生活中仍在同嗣续的活人的生命内涵及其动态过程为描述内容的。这一点，费弗尔说得更为明了：

毫无疑问，有书面史料时，可以根据它们来再现历史。没有书面史料，也可以而且应该通过其他方面来再现历史：语言、符号、风景、瓦片、田野形状和杂草，月食和套牲口的轭，地质学家轻化学家对石块和佩剑所做的鉴定，总之，应该利用一切来撰写历史。凡是人所有的，依赖于人的，为人服务的、表现人的、标志人的存在、活动和生存方式的东西，都可以利用。①

而人所有的、包括"标志人的存在、活动和生存方式"的这一切都是处于特定时空环境中的一个动态结构，即潜文化层次的"活文化"，是一个区域特征很强的文化历史因素。正是基于这样一种历史构想，布罗代尔的《地中海》一书摒弃了"过去一小撮国王和富翁活动琐事的少数人构成的政治附庸历史，而是以"历史的缓慢而强健的脚步"，②再现了地中海作为区域专史区域文化潜文化形态丰富多彩的个性。布罗代尔在该书序言中宣称：

关于历史与地理空间的联系，可以说没有比地中海这个直截了当的例子更能说明问题了。特别是16世纪以来，地中海与人类的关系得到了如此地扩展。它的性格是错综复杂的、难以把握的、又是独特的。我们无法用通常的标准来衡量它、区分它。简单的编年传记写不出这个海，单纯地叙述发生了什么也不能恰当地表现它的历史。地中海不是一个单一的海，而是许多海的综合体，这些海被岛屿所分割，被半岛所打断，又被犬牙交错的海岸所包围。它的生命与陆地休戚相关，它的诗意远远超出了田园的范围，它的水手可能季节性地成为农民，正如它是葡萄园和橄榄树的海洋。它的历史无法同环抱它的陆地分割开，正如黏土不能同制作水壶的手分开一样。③

为此，布罗代尔在他的《地中海》中首先描绘了地中海地理基础构成的区域文化"长时段"历史形态的自然背景，包括半岛、岛屿、山脉、高原、平原、近海、远洋、季节、气候等文化景观的自然个性；在此基础上探讨了受其自然规定的该地区社会经济状况、文化生活等社会、器物及意识流程的潜文化形态，如城镇、乡村、水陆交通、商业贸易、内外交往、各地物产、民众生活、文化方式

---

① 《国外社会科学》，1982年第5期，第10页。
② 刘昶：《人心中的历史》，四川人民出版社1987年版，第296页。
③ 转引自刘昶著：《人心中的历史》，四川人民出版社1987年版，第295页。

等汇成的历史潜流，主要以人的生存方式联结诸方面历史活动，在这一巨大的历史潜流中窥探其社会文化心态。最后才涉及 16 世纪后期该地区的政治史，描绘出这一区域社会文化结构"长时段"表面的历史波纹。难怪有人评论它说："在我们时代还没有一部历史著作像它一样如此地改变了我们的看法，不仅仅是对地中海历史的看法，而且是对历史学家任务的看法……这部著作是无与伦比的。"①

英国当代著名历史学家杰弗里·巴勒克拉夫在他的《当代史学主要趋势》一书中曾说："现代意义的世界历史决不只是综合已知的事实，或根据其相对重要的次序来排列的各个大州的历史或各种文化的历史。相反，它是探索超越政治和文化界限的相互联系和相互关系。这种世界历史与其说是关心时代的发展及历史的目标和意义……还不如说是关心各个地方的人类所面临的不断出现的问题，以及对这些问题的不同反应……正是这些内容把他们的注意力转移到对当代世界与一切时代和一切地方的人类制度、习俗、思想和观念进行比较研究，从而放弃了对线性式发展的研究以及对所谓从远古至今始终贯穿于整个历史的线索研究。"② 历史学、文化学、人类学、地理学、社会学都超越其自身的固有界限而向"各个地方的人类所面临的不断出现的问题"转化、突进，追踪其后隐藏的各时代、地方的"人类制度、习俗，思想和观念"的潜文化形态，而向时空集结点的"网络"概念核心性范畴靠拢。所谓"网络"，首先是一个相对于以往政治、经济过于集中的区域性空间概念，它强调基于自然规定的独特社会结构及社会心态等潜文化因素；其次它又是一个具有多层次内在结构的系统观念，即每一区域文化不是单一层面的，而是在地理、经济、政治、民俗、建筑、科技、教育、宗教、方言以至文学艺术等几大文化流程相互作用中形成的复杂人文系统。再其次各区域间也不是孤立存在、毫无联系的，而是在时代生活的运行过程中以社会文化的信息形式相联结的。这一切构成各种文化潜文化因素的丰富内涵，是某一方面的学科所不能穷尽的。"它把这样一些学科综合在一起，这些学科的共同目的是在居民的生物特征与文化特征的基础上描述人、解释人，并通过时间推移来强调这些居民的变异和进化"。③ 美国《哥伦布》、《双城》、《得克萨斯月刊》、《华盛顿人》、《西雅图》等大量地方性杂志的涌现，还有我国近年来的西部文学、风俗小说及纪实文学，以及美国近年的《西海岸小说选》、《西南小说选》等，即可看出这一"非集中化大趋势"的区域文化潜文化因素多方面的历史表现。在美国，70 年代还出现了地区建筑的复兴。第二次世界大战以前，建筑物都是使用当地生产的材料建造，并根据当地猜到该建筑物所在的地区。其区

---

① 布罗代尔：《地中海》英译本（PapeT Back）（第 2 卷），封底书评。
② ［英］杰弗里·巴勒克拉夫：《当代史学主要趋势》，上海译文出版社 1987 年版，第 258~259 页。
③ 《大不列颠百科全书》（第 2 卷），1984 年版，第 968~969 页。

域文化的潜文化流程于此可见一斑。研究区域文化的潜文化因素，是当代社会科学走向综合一体的学术趋向，潜文化的自控与适调发展，是社会科学各学科关注的核心问题，它标志着人类的认识触角对其自身意识结构的功能作用的自觉程度，也是人类文明发展的历史尺度。尤其我国目前正处于开放、搞活，进行"横向联合"的改革时代，开放不仅是中国对世界的开放，也包含各区域间横向沟通的信息形式和系统协调，是一个多层次的文化重构的适调过程；这样对于区域文化潜文化因素的研究、认识，就更有其现实的意义。这是各地社会结构与文化心态动能转换的一个关键性历史课题，对此我们再不能视而不见了。

法国年鉴学派曾认为从构成历史最一般的基础的普通人的生活和心态出发，才能把握到历史的总体和本质，对历史做出合理可信的解释。因为历史的深层结构说到底就是普通人的日常生活心态。"普通人的日常生活并不服从任何外在的目的，他们只是为生活本身而忙碌奔波。也就是说，人类生活或人类历史只是在这个层次上是自在自为的，因而是最具有决定意义的。只是在这个层次上，我们才可以说，历史的目的就在历史自身，在它的每时每刻。千千万万普通人时时刻刻在为生活本身而忙碌奔波，他们并未意识到他们的最琐细平淡的生活在决定着历史、在创造着历史。千差万别的各时代各民族历史中最普遍、一般和永恒的东西是这种生活表现出来的基本人性，丰富多彩、纷纭复杂的人类历史正是建筑在这样一个无意识基础上的。揭示出历史的深层结构，写出历史的无意识基础……研究人类事务，归根到底不就是不断去揭示那些盲目地支配和制约着人类的思想、行为乃至历史的深层的无意识的力量和因素吗？"① 我国历史史书很少有对这样"普通人的日常生活和心态"表现出的"基本人性"和"深层历史"的描绘，帝王将相，才子佳人，不仅占据着文艺舞台，也占据着历史舞台。从《左传》、《战国策》到《史记》、《汉书》，尽管其中有一点区域文化潜文化因素的描绘，也只散见于作者不甚经心的几笔或地方志之中，更无较为成形的史学框架。而作为帝的"本纪"与将相的"世家"却居于显要地位，充斥整个史书体系之中。这一史学观念深深地影响着人们研究"人"的层次和态度，新中国成立后的史书虽站在人们的立场批判了封建帝王及世家的历史罪恶，然而"批判哲学代替不了哲学的批判"，整个历史描绘仍是停留在对少数人及政治事象的是非评价上，只是角度变换了，而描绘新时代人民的历史，也是以英雄主义观念为其整体出发点的，很少涉及由普通人日常生活或心态构成的潜文化形态及其深层历史结构。中共三中全会后，人们逐渐意识到，改革并非一时一地之事，也不是一两个英雄人物所能完成的历史大业，意识到阻碍着经济发展的非经济因素主要

---

① 刘昶：《人心中的历史》，四川人民出版社1987年版，第347页。

不是来自政治体制单一层次的问题,而是由十数亿人身上、心中所积存的不同文化、心理特质这一无意识深层结构"活文化"的社会功用而致。于是乎社科领域兴起了"文化热",但许多文化探讨或滞留于观念层次,做玄学的思辨,或只对历史上个别人物做些文化伦理上的是非评价,亦缺乏生机。鉴于此,城市区域文化潜文化渊源的研究之于基于"文化创意理念"的中国当代城市建设研究的文化模型建构就更为迫切和重要了。

# 第三十章

# 区域与城市文化的科技、教育知识文明模型研究

人们越来越注意到,教育并非仅是传授知识、学习科学文化的智育活动过程,而且也是一个积累、传布特定的生产经验、社会信仰的社会活动,在人的社会过程中有着极其重要的作用。文化社会学与文化人类学对于教育的研究,将不再囿于校园内的程式或书屋里的阅读活动,从更为宽泛的意义上来说,教育是整个文化传播和社化过程,而学校只是个具体过程。教育的文化学意义在于它在以有意或无意的方式、用强化媒介或传统影响塑造着某一类人,正是在这一文化传播与社化过程中,校园生活与其所在的地方文化连为一体,成为某一文化模式的有机组成部分,不过是学校教育更注重文化的自控、适调与发展而具有高度的自觉意识。教育包括有意识和无意识的进行过程,而学校教育知识有意识的人为的过程。到目前为止,教育已有三个不同的概念,教育、学校教育、现代学校教育。

## 第一节 人的"社化"过程与区域文化的科技、教育类型研究

"从社会学和人类学的观点看,学校作为社会制度或文化系统存在,不仅是教育系统,也是社会体系、政治体系和经济体系"。"社化过程指个人与某社会

群体相结合的过程，强调的是个人逐步学习、掌握本领、在群体中所起的角色作用。"① 有什么样的文化模式或体用，就有什么样的教育宗旨与形式。社会教育并不局限于校园，而且主要是一种无意识教育形式，学校也不局限于教育，还有社会组织类型及其他社会活动。一个美国人就学可能是为了掌握应付环境的能力，故其教育上强调的是自由竞技，开掘智力潜能，而日本人则强调持之以恒，培养学生顽强的毅力和传授具体的科技知识，以在将来的经济竞争中立于不败之地；中国的学生，从小似乎就知道读书是为了将来做官和争取功名。文化信仰系统对于教育宗旨、方式的影响，真可谓渗入骨髓，由此可见一斑。区域文化与教育的关系也是这样，教育本身作为文化的社会流程，亦可以说是某一文化的传播媒介，其本身就负荷着特定的文化信息内容。即如中国，西部由于政治、经济、文化均较为落后，与各地落差极大，教育就成为了弥补这一落差，实现文化接触与自调的媒介，主要宗旨是向内地文化科技主流靠拢，其他边塞少数民族的教育也是这样，它成为其闭塞、落后区域人们与外界接触、传导其科技文化信息的媒介，故而人们受教育多半是为能将来步入时尚的中心，成为与外面大世界的人一样能享有现代文明的佼佼者。而中原地带的人。由于身处文化政治中心，又有悠久文明传统，多以不学无术为耻，而努力以一定的教育资凭跻身于上层，能有所成就功名。江浙一带由于经济发展较快，其人又聪明灵秀，与外界接触较多，学生读书多为能有一技之长，以为将来发展实业。东南沿海与此大同小异，人们读书为做官与功名的恐怕不多。这决定各地教育的社会心态有所不同，形式也有差异。"所谓社化（社会化）是指人们如何获取文化，以及在这一过程中如何改造自己。一旦人们学会了某种文化，这种文化便成为他们自我的一部分。社化是这样一个过程：某一个人通过文化学习的手段来改造自己，而成为共享同样文化的群体中的一个具有功能的成员。以儿童为例，社化的过程包括一个儿童获得理解和使用象征符号特别是语言的能力，同时还包括一个内在化的过程，即把社会的规范在这个儿童个性结构内部树立起来……我们了解到，社化的过程是通过人类同社会环境的互动和发展进行的，通过人类的敏感性来确定社会环境中哪些是可赞成的，哪些是不可赞成的"。②

在初民社会和一般民俗社会中，教育几乎完全靠潜在的文化传播融入伦理、宗教、文学艺术活动之中的。宗教在其最初的以幻觉方式掌握自然的民俗形式中，是科技、教育、文学的一种综合体。如我国黄河沿岸关于大禹治水的神话传说，即是区域文化诸因素综合作用的历史产物。还有《山海经》所载《精卫填

---

① ［美］辛格尔顿：《应用人类学》，湖北人民出版社1984年版，第65页。
② ［美］伯·霍尔茨纳著，付正元、蒋琦译：《知识社会学》，湖北人民出版社1984年版，第54页。

海》的神话：

> 发鸠之山，其上多柘木，有鸟焉，其状如乌，文首，白喙，赤足，名曰："精卫"其鸣自詨。是炎帝之少女，名曰女娃。女娃游于东海，溺而不返，故为精卫，常衔西山之木石，以湮于东海。

——《北山经》

还有《海外北经》中的《夸父逐日》：

> 夸父与日逐走，入日。渴，欲得饮，饮于河、渭；河、渭不足，北饮大泽。未至，道渴而死。弃其杖，化为邓林。

这些产生于不同区域的神话故事，凝聚着各地不同的一定社会生产经验，而又富于想象反映人与自然的一定关系形成的独特文化风貌，具有鼓舞人心的教育作用和掌握自然的一定启示意义，具有区域文化的教育功能。又如：

《尸子》记载："伏羲氏之世，天下多兽，故教民以猎。"

《易·系辞下传》记载："神农氏作，斲木为耜，揉木为耒，耒耨之利，以教天下，盖取诸益。"

《吴越春秋》记载："尧聘弃，使教民山居，随地造区，妍营种之术……及拜弃为师，封之台，号为后稷，姓姬氏。"

"后稷教民稼穑，树艺五谷，五谷熟而民人育。"（《孟子·滕文公上》）

"尧其导民，水处者渔，山处者木，谷处者牧，陆处者农。"（《淮南子·齐俗训》）

由"水处者渔，山处者木，谷处者牧，陆处者农"。可见民俗社会中因地而异，面对不同自然背景的生产资料性质，其教育的内容与形式是大相径庭的。在一个理想的民俗社会中，教育与科技均为人与自然交往的"物质变换过程"中，以最大限度地发掘人的潜力、为其掌握具体自然对象所提供的一种无形的技术力量。这一点，在初民社会与现代社会的区域文化中是有其相通之处的，同时也符合马克思主义所揭示出的"物质生活的生产方式决定着社会生活、政治生活及精神生活的一般过程"这一社会发展规律的。

人们对于民俗的研究，对于特定区域社会文化形态的考察，历来只注重一种外在的历史表象，诸如仪式、禁忌、图腾、祭祀及其民俗事象，而缺乏对其教育、科技等潜在的文化功能研究，这样我们所得到的只是废墟般的遗迹，却舍弃了埋在这文化废墟下面的矿藏。"他们只注重'农夫把锄头插入泥土里时所举行的仪式'，却不关心那些传统的生产技术、方法和古老的农具与这些仪式的密切关系；他们只关心'出海渔夫所遵守的禁忌'却并不在意那些陈旧的渔舟和渔具在惊涛骇浪中捕捞作业的生产与这些迷信手段的密切关系;他们只探究'伴随着建筑的牺牲',而根本不去研究那些传袭了多少世纪的古老营造方法与那些仪式的关系。"① 从民俗社会的观点出发,科技与教育曾是教育的最初动因;但同时应当看到,更为重要的是当民俗文化功能转换为一种自控力量与适调发展时,它们又是打破民俗社会封闭性,使之最终走向现代一体化形式下多元文化功能格局的主要手段之一。

## 第二节　中国区域文化的经济类型与知识文明模型研究

乌丙安先生曾把我国民俗从自然差异的经济形态上划分为四个基本的类型,即山村经济民俗、渔村经济民俗、牧村经济与农村经济民俗。山村经济是根据山区自然条件和生态资源而构成的生产生活体系,这种体系的传承形态,比较严格地受到山地生产方式的决定,发展成自身的类型。山村经济受到高山气候、物产、交通等的影响,直接对当地生产习俗产生制约作用。山区可以耕地极少和动物、植物、矿物资源的丰富,直接决定着当地生产与自然财富的密切关系。山村的生产与交换又严格地受到交通障碍的影响,使当地生产与消费的自给的生活习俗增强,同时这里货币的作用在相当长的历史时期里显得薄弱。因此,传承文化的发展在这里有较强的保守性、封闭性及孤立性,古代遗俗也较典型。上述种种决定了山村经济的民俗具有自己的稳定内容,即自然采集、狩猎、驯养、林木、采矿,以及由它们所派生的各种副业。而这一切一经形成特定的民俗内容,就有着其教育与科技的独特区域文化内容及相应的社会形式。如东北高寒山区,由于四季有果蔬时较少,人们便常在春秋出去采集果蔬,春天来了,深积的冰雪融化为汩汩的春水,到处泛起青绿的小草,从一化冻开始,人们便到漫山遍野去采集野菜,很小的孩童都能识别各种野菜,还有易被混淆的野草。夏采木耳、蘑菇,秋采圆枣、山梨、葡萄、核桃、松榛、橡籽等,冬天又去采伐树木,几乎很小的孩子都能识遍各种树木和它的用途,以及进山的山规,诸如不能坐在树墩上,那是老天爷的桌子,不能吹口哨,会招来野兽等。他们采集的技术也很熟练,一进山他们就能看出哪儿能有什么,他们会在一个陌生人糊里糊涂什么也未及找到的时候已采集满了一背筐,而且非常会相互照顾,无论是砍柴还是"勒"菜拾果,同伴里如有一个人的雪橇、筐子未满,也要帮忙弄满为止。孔子曰:"学而识习

---

① 乌丙安:《中国民俗学》,辽宁大学出版社 1985 年版,第 41 页。

之，不亦悦乎？"在这生产、劳动的习俗中，他们不仅被无意中传授了特别功能的劳动技巧，而且也被长辈厚重的古典遗俗社化为这一封闭民俗社会中的一员或一个角色，无意识中接受了传统的教育。他们几乎是不买什么东西的，绳子用麻草来搓，房屋是石头、泥土、草木筑成的，烟草自己种，酒有时也自己酿，还有豆腐、肉、蛋、木柴、酱（炒菜时一般也是用自己做的豆瓣酱），冬天用的干菜，肥皂也是用猪油做的，在这样封闭、孤立的山村经济习俗中，他们也发展了一整套的食品工艺、贮藏技术、建筑技术和生产技术，通过世代相沿的习俗传授给下一代，同时这些以开发资源为目的的移民村，在采集、狩猎、伐木、采矿诸方面的传承经验，又成为发展山村经济民俗的主要基础。可惜的是现代划一的技术教育忽略了区域文化教育因素的丰富内容和功能，使其没有实现适当的历史转换，出现了一方面山村教育落后，一方面城镇教育与其无关而又十分单调，很少具有对当地资源（包括技术资源）开发的广阔前景和巨大潜力。其实山区许多潜在民俗技术教育是值得挖掘、大有潜力的。如适宜山区特点的食品工艺、编制技术等，搞好了不仅能走进城镇的千家万户，而且也能打入国际市场。出口创汇，还有医药等。也许有人以为这是不屑一顾的，不识字的农民懂什么"技术"呢？何况"教育"只是深宅大院围墙里的事！我道差哎！我国著名社会学家费孝通先生在其所著《乡土中国》中对于城乡两种文化环境的教育功用曾有较为生动的描述：

……同事中有些孩子送进了乡间的小学，在课程上这些孩子样样比乡下孩子学得快、成绩好。教员们见面时总在家长面前夸奖这些孩子们有种、聪明。这等于说教授们的孩子智力高。我对于这些恭维自然是私心窃喜。穷教授别的已经全被剥夺，但是我们还有别种人所望尘莫及的遗传。但是有一天，我在田野里看放学回来的小学生门捉蚱蜢，那些"聪明"而有种的孩子，扑来扑去，屡扑屡失，而那些乡下孩子却反应灵敏，一扑一得。回到家来，刚才一点骄傲似乎又没了着落。

乡下孩子在教师里认字认不过教授们的孩子，和教授们的孩子在田野里捉蚱蜢捉不过乡下孩子，在意义上是相同的。我并不责备自己孩子蚱蜢捉得少，第一是我无需用蚱蜢来加菜（云南乡下蚱蜢是下饭的，味道很近于苏州的虾干），第二是我的孩子并没有机会练习。教授们的孩子穿了鞋袜，为了体面，不能不择地面而下足，弄污了回家来会挨骂，于是在他们捉蚱蜢时不免要有些顾虑，动作不灵活了。这些也许还在其次，他们日常并不在田野里跑惯了，要分别草和虫，须费一番眼力，蚱蜢的保护色因之易于生效。——我为自己孩子所作的辩护是不是同样也可以用之于乡下孩子在认字上的"愚"么？我想是很适当的。乡下孩子不像教授们的孩子到处看见书籍，到处接触着字，这不是他们日常所混熟的环境。教授们的孩子并不见得一定是遗传上有什么特别善于识字的能力，显而易见的却是有着易于识字的环境。这样说来，乡下人是否在智力上比不上城里人，至少还是个没有结论的题目。

## 第三节　区域经济科技模型与城市文化教育类型的知识文明融合

城市区域文化的教育作用，在城乡的环境差异中亦可看出端倪。如若各地中等技术学校能适应其自然背景搞好技术资源的开发，那么民俗教育就将最终走上科学教育的文化历史轨道而步入现代化行列，校园教育也将获得深厚的现实根基而更有生命力。"文化从它一开始就存在于人类懂得利用环境提供的机会上所进行的有组织的开发之中，存在于对集体完成的活动有助的干劲、技能及精神反映的训练中。最早的人类群体及形成群体的个人，依靠使用工具、遵循认识原则，忠于一种始于有目的、成于协同一致的规律；从而获得远为全面的迁移自由和适应环境自由、安全自由和成功自由。"① 人类总是按照不同的地域，组成一定的社会结构和协调原则创造其文化的，在这一创造过程中，教育的基本任务就在于如何发扬光大其区域文化的优良传统，其次就是如何发展科技知识，以确保特定环境中人类的生存与安全。

"在任何一个文明的'传统'和'现代性'之间，并没有什么鸿沟。社会发展的任务是要架设从传统通向现代性的桥梁。传统既是文明之有今天的根基，又是'历史前进的惰力'"② 关键在于其文化功能的转换，这使笔者想起1987年曾到天津首富之乡大邱庄考察时，见到其居民的建筑全是一式的四合院，院门也都修得可以说得上是富丽堂皇，且多以水磨石雕着龙凤金狮子之类的民间传统腾图，这并不是因为其建筑材料、砖瓦水泥有着特殊的传统文化要素，而是其组合、营造之中是按传统文化模式进行的，故其纵使再有财力购买现代建筑材料，其建筑的功能结果还只能是一种封闭、保守而又秩序井然的封建小农经济村落结构，关键是未能实现文化功能的历史转换。关于这一点，周南照同志在《教育改革与文化观念转变》的报告中有着更为生动的描述：

从家庭的外部物质形式来说，中国传统住宅的主要特点就是"封闭性"。可

①② 马林诺夫斯基：《在文化诞生和成长中的自由》，见庄锡昌、顾晓鸣、顾云深等编，《多维视野中的文化理论》，浙江人民出版社1987年版，106页。

以不夸张地说，在中国北方农村的"四合院"式的建筑中凝聚着长达千年的传统文化成分，其中包含了人与"天"，人与人之间关系的哲理观念。四边是墙，从外边只能见到房顶；坚固的大门把庭院与外部世界紧紧隔开；大门外还常有"影壁"以驱鬼避邪，大门内有土墙或屏风对行人遮眼。而美国的住宅则完全不同，典型的美国家庭小楼四周，很少有栅栏，更无围墙，正面大部分是玻璃窗。

在家庭住宅内部，中国和美国的设计以及这种设计反映出来的文化观念，又恰好相反。美国注重"隐私"（privacy），孩子在很幼小时就有自己的房间，家庭成员各自的物品也分得很清楚。中国北方传统农村住宅内部则是"开放"的，房间"一"字排开而相通。之所以采取这种按美国人的观念无法接受的住房形式，是因为中国人十分注重"内外有别"，而把四墙以"内"的人和物看成"一体"。

因此，大体上可以说，美国儿童赖以形成观念的物质环境是注重家庭内部个人之间的相互独立，但不强调家庭和外部世界的分离，中国儿童成长的环境则相反……同是出于爱孩子的人类天性，中国很多父母"望子成龙"心切而流于东方式的溺爱，美国家长则通过竞争意识的养成鼓励子女在未来出人头地的"上升比赛"（mobilityrace）中成为胜者。

至此，可以看出正、负文化环境对于教育、科技的影响作用和实现文化功能转换，揭示其不利于现代教育发展、挖掘其现代教育科技资源的重要意义。一个国民的自信程度主要的不是表现在其知识结构的文化成果中，而是表现在世俗文化的历史自控和实用发展上。对于区域文化的传统教育、科技因素，我们亦应鉴别好坏、立存废的标准、弃其糟粕、取其精华。科技、教育、精英文化只有取得宗教般的民俗魔力时，它才会最终征服千万人的心而真正呈现于历史屏幕上，覆盖在各种人文环境的时空系统中而获取强大的文化生机。大邱庄的建筑模式，是中国农业村落文化的一种嗣续，必然也将影响其儿童成长的社化过程，这是传统文明的一种潜在惰力作用。"文化原是自成一格的一种现象。文化历程以及文化要素间的关系，是遵守着功能关系的定律的"①。在改革、开放的现代社会中，我们应当具有一种较强的文化功能意识，尽量避免其惰力作用，而去以更大的力量发掘它的积极功能。架设好从传统通向现代的历史桥梁。

马林诺夫斯基先生对于"精神方面之文化"曾有较为精辟的论述："若我们稍加思索，就可以明了文化的物质设备本身并不是一种动力。单单物质设备，没有我们可称作精神的相配部分，是死的，是没有用的。最好的工具亦要手工的技术来制造，制造就需要知识。在生产、经营及应用器物，工具，武器及其他人工

---

① ［英］马林诺夫斯基著，费孝通译：《文化论》，中国民间文学出版社1987年版，第5、97页。

的构造，都不能没有知识，而知识是关联于智力及道德上的训练，这训练正是宗教、法律及伦理规则的最后源泉。"教育、科技与物质文化的联结也是这样。各区域文化历史地形成其教育、科技的独自特点，我们要发掘其技术资源，就不能不对此应有足够的尊重，仅仅空泛的批判是远远不够的，我国目前的教育改革，之所以一直难以深入下去，以致停滞搁浅，就因为我们忽略了这一点，致使教育的发展落后于经济发展。从教育、科技结合的技术教育上很难看出生产力布局与经济布局特点，更难见到对各区域千差万别自然风貌、社会风习有所反映的技术教育模式。生产对象、生产资料对于生产方式长期的规定、影响作用而形成的经济模式、文化习俗的教育、科技这一精英文化神经系统中竟毫无感应，全国各地职业教育、技术教育以至整个基础教育与高等教育都是千篇一律，一套"大纲"统下来，似乎地方特色竟不屑一顾。笔者遇见过几位高校的大学生、研究生，谈及时代经济，他们竟有"落伍"的窘相。更有甚者，有一位研究生告诉我他在大学四年所学的"思维定式"，需要在社会实践与科研过程中付出几年的艰辛代价才能"调节"过来，教育已成为一种文化的"负环境"！《中共中央关于经济体制改革的决定》中曾指出："科学技术和教育对国民经济的发展有极其重要的作用。随着经济体制的改革，科技体制和教育体制的改革越来越成为迫切需要解决的战略任务。"在这一方面，"温州模式"与其教育结构的矛盾较为突出地表现出教育对经济体制改革的不适应状况。林必视同志在《浙江学刊》中以《温州教育面临挑战与抉择》①为题对此发表了较为详尽的看法。文中指出，地处东海之滨的温州，以富有魅力的"温州模式"成为我国经济理论界讨论的热点。从"温州模式"的成功塑造到"温州试验区"的建立，是我国农村商品经济向更高层次发展的一大试验。然而"温州试验区"成败的核心问题，即是人才结构调整与改革相适应的问题。而人才结构的协调改革，首先又是发展教育，培养多层次、多规格的人才问题。现在温州教育的落后性、单一性、被动性与温州多元经济是极不相适应的。现在，温州教育所面临的一个重要问题就是如何扬长避短，挖掘其科技、管理职能的教育潜力，把普通教育与职业技术教育结合起来，从根本上变革目前温州城乡教育以"高考为纲"的不合理状况，为"温州模式"的战略发展培养相应的人才。为此，我们应该提倡"区域教育论"，振兴区域教育。大胆改革教育的单一模式，编写一些适应性强的地域性教材，与国家教委实行的统一教科书相互配合。从温州教育与"温州模式"的关系及两者的相融性中找出一个最佳的组合，制定出具有应变现实社会经济发展与适应其历史背景的"弹性"教育策略。汲取"温州模式"的成功经验，建立"温州教育实验区"，

---

① 《浙件学刊》，1988 年第 1 期。

从中寻找出一个充分发挥群体功能的最佳方案，这应该作为温州教育的立足点。同时，朱钧侃先生在《"苏南模式"与中国农村教育发展道路》①一文中，也进一步指出，合理的农业经济结构，应当能够比较充分和比较有效地利用我国农村的人力、物力和自然资源。使再生产各个环节，农业生产各部门，实现经济活动良性循环。一定的农业经济结构，要求有与它相适应的智力结构、教育结构、人才结构和智力投资结构。在现代大生产条件下，经济结构与智力结构、教育结构、人才结构和智力投资结构存在着互相依存、互相促进、互相渗透的关系。原有的农业经济结构固然决定了智力结构、教育结构、人才结构和智力投资结构，但是智力结构、教育结构、人才结构和智力投资有极大的反作用。合理的农村智力结构、教育结构、人才结构和智力投资结构能够推动农村经济的飞速发展，反之，就会阻碍农村经济发展，影响改革进程。"苏南模式"中苏、锡、常在经济上的横向联合与地理位置、自然背景的三位一体，还有乡镇企业的深厚历史根基，决定了其技术资源连结一体的教育模式，故而"苏南模式"建立一条具有中国特色的城乡经济、社会、教育协调发展的道路极具战略意义，它涉及中国区域文化教育、科技因素环境基质功能转换的一个极具重要的理论课题，对我们发展地区教育、推动教育、科技的改革与经济的发展、需求同步运行是一个很好的启发。

现代世界的社会竞争是经济发展的竞争，而经济竞争的后面是科技的竞争，科技竞争的后面则是教育的竞争，教育的竞争是教育方法的竞争和教育功能的发展，说到最后是人的智能资源与技术资源的竞争；与此并行的另一线索是能源的竞争，与能源管理、使用、开掘极为相关的生产方式与社会模式的竞争，亦即如何使自然资源、智力资源发挥最大的社会效益的文化格局、教育方式的竞争，至此人与环境、教育与文化、文化与自然背景复为一体，形成一个"配位分界面"的系统功能模式。所以托夫勒在他的《预测与前提》一书中曾尖锐地指出"'知识就是力量'的旧观点现在已经过时了。今天要想取得力量，需要具备关于知识的知识"。②"关于知识的知识"亦即人对环境的应付能力，也就是人的发展与其所处文化环境协调演进的一种能动文化意识和技术力量。尤其在今天，人类在其所处的时空系统文化结构中，面临着来自自然的能源危机与来自社会的环境污染，还有来自自身文化负荷历史因袭的几重"负污染"的威胁与挑战，就更不能再盲目地向一体化格局跟跄而行。整个人类生存空间、发展模式与文化亟须一个较大的功能转换，区域文化的教育与科技因素的适调发展则是这一功能转换中

---

① 朱钧侃：《"苏南模式"与中国农村教育发展道路》，《江苏教育研究》，1987年第5期。
② 托夫勒著，栗旺、胜德、徐复译：《预测与前提》，国际文化出版公司1984年版，第113页。

的关键一环。诚如马林诺夫斯基所说:"人类赋予人类以一种生理器官以外的扩充,一种防御保卫的甲胄,一种躯体上原有设备所完全不能达到的在空间中的移动及其效率。文化,人类累积的创造物,提高了个人效率的程度和动作的力量;并且它与人以这样深刻的思想和远大的眼光,在任何其他动物中,都是梦想不到的。这一切无不是为个人成就的累积性的通力合作的能力所赐。由是文化把许多个人转变为有组织的团体,而使之无止境地继续存在……并且每种文化中,都有不同的形式。"① 教育与科技,即是"提高了个人效率的程度和动作力量"的"把许多个人转变为由有组织的团体,而使之无止境地继续存在""通力合作能力"的"人类累积的创造物",它存在于不同的文化形式及其环境基质之中,"赋予人类以一种生理器官以外的扩充,一种防御保卫的甲胄,一种躯体上原有设备所完全不能达到的在空间中的移动及其效率。"托夫勒谈及"新的教育革命"时也曾明确提出:"教育的主要目标应该是人的'应付能力',即能适应不断变化的效率和机体。变化的速度越快,越需要注意去识别未来变化的模式。"② 并进而满怀信心地说道:"过去,文化的形式并不经过事先的深思熟虑。今天,我们第一次能够把这一过程提高到自觉的高度。通过采取自觉的技术策略(连同其他措施一起),我们可以勾画出明日文化的轮廓。"③ 人的社化过程与适应环境科技素质发展的历史自控和对未来的能动抉择,将是城市区域文化教育、与科技因素所关注的中心议题,我们深信它将对各地经济的发展、社会的进步做出学校教育所难做到的巨大历史贡献,这就是基于"文化创意理念"的当代中国城市建设的知识文明渊源与发展模型的历史重构。

---

① 马林诺夫斯基著,费孝通译:《文化论》,中国民间文艺出版社 1987 年版,第 90 页。
② 托夫勒著,栗旺、胜德、徐复译:《预测与前提》,国际文化出版公司 1984 年版,第 351 页。
③ 马林诺夫斯基著,费孝通译:《文化论》,中国民间文艺出版社 1987 年版,第 36 页。

# 参 考 文 献

1. 中国现代化战略研究课题组编：《中国现代化报告2005——经济现代化研究·综述部分》，北京大学出版社2005年版。
2. 《大不列颠百科全书》（第2卷），1984年版。
3. 《列宁全集》（俄文版），第4卷。
4. 《社会学概论》，天津人民出版社1984年版。
5. 包亚明主编：《布迪厄访谈录——文化资本与社会炼金术》，上海人民出版社1997年版。
6. 北晨编译：《当代文化人类学概要》，浙江人民出版社1986年版。
7. 卜长莉：《社会资本与社会和谐》，社会科学文献出版社2005年版。
8. 蔡元培：《蔡元培教育论集》，湖南教育出版社1987年版。
9. 曹顺庆等著，乐黛云、曹顺庆编：《汉语批评：从失语到重建》，《迈向比较文学新阶段》，四川人民出版社2000年版。
10. 曾国屏等：《对技术预见与产业发展理论关系的一个讨论》，《科学学与科学技术管理》，2011年第8期。
11. 陈劲、王焕祥：《演化经济学》，清华大学出版社2008年版。
12. 陈瑜：《消费资本论》，中国统计出版社2008年版。
13. 董鉴泓主编：《中国古代城市十二讲》，中国建筑工业出版社2008年版。
14. 杜新：《关联经济》，新华出版社2007年版。
15. 方克力：《现代新儒学研究的自我回省》，《新华文摘》，1993年第5期。
16. 冯天瑜：《中国古代文化的类型》，《中国文化与中国哲学》，东方出版社1985年版。
17. 冯天瑜：《中国古代文化的类型》，深圳大学国学所主编，《中国文化与中国哲学》，东方出版社。
18. 付筑夫：《中国封建社会经济史》（第1卷），人民出版社1981年版。
19. 古小松、龙裕伟：《泛北部湾合作发展报告》，社会科学文献出版社

2008年版。

20. 顾明远等：《探寻"钱学森之问"解决路径笔谈》，《教育发展研究》，2011年第7期。

21. 郭湖生：《中国古代建筑的风格和气质》，《文史知》，1987年第2期。

22. 郭之纯：《文化赤字根在文化产品没文化》，《中国青年报》，2007年4月26日。

23. 国家发展和改革委员会：《西部大开发"十一五"规划》，北京，2007年3月；蒋晓丽：《全球化背景下的四川文化强省对策研究》，成都，2005年。

24. 何靖楠等：《国内外人口老龄化现状及我国面临的挑战》，《中华临床医师杂志》（电子版），2011年第12期。

25. 黑格尔：《历史哲学》，三联书店1956年版。

26. 黑格尔著，贺麟、王太庆译：《哲学史演讲录》（第4卷），商务印书馆1978年版。

27. 胡锦涛：《坚持走中国特色自主创新道路 为建设创新型国家而努力奋斗》，人民出版社，2006年第1期。

28. 胡韦：《法国社区分析的发展》，《中山大学学报》，1987年第2期。

29. 皇甫晓涛、赖章德：《关于文化产业交易的理论思考》，《中国美术》，2011年第6期。

30. 皇甫晓涛：《城市革命：环境经济新战略》、《城市革命：都市产业新浪潮》，中国物资出版社2004年版。

31. 皇甫晓涛：《城市文化与产业哲学》，《文艺报》，2007年1月18日。

32. 皇甫晓涛：《都市创新与文化创新的城市化后经济体系》，《文艺报》，2006年10月14日。

33. 皇甫晓涛：《都市再造与产业创新》，《文化产业战略与对策研究》，清华大学出版社2006年版。

34. 皇甫晓涛：《符号经济与数字文化的国家创新体系》，《江西社会科学》，2005年第11期。

35. 皇甫晓涛：《复合教育与综合发展——人文教育与教改发展的战略主题》，《北方论丛》，1998年第3期。

36. 皇甫晓涛：《关于文化产业与文化资本创新问题的思考》，《光明日报》，2009年4月28日。

37. 皇甫晓涛：《国家主权与文化产权——创新型国家的核心内容与后经济产业的发展灵魂》，《文艺报》，2006年10月24日。

38. 皇甫晓涛：《伦敦的雾与北京的风》，《经济日报》，2004年11月28日。

39. 皇甫晓涛：《文化产业的理论基础与当代四大科学的发展》，《中国文化产业评论》，第 7 卷。

40. 皇甫晓涛：《文化产业的难题、困惑与发展、创新》，《中国文化报》，2005 年 3 月 18 日。

41. 皇甫晓涛：《文化产业新论》，湖南人民出版社 2007 年版。

42. 皇甫晓涛：《文化产业学科建设的基础理论研究与当代人文社会科学的重构》，《学术月刊》，2010 年第 8 期。

43. 皇甫晓涛：《文化交易与版权经济的创新引擎》，《中国文化报》，2009 年 8 月 18 日。

44. 皇甫晓涛：《文化资本论》，人民日报出版社 2009 年版。

45. 皇甫晓涛：《中国文化创意产业发展的创新基础》，《文艺报》，2009 年 6 月 6 日。

46. 皇甫晓涛：《重写大东北　重构沈大都市新体系》，《中国工业报》，2003 年 12 月 18 日。

47. 黄平、崔之元：《中国与全球化：华盛顿共识还是北京共识·后华盛顿共识的共识》，社会科学文献出版社 2005 年版。

48. 黄文山：《文化学及其在科学体系中的位置》，新文丰出版公司 1981 年版。

49. 季蒙：《胡适论教育》，《中国文化》，2006 年第 2 期。

50. 贾尼斯·E. 伯尔曼：《边缘神话：里约热内卢的城市贫困和政治》，伯克利，加利福尼亚大学出版社 1976 年版。

51. 胡韦：《法国社区分析的发展》，《中山大学学报》，1987 年第 2 期。

52. 金元浦：《大竞争时代的城市形象》，《文化研究》，2006 年第 3 期。

53. 金哲、姚永抗、陈燮君主编：《世界新学科总览》，重庆出版社 1986 年版。

54. 金竹春、崔相哲：《汉城：大都市的形成》，英国西萨赛克斯，约翰威利出版社 1997 年版。

55. 荆其敏：《中国传统民居百题》，天津科技出版社 1985 年版。

56. 孔德元：《关于"国家"一词》，《理论信息报》，1987 年 7 月 6 日。

57. 李闽榕、王秉安：《环海峡经济区发展报告》，社会科学文献出版社 2008 年版。

58. 李若兰：《以文化为导向的城市复兴策略研究》，中南大学，2009 年。

59. 李松龄：《古代建筑上的吻兽》，《文史知识》，1987 年第 4 期。

60. 李炎：《南阳古城演变与清"梅花城"研究》，中国建筑工业出版社

2010年版。

61. 李玉珉：《中国早期佛塔溯源》，《故宫学术季刊》第6卷第3期，1989年春季号。

62. 李宗正主编：《西方经济学名著述评》，中国青年出版社1992年版。

63. 理查德·蔡尔德·希尔、金俊宇：《全球性城市与发展状况：纽约、东京与汉城》，摘自《城市研究》，2000年第12期。

64. 联合国人居署编著，于静等译：《贫民窟的挑战——全球人类住区报告2003》，中国建筑工业出版社2006年版。

65. 《梁漱溟全集》，山东人民出版社1989年版。

66. 林楠：《社会资本——关于社会结构与行动的理论》，上海人民出版社2005年版。

67. 凌云：《读史入门》，北京出版社1984年版。

68. 刘秉镰、韩晶等：《区域经济与社会发展规划的理论与方法研究》，经济科学出版社2007年版。

69. 刘次全：《三维遗传信息和第三遗传密码》，《科学文化评论》，2005年第2期。

70. 刘国光主编：《中外城市知识辞典》，中国城市出版社1991年版。

71. 刘里远：《中西自然科学思想——中国古自然科学思想与西方现代自然科学思想》，中国大地出版社1999年版。

72. 刘盛佳：《地名学的学科性质》，《地名丛刊》，1987年第1期。

73. 刘仲亨：《社会科学与当代社会》，辽宁人民出版社1986年版。

74. 马云杰：《文化社会学》，山东人民出版社1986年版。

75. 毛泽东：《五七指示》，1966年5月7日。

76. 宁可：《地理环境在社会发展中的作用》，《历史研究》1986年第6期。

77. 牛凤瑞、潘家华主编：《中国城市发展报告》（No.1），社会科学文献出版社2007年版。

78. 彭立勋主编：《文化软实力与城市竞争力（2008年深圳文化蓝皮书）》，中国社会科学出版社2008年版。

79. 秦耀辰：《区域系统模型原理与应用》，科学出版社2004年版。

80. 任继愈：《中国哲学发展史》，人民出版社1983年版。

81. 任平：《当代中国文化学研究方法探讨》，《苏州大学学报》，1986年第3期。

82. 司马云杰：《文化社会学》，山东人民出版社1987年版。

83. 孙群郎、王旭、黄柯可主编：《美国现代城市郊区化及其社会影响》，

《城市社会的变迁》，中国社会科学出版社 1998 年版。

84. 陶行知：《中国教育改造》，上海亚东图书馆 1928 年版；《中国大众教育问题》，上海大众文化社 1936 年版；《普及现代生活教育之路及其方案》，生活教育社 1945 年版。

85. 眺蒙：《文化、文化研究与历史学》，《历史学理论》，1987 年第 5 期。

86. 王春光、孙晖：《中国城市化之路》，云南人民出版社 1997 年版。

87. 王春光：《改革开放三十年来中国城市化与社会结构变迁》，中国社会科学网，2009 年 12 月 29 日。

88. 王国维：《论教育之宗旨》，《教育世界》，1903 年 56 号。

89. 王嘉付译：《历史》，商务印书馆 1959 年版，第 844 页。

90. 王旭：《美国城市发展模式——从城市化到大都市区化》，清华大学出版社 2006 年版。

91. 王仲：《国外关于应对人口老龄化的观点及措施简介》，《西北人口》，2007 年第 5 期。

92. 乌丙安：《中国民俗学》，辽宁大学出版社 1985 年版，第 41 页。

93. 吴良镛：《人居环境科学导论》，中国建筑工业出版社 2001 年版。

94. 夏学理：《从 WTO、全球化谈文化创意产业整合、文化创意产业之经营与创新》，《台湾 WTO 去工业化的文化产业发展规划》，1999 年。蔡尚伟：《百年双城记：成都重庆的城市文化与传媒》，四川大学出版社 2005 年版。

95. 谢文蕙、邓卫：《城市经济学》，清华大学出版社 1996 年版。

96. 熊澄宇：《科技融合创新拓展文化产业空间》，《瞭望》，2005 年 2 月 21 日。

97. 徐小敏：《让我们直面钱学森之问——海峡基础教育研训中心首届校长论坛综述》，《福建基础教育研究》，2011 年第 5 期。

98. 许晔等：《IBM "智慧地球"战略与我国的对策》，《中国科技论坛》，2010 年第 4 期；缪其浩、党倩娜：《"智慧地球"给我们的启示：从技术到产业的开放式创新值得关注》，《科技时报》，2010 年 3 月 30 日。

99. 薛毅主编：《西方都市文化研究读本》（第 3 卷），广西师范大学出版社 2008 年版。

100. 晏阳初等：《平民教育概论》，高等教育出版社 2010 年版。

101. 宴智杰主编：《西方经济学说史教程》，北京大学出版社 2002 年版。

102. 洋溟编：《中国传统文化的反思》，广东人民出版社 1987 年版。

103. 姚蒙：《文化、文化研究与历史学》，《史学理论》，1987 年第 3 期。

104. 姚伟均：《中国社会风俗史研究中的几个问题》，《社会科学家》，1987 年第 2 期。

105. 叶舒宪：《人类学质疑"发展观"》，《永远的红树林——中国生态前沿报告》，南方出版社 2005 年版。

106. 伊东忠太：《中国建筑史》，商务印书馆 1983 年版。

107. 余钟夫等：《西方城市先发展后治理的经验与启示》，《城市开发》，2001 年第 6 期。

108. 张维迎主编：《中国改革 30 年：10 位经济学家的思考》，上海人民出版社 2008 年版。

109. 张仲礼：《新经济学科》，重庆出版社 1988 年版。

110. 张紫晨：《中国民俗与民俗学》，浙江人民出版社 1985 年版。

111. 章仁彪：《城市文明、城市功能与城市精神》，《文化研究》，2006 年第 3 期。

112. 赵侃：《仿古建筑兴起的文化因素》，《艺术评论》，2009 年第 3 期。

113. 郑伟民主编：《衰落还是复兴：全球经济中的美国》，社会科学文献出版社 1998 年版。

114. 中国现代化战略研究课题组：《中国现代化报告 2005——经济现代化研究》，北京大学出版社 2005 年版。

115. 中国现代化战略研究课题组：《中国现代化报告 2008——国际现代化研究》，北京大学出版社 2008 年版。

116. 中华人民共和国国务院：《文化产业振兴规划》，2009 年 7 月。

117. 周文志：《破析西游记——创新思维学》，知识产权出版社 2005 年版。

118. 周振鹤、游汝杰著：《方言与中国文化》，上海人民出版社 1986 年版。

119. 朱钧侃：《"苏南模式"与中国农村教育发展道路》，《江苏教育研究》，1987 年第 5 期。

120. 庄锡昌、顾晓鸣等编：《多维视野中的文化理论》，浙江人民出版社 1987 年版。

121. ［奥］康罗·洛作兹：《攻击与人性》，作家出版社 1987 年版。

122. ［奥］庞巴维克：《资本实证论》，商务印书馆 2011 年版。

123. ［奥］希法亭（Rudolf Hilferding）著，曾令先等译：《金融资本》，重庆出版社 2008 年版。

124. ［澳］约翰·福斯特、［英］J. 斯坦利·梅特卡夫著，贾根良、刘刚译：《演化经济学前沿——竞争、自组织与创新政策》，高等教育出版社 2005 年版。

125. ［德］W. C. 霍夫曼：《工业化的阶段和类型》，1931 年。

126. ［德］格罗塞：《艺术的起源》，商务印书馆 1987 年版。

127. ［德］赫尔曼·海因里希·戈森：《人类关系的法则及人类行为的规范》，商务印书馆1997年版。

128. ［法］费弗尔：《历史与心理学——一个总的看法》，田汝康、金霞远选编：《当代西方史学流派文选》，上海人民出版社1982年版。

129. ［法］列维·斯特劳斯：《野性的思维》，商务印书馆1987年版。

130. ［法］孟德斯鸠著，张雁深译：《论法的精神》，商务印书馆1961年版。

131. ［罗］亚·泰纳：《文化与宗教》，中国社会科学出版社1984年版。

132. ［美］埃莉诺·奥斯特罗姆：《公共事务的治理之道：集体行动制度的演进》，上海三联出版社2000年版。

133. ［美］伯·霍尔茨纳著，付正元、蒋琦译：《知识社会学》，湖北人民出版社1984年版。

134. ［美］戴蒙德、米尔利斯：《最优税制与公共生产：（Ⅰ）生产效率、（Ⅱ）税收规则》，1971年。

135. ［美］戴维·波普诺著，刘云德、王戈译：《社会学》（上），辽宁人民出版社1987年版。

136. ［美］弗里德等著：《社会心理学》，黑龙江人民出版社1984年版。

137. ［美］克莱德·克鲁克洪等著，高佳、何红、何维凌译：《文化与个人》，浙江人民出版社1986年版。

138. ［美］克雷奇：《心理学纲要》，文化教育出版社1981年版。

139. ［美］刘易斯·芒福德：《城市发展史——起源、演变和前景》（The City in History），中国建筑工业出版社2005年版。

140. ［美］鲁思·本尼迪克特著，张燕、付铿译译：《文化模式》，浙江人民出版社1987年版。

141. ［美］罗伯特·M.索罗著：《增长理论——一种解析》，中国财政经济出版社2004年版。

142. ［美］麦克尔·哈特等著，肖维青等译：《控诉帝国——21世纪世界秩序中的全球化及其抵抗》，广西师范大学出版社2005年版。

143. ［美］皮特·德鲁克著，朱雁斌译：《21世纪的管理挑战》，机械工业出版社2005年版。

144. ［美］萨金特著，王小明等译，《宏观经济理论》，中国经济出版社1998年版。

145. ［美］伍德里奇著，费剑平等译，《计量经济学导论：现代观点》（Introductory Econometrics: A Modern Approach），中国人民大学出版社1992年版。

146. ［美］辛格尔顿：《应用人类学》，湖北人民出版社1984年版。

147. ［美］约翰·奈斯比特·梅艳译：《大趋势：改变我们生活的十个新方向》，中国社会科学出版社1984年版。

148. ［瑞士］荣格：《现代灵魂的自我拯救》，工人出版社1987年版。

149. ［英］艾伦、罗伊·乔治·道格拉斯（Allen, Roy George Douglas）：《数理经济学》，麦克米伦出版公司1956年版。

150. ［英］马林诺夫斯基：《文化论》中国民间文学出版社1987年版。

151. ［英］杰弗里·巴勒克拉夫：《当代史学主要趋势》，上海译文出版社1987年版。

152. A. S. 欧伯罗伊：《第三世界百万人口城市人口增长、就业与贫困的分析与政策问题》，圣马丁出版社1993年版。

153. P. 克莱芒：《城市设计概念与战略：历史连续性与空间连续性》，《世界建筑》，2001年第6期。

154. Richard L. Forstall and James D. Fitzsimmons, Metropolitan Growth and Expansion in the 1980s, U. S. Bureau of the Census, Population Division Working.

155. Richard M. Bernard, Snowbelt Cities: Metropolitan Politics in the Northeast and Midwest since World II (University of Indiana Press, 1990), Table 1. 3.

156. U. S. Bureau of the Census, The Statistical Abstract of the United States, 1994 (Washington, D. C. , 1995), Table 1234.

157. 阿里·萨拉夫、莱斯利·格林：《加尔各答》，选自威廉·A. 罗宾森与D. E. 里根编：《世界上伟大的城市·他们的政府，政治与规划》，塞奇出版社。

158. 埃里克·桑德维斯（Eric Sandweiss）：《介绍》（Introduction），选自提姆·福克斯（Tim Fox）主编：《我们住在哪里：圣路易斯社区指南》（Where We Live: A Guide to St. Louis Communities），密苏里历史协会出版社1995年版。

159. 艾尔弗雷德·克罗夫茨、帕西·布坎南：《远东历史》，朗文格林出版公司1958年版。

160. 凯特·斯托尔（Kate Stohr）：《收缩中的城市综合症》（Shrinking Cities Syndrome），摘自《纽约时报》（The New York Times），2004年版；《伦敦恢复生机》（London Comes Back to Life），选自《经济学家》（The Economics），1996年版。

161. 艾伦·吉尔伯特、约瑟夫·古格勒：《城市、贫困与发展：第三世界的城市化》，牛津大学出版社1991年版。

162. 艾伦·马宾：《都市化进程中南部城市中的郊区与种族隔离：21世纪前期大都市政府面临的挑战》，林肯土地政策学会：《黑色的航程》（Black Flight），摘自《经济学家》（The Economist），1996年2月24日。

163. 巴巴拉·黛米克：《韩国计划迁都》，摘自《洛杉矶时报》，2004年7月9日。

164. 宋丙洛：《全球化和知识化时代的经济学》，商务印书馆2003年版。

165. 波丹：《论共和图》，【英】亚·沃尔夫：《十六、十七世纪科学、技术和哲学史》，商务印书馆1985年版。

166. 布雷多克：《婚床》，三联书店1986年版。

167. 布罗代尔：《十五至十八世纪的物质文明与资本主义》（第1卷），英译本。

168. 布洛赫：《Toward a Comparative History of Furopean SocietieS》，转引自刘昶：《人心中的历史》，四川人民出版社1987年版。

169. 曼昆著，梁小民译：《经济学原理·微观经济学分册》，北京大学出版社2006年版。

170. 马克思：《资本论》（第1卷），第1页，《马克思恩格斯全集》（第23卷），人民出版社1972年版。

171. 马克思：《资本论》，人民出版社1975年版。

172. 马克思：《1844年哲学经济学手稿》，《马恩选集》（第1卷），人民出版社1995年版。

173. 马林诺夫斯基：《在文化诞生和成长中的自由》，庄锡昌、顾晚鸿、顾云深等编，《多维视野中的文化理论》，浙江人民出版社1987年版。

174. 刘易斯·芒福德著，宋俊岭、倪文彦译：《城市发展史——起源、演变和前景》，中国建筑工业出版社2005年版。

175. 尼格尔·哈里斯：《城市、阶级与贸易：第三世界社会与经济的变革》，I. B. Tauris出版公司1991年版。

176. 普列汉诺夫：《唯物主义史论丛》，《普列汉诺夫哲学著作选集》（第1卷）。

177. 乔尔·科特金：《全球城市史》，社会科学文献出版社2005年版。

178. 托夫勒著，孟广均等译：《未来的冲击》，中国对外翻译出版公司1985年版。

179. 托夫勒著，栗旺、胜德、徐复译：《预测与前提》，国际文化出版公司1984年版。

180. 小理查德·海（Richard Hay Jr.）：《城市化的模式和社会经济发展》，选自《第三世界城市化》；《2001年世界各国人口状况》，联合国人口基金会。

181. 约翰·瑞尼·肖特著，金永勋译：《全球化与城市》，朗文出版社1999年版。

# 后　记

　　教育部哲学社会科学重大课题攻关项目"基于文化创意理念的中国当代城市建设研究",分为上卷主报告《城市文化与国家治理:当代中国城市建设理论内涵与发展模式研究》,中卷《城市的文明崛起——当代中国城市建设文明类型与文化模式研究》,下卷《城市的创新发展——当代中国城市建设文明类型与创新模式研究》,附卷《城市文化的知识建构——当代中国城市建设文化科技实验模型研究》,共100余万字。本书为上卷主报告,由课题组主持人皇甫晓涛教授撰写,历时7年完成主报告的跨学科、跨领域著述与实证的研究工作。主报告中第五编"基于'文化创意理念'的中国当代城市建设发展模式的社会学研究"提纲有吉林大学珠海分校刘云德教授参与讨论与合作,写作与研究工作是由笔者完成的。其他课题组成员郭长保教授、吕健博士、陈岩教授、孙启明教授、蔡尚伟教授、尹成君博士、张梓轩博士、黄晓凌博士、贾天敏教授、王怀岳书记(青岛保税港区)、张玉玲(光明日报社)以及我的学生苗海洋、赖章德、刘传、李强、殷青、陆志成等参与合作了中卷、下卷、附卷的相关内容,待其他三卷成果出版面世时再做具体章节与分工的介绍。

　　本书的研究,调研了香港、新加坡、维也纳、纽约、洛杉矶、东京、北京、上海、深圳、天津、苏州、洛阳、福州、青岛、大连、沈阳、哈尔滨以及云南、西藏、内蒙古、青海、宁夏、新疆等各区域的城市转型与文化再造、城市文化与国家治理个案、案例与典型,小到地、市、县、镇、乡、村的文化再造与生态化、知识化的新型城镇化转型,大到大都市区域化的文化再造与文化融合,在做出"文化创意理念"的经济学与反思经济学原理及自主经济学、主体经济学、非物质经济学、文化经济学理论体系阐发的同时,也做出"文化创意理念"的文化学与反思文化学原理及文化资本、文化产业、文化主权、文化产权及自主文化学、文化人类学理论体系的阐发,做出"文化创意理念"的经济科学、人文科学、社会科学、生态科学、信息科学、认知科学、管理科学理论变革与知识革命的系统阐发,做出"文化创意理念"的知识文明创新体系理论内核变革与人文社会科学重构的系统理论阐发;以揭示出中国30多年持续增长的城市化、知识化、非物质化、生态化创新原理、经济原理、文化原理、科学原理的自主创新与理论内核、理论体系的话语权重构,揭示出大国崛起的国家创新体系转型原理、理论体系与知识文明创新体系发展的突破、跨越原理、理论体系。

在此基础上,不仅要研究"基于文化创意理念"的城市化、知识化、非物质化的区域转型、城市创新、文化再造、知识革命、国家治理的跨学科、跨领域系统原理、理论与体系,而且还要做出其创新模型、人文类型、发展模式、知识文明模型,并在实验研究、案例研究、实证研究、科技模型研究的基础上,做出其发展目标、标准的对策模型、目标模型、标准模型,以及相关发展指数的评价指标、评估体系、评估模型。这期间的工作量无论是文献、学术、理论的攻关与突破,还是案例、实证、实验研究的调研与对策分析,或是相关指标模型的定量研究与图表分析及制作,都需要有大量的时间与耐心,也都远不是最初的想象能够完成的。在这一艰巨的研究与攻关过程中,已将我变为文(文学艺术与新闻传播学)、理(产业经济学、城市区域经济学与文化金融、金融价格)、工(管理科学与工程、规划科学与设计、文化管理与区域规划)、艺(艺术理论与文艺美学、艺术科学与认知科学)、信(信息科学与新媒体、软件工程与设计)五个学科的硕导与博导,由此产生文化、城市文化与文化科学"四重证据"的实验、实证学理与文化研究学派,"第一重证据"为田野作业的案例研究,"第二重证据"为科学实验与科技模型、对策模型的实证研究,"第三重证据"为标准模型的定量研究与大数据库的评价指数研究,"第四重证据"为融"文化创意理念"、"文化工业"法兰克福学派与"复数的人"、"文化的复数"的法国年鉴学派于一体的"复数实体"与"主体复数"的文化研究。至此,"五四"以来的科、玄之争,已跨界、融合为科玄一体的文化实证与文化科学研究体系。而"义理"玄学的文化理论与理论研究,也在文化学与经济学的融合中,在经济学理论内核的变革中,构建了主体经济学、文化经济学、非物质经济学、自主经济学的理论体系,做出了与之相关的多方面创新原理与理论、经济原理与理论、文化原理与理论、鉴识原理与理论、认知原理与理论、规划原理与理论的探索与突破;并在与文化科学"四重证据法"的理论与实践结合中,做出多方面的城市规划与文化、文化与经济理论、技术、实践探索与突破。譬如,主体经济学的文化自主原理与理论,文化主权原理与理论,文化产权与版权经济原理与理论,"复数实体"经济原理与"主体复数"文化原理主体经济学与文化自主理论的联系、关联及相关规划理论、实证的探索、研究与突破。

恩格斯曾说,一旦社会产生对某种科学技术的需求,比办10所大学推动这门科学还要快;文化、文化创新、国家创新体系与文化产业、文化治理、文化管理及知识文明创新体系的研究对当代人文社会科学的跨界与重构、发展与突破就是如此。然而,这一探索与突破的艰巨也就可想而知,这使我又常想起马克思的另一句话，那就是在科学的面前有如在地狱的门前一样，容不得半点犹疑与徘徊。我们只有一往无前的毅然前行，这也就是10年以来我常告诉我工作室团队与学生的工作理念与学习理念、科研理念，那就是"浴血奋战每一分钟，与大国之核、人类之知、世界文明共同成长"。

教育部哲学社会科学重大攻关项目，侧重于基础理论与学术理论体系的原理、理论研究与应用创新重大攻关目标突破的结合，应该说是很艰巨的知识创新与目标融合，正因其艰巨，也鼓舞、激励了我们追求世界知识领袖的理论视野、学术目标与历史使命之勇气。

从2004年笔者出版的建设部十五重大软科学规划项目成果著述《城市革命：都市产业新浪潮》、《城市革命：环境经济新战略》，中经《文化资本论》、《版权经济论》的文化产业跨学科学术理论与理论体系探索，到《城市文化与国家治理：基于文化创意理念的中国当代城市建设研究》系列专题研究报告与学术著述，又是10年的学术历程；这10年正是中国城市化、城市文化、文化资本与文化产业迅速发展的10年，为了做好这一重大攻关项目的基础理论研究，此间笔者又写作了《文化科学概论》、《新媒体论：大数据时代泛媒介的应用传播学研究》等学术著述，可见这一攻关目标之艰巨，创新预见之繁重。

同时，这一重大攻关目标体系与案例研究，也有广东文化大省建设规划、广东文化产权交易平台规划、深圳产业转型修编规划、青岛保税港区规划、海西文化新区与港区规划、苏州文化新区与中国工艺文化城规划、哈尔滨冰雪旅游与马迭尔文化产业创新发展规划、霸州文化创新发展规划、营口高新园区"大艺谷"文化产业规划、沈阳光维新媒体版权经济规划、沈阳新民田园城市与非遗文化规划、本溪生态旅游文化产业规划、北京中科电商谷文化地球村"数字地球云联网"产业规划等城市、区域规划与文化产业项目规划的研发、规划、创新案例与实证研究基础、体系，在此一并表示衷心的谢意。

谨赋诗《城与知》一首，以述怀：

寒窗十载志，乾坤书剑舞。
城市人为本，文化创意苦。
攀登莫畏难，大道沧桑出。
内圣外王同，知识文明路。

是为后记，谨请海内外专家学者与同仁批评指正。

皇甫晓涛

北京凌云书堂

2015年2月25日

# 教育部哲学社会科学研究重大课题攻关项目
## 成果出版列表

| 书　名 | 首席专家 |
|---|---|
| 《马克思主义基础理论若干重大问题研究》 | 陈先达 |
| 《马克思主义理论学科体系建构与建设研究》 | 张雷声 |
| 《马克思主义整体性研究》 | 逄锦聚 |
| 《改革开放以来马克思主义在中国的发展》 | 顾钰民 |
| 《新时期　新探索　新征程<br>——当代资本主义国家共产党的理论与实践研究》 | 聂运麟 |
| 《坚持马克思主义在意识形态领域指导地位研究》 | 陈先达 |
| 《当代中国人精神生活研究》 | 童世骏 |
| 《弘扬与培育民族精神研究》 | 杨叔子 |
| 《当代科学哲学的发展趋势》 | 郭贵春 |
| 《服务型政府建设规律研究》 | 朱光磊 |
| 《地方政府改革与深化行政管理体制改革研究》 | 沈荣华 |
| 《面向知识表示与推理的自然语言逻辑》 | 鞠实儿 |
| 《当代宗教冲突与对话研究》 | 张志刚 |
| 《马克思主义文艺理论中国化研究》 | 朱立元 |
| 《历史题材文学创作重大问题研究》 | 童庆炳 |
| 《现代中西高校公共艺术教育比较研究》 | 曾繁仁 |
| 《西方文论中国化与中国文论建设》 | 王一川 |
| 《中华民族音乐文化的国际传播与推广》 | 王耀华 |
| 《楚地出土戰國簡册［十四種］》 | 陳　偉 |
| 《近代中国的知识与制度转型》 | 桑　兵 |
| 《中国抗战在世界反法西斯战争中的历史地位》 | 胡德坤 |
| 《近代以来日本对华认识及其行动选择研究》 | 杨栋梁 |
| 《京津冀都市圈的崛起与中国经济发展》 | 周立群 |
| 《金融市场全球化下的中国监管体系研究》 | 曹凤岐 |
| 《中国市场经济发展研究》 | 刘　伟 |
| 《全球经济调整中的中国经济增长与宏观调控体系研究》 | 黄　达 |
| 《中国特大都市圈与世界制造业中心研究》 | 李廉水 |
| 《中国产业竞争力研究》 | 赵彦云 |

| 书　名 | 首席专家 |
|---|---|
| 《东北老工业基地资源型城市发展可持续产业问题研究》 | 宋冬林 |
| 《转型时期消费需求升级与产业发展研究》 | 臧旭恒 |
| 《中国金融国际化中的风险防范与金融安全研究》 | 刘锡良 |
| 《全球新型金融危机与中国的外汇储备战略》 | 陈雨露 |
| 《中国民营经济制度创新与发展》 | 李维安 |
| 《中国现代服务经济理论与发展战略研究》 | 陈　宪 |
| 《中国转型期的社会风险及公共危机管理研究》 | 丁烈云 |
| 《人文社会科学研究成果评价体系研究》 | 刘大椿 |
| 《中国工业化、城镇化进程中的农村土地问题研究》 | 曲福田 |
| 《东北老工业基地改造与振兴研究》 | 程　伟 |
| 《全面建设小康社会进程中的我国就业发展战略研究》 | 曾湘泉 |
| 《自主创新战略与国际竞争力研究》 | 吴贵生 |
| 《转轨经济中的反行政性垄断与促进竞争政策研究》 | 于良春 |
| 《面向公共服务的电子政务管理体系研究》 | 孙宝文 |
| 《产权理论比较与中国产权制度变革》 | 黄少安 |
| 《中国企业集团成长与重组研究》 | 蓝海林 |
| 《我国资源、环境、人口与经济承载能力研究》 | 邱　东 |
| 《"病有所医"——目标、路径与战略选择》 | 高建民 |
| 《税收对国民收入分配调控作用研究》 | 郭庆旺 |
| 《多党合作与中国共产党执政能力建设研究》 | 周淑真 |
| 《规范收入分配秩序研究》 | 杨灿明 |
| 《中国社会转型中的政府治理模式研究》 | 娄成武 |
| 《中国加入区域经济一体化研究》 | 黄卫平 |
| 《金融体制改革和货币问题研究》 | 王广谦 |
| 《人民币均衡汇率问题研究》 | 姜波克 |
| 《我国土地制度与社会经济协调发展研究》 | 黄祖辉 |
| 《南水北调工程与中部地区经济社会可持续发展研究》 | 杨云彦 |
| 《产业集聚与区域经济协调发展研究》 | 王　珺 |
| 《我国货币政策体系与传导机制研究》 | 刘　伟 |
| 《我国民法典体系问题研究》 | 王利明 |
| 《中国司法制度的基础理论问题研究》 | 陈光中 |
| 《多元化纠纷解决机制与和谐社会的构建》 | 范　愉 |
| 《中国和平发展的重大前沿国际法律问题研究》 | 曾令良 |
| 《中国法制现代化的理论与实践》 | 徐显明 |
| 《农村土地问题立法研究》 | 陈小君 |

| 书 名 | 首席专家 |
|---|---|
| 《知识产权制度变革与发展研究》 | 吴汉东 |
| 《中国能源安全若干法律与政策问题研究》 | 黄 进 |
| 《城乡统筹视角下我国城乡双向商贸流通体系研究》 | 任保平 |
| 《产权强度、土地流转与农民权益保护》 | 罗必良 |
| 《矿产资源有偿使用制度与生态补偿机制》 | 李国平 |
| 《巨灾风险管理制度创新研究》 | 卓 志 |
| 《国有资产法律保护机制研究》 | 李曙光 |
| 《中国与全球油气资源重点区域合作研究》 | 王 震 |
| 《可持续发展的中国新型农村社会养老保险制度研究》 | 邓大松 |
| 《农民工权益保护理论与实践研究》 | 刘林平 |
| 《大学生就业创业教育研究》 | 杨晓慧 |
| 《新能源与可再生能源法律与政策研究》 | 李艳芳 |
| 《中国海外投资的风险防范与管控体系研究》 | 陈菲琼 |
| 《生活质量的指标构建与现状评价》 | 周长城 |
| 《中国公民人文素质研究》 | 石亚军 |
| 《城市化进程中的重大社会问题及其对策研究》 | 李 强 |
| 《中国农村与农民问题前沿研究》 | 徐 勇 |
| 《西部开发中的人口流动与族际交往研究》 | 马 戎 |
| 《现代农业发展战略研究》 | 周应恒 |
| 《综合交通运输体系研究——认知与建构》 | 荣朝和 |
| 《中国独生子女问题研究》 | 风笑天 |
| 《我国粮食安全保障体系研究》 | 胡小平 |
| 《城市新移民问题及其对策研究》 | 周大鸣 |
| 《新农村建设与城镇化推进中农村教育布局调整研究》 | 史宁中 |
| 《农村公共产品供给与农村和谐社会建设》 | 王国华 |
| 《中国大城市户籍制度改革研究》 | 彭希哲 |
| 《国家惠农政策的成效评价与完善研究》 | 邓大才 |
| 《城市文化与国家治理——当代中国城市建设理论内涵与发展模式建构》 | 皇甫晓涛 |
| 《中国边疆治理研究》 | 周 平 |
| 《边疆多民族地区构建社会主义和谐社会研究》 | 张先亮 |
| 《新疆民族文化、民族心理与社会长治久安》 | 高静文 |
| 《中国大众媒介的传播效果与公信力研究》 | 喻国明 |
| 《媒介素养:理念、认知、参与》 | 陆 晔 |
| 《创新型国家的知识信息服务体系研究》 | 胡昌平 |
| 《数字信息资源规划、管理与利用研究》 | 马费成 |

| 书　名 | 首席专家 |
|---|---|
| 《新闻传媒发展与建构和谐社会关系研究》 | 罗以澄 |
| 《数字传播技术与媒体产业发展研究》 | 黄升民 |
| 《互联网等新媒体对社会舆论影响与利用研究》 | 谢新洲 |
| 《网络舆论监测与安全研究》 | 黄永林 |
| 《中国文化产业发展战略论》 | 胡惠林 |
| 《教育投入、资源配置与人力资本收益》 | 闵维方 |
| 《创新人才与教育创新研究》 | 林崇德 |
| 《中国农村教育发展指标体系研究》 | 袁桂林 |
| 《高校思想政治理论课程建设研究》 | 顾海良 |
| 《网络思想政治教育研究》 | 张再兴 |
| 《高校招生考试制度改革研究》 | 刘海峰 |
| 《基础教育改革与中国教育学理论重建研究》 | 叶　澜 |
| 《公共财政框架下公共教育财政制度研究》 | 王善迈 |
| 《农民工子女问题研究》 | 袁振国 |
| 《当代大学生诚信制度建设及加强大学生思想政治工作研究》 | 黄蓉生 |
| 《从失衡走向平衡：素质教育课程评价体系研究》 | 钟启泉　崔允漷 |
| 《构建城乡一体化的教育体制机制研究》 | 李　玲 |
| 《高校思想政治理论课教育教学质量监测体系研究》 | 张耀灿 |
| 《处境不利儿童的心理发展现状与教育对策研究》 | 申继亮 |
| 《学习过程与机制研究》 | 莫　雷 |
| 《青少年心理健康素质调查研究》 | 沈德立 |
| 《灾后中小学生心理疏导研究》 | 林崇德 |
| 《民族地区教育优先发展研究》 | 张诗亚 |
| 《WTO主要成员贸易政策体系与对策研究》 | 张汉林 |
| 《中国和平发展的国际环境分析》 | 叶自成 |
| 《冷战时期美国重大外交政策案例研究》 | 沈志华 |
| 《我国的地缘政治及其战略研究》 | 倪世雄 |
| 《中国海洋发展战略研究》 | 徐祥民 |
| *《中国政治文明与宪法建设》 | 谢庆奎 |
| *《非传统安全合作与中俄关系》 | 冯绍雷 |
| *《中国的中亚区域经济与能源合作战略研究》 | 安尼瓦尔·阿木提 |
| …… | |

\* 为即将出版图书